家在澂山湖

主编 邵卫花

苏州大学出版社

图书在版编目(CIP)数据

家在淀山湖 / 邵卫花主编. —苏州：苏州大学出版社，2019.12
 ISBN 978-7-5672-2944-0

Ⅰ.①家… Ⅱ.①邵… Ⅲ.①乡镇-地方史-昆山 Ⅳ.①K295.34

中国版本图书馆 CIP 数据核字(2019)第 195507 号

家在淀山湖

主编 邵卫花

责任编辑 周建国

苏州大学出版社出版发行
(地址：苏州市十梓街1号 邮编：215006)
苏州工业园区美柯乐制版印务有限责任公司印装
(地址：苏州工业园区东兴路7-1号 邮编：215021)

开本 787 mm×1 092 mm 1/16 印张 20.5 字数 349 千 插页 12
2019年12月第1版 2019年12月第1次印刷
ISBN 978-7-5672-2944-0 定价：120.00 元

苏州大学版图书若有印装错误，本社负责调换
苏州大学出版社营销部 电话：0512-67481020
苏州大学出版社网址 http://www.sudapress.com
苏州大学出版社邮箱 sdcbs@suda.edu.cn

《家在淀山湖》编委会

主　任　钱　建（昆山市淀山湖镇党委书记）
副主任　朱叶华（昆山市淀山湖镇党委副书记、人民政府镇长）
　　　　罗　敏（昆山市淀山湖镇人民政府原镇长）
　　　　计华明（昆山市淀山湖镇人大主席、政法委书记）
　　　　彭　良（昆山市淀山湖镇党委副书记、非工企业党委书记）
　　　　张晓东（昆山市淀山湖镇党委副书记、政协工委主任）
委　员　（按姓氏笔画为序）
　　　　王　强　成　亮　吕　成　吕善新
　　　　庄晓丽　许顺娟　孙　倩　毕雪华
　　　　吴新兴　张蓉蓉　邵卫花　林　娟
　　　　范学钊
顾　问　方世南
策　划　吕善新
主　编　邵卫花
制　图　顾志浒
摄　影　邓卫兵　张品荣　张勤强　吴嘉程
　　　　顾　军　唐晓明

编撰办公室

主　任　吕善新
副主任　吴新兴　邵卫花
成　员　（按姓氏笔画为序）
　　　　王忠林　邓卫兵　朱波兴　沈正德
　　　　张大年　张品荣　陈海萍　金国荣
　　　　柳根龙　夏小棣　顾志浒　徐儒勤

序

对于淀山湖镇来说,2018年是挖掘、保护、传承、利用传统文化的大丰收年。全镇十个村的村志,和一本社区志,相继出版,作为被誉为"淀山湖镇传统文化三部曲"之一的《智者乐水淀山湖》一书也交付印刷,现在,这本《家在淀山湖》,已定稿成书,可谓喜事连连。作为淀山湖镇的老朋友,从20世纪90年代以来,我始终参与、把脉淀山湖镇历史文化挖掘工作,并深刻体会到淀山湖镇历史人文底蕴的深厚。

淀山湖,是一个美丽的湖泊;淀山湖镇,是一块风水宝地。作为淀山湖人,因家在淀山湖而自豪。几千年历史文化的长廊中,文化符号遍布小镇的角角落落,处处可见深厚的文化积淀。"一湖(淀山湖)、二村(金家庄村、碛礇村)、三镇(度城镇、榭麓镇、杨湘泾镇)"是淀山湖镇历史文化的沃土。这里,有吴王阖闾为对抗越国而筑的铎城,有三国孙权之母为还愿而建的皇家御寺,有元代大画家朱德润、明代状元朱希周、辅佐四朝君王的叶盛、"三槐王"后代王鉴、徽商汪思聪等历史故事。淀山湖的历史名人,以优秀的品质影响着周围的人,致使现在的淀山湖人依然保持着崇文重教、知书达理、淳朴善良的美德。

淀山湖镇,又是一个充满地域风情的地方。这里的吴侬软语,既有别于苏州那般软糯,又不至于太过生硬,在抑扬顿挫的声调中,绵软又不失刚性,富有独特的魅力。每一个字词的发音,每一句俗语的含义,每一条歇后语的节奏感,都有其特色。有的俗语,在交谈中,意会了,便相视一笑。这里的每一个村落,都蕴含着丰富的神奇色彩,一顶桥就有一个故事,一湖潭就有一个传说,一座墩就有一段神话。

不管是过去,还是将来,淀山湖镇优越的地理位置对其发展的影响都是巨大的。当年,受上海的影响,淀山湖镇的进步青年创办《湖光报》,把进步思想带到镇上。顾达今一生"成仁取义",为保家卫民,牺牲自己,得到陈果夫、陈立夫、叶楚伧

等民国名人的尊敬,并为其题字立碑。他们之所以如此,是因为"家"的影响。"家"在淀山湖,淀山湖镇的传统历史,使他们能以社会责任为己任,不惜放弃自己的生命。

淀山湖镇是一片古代出状元、当代出院士(将军)的热土。家国情怀,在淀山湖人心中涌动。即使钱七虎将军身在北京,他也依然心系家乡。每个学期的捐资助学,他从未间断。在他的帮助下,上百个莘莘学子在学业上拼搏。有的已经大学毕业,走上工作岗位,回报社会。

在改革开放四十余年中,淀山湖镇实现了由农业向工业转变,内向型经济向外向型经济转变,低层次、分散型产业向高层次、集约型产业转变,实现了本土经济向全球经济的创新发展。乘着长三角一体化发展的东风,淀山湖镇借着地理优势,发挥上海后花园的作用,发展成为现代的文明小城镇。

《家在淀山湖》一书,框架布局合理,结构安排连贯,既展示了淀山湖"一湖、二村、三镇"的风貌,又再现了古淀山湖的风土人情。同时,又把即将遗落于乡间的乡音俗语以文字和视频相结合的形式,加以再现和保存,这是此书值得推广的做法。同时,书中还原了古镇古村落的原貌,也为日后淀山湖镇对部分古迹的恢复提供了图像、文字资料。

我相信《家在淀山湖》一书的出版,将会进一步发挥淀山湖镇历史文化挖掘成果以文化人的作用,为全镇居民提供一次既通俗又高雅的文化大餐,也会再现淀山湖镇特色文化的历史源头,为淀山湖镇文化传承夯实根基,进一步推进"尚美淀山湖"建设。

淀山湖是我家,我们热爱她。衷心祝愿淀山湖镇的明天更美好。

是为序。

方世南
2019 年 10 月 1 日

湖的文化　家的故事

——写在《家在淀山湖》出版之际

淀山湖镇党委书记　钱　建

淀山湖镇历届党委、政府十分重视历史传统文化的挖掘工作，2008年提出"挖掘、保护、传承、利用"的八字方针，相继编辑出版了《风水宝地淀山湖》《源远流长淀山湖》《智者乐水淀山湖》三本从不同维度反映淀山湖镇从古到今历史风貌的著作。挖掘历史文化的目的是传承和利用，《家在淀山湖》一书，综述了淀山湖镇发展历史，反映了淀山湖镇风土人情，记录了淀山湖镇方言俗语。这本书的出版，将是我镇历史文化挖掘工作在传承和利用基础上的一次新的尝试，并将进一步推动淀山湖镇打造产业精美、环境优美、生活和美、百姓善美的"尚美淀山湖"。

淀山湖地处苏浙沪三界交会处，而淀山湖镇坐拥淀山湖，并以湖命名，蕴含着丰富的水文化，从"淀湖九峰"起，就与山水分割不开。仁者乐山，智者乐水，因而，淀山湖人既有山一般的仁义，又拥有水一般的智慧，在淀山湖镇这个仅有66平方公里的江南小镇，充分发挥沿湖沿沪的优势，努力打造"中国二十一世纪示范镇"，并入选了全国综合竞争力百强镇、全国综合实力千强镇。

淀山湖镇，有着底蕴深厚的历史文化。在这片热土上，物华天宝，人才辈出。淀山湖镇古代五大家族，忠孝度城王家、慈善榭麓汪家、廉政碛碾叶家、儒学金家庄朱家，以及具有工匠精神的金家庄顾家，他们的故事被熟知，他们的精神被传扬。这些优秀的传统文化，在新时代，已融入社会主义核心价值观。

淀山湖镇，注重特色文化的传承保护。从古到今，戏曲文化具有深厚基础，从民间种田山歌的传唱、碛碾寺至讷和尚对昆曲的研究、当代"浅水湾"三部曲的成功

打造,文脉绵延,源远流长。除了戏曲外,淀山湖镇还有独特的方言俚语,虽然同属吴方言,但许多发音都有特色。淀山湖镇这些特色文化在文化工作者的保护和传承下,走进了中小学及老年大学的课堂,走进了农村邻里乡间的戏台,走进了当地百姓的生活,得到了传承、发扬和推广。

历史文化挖掘工作只能加强不能削弱,我们要如同抓经济工作一样抓好历史文化的挖掘、保护和传承利用工作。这些精神文化成果,我们不能只是作为书籍看看,而是要充分地利用好这些挖掘出来的文化资源,为推进文化亮镇提供充足的内涵支撑。比如淀山湖镇老街的改造,在很大程度上也得到历史文化挖掘工作的启发。一张老街还原图,再现了老街当初的面貌,也为老街的修复工作提供了切实的史料和真实范本。当然,老街改造,只是其中的一项,相关部门以后将会更好地做好传承和利用的工作。当前还有很多诸如此类的问题,镇党委、政府正在深入思考:一是如何通过优秀传统历史文化"三进"工作(进社区、进学校、进机关)提高淀山湖人的精神厚度;二是如何融入淀山湖镇旅游发展提高旅游项目的文化深度;三是如何将优秀历史文化结合乡村振兴战略,提高美丽农村的亮度。

淀山湖镇的发展,恰逢好时机。在长三角一体化进程的推动下,淀山湖镇的建设发展将全面地融入上海,新乐路、曙光路与上海对接连通,经济、文化等社会事业与青浦结对共建,淀山湖镇将发挥自己的特色文化优势,全力打造昆山融入长三角一体化综合发展示范区。

在《家在淀山湖》即将出版问世之际,请允许我代表淀山湖镇党委、政府表示热烈祝贺!向为本书的编辑和出版给予大力支持的中国社会科学院学部委员靳辉明教授,苏州专家咨询团团长、苏州大学东吴智库首席专家和博导方世南教授,向为本书做出积极贡献的史志办的全体工作人员,以及关心此项工作的所有人士,表示真诚的感谢,并致以崇高的敬意!

目 录

第一章　淀湖风韵 ·· 1
　第一节　淀山湖的前世今生 ·· 1
　第二节　人文淀山湖 ·· 7
　第三节　诗文淀山湖 ·· 16
第二章　悠远古镇 ·· 30
　第一节　度城——金戈铁马　忠孝传世 ··································· 30
　第二节　榭麓——慈善文明传佳话 ··· 47
　第三节　杨湘泾——明代重镇 ··· 54
第三章　水韵古村 ·· 67
　第一节　江南水乡第一庄——金家庄 ······································· 67
　第二节　禅心清廉碛碍村——人杰地灵 ·································· 110
第四章　流风遗俗 ·· 126
　第一节　长盛不衰的传统节日 ··· 126
　第二节　承载民风的传统习俗 ··· 157
　第三节　温文尔雅的传统礼仪 ··· 187
第五章　戏曲魅力 ·· 194
　第一节　戏曲文化的基础 ·· 195
　第二节　"戏曲之乡"成长之路 ·· 204

  第三节　"戏曲之乡"群英谱 ………………………………………… 213
第六章　乡音俗语 …………………………………………………………… 222
  第一节　一般词语 ………………………………………………………… 222
  第二节　常用语、俗语、俚语 …………………………………………… 267
  第三节　歇后语 …………………………………………………………… 280
  第四节　农业谚语 ………………………………………………………… 288
第七章　风生水起 …………………………………………………………… 304
  第一节　上海的后花园 …………………………………………………… 306
  第二节　最适合人居的地方 ……………………………………………… 309
  第三节　崇尚"和合"的人文环境 ……………………………………… 312
主要参考文献 ………………………………………………………………… 316
后记 …………………………………………………………………………… 317

第一章 淀湖风韵

淀山湖是天然的淡水湖泊。在宋朝以前,人们根据淀山湖形成的性质和湖况,给予其淀湖或泖湖之称。所谓淀湖,乃浅的湖泊;所谓泖湖,乃水面平静的湖泊。

古时的淀山湖,苍茫二三百里,上承太湖,下泄东海,连接苏浙沪,是两省一市的水上交通枢纽。

淀山湖具有俊俏诡奇的魅力。初春,湖边堤岸柳丝低垂,新草绽绿,水天一色,湖面朦胧;盛夏,晚霞璀璨,湖岸周边,苇叶丛生,如绿云飘荡于湖上;深秋,白雾渐起,芦花飞扬,野鸭悄然凫游;严冬,水冻断航,湖面成冰,如一面银镜,把苍茫大地收纳于怀。淀山湖四季景观,如水墨画般,清新淡雅,吸引着历朝历代的文人雅士、高官名丞、学者名流,至此驻足游览,流连忘返,并留下了一幅幅书画墨迹,一篇篇吟咏名篇。

在淀山湖的历史演变过程中,始终夹杂着人和自然的互动。自然力的造就和古今人们对她的认识及改造,始终联系在一起,因此,淀山湖,既是自然的淀山湖,又是充满着人文底蕴的淀山湖。

第一节 淀山湖的前世今生

古人根据自然的变迁,创作了盘古开天、精卫填海等神话故事,同时也向世人透露出一种信息:远古时期,有很多地带都是汪洋泽国,目中所及的是一望无际的海,是波涛汹涌的浪。而那时的淀山湖区域,还是东海的一部分。

地球,这个大球体,就像一艘承载生命的挪亚方舟。一年又一年,沧海桑田,兴衰循环。在地质史上,地球的地表温度并不是常态化的,曾经历过四次冰河期。在冰河期内,地球的温度持续下降,千里冰封,万里雪飘,很多地方被大片的冰雪覆盖。地壳运动,加上风力作用,冰层发生了位移。冰层的移动,改变了陆地的形状。冰层把大片的岩石推移、刮光、碾碎,而被刮下来的石屑就堆积在冰层边缘,与冰层一起移动,改变位置。随着天气转暖,冰雪慢慢融化,冰层范围缩小了,而这些依附在冰层上的碎屑随着冰层的消融而遗留在某些地方,有的被冰层融化所流下来的水冲到了其他地方。如此,很多地方就发生了地形变化,高山被"束身",平原被切割,同时出现了许多新的湖泊和新的河道。在经历了四次冰期后,东部海陆发生了很大的变迁,特别是在最后一次冰河期内,东海的一部分变成了陆地。

淀山湖地区,属于太湖下游最广大复杂的附属湖群,在历史演进过程中,太湖地区保持着断断续续的沉降趋势,特别是唐宋时期,沉降表现得更加剧烈。东太湖、澄湖、淀山湖,包括吴江全县及吴县与昆山两县的周庄、陈墓、甪(直)等地区,似乎是一个沉降中心。今天的淀山湖,是该地成陆以后,又经历了数千年,陆地下沉而形成的。太湖周边地区的湖,如苏州、松江等地的附属湖群或个体湖泊(包括淀山湖镇域内的度城潭),便是唐宋之后形成的。这一区域的澄湖、淀山湖等水域范围内发掘的大量唐宋水井和文物是这一事实的有力支撑。随着陆地下沉,以及泥沙在河口地带大量堆积,原来泄太湖水入海的三江也在海潮的倒灌下,东江和娄江相继淤塞,吴淞江日趋狭窄,堵塞了太湖水的入海通道。于是,湖水泛滥,使太湖中部平原洼地沼泽化,不仅太湖本身水体面积扩大,其东部、北部先后形成了众多大小零星的湖泊,淀山湖便是其中之一。古代淀山湖,茫茫几百里,湖水浩瀚,浪涛汹涌。

淀山湖地区是浙西地区地势最为低洼之处。宋末元初的画家、水利家任仁发(1254—1327)是松江青龙镇(今属上海市青浦区)人,入元后,他官至都水庸田使司副使,专门研究水利。任仁发对淀山湖的地势做过科学而专业的描述,他说浙西之地,低于天下,而苏湖又低于浙西,淀山湖又低于苏州,是低之又低者。很明显,由于地势低洼,淀山湖湖群不仅是太湖湖群的附属湖群,而且是太湖直接的泄水通道,淀山湖区也成为太湖主要的泄洪区。

大禹时期,天下分为九州,其中东南为扬州,包括淮河以南、南海以北的广大地

图1-1 淀山湖

域,含现在江苏、安徽淮河以南部分,淀山湖属于扬州。西周时期,开创成康之治的周成王分封诸侯,其中季历之兄泰伯、仲雍的后人封于吴,淀山湖属吴地。

春秋时期,当晋、楚两国争霸中原时,长江下游崛起了吴、越两个国家。晋为了对付楚国,就联合吴国。周敬王六年(前514),置长水县,该地便属长水县。周敬王十四年(前506),吴国大举伐楚,连打胜仗,一直打到楚都。从此,楚国的国力大大削弱。在晋国联合吴国制楚的时候,楚国也在寻找盟友。楚国联合越国,抵制吴国,吴、越之间多次发生战争,积怨颇深,两国为了增加各自的实力,扩大地盘,在不断地征战。随着两国的胜败,淀山湖的归属也发生着变化。

吴王阖闾在战争中不幸战死,他的儿子夫差立志报仇,大败越王勾践。周敬王三十八年(前482),吴王夫差率大军北上,与各路诸侯在黄池会合,与晋国争做盟主。越王勾践卧薪尝胆,积蓄力量,乘吴王夫差北上争霸之机,率领兵士攻入吴都。夫差急忙撤军回国,但终因长途跋涉,疲劳不堪,不敌越国,向越国求和。周元王三年(前473),越灭吴,越王勾践成了一方霸主。此时,淀山湖属越。后来,越为楚所灭,淀山湖又属楚。楚考烈王元年(前262),拜黄歇为相,初封淮北十二县,十五年(前248)改封于江东吴国故墟,即今江苏常州、苏州至上海一带。现在淀山湖以东、上海市所在的这片区域,都属于春申君的封地。

秦始皇统一六国后,废分封,设郡县,在吴越故地置会稽郡,淀山湖以东的区域,为会稽郡由拳县东境。唐代,淀山湖一带分属华亭县、昆山县。随着朝代的数次更迭,淀山湖的隶属也发生变更。直至明嘉靖青浦(今上海市青浦区)立县时,湖境的隶属才稳定下来,一直属于青浦、昆山两县所辖,直到今日。

至今,淀山湖地区流传着淀山湖是秦始皇派遣十万囚徒掘地而成的民间传说。据说秦王嬴政统一六国后,不可一世,欲凌驾于三皇五帝之上,故自封为皇帝,又希

望从自己开始,一世、二世、三世……无限下去,自己就是"始皇帝"。

相传有一年,秦始皇东巡,途经吴越交界之地,遇见一秀美之处。这里,地富民丰,商贾云集,人们进行着各种生意买卖,热闹非凡,这就是俗称的"水市"。随行的阴阳家一看,告诉秦始皇,这里是风水宝地,有出帝王之气象。秦始皇一听,不禁担忧起来,因为这个地方世代流传着"水市出天子"的童谣。

幻想长生不老,幻想皇位传给子孙万代的秦始皇,岂容另有天子出现!于是,他当机立断,下旨调遣十万囚徒来到此地,掘地成湖,希望能破坏此地的王气,断了此地的龙脉,以破"水市出天子"的谣言。

在掘地的过程中,这十万囚徒不分白天黑夜地苦干,稍有懈怠,便挨一顿皮鞭。他们不堪重负与过度劳累,不堪官吏的酷刑,或累死病死,或逃跑。秦始皇斩龙脉、破王气的举措落空了,气急败坏,却也无可奈何。不久,这个地方,就被官方用奏本中"囚倦而逃"的"囚倦"二字的谐音,更名为"由卷",后演变成"由拳"。有考古者认为,今日的淀山湖就是古代沉入湖底的由拳县。

湖中的淀山,在青浦县城西面十五里,在淀湖的东南角。淀山高十四丈三尺,围圆为一百八十九丈五尺。山的形状,方正如大龟。山上建有寺庙和佛塔,山下有龙洞。淀山屹立在湖中,被人们比喻为浮在湖上的一块玉,落入湖中的一颗星。淀山上有鳌峰塔、龙渊桥、白云梯、潜龙洞、通云泉、回经石、白莲池、三姑祠、一色轩、万佛阁这十个景点。到了元明时期,淀山已经在田地中央,距离淀湖约有四里的路。登上淀山的山峰,向西,可以望见茫茫淀湖。其十大景观也只剩下三姑祠、通云泉、龙渊桥及普光王寺法堂数间了。

宋之前,古人将淀山以南、九峰以北,称为泖湖,泖湖又有大泖、圆泖、长泖之分,俗称为"三泖";淀山以北称为淀湖。后又将淀湖、泖湖合称为薛淀湖。是以湖畔云间九峰之"薛山"与作为九峰之祖的"淀山"两座山名字中的"薛""淀"两字打头而赋予湖名。

"薛山"之得名,有人说是因为纪念北宋大臣、史学家薛居正及其后人。薛居正自幼好学,有志向,秉性孝顺,行为善良,在家生活节俭。他成年入仕后,忠君爱民。任宰相期间,目光长远,处事宽厚。他从参政到任宰相,共十八年,宋太祖赵匡胤对他的信任始终不减。宋太祖曾对他说过:看古代的那些大臣,很多都不能慎终如始,能够得以保全,并且享受厚福的人,是由于忠正呀。从宋太祖对薛居正的这一段话中,可以看出薛居正为官期间能秉公办事,不徇私情,深得赵匡胤的器重。

薛居正曾任于后汉,后汉乾祐(948—950)年间,史弘肇统率侍卫亲军,威风盖主,震惊朝野。史弘肇为人残忍傲慢,没人敢忤逆他的命令。他的部下官吏也狗仗人势,欺压百姓。其中有一官吏控告一百姓违反了禁盐令,按法律该百姓被判处死刑。在那百姓即将行刑前夕,薛居正怀疑百姓的罪名不实,便召来这个百姓进行讯问。一问才知道,原来这个百姓与那官吏有私怨,所以官吏要诬告他,以报私仇。于是,薛居正逮捕了这名官吏,仔细讯问,该官吏才吐露实情。薛居正按朝廷法律,处罚了该官吏。史弘肇虽然很恼怒,并施以淫威,但也不能让薛居正屈服。

宋开宝(968—976)年间,薛居正与沈伦一起任宰相,卢多逊任参知政事。到薛居正死后,沈伦被贬官,卢多逊被流放南方。民间都议论说,这是因为薛居正坚守了为臣之道,而享受厚福。

薛居正去世后,他的后代怕受朝廷小人陷害,便离开京城繁华之地,南来到淀山湖避世,隐居于薛山。他们不忘祖训,与人为善,与乡里和睦相处,见到贫苦的乡民,便出手相助,得到了周边老百姓的称赞。为了纪念薛家,人们把此山命名为"薛山",后人又把此湖称为"薛淀湖"。

三国时期,长江沿线是东吴与魏、蜀军事对抗的前哨阵地,驻有重兵。为了就地解决军需粮秣的供应,东吴实行"且佃且守"的方针,各级将领在其防守的区域内组织军士及其家属经营屯田,兴办水利,鼓励耕垦活动。那些士兵,闲时与家属一起开垦荒地,围湖成田,把部分荒地和湿地开垦成肥沃的农田。其中,太湖湖群,包括淀山湖地区,也是东吴实行屯田的地方。

宋元后,随着中国两次人口大迁移,淀山湖地区人多地少的矛盾越发突出。此时,人们把目光移向了淀泖湖地区,于是,淀山湖地区开始了围垦,湖塘、浅滩都变成了良田。在这种大规模的造田运动下,淀山湖的水域面积逐渐缩小。

现今的淀山湖,位于北纬30°59′—31°16′,东经120°53′—121°17′,呈葫芦形,是江苏与上海共有的天然淡水湖泊。北部隶属于江苏省昆山市,沿湖为淀山湖镇、锦溪镇,西南连鼋荡,东有上海青浦朱家角镇。今淀山湖,距上海市中心区约60千米,离青浦城区18千米,湖面东西宽9千米,南北长18千米,环湖周长约35千米,面积62平方千米,相当于12个西湖那么大。

淀山湖清澈的湖水内,蕴含了丰富的水产资源。湖底长有金鱼藻、水草、鞭子草等各类水系植物,湖面漂着水葫芦、浮萍、菱藕等,为湖中鱼虾贝类提供了充足的营养成分。淀山湖水中,生长有鲫鱼、青鱼、草鱼、鲤鱼、鲢鱼、黑鱼(乌鳢)、泥鳅、鳙鱼、河豚、塘鳢鱼、昂刺鱼、䱗条鱼、鳗鲡、黄鳝、鲶鱼、武昌鱼、银鱼等常见的鱼类,还生活着一些并不常见的鱼,如鸡骨郎、翘嘴红鲌、兴凯鱊、斑条鱊、棒花鱼、麦穗鱼、黑鳍鳈、间下鱵(水针)、刺鳅、窄体舌鳎、鰕虎鱼,以及沼虾、河虾等水产。每逢夏季,淀山湖上会有鱼潮的现象发生。鱼潮,来势迅猛,如狂风巨浪般,瞬间从眼前涌过。无数条鱼集体向一个方向游,以至于它们经过的地方,湖水激荡,白光闪动,像巨大的拱门快速飞跃过淀山湖。远观,湖面上无数的白色光点在跳跃,鱼潮就像澎湃的白色浪潮一样涌动,前进。

图1-2 碧水长天

淀山湖中,除了成群的鱼虾外,还生长着螃蟹。当年,陆龟蒙写下咏蟹诗:骨清犹似含春霭,沫白还疑带海霜。强作南朝风雅客,夜来偷醉早梅傍。皮日休的咏蟹诗道:未游沧海早知名,有骨还从肉上生。莫道无心畏雷电,海龙王处也横行。他们咏的就是淀山湖蟹。因淀山湖通海,况且其水质好,水生物资源丰富,所以淀山湖也是适宜螃蟹生长的好地方。蟹的成长期是生活在淀山湖的淡水里,在产卵期到来之际,蟹就大规模迁徙,随着水流,从淀山湖往东而去。它们身着盔甲,如庞大的队伍,浩浩荡荡地横行在原野上。到了东海,蟹钻进沙里,钻进洞里,安心产卵。当小蟹从卵中孵化出来后,它们就从东海逆流而上,回到淀山湖,在淡水湖里蜕壳,成长。那两次迁徙,就像候鸟一样准时。浩浩荡荡的蟹队伍,在水流中浮游,在陆地上横行,在水草间觅食,在江河畔吐沫,不停地游走。

第二节　人文淀山湖

淀山湖,源自太湖,北倚吴淞江,左连赵屯浦和大盈浦,右纳白蚬湖、沈龙湖的水。淀山湖水,灌溉了江苏东南的一大片区域。

淀山湖,地势低之又低,是太湖的泄洪区。风调雨顺时,尚可;如若哪一年雨水偏多,或连续暴雨不断,淀山湖将成为一片泽国,危及周边的庄稼及村庄。面对淀山湖的水涝隐患,不同的朝代,都会出现几位治水名臣,他们心怀天下苍生,以优秀的个人品格,用他们的思想、方法、策略去治理,去改变,去消除淀山湖的水患。

一、淀山湖地区的治水历史

江南地区,江河遍布,如人之经脉血络,唯通畅顺流了,才能无灾无涝;否则,周边就民不聊生。东江、松江等河,为淀湖水入海的通道,所以,治理吴淞江(古称"松江"),就是治理淀山湖之水。

周敬王二十五年(前495),吴国伍子胥率众挖土、疏河,开凿了历史上第一条人工运河,即被后人称为"胥江"的河。此河,自长泖接界泾而东,接纳来自惠高、彭巷、处士、沥渎等河的水流,当时称其为"东江"。胥江的出现,既遏制了吴地的水患,又便利了当地的漕运和灌溉,对当地老百姓的生计发展有着十分重大的意义。

楚国春申君黄歇在楚国为相的第十五年(前248),他主动向楚考烈王请求改封地为江东吴地,就是今天的常州、苏州、上海一带,以便开发治理楚国的大后方,提高楚国的经济实力。黄歇是著名的政治家,是"战国四君子"之一。他年轻时,四处拜师游学,见识广博,善于辩论。改封后,黄歇携带家眷及三千门客,离开淮北十二县的封地,来到东吴。

黄浦江,当时被当地老百姓称为"断头河",因为此河与其他河不通,水流至下游,严重淤塞。逢雨水充沛的季节,下游便水漫金山,淀山湖与东海之滨的广袤的原野地带,便成了一片泽国。因这一带雨水充沛,时不时会出现水涝,所以人烟稀少。水灾过后,满目荒凉,瘟疫横行。黄歇决定治理这条河,把横行之河治理成顺流之江,把荒芜之地改造成良田沃土,把水患泽国改造成封地粮仓。他通过一段时间的走访,认识到此河是因为泥沙淤积,河床过高,以致一到汛期,常常会出现洪水泛滥的局面。

黄歇以他广博的知识,优秀的军事才能,选择了正确的治水方法,采用大规模的军事屯垦的方式,组织老百姓疏通吴淞江,挖通黄浦江,拓宽江面,使江面由原来的300米拓宽至700米,并将其挖深至10米,使之成为大江。沿河筑起了堤坝,疏浚各个河道,让黄浦江与东海的长江出海口连通,让水流最终流入大海。此河为黄浦江的前身。当河疏浚后,当地水系分明,泽国变成良田,经济日益发展,地位日益彰显,这条河千百年来造福于百姓,至今承担着航运、排洪、灌溉、渔业、旅游、调节气候的重要作用,成为上海的母亲河。

在治水的过程中,黄歇亲自带领老百姓开江筑堤,当地民间曾流传着这样一首儿歌:嘟嘟嘟,嘟嘟嘟,爷娘去开黄浦江,尔后再开春申塘,领头的大爷叫春申君,住在倪村黄泥浜。这首儿歌,再现了当时黄歇带领人们开江通渠的盛况。

图1-3　淀山湖河道水网

明朝永乐元年(1403),苏州、松江发大水。四月,朝廷命工部尚书夏原吉疏浚昆山夏驾浦,掣吴淞江水北达刘家河,挑嘉定西顾浦;南引吴淞江,北贯吴塘,到达刘家河。疏浚常熟白茆塘,引太湖诸水入扬子江;于上海东北疏浚范家浜,连接黄浦江,流入大海。

夏原吉向朝廷上奏道:浙西诸郡,苏州和松江处于下游。太湖吸纳了杭州、湖州,以及安徽宣县、歙县等地的溪涧水,散流往淀山湖,从而进入三泖,顷为浦港,导致湖中泥土淤积,水位上涨,从而产生水患。

正确的治理办法是浚涤吴淞江诸浦,导以入海;同时,大黄浦属于通吴淞江的要道,现在下流壅遏难疏,旁边有范家浜至南浦口,可以径直通达入海。应该将疏浚、其挑深加宽,上接大黄浦,以沟通泖湖之水。这就是传承《禹贡》所记载的三江入海的做法。朝廷又以大理寺少卿袁复作为夏原吉的副手,疏浚千灯等浦泾。

淀山湖地区特殊的地理环境,使得人们早在宋代以前便积累了丰富的治水经验。唐朝政府在松江境内修建了"华亭海塘",在吴江境内修建了"吴江塘路",这些工程对防御海潮湖浪袭击起到了巨大的作用,加速了淀山湖区低洼地的开发。五代吴越时期,政府更是设立了专门的机构对太湖流域的圩田进行管理。针对太湖地区四周高、中间低的地形特点,创建了"七里为一纵浦,十里为一横塘"的塘浦圩田系统,形成了塘浦阔而深、堤岸高而厚的纵横河网,同时,还设置堰闸、斗门,以便防涝蓄水,有效地防治了旱涝灾害,使低田、高田都能实现旱涝保收。进入宋朝后,淀山湖所在的苏湖常秀(嘉兴古称秀洲)地区已经成为中央政府最主要的财税来源地之一,因此,无论是中央还是地方,对这一地区的水利建设都格外重视。以下列表为清《淀湖小志》中记载的关于淀湖治水工程的一些情况。

表1-1 《淀湖小志》记载治水工程情况一览表

时　间	主持者	工　程
周敬王二十五年(前495)	吴国伍子胥	凿河自长泖接界泾。
公元前248年	楚国黄歇	治松江,通流入海,沪渎成而松江潦缓矣。
南宋淳熙十三年(1186)	定江节度推官罗点	开淀山湖。
南宋绍熙元年(1190)	浙西提举常平司刘颖	疏淀山湖,泄吴淞江。
南宋绍熙元年(1190)	前进士胡恪	开修三江五汇。
南宋景定二年(1261)	华亭县令黄震	议修田塍。
元至元二十八年(1291)	左右司郎中都哩默色	开挑淀山湖。
元至元二十九年(1292)	潘应武	合浚湖泖河港,合置桥梁闸坝九十六处,总共役夫匠十三万。
元大德二年(1298)	都水庸田使	潮沙淤塞河港,如法疏浚。

续表

时　间	主持者	工　程
元至治三年（1323）		开吴淞江、淀山湖及诸河渠。
明永乐元年（1403）	工部尚书夏原吉	浚昆山夏驾浦，掣吴淞江水北达刘家河，挑嘉定西顾浦。南引吴淞江，北贯吴塘，达刘家河。浚常熟白茆塘，引太湖诸水入扬子江。于上海东北浚范家浜，接黄浦，流入海。
明永乐十三年（1415）	吴江县丞李昇	浚千墩等浦。
明景泰二年（1451）	松江知府叶冕	筑淀山湖堤，计万余丈。
明弘治七年（1494）	工部侍郎徐贯	开吴淞江大石、赵屯等浦，泄淀山湖水。
明嘉靖元年（1522）	工部郎中颜如环督同苏州知府徐讚、松江知府孔辅	开浚赵屯、大盈、道褐等浦。
明嘉靖二年（1523）	工部郎中林文沛	浚泖淀诸水，开吴淞江淤塞二段，使淀山湖水由是入海。
明嘉靖四年（1525）	水利提刑按察司佥事蔡乾	浚道褐等浦。
明嘉靖二十六年（1547）	昆山知县朱伯辰	浚道褐、大石二浦，道褐计六千八百八十七步，役夫六千八百八十；大石计五千五百五十八步，役夫五千五百六十。
明隆庆二年（1568）	光禄寺署正孟绍曾	浚全吴乡诸浦。
明隆庆三年（1569）	海瑞	浚吴淞、白泖。
明万历十年（1582）	松江通判刘师召	修浚河塘，并筑淀泖等堤岸。
明崇祯五年（1632）	应天巡抚庄祖海	筑泖塘、淀湖岸二千八百余丈。
明崇祯十七年（1644）	昆山知县杨永言	浚大石浦，长二千五百九十二丈。
清道光四年（1824）	林则徐	挑浚泖湖。

从上表中可知，淀山湖地区的水利无非是做了三件事情：一是疏通河流，拓宽挖深河道，让河水顺畅流通；二是修岸筑堤，确保高水位时，不淹农田和庄稼，并引导河水顺江流入大海；三是建桥置闸，天旱时蓄水，水涝时排洪。其实，不管是宋朝还是明朝，淀山湖地区的水利建设几乎贯穿始终。各项水利建设的主持人或倡导者，上至提举常平、工部尚书、侍郎等中央官员，下至知府、知州、知县、通判等地方官员，几乎涵盖了当时负责水利建设的各级官员。以上列举的水利工程，只不过是淀山湖地区全部水利工程的一小部分，其中，有不少费工达十万以上的大型水利工程。由此可见，历朝政府对淀山湖地区的水利建设投入了大量的人力和物力。

政府在淀山湖地区频繁地兴修水利,一方面,这与淀山湖的地理环境有直接关联,因为在淀泖地区地势不断下沉、海水倒灌的双重夹击下,淀山湖地区水灾问题日益严重;另一方面,开发水网密布的低洼地,需要投入大量的人力、物力,而在古代社会,普通农户自行开发这些低洼地是不可能的,因此,淀山湖地区兴修水利和发展农业,很大程度上依赖于朝廷对此地区的重视程度。

为了监测水位高低,及时掌握水情,宋徽宗宣和二年(1120),政府在浙西各个江河里立水则石碑,对高低田水利进行调节。遇灾时,根据水痕刻入横道碑(即左水则石碑),并用直道碑(即右水则碑)刻水位涨落的时间,如此,水害灾情便一目了然。水则石碑的设置,是古代劳动人民的发明创造,影响深远,一直沿用至明清。

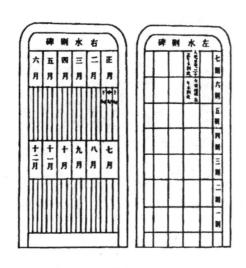

图1-4 宋代水则石碑图示

二、宋朝水利对淀山湖地区的影响

宋徽宗时郏侨说过,平江府有淀山湖,其周边江湖有三十多处,"积水凡四万顷",其中不乏可以治理开垦的田地,"可治者过半"。由此可知,直至北宋后期,淀山湖水域还是比较辽阔的,淀山湖地区还未得到完全开发。随着黄河流域人口的大迁徙,北人南迁,江南人口日益增多,淀山湖地区人多地少的矛盾越发突出。如何缓解这一矛盾呢?人们把目光移向了泖湖地区。淀山湖沿岸的水域被大量的围垦,湖塘被一片片蚕食,慢慢变成了粮田。

淀山湖地区,每逢海潮或江潮涌来,带入大量的浮沙壅泥、烂根败叶……它们随着雨水或溪流倾泻而下,冲入淀山湖,在此沉沉淤积。水流走了,但其沉淀下来的泥沙并未被冲走,水底泥沙越积越高,湖底便浅了。天长日久,这些沉淀物逐渐堆起来,成为水中一块块小土墩。附近百姓便把这些土墩圩头开垦为良田,种植庄稼。最早在宋绍兴(1131—1163)末年,军队就开始占湖围田,号称"霸田"。之后,湖区除被强豪地主侵占外,两浙的寺院也不甘寂寞,纷纷占用大量湖田。

因为当时临近湖水的土地是新土,土质松软肥沃,种植的作物都能获得丰收。围湖成田,增加了农民拥有的田亩数,不仅扩大了种植面积,更提高了粮食产量。况且,新开的围田暂不在官府的统计范围内,多不纳税或只纳很少的租税,所以周边的老百姓都愿意垦荒围田,这就造成了围田越来越多,淀山湖湖面越来越小。

图1-5　南宋嘉定十年(1217)淀山湖区图

图1-6　元至顺元年(1330)淀山湖区图

原来在淀山湖中心的淀山,到元朝时,已不在湖中,而到岸上了,而淀山湖的面积也由原来的"周回几百里",变为几十里。这一变化是巨大的,围湖成田,以及水利开发,是淀山湖地区湖沼成干地的主要原因。到南宋中叶,淀山湖地区被大量开垦成田。当时,南宋昆山诗人卫泾曾说过,隆兴、乾道之后……这三十年间,以前称为江、湖、草荡的地方,今天,都已经变成田了。"三十年间,昔之曰江、曰湖、曰草荡者,今皆田……"淀山湖西面的白蚬湖等湖,在宋绍熙(1190—1195)年间,都已经成围田了。

淀山湖被大量围垦成田,一方面扩大了耕地面积,提高了农业产量;另一方面,过度开发、过度围田,必然要筑堤围岸,这就造成江河阻塞,使原来湖泊的灌溉功能受到严重影响,水灾水涝让普通百姓的民田深受其害,反而影响了农业生产。针对日益严重的围田问题,政府采取了一系列措施,发布禁止围田的告示。但明面上实行的禁令,实际已经无法阻止人们暗地里围田垦荒的速度。政府见有水患,便加强水利建设,发展水利过后,又出现大片的良田。围田促进水利,水利造就良田,如此循环,促进了淀山湖地区的粮食生产及农业经济的发展。至宋淳祐(1241—1253)年间,仅昆山一县,围田缴租的米就达六万七千二百九十三石六斗,占全县赋税九万六千多石的百分之七十,成为该地区主要的赋税来源。

宋朝的水利建设,改变了淀山湖地区土地的经营方式,也孕育了市场经济。凭借得天独厚的自然条件,以及农田水利开发,种植面积的增多,淀山湖地区逐渐成为全国著名的粮食产地,号称"国之仓廪"。南宋绍兴三十一年(1961),军队缺粮,急需地方富商支援。米商张子颜就从设在吴县横金市的粮仓中,一次拨了储粮两千五百石,用于资助军队。而这些粮食,多为淀山湖地区所产。

淀山湖地区便利的水路交通,发达的水网系统,便于富户把多余的粮食运往其他地方,粮食成了当时江南农村市场流通量最大的商品,淀山湖流域也成为宋代商品经济最发达的地区之一。在日益繁荣的商贸环境下,不断成长的市场体系为小农家庭提供了增加收入的多种渠道,也促使农民开展了多种作物的种植。农民除了种植粮食外,还根据农作物的节令时差,交叉种植菜、麦、麻、豆等经济作物,以便在市场的交易中获得收入。在巨大的经济利益的驱使下人们充分利用土地,放眼乡里,到处都是耕种无荒废的圩头和利用无遗漏的田垄。

南宋中期,太湖周边的平江(苏州)、嘉兴(秀州)、湖州等地,共有草市(乡村定期集市)200多处。平江府的许多草市除了是本地域有商贸流通场所外,还与浙东、闽、广等地有密切的商贸关系。宋徽宗崇宁元年(1102)七月,在秀州华亭县(今上海市松江区)设市舶司管理海上对外贸易,相当于现在的海关。南宋建炎二年(1128),设两浙路提举市舶司,实施海外贸易,管理与检查进出口船只,负责船只商贸、收购专卖品、管理外商等事宜。淀山湖流域东部的集市网络,集合了华亭县农村市场的商贸活动,并通过临海的青龙镇、上海镇等港口市镇,与外部发生市场联系。

除了与外地甚至海外发生频繁的商品流通外,淀山湖地区众多的小商小贩也促进了本地区商品经济日益发达。那时,处于淀山湖地区的农民与古代农民已经有了很大不同。在秋收之前,淀山湖地区的农民还可能背负苛捐杂税或各种债务;秋收过后,上交了赋税,偿还了债务后,已无多少余钱。为此,他们在农闲时,有的做一些小买卖,便可日挣三百钱;有的应召为政府的役夫,参与兴修水利,每日可得

到二至三升的米,或五十文钱的报酬;有的靠水吃水,除了种田外,还利用丰富的渔业资源,捕捞鱼虾蟹贝之类,也能赚得些银钱。他们争朝夕,夺分秒,从事各种副业,增加收入。这样的农民,在淀山湖地区比比皆是。与其他地区的农户相比,他们有着更为广泛的经济来源,因而出现了吴中"人无贵贱,往往皆有常产"的现象,这也说明了这里的农户生活水平高于全国平均水平。

宋代淀山湖地区兴建的水利工程,改变了自然环境,排水围田,缩小了淀山湖湖面的面积,原在湖心的淀山到元初已在陆地,"距湖四里远"。淀湖"九峰",也从湖畔,走进了内陆。水利的兴修,发展了当地的农业,使淀山湖地区在南宋时期就已经成为全国的粮仓。水利的兴修,疏通了河道,便利了交通,促进了淀山湖地区商品经济的发展,使淀山湖地区成为当时全国商贸最为发达的地区之一。这些影响,一直延续至明清,淀山湖地区的塘浦圩田系统也保留至今。无论是在对自然的改造上,还是在促进社会发展的进程中,宋朝都是淀山湖地区的一大转折点,正是在宋代不断投入的水利建设和改造,才奠定了淀山湖今日繁荣的基础。

古代人们治水的历程,给后人提供了许多宝贵的经验。现代淀山湖,依据其地形、水流方向、四季水量等因素,新增了许多水利疏浚建设,在各个河道口建闸,拆除湖内围网,疏通河道。20世纪70年代末、80年代初,实施了"太浦河工程",加宽加深太浦河,进一步增强了淀山湖地区的滞水功能。

20世纪八九十年代,我国乡镇企业的蓬勃发展,开创了社会经济的新模式,却造成大气环境、水环境等的严重污染。淀山湖中,有来自上游的工业废水,有沿岸居民排放的生活污水,有来往船只排放的废油,再加上湖周边防汛闸的建立,淀山湖里实行网箱养殖,造成水流不畅,富营养化使蓝藻横生,原本清澈无比、鱼翔浅底、水草丰美的淀山湖受到了严重的污染。湖中,鱼的数目在急剧下降,鱼的种类在日益减少,水草腐烂,湖水变臭。夏秋季节,湖面上漂浮着一层绿色,那是蓝藻大肆横行,就连吹过湖面的风,都是带着腥臭的。

面对如此困境,人们认识到环境的重要性。2005年起,淀山湖镇党委、政府对淀山湖水域实施水环境综合整治,投入拆网经费3 300多万元,全面拆除2.1万亩围网,有效地减少了因湖泊养殖导致的污染,还淀山湖一个无点缀、无人为痕迹的"白纸"。2009年,全面启动淀山湖渔业生态修复工程。"十一五""十二五"期间,淀山湖镇实施生态环境保护工程,对淀山湖周边的污染企业进行了整治或关闭,消灭了污染的源头。建造垃圾处理设施,杜绝生活垃圾对水质的污染。以渔保水,以渔净水,以渔养水,每年放养的鱼苗吃掉湖中的微生物、浮游生物,在恢复淀山湖的生态系统中,起到"清洁工"的作用。除了净化湖水外,政府还努力修复淀山湖周边区域的水生态,筑浅滩,造湿地,为动植物营造适宜生长的良好环境。淀山湖周边湖群、湿地、绿滩,实现了生态修复。淀山湖的水由绿变清了,一些常年不见的物种又开始在湖中出现了。

时至今日,淀山湖镇以"尚美淀山湖"为发展理念,以生态作为转型发展底色,从人民群众期望出发,将淀山湖镇打造成人文美、环境美的生态宜居城镇。

利用淀山湖优美的环境,淀山湖镇建造了环湖大道,并在湖边设计了音乐喷泉、爱心码头、观赏草坪等景点,成为周边居民休闲放松的好地方,吸引了众多游客来此游览。同时,沿湖增设了蓝色自行车车道,成为自行车爱好者的活动路径。

图1-7 湖畔风光

因湖而得名,因水而结缘,淀山湖镇的戏曲大舞台也建在水上。水上舞台,形似一颗"心",那是淀山湖镇人心聚家园爱家爱乡的象征。

第三节 诗文淀山湖

"风乍起,吹皱一湖春水。""闲云潭影日悠悠,物换星移几度秋。""三泖斜分光潋滟,九峰倒浸影模糊。"世纪更迭,沧海桑田,千百年来,淀山湖镇以她独具江南韵味的湖光山色,以及一湖梦幻般恬淡的春水,惹得历代多少志士仁人、文人墨客慕名而来,驻足于此,流连忘返。他们寄情于山水,回归自然,把酒临风,凭栏赏景,兴之所至,湖畔吟唱,留下了无数脍炙人口的诗词歌赋,生动地记录了淀山湖的历史和人文情怀,为后代留下了一笔笔宝贵的文化遗产。

一、云间九峰立淀湖

淀山湖,有山,有湖。古淀山湖上,耸立着十座山,其中淀山位于淀山湖中,因其比"九峰"形成得更早,所以被称为"九峰之祖"。其他九座山峰,并排着列于淀山东南处,分别是凤凰山、陆宝山、佘山、西林山、薛山、机山、横云山、干山、小昆山,古代称为"云间九峰"。"云间"二字源于西晋名士陆云与洛阳名士荀鸣鹤互通名姓时说的话,"云间陆士龙"。陆云是吴郡吴县华亭县人,自此,"云间"二字成为华亭县、松江府的雅称。

淀湖九峰,虽然海拔都不足百米,但历代文人墨客的遗踪故迹,不计其数,他们吟咏的诗作,也数不胜数。其中最完整的要数清代王奏卿和倪金报两人,他们各自创作的《九峰诗》,被王奏卿的曾孙王善拳收集整理并纪录了下来。

王奏卿《九峰诗》

凤凰山

孤峰卓立按穹苍,绿竹千丛护草堂。

晚日曈昽遥望处,浑疑凰翔在高岗。

陆宝山

指点山巅更水涯,参天古树郁槎桠。

楼台胜处今何在,尚说流留是陆家。

佘山

东西庵住翠微巅,怪石奇峰隐数椽。
欲访道人人不见,临流闲掬洗心泉。

西林山

层峦叠嶂耸遥空,四面闲云山洞中。
却怪素翁仙化去,尚留青塚草葱葱。

薛山

烟云一气插中央,树色重重照夕阳。
有客玉屏山下立,罗池风送藕花香。

机山

平原人去碧苔封,独有青山尚旧容。
借问何人重结宅,去林烟径暗遥峰。

横云山

孤松偃盖洞门寒,见说潜龙是处安。
偶向草堂闲眺望,满天雨意洒云端。

干山

浮屠七级混浓烟,独倚云筇到石巅。
忽见黑风吹海立,海潮色共海天连。

小昆山

昆山秀峙比昆岗,尚剩三间小草堂。
最惜赏花人去后,四时闲煞乞花场。

倪金报《九峰诗》

凤凰山

凤凰山上凤凰游,山顶还宜造凤楼。
试问凤凰山上客,不知曾见凤楼不。

陆宝山

扶疏古树至今存,故老相传陆氏村。
花拍绿杨荒塚地,月明山鬼哭黄昏。

佘山
三庵佘岭历多年,游客烧香泛画船。
日暮山中人静寂,一声清磬出云边。

西林山
道院由来祀四贤,四贤祠外绕云烟。
披图领略钱君咏,八景居然小网川。

薛山
孤峰峭壁郁苍苍,薛老当年住草堂。
最好罗池新雨后,吹来一阵藕花香。

机山
此地平原旧有名,山村百亩读书声。
我今策杖村前过,村里无价鹤片鸣。

横云山
周遭塔院碧云封,家在横云第七峰。
却怪老僧太多事,破侬清梦五更钟。

干山
给事题诗绝代才,山巅怪石几徘徊。
一朝风雨两鱼云,风雨重来鱼不来。

小昆山
士衡兄弟出乡关,故址宜寻屋几间。
双璧而今不当赵,小昆山唱念家山。

淀湖九峰,虽然如今都已在陆地上,不在湖中了,甚至有的山峰已经消失了,但从关于九峰的诗作中,依然能体会到当年淀湖九峰绿树成荫、篁竹葱翠的情景,依然能感受到当时九峰空山不见人、唯听鹤鸣、唯闻禅院钟声的幽深与缥缈。

九峰中,除凤凰山外,其余诸峰在一条直线上,因而凤凰山显得有点儿特立独行,被称为"孤峰"。该山满山绿竹,苍翠葱茏。山顶上,一间草堂掩映在竹海中,在夕阳的余晖中,如一凤凰趴卧山顶。

陆宝山,相传是三国时期吴国大将陆逊的封地,后来成为陆逊后裔私有。陆宝山,古树参天,枝叶蔽日。山下,建有陆宝院,又名福寿庵,是陆家家祠。从上述二人所写的诗中可以知道,当年陆宝山上亭台楼阁,何等繁华热闹。随着陆家后人的纷纷离去,陆宝山上只留下那些古树,以及荒塚上胡乱生长的野花绿杨。

佘山,树木茂密,多怪石奇峰。山中有三庵,东庵为聪道人所居的普照教院;中庵又名"惠日院",其东有一泉水,名"洗心泉";西庵为宣妙院,有上方寺。多年来,周边游客纷纷乘船划舟,来此烧香、求道,并掬上一捧"洗心泉",洗去心中杂念,洗去生活之苦。日暮后,山中回归寂静,只传出古庵的声声钟鸣。

西林山,原叫"辰山",相传山中有神仙踪迹,故又叫"神山"。唐天宝六年(747)改叫"西林山",现在恢复用"辰山"名。相传,元代有道人彭素云居于此山,王奏卿诗中的"素翁"就是指此道人。山中建有崇真道院,旁有四贤祠,祭祀陆机、陆云、张翰、顾野王四人。四贤祠里,烟雾缭绕,香火不断。东山,为悬崖峭壁,直指云霄,十分险峻;南山,树木葱郁;北山,苍竹如碗口粗,绿色满坡。

薛山,形状像屏风,又叫"玉屏山"。"薛山"之名的由来,除前文所说的为纪念北宋薛居正及其后人之外,另有一说。相传,唐代道士薛道约居于此,因此得名。薛山,南与佘山相对,东与凤凰山相望。山上,树木葳蕤,花草茂盛,薛道士的草堂夹杂其间。草堂边,罗池水波荡漾,池上绿叶如野,粉莲亭亭。雨后,风拂叶摇,荷花飘香。

机山,西晋文学家陆机曾居此山,因而山名为"机山"。此山较平缓,小巧秀丽。山前有河,河两岸民宅零散,阡陌交通,人们日出而作,日落荷锄而归。炊烟袅袅中,夹杂着书声琅琅,飘荡于山水间。

横云山,东西跨度很长,形状似山横卧着,故名"横山"。为了纪念西晋文学家陆云,于唐天宝六年,改名为"横云山"。站于山顶,看淀湖,观山影,既能看到风景秀丽的山体画卷,又能看到波澜壮阔的湖面盛景,所以当地人喜欢在重阳节当日,登上横山观景,也沿袭了重阳登高望远的习俗。

干山,远看干山的形状,像一匹飞驰于天空的马,昂着头,弓着背,所以干山又叫"天马山"。干山东麓有三高士墓,"三高士"分别为杨维祯、钱维善、陆居仁。此山南坡怪石嶙峋,山势陡峭、险峻,北坡平缓且长,碧竹密布,笔直坚挺,直入云霄。山上原建有来鹤轩、二陆草堂、看剑亭多处楼阁亭台。

小昆山,有别于今昆山境内的马鞍山。"士衡"是陆机的字,小昆山,是陆机、陆云兄弟俩的出生地,小昆山也因二人而闻名于世。后人将二陆喻为"美玉",宋代文

学家王安石曾作"玉人出此山,山亦结此名",从此"玉出昆岗"一词便人人皆知。可惜如今人去楼空,小昆山上只留他们居住的草堂几间。少了赏花人,满眼的繁花独自开放,寂寞凋零。

二、喜怒哀乐咏淀湖

千百年来,淀山湖作为重要的水上交通要道,常有文人墨客经过,而湖光波影,碧水连天,令人沉醉此间,流连忘返。他们的诗性与才情,被悠悠淀山湖所激发,写下了多篇歌咏淀山湖的诗文。自宋以来,卫泾、袁华、吴文英、谢应芳、吕诚、杨维桢、夏原吉、归有光、乾隆皇帝、王士禛、朱彝尊等人相继吟诵过淀山湖。一切景语皆情语,在文人笔下,淀山湖呈现不同的景观,传达不一样的诗意情怀。诗人用托物言志的方式,纷纷表达自己的身世之感,故园之思,家国之恋。这些凝练而有韵致的文字,记录了当时文人的内心情感与喜怒哀乐,也为读者展示了当时淀山湖的风致。

宋代华亭人卫宗武,对淀湖和家乡充满眷恋,在他的《清明行役过淀湖至吴》中有句云:"涉柳正清明,淀湖波更平。雉媒空古迹,鹤唳动乡情。"因淀湖唤起乡情的,还有生长在淀湖畔的明代松江人管时敏,他对滋养其生命的淀湖充满感情:"我家住在淀湖东,风景依稀似画中。白首曳裾归未得,鸥波千顷属渔翁。"诗行中洋溢着自豪感,也流露出不得归家的乡愁。明末清初太仓人吴伟业,在《茸城行》和《暑夜舟过溪桥示顾伊人》中也表达了对淀湖风物和家乡深沉的爱,其诗句云:"黄淀湖雨过,莼丝绿百年。""谁家更吹笛,归思淀湖东。"清代文人,浙江嘉兴人朱彝尊,也写了多首与淀山湖有关的诗,在这些作品里,诗人注入了浓郁的思乡之情。如这首《送陈钺之青浦》:

忆同九日登高宴,益信陈琳最善文。
易水自来长送客,词人且免学从军。
帆飞薛淀连乡树,鹤下华亭划海云。
吾老思归犹未得,天涯岁月总离群。

诗中写到重阳节登高,诗人发出许多感慨,最让人产生共鸣的,是他的思乡之情。"帆飞薛淀连乡树,鹤下华亭划海云。"从这两句诗的内容来看,薛淀湖介于松江与秀水(嘉兴)之间,诗人登高所见,有风帆,有连接着家乡的远树,有从华亭飞过的鹤。无论是帆船、飞鹤,抑或是从诗人家乡秀水连绵生长过来的树,都让年迈的朱彝尊产生了浓郁的离愁。再如他的诗作《鲁太守超席上赋》,有句云:"归路亭皋飞木叶,放船薛淀冷湖云。十年梦寐西堂烛,今日题襟得共君。"以萧萧落木和寒冷湖水,抒发浓烈乡愁。

南宋昆山人卫泾的诗作《游淀山湖》,有句云:"疏星残月尚朦胧,闲入烟波一棹风。始觉舟移杨柳岸,直疑身到水晶宫。"传达了夜行淀山湖的诗意体验,卫泾化用了柳永《雨霖铃》一词中"杨柳岸""晓风""残月"的意象,将其融入诗中,浑然天成,恰到好处地描绘了夜晚淀山湖的朦胧清幽、空阔辽远。元代诗人黄溍对淀山湖风物情有独钟,作诗云:"移舟夜泊华亭县,却听吴歌思渺然。最忆淀山湖北寺,白云堆里看青天。"

同样是夜泊淀山湖,清代诗人范缵的感受与卫泾、黄溍迥异,其诗曰:"雨暗四天低,湖边山影迷。惊寒孤雁起,愁湿怪禽啼。鬼火明空庙,悲风撼断堤。哪知栖息处,到晓不闻鸡。"何等凄风苦雨,自是离人愁情。同样有着愁苦情怀的,还有元末明初诗人邵亨贞。当邵亨贞有闲情雅致时,他笔下的淀湖,充满了禅意和诗意:"三千世界非尘境,九十春光半雨天。准拟前村寒食后,移尊共买淀湖船。"洪武初年(1368),邵亨贞的儿子邵克颖为馆人所连累,得罪入狱,友朋都建议他去朝廷申冤,为其儿昭雪。于是,年迈的邵亨贞冒着风雪酷寒前往金陵,途经淀山湖,作诗《淀湖》。因心怀愁绪,淀湖在他眼中成了萧条的所在:"兵余聚落废,草木荡不存。""向来经行处,恍惚不可论。""岂知衰暮景,值此天地昏。"

当然,吟诵淀山湖的诗大多是轻松明快的调子,给读者展现优美的淀湖风光,以及诗人内心的畅快或赞美之情。在这些诗行里,用得最多的意象是湖水、云天、鸥鸟及九峰三泖等,传达人与自然和谐共处的生态环境。如元代诗人郑洪有诗云:"淀山湖头鸥鸟飞,谢家泖口鳜鱼肥。菱花正熟胡儿米,荷叶新裁楚客衣。"描摹了一派山清水秀的江南风光,以及鱼米之乡的富足生活,也能感受诗人对这片泽国的热爱。元代僧人善行在《送瞿慧夫上青龙镇学馆》中有句云:"淀山春树檐前绿,谷水秋风帐底寒。善舞不须愁地褊,才名行且属儒冠。"于明媚的淀湖春景和萧瑟的谷水秋色间,抒发为人处世的智慧。

明代昆山诗人龚诩在《归自云间,道经淀山湖,与竹庄同赋》中这样赞叹淀山湖:"淀山水深清到底,俯视鱼虾游镜里。"他与好友知己泛舟湖上,乘着酒兴抒怀:

"船中有酒有知己,不醉忍使湖山羞。"诗人感叹:"未知何年复到此,重与湖山酬一杯。"明代诗人屠隆在《泛淀山湖》中有诗句:"扁舟凌紫氛,潇洒绝人群。浦暗遥吞树,湖空不碍云。"写出了湖面的空阔、旅行的畅快与无拘无束。明代郭谏臣在《淀山湖中》云:"晓起进兰桡,东行水国饶。湖连天共远,日出雾全消。独鹤凌风举,群鸥逐浪飘。柳村看渐近,青幔映河桥。"这首充满动感和韵律的五律,色彩明丽,意象丰富,将淀山湖的自然生态与水乡情调勾勒了出来。明代顾清在《送沈惟馨赴举和陈刚中韵》云:"送子涉淀湖,画桨摇清波。"虽是送别之作,情怀却是轻快畅达的。明末清初学者彭孙贻《淀山湖》诗曰:"洞庭山下去,白浪接天流。烟波十万顷,少个打鱼舟。"写出了淀山湖浩浩荡荡的气势。清代诗人毛奇龄的朋友迷恋淀湖景色,久久流连,不忍离去,所以,毛奇龄在诗《寄京兆杜二游云间二首(其一)》中有这样的诗句:"长日榴花归去晚,寻君只在淀湖头。"

图1-8 淀山湖上空云卷云舒

不是所有写淀湖的诗词都很婉约,也有豪放之作,如元代许恕的《淀山湖阻风》:

> 湖之水,不可渡。短棹夷犹日已暮,沧浪浩渺阻修路。雪云满天风满湖,湖边买酒祭龙姑。美人可望不可及,谁写山阴兴尽图。

还有元代吕诚的《登淀山寺》:

> 一上湖南淀山寺,寺门高开秋树颠。下界云烟惟一气,八方楼阁驻诸天。无风灵籁时生壑,深夜神龙或起渊。我独题诗此临眺,寥寥宇宙几

千年。

再如明代夏原吉的《泛淀山湖》：

> 寒光万顷拍天浮，震泽分来气势优。
> 寄语蜿蜒波底物，如今还肯负舟不？

以上这几首作品，特别具有气势。无论是宏阔的画面构图，还是豪放的诗词意象，还有动感的诗歌韵律，都跳出了婉约的路子，显得朴素大气。而诗词所赋予的人生追问、哲学思考和情怀表达，都与众不同，引人深思。

另有几位文人，分别写下了多首关于淀山湖的诗文，他们是谢应芳、杨维桢、陶宗仪、归有光等人。

谢应芳（1296—1392），元末明初学者，江苏武进人。元末，为避兵乱，他在昆山、松江一带活动，过了18年的避世生活，并与杨维桢、顾阿瑛、袁华等人成为朋友。他一生未入仕途，过着耕种、教书、诗文酬唱的生活，其《龟巢稿》收录了很多咏昆山的诗歌，粗略估计，涉及淀山湖的诗就有8首。经历了元末明初的战乱，安贫乐道的谢应芳特别珍视淀湖难得的安宁环境，《访淀山因自明习无学二禅老》，正是他由家乡来淀泖地区避难的真实写照，全诗如下：

> 西风满帆天所假，扁舟过湖快如马。
> 欲寻渔父问桃源，因访高僧过兰若。
> 南能北秀两魁奇，翠竹黄花总潇洒。
> 相逢握手问流落，试为从头略倾写。
> 生居扬子大江滨，老我延陵力田者。
> 群凶西来火三月，四境更无茅一把。
> 乡邻死战血漂杵，妻子生擒肉为鲊。
> 随波幸若鱼漏网，失窟惊如逡在野。
> 山中碧松堪疗饥，池上白莲宜结社。
> 笑语同行有发僧，数见不辞禅板打。

诗人描述了朱元璋淮西红巾军攻击常州时，家乡被杀烧抢掠的惨景，以及自己如漏网之鱼、失窟狡兔的侥幸和不安。他避世在淀湖畔，过着与世无争的生活，参禅悟道，修身养性。在谢应芳的笔下，淀湖就是桃源和兰若，是安宁寂静、没有烦恼的所在。诗人在多首诗中表达了相似的情感。如《送蔡伯升避兵淀山依故人》：

> 典衣沽酒碛沙头，送客携家访旧游。
> 虎窟携来桃竹杖，鸥波荡去木兰舟。
> 黄杨偶厄今年闰，老菊重逢九日秋。
> 觅得桃源堪避世，结邻当与老莱妻。

虽然在兵荒马乱之际日子过得拮据，但这在豁达乐观的谢应芳看来，算不得什么，能够在淀山湖畔，与朋友叙旧，与贤者为邻，对诗人而言就是"老菊重逢九日秋"。因此，他所见所感受的淀山湖，沙鸥飞翔，兰舟轻桨，是避世桃源，表达了"苟全性命于乱世，不求闻达于诸侯"的散淡心态。再如他另外几首诗作中对淀山湖的由衷赞美："淀山湖边五亩宅，芙蓉锦城耕稌田。多情念我久离别，风雨远来书画舡。""鬓丝垂领白氉氉，老我身如作茧蚕。午梦忽惊飞炮响，狼烟只在淀湖南。""淀山湖上避兵时，总角曾闻阿母慈。霜野不教儿子出，水池竟得鲤鱼知。""淀湖喷薄东岸曲，陈湖缭绕西邱阿。前看震泽后笠泽，青山数点堆青螺。""淀山湖水国人家，自是生成图画。""淀山小湖边，草亭修竹里。"谢应芳认为，淀山湖是一个逃避战乱的桃花源，他看重的不仅是淀泖地区的湖光山色，还有昆山、松江地区的文人因结社、互访形成的浓郁人文氛围。

元末明初著名诗人、书画家和戏曲家杨维桢（1296—1370），与淀湖的关系很密切，他曾居住在淀湖畔的松江，与文人墨客诗文唱和。杨维桢非常熟悉这个诗意的湖泊，曾写有《淀山湖志》，该文详细梳理了元代治理淀山湖的经过，有重要的史料价值。他还写了歌咏淀山湖的诗，如下面这首《淀湖》：

> 禹画三江东入海，神姑继禹淀湖开。
> 独鳌贔屃戴山出，三龙联翩乘女来。
> 稽天怪浪俄桑土，阅世神牙亦劫灰。
> 我忆旧时松顶月，夜深梦接鹤飞回。

诗的首联、颔联、颈联以大禹、神姑、鳌、龙等神话形象，讲述淀山湖形成的原因，充满瑰丽想象和神秘色彩。最后一联，诗人从神话世界中抽身而出，写个人的独特感受，令其难忘的是已逝时光里松树顶上的月亮，以及夜深时分驾鹤从梦里飞回的况味。与前三联动感宏阔的叙事比较，尾联传达的意境，正是淀湖带给诗人的生命体验——清冷幽静，余味绵长。

图1-9　淀山湖上空的蓝天白云

元末明初杰出的文史学家陶宗仪笔下的淀湖,总能让人勾起一些伤心惆怅的情绪。洪武己巳(1389)正月,陶宗仪与亲友四五人,乘舟送学生张宗武入京应试,正月初六,雪霁初晴,过淀山湖,陶宗仪赋诗《送张宗武》:

　　小舟冲雪向来曾,如此湖山喜快晴。
　　万顷渊淳云浩渺,一峰危立玉峥嵘。
　　寒生毳褐清尊益,色映乌纱白发明。
　　只怕阊门明日到,春风恼乱别离情。

全诗字里行间有大雪初停、天气放晴的喜悦,有对淀山湖浩渺烟云、秀美风光的赞美。这种情感的铺垫,最终引出了年近七旬的陶宗仪发出"色映乌纱白发明"的人生喟叹,以及"春风恼乱别离情"的哀愁,这也是人生历练到一定阶段后,开出的朴素花朵。

陶宗仪为黄岩青阳(今属浙江省台州市路桥区)人。久寓他乡的陶宗仪,常在诗中表达浓烈的思乡情绪。如《登干山次林泉征士韵二首(其一)》:

　　水作巴蛇走淀湖,山蟠天马载浮图。
　　重重桑柘平原近,闪闪乌鸦落照晡。
　　林庙幡镫祠岱岳,江城雉堞带东吴。
　　归心自是愁如织,只怕游人唱鹧鸪。

这首诗从俯视的角度观察淀湖及其周围的风物,写得很大气,有魄力。在诗人

眼中,淀湖水是汪洋恣肆的,天马山是高骏雄伟的,平原上的树木重重叠叠,翻飞的乌鸦、肃穆的经幡、低矮的城墙,都令人心生惆怅,而真正让诗人感伤的,是不绝如缕的乡愁。

陶宗仪还有一首《和张宾旸西畴泛舟韵二首(其一)》与淀山湖有关,诗文如下:

　　潦水茫茫接淀湖,人家如在辋川图。
　　日明练色涵青嶂,风细鳞纹漾绿芜。
　　打鼓踏车农事冗,放船携酒客情娱。
　　饮阑同叩邻姬户,啜茗听讴直至晡。

全诗展现了淀湖如画的风景、诗人与友朋闲适的情怀,最难得的是,诗人在举杯把盏之间,听到了淀山湖畔农民的疾苦声,虽只是轻描淡写一笔,却也是深刻的历史印痕。"打鼓踏车农事冗",在湖上游人的欢愉声的映衬下,农民显得愈发忙碌而辛苦。

有"明文第一"美誉之称的归有光,写有多篇关于淀山湖的诗文,如散文《望湖曹翁六十寿序》《王母孙孺人墓志铭》,诗《书王氏墓碣子敬淀山湖上》《夜行淀山湖》《由淀山湖》等。在《王母孙孺人墓志铭》中,有这样清丽的文字:"予岁时一至其家,多从中秋泛月湖中,或憩潭旁篁篠间,观鱼鸟之飞泳。主人为撷嘉树之实,采芳桂之英,瀹茗清谈,指点山旁竹木之间二先生饮酒博弈之处,因登忠孝之堂,为之慨然而叹息。"他由衷地赞叹月下淀湖之清幽,湖畔人家之和谐,这是一种难得的、诗意的人生体验。其诗《由淀山湖》曰:"江南肥黄雀,秋晚淀山湖。出浦生风浪,轻舟过荻芦。"这些诗句,写出了秋天傍晚时分淀山湖的勃勃生机,以及诗人的豁达畅快之情。

淀山湖边,春花烂漫,夏荷弄姿,金秋送爽,冬雪漫天,一年四季美景不断。淀山湖的诗,有喜极而歌的,有悲声阵阵的,那一首首诗表达了诗人喜怒哀乐的不同心境,也从侧面把淀山湖的美景美物展现出来。

三、璀璨八景美淀湖

春天,是多雨的季节。江南的雨,是那么安静,即使是在白天,它也是静悄悄地来。如若不在雨中行走,是体会不到它的细腻的。晚上,细雨落入湖中,滴入河里,飘入家家户户的屋檐下,也是安安静静的,不扰人。有时,雨珠变大,也只是发出悦耳的、有节奏的嘀嗒声，如奏夜曲，似在催眠。

淀山湖周边的树，最多的还是柳树和桃树。早春时节，柳丝吐新。那点儿嫩绿探出头来，沽于柳条上，随风摇摆；桃树枝头点点粉色点缀。此情此景，代表了浓烈的江南风格，柔软而雅致。杨柳春风，春风杨柳，粉颜羞涩，秀色桃红。桃红柳绿、万紫千红之外，是碧波万顷，碧空万里。

此时，最是农人忙碌的时节，他们要拾掇残败的枯草，收拾裸露一冬的荒野，垦荒、锄地、松土、开沟、堆垄、育苗……他们把自己对土地的热爱换作弯腰驼背，把日月光阴化成自己手上的老茧。田野中，一头牛、一个人，在岁月里相伴而行。

一夜无风，淀山湖水安静地流淌着。月光之下，一盏灯亮起，便传出人的咳嗽声和说话声及此起彼伏的狗吠鸡啼。随之，烟囱内飘出袅袅炊烟，村庄上空弥漫着柴火的气息。临淀山湖的内河上，渔火亮起，渔船开始游动。船娘拿起小桨，开始划动小船，船夫拿着竹篙，站于船头，一天的劳作由此开始。

渔船沿着熟悉的线路前进着，至淀山湖，把撒下的网依次拉起来，看网内是否有鱼虾。湖上薄雾朦胧，白茫茫一片。晨雾打湿了船身，打湿了船夫船娘的眉眼，也打湿了他们内心的执着。船夫拉网，船娘拾掇。鱼被养入船头的水里，螺蛳、虾等被扔进准备好的盆内。待他们把活儿干得差不多的时候，薄雾渐散，东方露出鱼肚白。地平线上，朝霞满天时，红日慢慢升起，直至伶伶俐俐地照于上空。

淀山湖中，有一座山叫"淀山"，因其地理位置的优越，而有"落星浮玉"之称，就像落在淀山湖上的一颗星星，或似镶嵌在蓝色湖面上的一块宝玉。淀山的形状四方如鳌，故人们又称其为"鳌峰"，山上建有宝塔，飞檐高翘，塔尖直指云霄。山上除了宝塔、寺庙等大屋宇外，还建有明极亭、龙渊桥、一色轩等建筑，它们倒映在清澈见底的湖面，与紧贴水面的荷叶塘花交融，构成了一幅既精致典雅，又气势恢宏的绝美画卷。

淀山湖上的雾厚重不一，水气重，是雾浓；反之，则是雾淡。因此，淀山湖上往往会出现有的地方已经雾开，而有的地方还是雾锁重楼的情形。淀山湖，云团雾气，船在雾团之间穿梭，就如在云间行走。远处，淀山矗立，山腰间雾气缭绕，仿佛那天宫仙境一般。淀山湖上鳌峰烟寺，是迷雾天气独特的景观。

星辰退却，霞光万丈。没过多久，淀山湖上便出现了许多帆船，仿佛有人召唤似的，从周围四面八方的河道驶进了淀山湖。湖面上，帆影点点，就像一块块汉白

玉镶嵌于翡翠之上。有时候，某块湖面上连接着几条帆船，那是同村或同族的船只结队而行；有的河道中，只驶出一艘白帆或红帆，它独自飘零于湖面之上。淀湖风帆，远远近近，随风飘于湖上，慢慢悠悠地前行着。也有未曾扬帆的小船，它们依靠人力摇着、划着，不急不赶，与这一片温润静谧的湖融为一体。

夏秋季的凌晨，金家庄人红篷船和虹泽的白篷船来往穿梭于湖上。每条船上两人肩扛九齿的竹柄铁搭（农民习惯叫拉草铁搭）伸进湖里，借助帆船的动力将湖里的水草拉上来，装到船上。这是当地农民积自然肥的一种方式，名为"拉草"。晨光中，红、白两色的拉草船随风摇曳，给江南这幅水墨山水画增添了无限的生机。

随着太阳升起，阳光射于湖面上，幻化成粼粼波光，就像湖面怀抱了许多星火般。蔚蓝的天空中，白云像轻盈的棉花，一朵朵，一片片。湖上，船影摇曳，伸向天际，水天一色。白鸥从芦苇丛中飞跃而出，在水面上划下一道波痕后，便向天空飞去，忽高忽低，给清澄的湖水加了一道道波纹，给湖水平添了无尽的美，翠绿欲滴。鸥泛晴波，鱼鹰戏水，成群的鸟儿在蓝色的天空展翅高飞。它们飞累了，便浮游于水上，成为湖上一块块流动的玉。

夕阳西下，以金色为主的天空之下，赤橙黄绿青蓝紫，天空及湖面都被披上了一道彩衣。在璀璨的暮色中，船归航，鸟回巢，一切都渐渐安静下来了。

秋风渐起，大雁南归。天空中，不时有一群群大雁以它们整齐的姿势，向南飞去。伴随它们飞翔的身影，还有那一声声雁鸣，嘹亮，清脆。秋天的夜色，总是来得那么早。雁群还没来得及飞至栖息地，天色就暗了。它们在墨蓝的天际间翱翔，就如月夜的精灵，为奔赴自己心灵的归处而飞翔。

淀山湖的冬天，总是特别冷。湖上的风吹来，夹带着湖水的清冷，寒意阵阵。荒野上的枯草败叶在北风吹拂下，低头俯首。三九四九时节，雪至，漫天飞舞，似天空撒了一把粉尘。淀山湖上，如果风起浪涌，则天明时，还是一汪湖水。如若风平浪静，那么一夜过后，湖面便结了厚厚的一层冰，一汪湖水变成一面大银镜。有人头戴斗笠，身穿蓑衣，敲开冰面垂钓。雪落在钓鱼人的帽上、衣上，他都不觉。白茫茫的天地间，渔翁安静恬淡，坐等鱼儿上钩——其实，鱼儿上不上钩，都不重要，一切外在的纷乱，都被他摒弃在脑海之外了。

明朝，昆山"五高士"之一的孙俊，家居淀山湖附近的碛碯村。他喜花草竹木，同许多文人墨客一样，爱流连于山水中。淀山湖一年四季的美景，在孙俊的眼中美

不胜收,为此,他写下了《淀湖八咏》,其中一首写道:

> 淀湖风景讶天成,水秀山明万古情。
> 岚树光中禅刹耸,浪花堆里客帆轻。
> 数行征雁横秋月,几个闲鸥浴晚汀。
> 洲渚鱼蓑披雪钓,野田农耒带云耕。
> 春回杨柳摇金色,风度蒹葭作雨声。
> 此景此情吟不尽,仙游何必到蓬瀛。

此诗,把淀山湖的鳌峰烟寺、薛淀风帆、雁横秋月、鸥泛晴波、渔蓑钓雪、农耒耕耘、杨柳春风、蒹葭夜雨这八大美景,进行了全景式的描摹。

其实在淀山湖,除了这八大美景外,一年四季中,还有许多美丽的景色,如日落栈桥、芦花扬尘、云卷淀湖等。淀山湖,不论阴晴,还是雨雪;不管清晨,还是日落,无论站在什么角度看,她都是一幅美丽的画卷,值得细细品味,慢慢欣赏。

第二章 悠远古镇

茫茫淀山湖畔,悠悠古镇情长。在淀山湖镇域内,度城、榭麓、杨湘泾在历史上就享有"镇"的地位。在古代,能称为镇的,一定是拥有悠远的历史,有集中居住的建筑群,有繁华热闹的商业街。古度城、榭麓、杨湘泾三镇,她们经历了金戈铁马的烽烟战火,沐浴了传统儒家的慈善忠孝,熏染了佛道烟火的仙风道骨,如今,更是扬马前行,展示着无限的魅力。

第一节 度城——金戈铁马 忠孝传世

淀山湖镇杨湘泾西南3千米处,有一座拥有2 000多年历史的古城,名字叫度城。其历史年月是从神秘莫测的千年古潭——度城潭中考证而得的。20世纪50年代,因生产运动的需要,度城潭的水被抽干,河床外露。这一无意之举,却揭开了度城潭隐藏了千年的秘密。水潭底部,在淤泥之下,竟挖出了瓦罐、陶器、酒坛等器皿。时光总是在不早不晚的时候,透露历史的信息。度城潭下埋藏了多年的历史终于公告于众。在一番挖掘、翻找后,河潭底部还可见古井、古石板街等陈设,那些东西被考证为唐宋遗迹。

进入21世纪,度城潭西,富力湾房产开发,建筑工人挖到了墓葬群。考古工作者到场,出土了大量的文物,进一步佐证了度城的历史年代。现场挖掘出来的各种陶器、玉器、工艺品及农耕器具等,考古学家从其做工、式样、花纹等判断,认定它们属于马家浜文化类型。这些物件具有制作精细、构思独特、工艺巧妙、造型优美、运用方便等特点,充分展示了古代劳动人民的智慧与才华,表现了吴文化别具一格的地区特色。

据史料记载,度城这座历史古城,曾经狼烟四起,烽火连连;曾经商贾辐辏,欣欣向荣。这座古城,演绎过金戈铁马的战斗,尝尽人间悲欢离合;在这里,"三槐王"的后代,忠孝传世,恩泽乡邻。

一、金戈铁马古度城

度城位于度城潭畔,其区域包括原潭西村、西杨村等。西面是烟波浩渺的淀山湖,夕阳西照,芦花飘飞。湖面渔舟归航,泛起粼粼波光,自有一番神韵。度城潭处于小千墩浦、塘江、庙前港、西港江、后江、洋村江等江河的汇集处,因形状似龟,又名"龟鳖湖"。度城潭因其地处六江中心,淀山湖旁,所以有着重要的战略意义,是屯兵练兵的好地方。我们从"津接吴淞笼晓月,虹凝薛淀数归帆""潭涵明月规古今,驿认官程渡来去",这两句刻在度城村的善渡桥两侧的对联中,就可以看出度城在军事位置上的重要性。

图2-1　度城村在淀山湖镇位置图(图中"+"标记处)

度城,最初的名字叫"铎城"。"铎",是古代的一种乐器,用于帝王将相或长官在宣布政教法令时或有战事时用于召集人员、发布命令的大铃。战国时期,吴王阖闾在此筑城,与金泽金城、陆家瓦城形成三足鼎立之势,并以此为前哨,防范越兵。

吴国筑好烽火台,建好城池后,吴王阖闾命人召集兵士集合,进行操练。指挥官帅旗一挥,数十个大铎同时响起,铃声震天。随着铃声响起,分散在各处的士兵纷纷从四面八方集中起来,排成整齐的列队,十分壮观。在短暂的时间内,一下子就集中了上千名兵士。见此情景,吴王阖闾非常高兴,赞道:"铎声响起,兵将威猛,城池必固。此城,就叫铎城吧!"于是,"铎城"便这样被叫开了。

唐乾符五年(878),黄巢起义军在山东、河南等地受阻后,引兵渡江,挥师南下,开辟新的活动地区,与王仙芝余部相呼应。船行到淀山湖处,因黄巢起义军长时间舟船行走,粮草不足,人困马乏,急需找地方休息。起义军的船顺风而行,来到铎城附近的水域,见岸停靠,船上将士纷纷下船。

将士们登陆铎城后,察看了地形,觉得此处居民稠密,烟火相望,地形也十分有利,进可攻,退可守,可以在此修整调息,蓄养兵力。于是,黄巢的兵士们便在此驻扎。数月时间内,他们操练兵士,征集粮食,养精蓄锐,备足粮草。为了做好防御工事,黄巢军队见铎城的城池、烽火台在风吹雨打下,都损坏严重,于是,起义军重新修筑了铎城。起义军在铎城得到了充分的修整,士气大增,他们一路南下,转战近半个唐朝江山,成就了一场声势浩大、规模宏伟的农民起义。

南宋建炎四年(1130),金人入侵中原。抗金名将韩世忠在铎城日夜操练兵士。韩家军在此驻扎后,招兵买马,加强团练。他们再次巩固铎城的城墙,建起点将台,重筑烽火台。韩世忠怀揣爱国热情,率军与金人进行对抗,以期阻止金军南下,进而收复国土。

在历史的长河中,铎城成了国之前沿,也成了金戈铁马、龙吟虎啸的战场。遥想当年,此处铎声阵阵,鼓点雷鸣,天地变色。

铎城在隋唐时也是吴地有名的草市(集市)。铎城村塘江的东西两侧,沿江都是商铺,人称"七步街",这是铎城草市的中心地带,也是铎城最热闹的地方。逢年过节、赶集庙会等日子,周边的商人巨贾和平民百姓都集中此地,或卖或买,成就了一片繁华景象。集市上,叫卖声、吆喝声,不绝于耳。明清时期,铎城也是吴地东南地区最富裕的集镇之一。

宋元时期,为了便于消息的传播,便于来往军事运作,铎城内设有驿站。驿站内,来往车马舟船或歇脚留宿,或换乘坐骑,让奔波的将士得以歇息、缓解疲劳。

铎城优越的军事地理位置是少有的,其繁华富裕的程度也是鲜见的,所以铎城又被人们称为"独城",意为独一无二的城池。但在文人眼中,"独"字无美感,无意韵,实在不妥,但又不能改变人们叫法,于是他们想到当地方言中"度"与"独"同音,便把"独城"写成"度城",于是,度城的名字便沿用至今。

二、千古传世忠孝堂

忠孝思想,自古以来一直是儒家思想的精髓,也是我国古代的立国之本。为臣尽忠,为子尽孝。忠,于国家而言,就是忠君爱国,忠于国家,忠于人民,忠于自己所从事的事业。所谓"尽心于人曰忠",就是说对别人的事尽心;而诚实守信,也是忠。孝,是从家庭层面而言,古有"父慈子孝,敬老孝亲,兄友弟恭,夫恩妇爱"之说。孝,是不忘先祖,孝顺父母。

南宋韩世忠对国尽忠,对家尽孝,最终因南宋朝廷的软弱而空有壮志忠心。但他的忠孝思想,却在度城留下了印迹。明朝时,度城村内有一位进士更是让忠孝思想在度城得以广泛传播,并形成了度城村良好的村风民风。此人名叫王鉴,字豫修。清陈元模《淞南志》记载,王氏在度城居住已有三百年,湖两岸有很多王姓人家,是昆山王氏一脉。

度城王家先祖为太原"三槐堂"王氏的分支。北宋时期,三槐堂始祖王祐,亲手在庭中栽种了三棵槐树,希望借重三槐的寓意,显赫族人。王祐曾孙王巩文采出众,与苏轼友善。苏轼为之作《三槐堂铭》,从此三槐堂扬名天下,成为王氏子孙后代通用的堂名。王氏族人遂称这支王氏宗族为"三槐王氏",并将宗族祠堂命名为三槐堂。

宋建炎三年(1129),王氏后代王皋护送宋高宗南渡驻跸平江府(苏州)时,曾停留数天,便驾小船在苏州城周围察访。王皋到达益地乡荻扁村(今苏州市相城区太平镇王巷村)时,看到此地水陆交通方便,土地肥沃,环境优美,将家室安置定居在荻扁(有荻溪、荻川二条水路交汇,并邻接阳澄湖)后,便轻装上阵继续护送高宗南行。由此,王皋成为三槐堂南渡始祖。

后来,王皋长子王易,字吾置,袭授太尉,徙昆山为东沙支祖;仲子王铎,字吾伍

(一作护),尚书郎,守荻扁父业为中沙支祖;三子王胤(又作允、商),官显谟阁直学士,徙无锡为西沙支祖,合称江南三沙王氏。

《王氏世谱》记载,昆山王氏的始祖名叫王玄,为三槐王氏显祖王祐之孙、王旭之子、王旦之侄。王玄,字吉夫,于宋真宗时跟随伯父王旦到苏州做官,后遂留居吴地,落籍江苏昆山,世称昆山王氏。

王氏忠孝文化的源头,可以追溯到五代时的后汉、后周时期。苏轼在他的《三槐堂铭》中写道:"显于汉周之际,历事太祖太宗,文武忠孝,天下望以为相,而公卒以直到不容于时。盖尝手植三槐于庭,曰'吾子孙必有为三公者'。"以后,三槐堂王氏逐步形成了"孝悌为先,忠信为本,惟耕惟读,恩泽子孙"的家训。

王鉴秉承先祖训诫,时时遵从"孝悌为先,忠信为本,惟耕惟读,恩泽子孙"的做人原则。他不仅教育自己的子女要行道德之轨,阐忠孝之仪,明仁义之统,行礼乐之本,而且以自己的实际行动影响着其他人。

王鉴的《梦竹感赋》,赞美翠竹的凌云志、强劲节、虚心骨、栋梁器,可见其为人风格及人格魅力。

南山空涧旁,顽石多垒蠹。
物有君子名,素抱凌云志。
劲节欺雪霜,虚心彻天地。
梢长凤尾摇,子盛龙孙继。
风来玉有声,雨过云凝翠。
日日报平安,时时溢气清。
拈竿击丝纶,钓鳌人作饵。
为营谐云门,乐奏神斯至。
梅具调羹功,松全栋梁器。
交结成三朋,岁寒同一致。
双幅潇湘秋,一堂淇澳意。
俗士本无缘,才人不忘视。
声价重璠玙,蛮茜易骐骥。
嗟哉贞淑姿,宁不为人瑞。

天顺三年(1459),王鉴辞别家人,准备北上,参加考试。临行前,他见家中孩童尚幼，不甚明理。虽然平日已经教了《三字经》《千字文》等启蒙教材，但毕竟孩子年纪尚小，没有真正懂得其中的道理，且孩童或懵懂，或顽劣，如若不予以斧正，势必不成器。自己一去两三载，万一孩子们荒废了学业，也无人教导。想到此，王鉴显得忧心忡忡。

怎样才能做到即使自己不在家，也能同样教育孩子的成长、培养他们的道德呢？王鉴左思右想，在厅堂内来回踱步。他猛一抬头，看到厅堂两边的墙，心生一计：古人题诗题咏于墙壁，我何不把我要讲的话也题于墙上呢，让他们能日日见，时时见；日日思，时时省。题什么呢？王鉴心里已经有数了。

第二天，王鉴把孩子们叫到厅堂内。他拿出大笔，在墙上写下了"忠孝"二字。写完后，他让孩子们讲讲自己对这两个字的理解，并亲自告诉他们要如何才能做到"忠孝"。

他说："古来忠孝事，道大属天伦。我书'忠孝'字，所主在君亲。一以自期待，一以勉后人。子孙须努力，我先修其身。意思是说，我写下'忠孝'二字，一是为了提醒自己，要为国尽忠，为家尽孝；二是为了勉励你们，要努力做到这两点。我离开家的这些时日里，你们要时刻谨记'忠孝'二字，并以此佐正自己的言行举止，切不可有所怠慢。"孩子们听了他的教诲，都点头称是。

王鉴厅堂墙上写上"忠孝"的事，传到了皇帝的耳朵里，得到了皇帝的称赞，于是，赐名为"忠孝堂"。从此，度城村的忠孝堂也在村民心中扎下了根，其忠孝思想也成了度城村的村风民风。

王鉴临终之际，把自己的书稿托付于好友陆容，让其藏于某柱之下，等孩子们成人懂事后，再交付给他们。陆容（1436—1497），字文量，号式斋，苏州市太仓人。性至孝，嗜书籍。成化二年（1466）进士，授南京主事，进兵部职方郎中。生平尤喜聚书和藏书，根据其藏书编次有《式斋藏书目录》。几年后，陆容把王鉴的手札交给王鉴儿子时，其子阅毕，伏地而跪，痛哭不已。自此，作为长子的王漳便担起了父亲的责任，以忠孝为纲，教育勉励兄弟。父亲与大哥的影响，让次子王淇深受感染。王淇在与朋友交谈之间，常说："家父一生洁身自爱，注重修行。他以忠孝为大节，且严格遵守。我们这些子孙哪敢不勤奋，怎敢不继承先祖的遗志呢！"王淇号南阳，一生勤奋好学，行事光明磊落，为人以诚相待，处事以理服人，成为当地人的楷模，人们尊称他为"南阳先生"。

明嘉靖(1522—1567)年间,淀山湖地区因连年遭受旱涝灾害,大片农田荒芜,百姓生活苦不堪言。但朝廷的赋税依然没有减少,还是照往年的标准收取。老百姓难以交纳赋税,便拖家带口,逃亡他乡。淀山湖地区,百姓逃亡人数近半。当时,执掌乡中赋税的是王壁(王鉴的重孙),他不忍百姓流离失所,便为百姓请命,多次恳求巡抚周忱减免赋税。终于,在多方努力下,老百姓的赋税得以减轻,老百姓才得以安居乐业。

度城王家子孙虽然没有做过什么大官,至多为县令一级,但他们时刻记挂国家安危,记挂民族兴衰。王鉴曾孙王继孝,明嘉靖二十八年(1549)中举人,后任江西赣南龙南知县。他在任时,正是黄乡叶氏作乱时期。黄乡有叶楷率众作乱,攻围县治,焚掠民居甚惨。他还建功王庙,供奉其祖先。每年春秋两季,要杀人祭祀,周边百姓处在恐惧担忧中,生活苦不堪言。江西多山,王继孝到任后,利用地形擒拿了数十妖僧,让远近的贼寇闻风丧胆。为了熟悉地形,了解各山的险峻程度,也为了掌握民间的疾苦,王继孝走访于周边各县。

巡抚命令王继孝剿灭贼寇。王继孝拿了檄文,骑马飞奔至黄乡。他知道黄乡叛乱给周边地区带来了很多灾难,也让朝廷花费了很多兵力、物力、财力,让皇帝甚是头疼。身为人臣,必当为君排除忧虑,为民排除贼患。

贼寇首领叶楷得知王继孝来招安,知道他是个勤政廉洁的官员,便以礼相迎。叶楷问:"你是来劝叶楷投降吗?能让我们平安吗?如果能安之,我无他求,就保留我现在所拥有的地方。如若你不答应,必请与君战。"王继孝笑道:"来到此处了,必能安置,少安勿躁。"

王继孝在与叶楷周旋的过程中,早已有人秘密将上级谕令告诉那些想归降朝廷的贼寇,瓦解叶楷部的军心。叶楷部原本就人心不齐,愿降之人私密与官方私通,把军事情报告诉给官方。

王继孝根据得到的信息,布阵于山林,在龙南安好伏兵,自己带领兵士与叶楷正面作战。正义之师,气贯长虹,瞬间,山间喊声震天。乱军阵中,王继孝斩杀了三四名叶部小头领。叶楷见状,骑马上阵迎战。在两军厮杀的过程中,叶部逃的逃,降的降。厮杀了几个回合后,叶楷见部下人心涣散,心神已泄。王继孝趁其心神恍惚的一刹那,向其下三路挥刀斩去,叶楷的马足被斩断,叶楷从马上跌落下来。大战结束,王继孝平定贼寇,叶楷及妻妾等人放火自焚于功王庙内。

平叶楷后,王继孝被调到宁都。他在任职期间,任劳任怨,不贪朝廷分文,不图乡间一针。年老归乡时,王继孝家中一贫如洗,囊中羞涩。死后,葬于祖坟。

度城以忠孝为乡风民风,除了受王家子孙行为的影响外,还受到另外一个侠士的影响,他就是何英。度城遗址,至今还保留着两座古桥,一座是度城桥,一座是善渡桥。其中,善渡桥就是何英出资所建。何英,明代人,字本初,号文水,世居度城。何英一身豪气,喜结交四方豪杰。他虽然不曾读诗文,但他忠国孝家的思想根深蒂固,并用自己的言行践行了这一思想。

图2-2 度城桥

图2-3 善渡桥

明崇祯十七年(1644),李自成攻克北京,崇祯皇帝自杀,吴三桂引清军入关,明朝灭亡。何英得知后,作为明朝人,见国号变更,国家易主,其内心既痛惜,又愤怒,在满腔仇恨驱使下,他准备反清复明。于是,变卖自己的家财,以作军资之用。同时,他召集当地乡勇,组成了一支地方武装力量,活动于淀山湖上。

虽然他们不是正规力量,以渔船为战舰,以农具为武器,但他们有统一的口号,统一的行动号令,显示出了一定的战斗力。他们知道自己人少,力量不强,所以常常以声东击西的方式,埋伏诱敌的计策,给予清军打击,让清军如鲠在喉。

清军调集了周边多方的兵力,封锁了淀山湖的各个支流、各个港口,实行包抄策略,试图将何英部将士们围困后,一举歼灭。

何英见此形势,心知不妙,双拳难敌四手,目前之计,唯有一走了之。他解散了众弟兄,让他们隐姓埋名,远走他乡或投亲靠友,离开这是非之地。何英自己则假扮农夫,连夜奔走浙江余杭山。

在余杭山,何英虽然更换了姓名,叫何本初,但他依然不改行事风格,行侠仗

义,见不平之事必出手相救。余杭山一带,山匪横行,杀烧抢掳,无恶不作。山民们苦不堪言。清朝政府虽然派人剿匪,无奈山势险要,山路复杂,政府军始终不能真正给山匪以打击。

朝廷为此深感头疼,发出榜文:能降服贼寇者,授予府道之职,并给予首领指挥之权。榜文虽然已经贴出多日,但一直无人揭榜。

一日,朝廷主帅又接到土匪抢夺山民财物、危害山民的报告,心里十分愤怒。正一筹莫展之时,旁边来此做客的朋友发话了:"主帅,我今日向你推荐一人,保准能剿灭土匪!"

"何人?我是否认识?不管是谁,只要他有这本事,我必先登门邀请。"

客人说:"此人不是别人,正是你我的好朋友何本初。我平日观察他,见他有大将之风,有胆识,有谋略,定能成事。"

主帅连说三个"好"字。

"只是他平日的言谈中可知,他未必肯为朝廷效力。只有一法,以忠义之名来说服他。"

朋友预料得没错,果不其然,何英不愿为清朝廷出力。主帅就把山匪的恶行一桩桩、一件件地说给他听,晓之以利害祸福,最后,主帅说:"我知道你心向明朝,不满清朝,但此事,你要从大忠大义出发,救山民于水火,以保他们平安,不再遭受涂炭。这何尝不是好事!"

听此一席话,何英如醍醐灌顶,忠与愚忠是要分清楚的。于是,他接受了主帅的邀请,上任府道,实施剿匪。

他上任后,立下规矩:谁能捕山匪,赏;凡是抓到的山匪,立斩不赦。那些盗匪在吃了几次败仗,死了一些兄弟后,纷纷惊慌而逃。何英对那些残害百姓的盗匪,一律绳之以法,绝不姑息。在他强烈的打击下,山匪逐渐销声匿迹。

进入仕途后,何英回到家乡,报答乡亲。他在度城村成长,便尽自己所能回报乡村。度城河上无桥,人们行走不便,他就出资请人建了桥,起名为"善渡桥",意为渡良善之人。

三、烽火年月保家国

昆南淀山湖抗日游击根据地史迹陈列室处于度城村西南巷自然村北,白色围墙,黑色瓦棱,沉静肃穆,似幕后英雄般悄然矗立。纪念碑周围的柏树已经长得与碑一般高了,白色的碑体掩映在浓重的绿色中,天阶夜色,月凉如水。

图 2-4　昆南抗日游击根据地史迹陈列室

历史在我们身后走远,那曾经让人热血沸腾的故事,也逐渐被风尘掩埋,但那一段屈辱的历史,一段痛彻心扉、刻骨铭心的历史,并没有随老人们的故去而被淡忘。南巷纪念碑前,一次次瞻仰、纪念;革命史迹陈列室内,几回回驻足、缅怀。

1937 年"八一三"淞沪抗战失败,同年 11 月 15 日,昆山沦陷。日寇铁骑长驱直入,烧杀掳掠,肆意践踏神州大地。1938 年 3 月 4 日清晨,100 多名日军开着汽艇,从官里村出发,往度城方向而来,在西潭庵登陆。日军上岸后,在东西两座桥上架好机枪,以征收军粮为由,挨家挨户,搜查老百姓的家。遇到村民稍有反抗,或稍有怨言的,立刻就五花大绑。日军共抓了四五十名村民,关在周志华家里,并派一名日军看守,准备搜刮好了后,把他们全部烧死。幸亏这名日军还有良知,不忍心这么多人遭受荼毒,便趁其他日军分散在外实施烧杀抢掠的过程中,偷偷地放跑了这些人。

日军见屋中所关百姓都逃跑了,恼羞成怒,下令放火烧房。不多会儿,度城村便烈焰熊熊,火光冲天。火趁风,风带火,大火共烧毁 27 户民宅,计楼房 20 多间,平房近 80 间,公房丁潭庵 18 间,三官堂 12 间。随后日军又到度城村的东村、南巷、西南巷、南库、南南库、西港、浜牢等自然村进行烧抢。日军枪杀了南库周阿成,杨村范阿林、陈文四,谭西杨文奎。东村妇女朱某被日军强奸后,因惊惧而精神失常。日军这次在度城村的荼毒,除了烧毁房屋、奸淫妇女之外,还抢去大米75 000千克,以及一些猪羊家禽。

国家有难,热血儿女岂能苟且!仇恨积聚久了,可以燃起大火;悲愤压抑多了,便会迸发出无尽的力量。泪,不能白淌;血,不能白流。中华儿女岂能容忍日寇肆无忌惮地横行,心头的怒火燃烧成抗日的烽火,把淀山湖烧红、烧透。1940年7月,中共昆嘉青中心县委在兵希建立。10月,中心县委根据谭震林和东路特委的指示,南下开辟昆南淀山湖地区,并先后建立了农抗会、青抗会、妇抗会等抗日团体,开展抗日活动。

美丽富庶的度城,暂时告别鱼米之乡的温柔敦厚,拿起武器武装自己,同日寇展开殊死搏斗;山清水秀的淀山湖,短暂卸下江南水乡的儒雅和平,成为新四军杀敌的战场。其中,度城村的夏小仁冒死抢渡新四军的故事,至今还时常被人们谈起。

图2-5 南巷战斗纪念碑

1944年9月,新四军黄山部队百名战士宿营在度城乡彭安泾和南横泾两地,开会讨论下一步抗日行动。驻杨湘泾的日军得到奸细的密报,知道新四军在此驻扎开会,便趁着夜色,试图偷袭。

夜里的淀山湖,除了浪涛声外,就是浓重的黑色。罪恶往往多发生在夜色中,日军倾巢而来。湖中,三艘啪啪船(小马力的动力机船)亮着灯,载着日军,载着武器,由北往南而行。

地方情报员夏小仁听到"啪啪"的声音,他以高度的警惕性,清晰地判断:"不好,新四军有危险了。"想到这里,夏小仁一刻也不敢停留,立刻飞奔跑向新四军的宿营地。

新四军得到消息后,分析了敌我的实力,在兵力火力相差悬殊的情况下,只有撤离才是上策。他们决定全部撤离到大市镇清水湾村。

朝山港,是一条大河,横亘在新四军撤退的路上,河面开阔,风起浪涌。新四军来到岸边后,一筹莫展。游过去,河面太宽,即使水性很好的人也未必能游到对岸,何况这些人中,有一部分人不识水性。

淀山湖中,那三艘日军的啪啪船越来越近,情况十分危急。怎么办?船!我们也只能用船,这样才能渡河。夏小仁来不及多想,就找到倪家父子,摇来三条农船,决定用船来抢渡新四军。

空船而来,满船而去,船上的新四军也帮着摇船撑篙。三条船来来回回,奔波于朝山港中。待要接最后一批同志时,日军的船已经临近,甚至能听得到日军张牙舞爪的吆喝声了。

夏小仁他们并未停下,大伙儿一边猫着腰,一边奋力摇船。背后响起了密集的枪声,枪弹像雨点一下打在船的周边,激起了一阵阵水柱。船到对岸,他们鱼贯而上,消失在茫茫的夜色中……

在革命战争的年代,昆南淀山湖地区是一片血染的热土。英勇的淀山湖人在中国共产党的领导下,为了祖国的独立,民族的解放,舍生忘死,前仆后继,英勇战斗,建立了可歌可泣的光辉业绩,度城村(原复光村)的郭传荣就是其中的一位。

郭传荣,后改名杨植夫,1923年出生于度城村南厍自然村。其家庭为书香之家,他从小就受到良好的教育。

1937年,"八一三"上海抗战爆发,正在青浦朱家角读书的郭传荣受进步思想的影响,与几个同学在一起,经常谈论国家大事,抗日爱国的思想逐渐增强。高中毕业前夕,郭传荣与几个热血青年一起,到了上海,投奔新四军。他回忆说:"我离开家时,一直往北走,从茜墩到昆山再乘火车到上海,冒着危险,找到新四军联络处,并改名为杨植夫,参了军。那个时候,我怕父母亲阻止,所以也没有告诉他们,我只说去上海读书。就这样,我离开了家,投身抗日,走上了革命的道路。"

1941年,杨植夫和其他几个年轻人被送往苏中抗日根据地,在根据地参加了军政大学学习,积累了一些抗日救国的经验。那时,杨植夫一心只想着要赶走侵略者,还中华大地一片安宁。

1944年5月,时任兴化县(今泰州兴化市)区委书记的杨植夫带着三名武工队员,开展反"清乡"斗争。一次,他们与日伪军遭遇。枪战中,日伪军人多势众,杨植夫他们边战边撤。为了躲避敌人的追捕,杨植夫命令队员们分散行动。杨植夫离开其他三位队员后,钻进了一片麦田,消失在成熟了的麦子中。

日伪军找不到人,就逼问正在割麦的老乡。一个日军边挥着军刀,边吓唬老百姓。这块麦田中,有一个中年妇人,30多岁,旁边一个小女孩才10多岁。伪军问:"是否见到一个人从这里跑走?"那个妇人说:"我弯着身割麦,不曾看见。"日伪军见问不出什么,只得快快地走到别的圩头去搜查。

母女俩继续干活。割了一段时间,才发现有个人正坐在麦田沟里。中年妇人一看,就明白了是怎么回事:刚才日伪军搜查的正是此人,一名新四军战士。

那妇人说:"新四军大哥,日伪军走了,你现在暂时躲避到我家吧。日伪军肯定不死心,他们还是要来的,他们疯狂到一天搜查三四次。你先躲一躲,只有到晚上了,才能把你送出去。"此时正值中午,杨植夫见状,只得随母女俩回村里。

只见门前倚着一位大娘,她早已看明白了一切,招待杨植夫坐。杨植夫连说:"对不起,打搅你们了!"大娘说:"我们家里四口人,小夫妻俩和一个孙女,还有我。我们绝不会让你被日本人抓去的。你放心在我们这里躲一下,一切有我安排。"边说着话,边拿出热腾腾的饭菜,招呼杨植夫吃。

杨植夫心头一热,连声叫了"大娘,大娘"。那中年妇女手脚麻利地把杨植夫的手枪放进菜篮子里去,同时到房里拿出丈夫的衣衫,叫杨植夫换上。她说:"等一下日伪军就要进村'清乡'。那时,你也不用怕,你只管慢慢吃饭。你尽量少说话,一切听我的。"

话才说完没多久,一群荷枪实弹的日伪军气势汹汹地到了门口。其中一个伪军指着杨植夫,问老妇人:"他是什么人?"

大娘沉着回答:"是我的儿子。"

话音刚落,只见场角上一个挑着换糖担子的庄稼汉停了下来。日伪军指着庄稼汉,又问老妇人:"他是什么人?"

大娘说:"我不认识。"挑着换糖担子归来的,这个真正的儿子都没来得及叫声妈,就被一个日本鬼子一枪打死了。

小女孩吓得捂住了嘴,婆媳俩面不改色,镇定地看着日本兵。那个开枪的日本兵喊了声:"开路!"那帮日伪军呼啦啦都走了。

日伪军走远了,杨植夫按捺不住心头的怒火,迅速拿出篮里的手枪,想冲出去。婆媳俩也顾不得许多,连忙拉住他,说:"不要动!他们人多,你不能去送死。"

杨植夫满脸泪水,扑通一声,跪在大娘脚下,连叫三声:"娘,娘,亲娘,以后我就是您的亲儿子。"大娘忍不住大哭起来,连忙拉起了他。

为打破日伪军扫荡,1944年,杨植夫在苏中抗日根据地兴化一带开展武装反扫荡,组织武工队(自卫队)与日伪军开展持久战,有力地消耗了日伪军的力量。这让日军有苦难言,他们千方百计想消灭杨植夫的武工队,但屡屡失败。

日军投降后,杨植夫奉命回部队,先后任营教导员、团政治部主任、政委等职,为解放事业继续奋斗。后又参加了淮海战役,枪林弹雨磨炼了他。1949年,中华人民共和国成立后,他先后在南京市、上海市有关部门任职,直至1980年离休。

国家有难,匹夫有责。忠孝,除了表现在烽火年代的保家卫国外,也表现为"国家哪里需要我,我就到哪里去"的果敢与英勇。在"抗美援朝 保家卫国"的号召下,1951年6月,度城村复月村人赵金生放弃了安稳平静的生活,义不容辞地加入了这一洪流,报名参军,告别了亲人,踏上了奔赴朝鲜战场的征程。

朝鲜战场,天气寒冷,大雪皑皑。战场的壕沟、散兵坑里的人和物,都被厚厚的积雪覆盖了。冬天的风吹过,像刀剑一样从身边削过,刺穿了赵金生单薄的衣裤。他饥寒交迫的身躯在漫天飞舞的雪花和肆虐的狂风下,慢慢变得麻木,僵硬。但他的意志告诉自己,不能睡觉,不能倒下,自己还未为抗美援朝出一分力呢。

激烈的战争打响了,赵金生不惧生死,奋勇杀敌。在战场上,他身体负伤,荣获三等功。

周本仁,1928年出生,度城复光村人。幼年就读于杨湘泾小学,抗战爆发后,辗转到上海读书。出于对共产党的信任和热爱,他于1946年参加了党的地下活动。1952年,进北京大学学习。毕业后,在南京大学历史系任教,曾是美国宾夕法尼亚大学教授,现为南京大学离休干部。

图 2-6　抗战浮雕

图 2-7　陈列馆摆设

度城村是农业村,村内居住的人大多是农民,在脸朝黄土背朝天的日子里,他们将希望的目光停留在那一片片农田里,停留在农田里那一棵棵庄稼上。在风调雨顺的年月里,还要提防田间病虫害的侵袭。这里最为普遍的农作物病虫害就是白粉病,当作物的叶子上、茎秆上出现白色的粉末,或者植物叶子枯萎时,农民们的心也被揪了起来。

1932 年出生的度城人周祥椿从北京农业大学毕业后,就志愿参加祖国大西北建设,后被分配到兰州农业学校工作。作为农民的儿子,他对农村、农业、农民有着深深的感情。他一边从事教学工作,一边致力于研究防治白粉病的药物。实验室内,常见到他忙碌的身影;田边地头,时时出现他探究的目光。失败了,重来;今年没效果,明年再做调整。一次次,一遍遍,经过一段时间的研究,他的努力终于得到了回报。他研制出的天亚 2 号、4 号、5 号亚麻新品种,用于抗白粉病、抗旱、抗早熟,发挥了巨大的功效。其研制的兰天 1 号、3 号、4 号、10 号小麦具有抗旱、优质、高产、抗病等特性,成为甘肃全省不同时期栽种面积最大的冬小麦品种。成果推广后,庄稼丰收了,农业增收了。1992 年,经国务院批准,周祥椿享受了国务院特殊津贴。

化学元素、化学物质,对于一般人而言,那是枯燥乏味,而又遥不可及的,但在周本省看来,那是非常有趣的研究。周本省,度城人,1955 年,他毕业于复旦大学化学系,从此,他与化学元素结缘,并取得了卓越的成就。

周本省主要从事冷却水处理和缓蚀剂的研究,并讲授"工业水处理""腐蚀工程""电极过程力学"这三门课程。在工作之余,他善于发现问题,善于总结经验,发表的专业论文80多篇,主编了《工业水处理技术》,编著了《工业冷却水系统中金属的腐蚀与防护》,参与编写了《实用防腐工程施工手册》。人们看到他,不是在化学实验室里研究,就是与学生在一起讨论问题,抑或是安静地伏案工作。

作为一个研究型人才,周本省不张扬,醉心于自己的专业领域,深入研究,深入探索。也许外在的繁花与繁华常常会迷人眼,但他对外在的事物常常不上心。专心、专注,这是他做出成绩的关键。他觉得自己不能在其他方面为国出力,但至少在自己熟知的领域内,可以研究出新成果,用于国家建设。1993年,周本省也享受了国务院特殊津贴,这是国家对他工作的肯定,也是村里的骄傲。

在度城,除了他们外,更多的是普通人,但他们在普通的岗位上,也在尽自己所能,把事情做好、做完美。

一个民族的繁荣富强,离不开每个人的爱国热情,离不开每个人的辛勤付出,包括亲情的付出。在度城村,有这样一位妇女,她因自己高尚的品德、开阔的眼界,赢得了大家的尊重,她就是顾善英。

自20世纪90年代始,沐浴着改革开放的春风,江南小镇经济飞速发展,老百姓生活逐渐富裕。与此同时,保家卫国、服兵役的义务却渐渐被人们淡忘。一年一度的征兵工作成为当时地方政府工作中较为头痛的事,特别是动员大学生当兵,更是难上加难。

顾善英的儿子方春良大学刚毕业,找好了工作。一家人正准备安安稳稳地过日子,一年一度的征兵工作开始了,方春良参加了镇上组织的征兵体检,他体检完全合格。

正式动员方春良去当兵,却遇到了阻力,最大的阻力来自他的奶奶。奶奶觉得自己的孙子身体弱,舍不得让他去部队吃苦,所以一句话就回绝了,一点儿也没有商量的余地。村里工作人员上门去做工作,他奶奶把门一关,谁也不让进。这让工作人员十分尴尬。

方春良的父亲也坚决不同意儿子去当兵,因为他心里有气。前几年,他想承包村里鱼塘没实现;而他家里要造房子,村里也没有及时安排;他自己喝酒不慎从二楼摔下来,摔伤了身体,村里表现得不够关心……这些让方春良的父亲对村里有诸多不满。因此,村里推荐方春良去当兵这事,他父亲就是不配合,不同意。

　　村干部、征兵小组联络员多次到方春良家做工作,都遭到了拒绝。后来得知方春良的母亲顾善英是"一家之主",于是征兵办工作人员马文清、曹密珍、张杏元三人,来到顾善英工作的地方——上海重固奶牛场。

　　那天,下着瓢泼大雨,三人踩着泥泞的路,来到奶牛场。还未喘口气,就直接找到了顾善英。他们跟她拉家常,慢慢了解到他们全家对方春良当兵这事儿的真实想法。知道他们不愿方春良去当兵,一是独生子女有点舍不得;二是眼下方春良有工作,怕当兵退伍回来工作没了;三是方春良不去当兵,好歹对家里而言是个帮手。

　　征兵办工作人员换位思考,与她交流沟通。顾善英毕竟曾经在社办企业(建筑社)里担任过妇女主任,思想觉悟比较高,经过征兵办工作人员的耐心工作,她以大局为重,高高兴兴地答应做好动员儿子去当兵的工作。她最终爽快地说:"方春良当兵这事,就这么定了。家里人的思想工作,我来做。"

　　当天,顾善英就和征兵办的人员一起回到了村里。晚上,她召集了婆婆、丈夫、儿子,开家庭会议。她开门见山地说:"我们度城,素以忠孝传世。一个青年,国家需要你时,你就要义无反顾地挺身而出,没有任何推脱的理由。怕吃苦,不是男子汉。"当年,淀山湖镇出现了方春良这首个大学生兵。

　　2002年,淀山湖镇文化站为配合冬季征兵工作,自编自导自演了一部五幕大型沪剧《走出浅水湾》,就是讲了度城村顾善英说服丈夫,动员应届大学毕业生方春良放弃已经落实的条件不错的工作,带头参军入伍的故事。

　　《走出浅水湾》首场演出,840座的剧场内,座无虚席,连两侧的通道上,也挤满了人。淀山湖剧场内,不时响起热烈的掌声。观众随着舞台上剧情的起伏,时而愁肠百结,时而激情飞扬……演出结束后,观众还逗留在剧场内,迟迟不愿离去。

　　《走出浅水湾》这出戏,经昆山市人民武装部推荐,选定为苏州市2002年国防教育重点教材,并以苏州市国防教育委员会的名誉,委托昆山市电视台录制后,在苏州电视台全场播放。播放前,苏州市委常委、苏州军分区政委也接受了苏州电视台的专题采访。

　　时隔三年后,中国人民解放军原总参谋部专门派人来到淀山湖镇,对该剧原型方春良进行采访,后在《解放军报》上发表了相关文章。

　　度城村,以忠孝传世。度城人,忠于国,孝于亲,传承着度城村的中华文化传统。在和平年代,度城人虽然没有什么轰轰烈烈的壮举,但度城人知道只有从身边的小事做起,从所从事的工作做起,从孝敬父母、长辈做起,从爱家乡、爱祖国做起,建设好美丽度城,建设好美丽淀山湖,也就是忠孝的行为。所谓一枝一叶总关情,每个度城人都从日常生活的一点一滴中,为度城村的美丽建设添砖加瓦。

第二节 榭麓——慈善文明传佳话

江南多水,东一湖,西一塘,如果从空中航拍,那便是水汪汪的一片。在淀山湖镇的东南方向,有一自然村叫榭麓,因其湖泊多、池塘密,故有"三湖四白荡"之称。榭麓村是典型的江南农村,在千道沟万道坎之间,是一块块的农田。出门是水,出村是田,村前屋后,就是广袤的庄稼地。春播夏长,秋收冬藏,土地的无私给予,让榭麓村的村民繁衍生息,村民们也把自己的心血倾注在土地上,每一滴汗,每一分力,都没有浪费。在收获的季节,总能果满园、粮满仓。

古榭麓,不是村,被人们称为镇。古榭麓镇方圆1.3平方千米,是一个大集镇。南有南榭麓、陆家嘴角,北有旺油车、苍浦娄、北榭麓,东临沈安泾,西有金家塘、下段村。其中一条长达2 000多米的榭麓江贯穿榭麓镇南北,榭麓江东西两岸,房舍稠密,人烟旺盛。榭麓人也爱种植棉花,擅长纺织,因此榭麓盛产上好的布料。

榭麓江两岸,处处听闻机杼声;农闲时节,家家户户可闻纺纱声;片片场地上都是浆染人。冬日的傍晚,织布机还在一寸一寸地织着。灯下的妇女,手拿机杼,脚踩踏板,熟练地投掷着梭子。

榭麓因村落与江河的布局,就像是一头鹿。鹿头为南首的陆家嘴和南榭麓,鹿尾为北榭麓,榭麓镇中心为鹿身,榭麓江两边的四个湖荡,就是鹿的腿脚。村与村相隔并不远,或走路,或船行,也没多长时间。村落之间,陆路相通,出入来往都十分方便。

榭麓江是村民的母亲河。在自来水尚未开通之前,两岸村民掬水而饮,浆漂淘洗。每日清早,用水桶挝水,是每家男人必做的事情。天还未亮,河水还未曾波动,男人们便肩挑水桶来到河边。拎着水桶提手,把桶底置于水面,手腕划了几个圆,桶底下的河水便成圆晕。随后,手腕用力,把桶口往下一摁,桶内便流入了晕圈中

图 2-8 榭麓古镇

心的清水。满满两桶担回家,倒入水缸,缸便满了。口渴了,顺手拿起勺子,从缸内舀起一勺,"咕咚咕咚",一口气喝下。河水干净,且清甜可口,生津止渴。

中华人民共和国成立前,榭麓江两岸还能看到整齐地排列着的木桩,这些木桩顺着河岸向南北延伸,长达1 500米。这是古榭麓石驳岸的基础。虽然木桩已经很老旧了,但它们的存在,足以证明榭麓村当年的繁华与荣耀。据村里的老人说,太平天国时期,榭麓镇的乡绅居民没有满足太平军捐资、捐物的要求,太平军将士恼羞成怒,点燃了房屋。熊熊大火整整烧了七天七夜,把榭麓古镇的繁华毁于一旦。从此,榭麓古镇再也没有恢复当年的盛况。

曾经从榭麓村挖出的"平面带孔石犁",展示在昆山博物馆内。据专家考证,此物为新石器时期的农具,证明五千年前,此处就已经有人类活动,而且是固定居住在此处的人群。这里有江,有河,且土地肥沃,远古时期的人们择此地而居是最合理,也是最理想的选择。他们在此建造家园,繁衍生息,世世代代把原本荒凉低洼的土地耕耘成宜种植、能丰收的肥沃土壤。

榭麓从古至今都是以农业为主,商业为辅。农业,以种植水稻、小麦、棉花为主,商业主要以榭麓江两岸为中心,每天开市营业。天长日久,形成了一个固定的集市。遥想当年,这1 500米的石驳岸上,男女老少,提篮荷锄,来来往往,好不热闹。

一、乐善好施汪思聪

古代农村,每个村庄的发展,除了依靠地方政府的管理外,更多的是依靠乡绅的力量,以相应的道德观念、合理的乡风乡规,来维护村落的文明秩序。那些乡绅,也可以说是乡贤,他们有的曾经为官为相,或退休回乡间,或辞官后隐居于民间,在村民中拥有一定的威望。况且,他们有的自身见过世面,处理过国家政务,以他们的才智维护一方平安,则绰绰有余;有的可能是富甲一方、德高望重之人,他们把周边的村民当成自己的家人,把村落当成自己的一个大家庭,在村庄的建设和发展中,奉献自己的物力、财力和精力。细数一下,在每个村落中、每个阶段都存在着。

清朝康熙年间,榭麓镇就有一位乡绅,他在榭麓镇做的好事、实事,甚至为当时淀山湖镇的发展所做的贡献,直到现在,还时常被人们记起,影响着当代人。特别是他筹资建造的几座桥,有的至今还在正常使用。每当人们经过那里,就会想到他,他就是汪思聪。

汪思聪,字德达,号启竹,祖籍徽州新安,其父亲是做笔墨生意的,他从小就跟着父亲学习经商之道。儒与商结合,是徽商的主要特色。汪思聪自幼就接受比较良好的儒学教育,儒家的思想基石、伦理道德,自然就成为他立身行事、从商业贾奉守不渝的信条。他在经商过程中,以讲道义、重诚信为经营之道。之后,他把家中的生意留给几个兄弟经营,自己辞别了父亲,去开辟另一番天地。家中的笔墨生意最终由汪启茂继承。汪启茂创建了墨室"苍佩室",后由其女婿胡开文继承并创新,启用"胡开文墨业"之名。至今,文房四宝中,胡开文墨一直享有盛名。

自古江南水乡物产丰富,江浙一带被誉为"江南粮仓"。汪思聪辞别父亲后,先来到江南富庶之地石浦居住。在石浦镇的南面,有一古镇,名榭麓。从古到今,"民多业耕,尤勤于织产佳布"。早在元末明初,榭麓和陆家浜的上等布料就名扬四方。商人汪思聪一眼就看到了商机。

一日,天气晴朗,风和日丽,汪思聪前往榭麓镇,来到榭麓河边,见河上有一艘用绳拉的渡船,船上已有四五个人。汪思聪便上了船。船夫拉着牵绳,慢慢向对岸移动。因那牵绳长年经受风吹日晒,已经很朽了,船行到河中,牵绳竟然断了。船夫这下慌了,船上的渡客更是骚动起来。在忙乱之中,船左右大幅度地摇晃起来,船的一侧入了水,瞬间船就翻了。"救命!救命!"一声声喊叫,在河上响起。这些

渡客,除了汪思聪外,其余人都是江南懂水性的人,各自拼命挣扎,游上了岸,只是再无余力救人了。

河边农田里,一个庄稼汉正在干活,听得喊声,立即放下农具,急忙往河边跑。河中,汪思聪正拼命地扑打着水。庄稼汉一个猛子扎入水中,游向河中心,拉住了汪思聪的发髻,游回岸边。

上岸后,那个庄稼汉倒背着汪思聪在田埂上来回地跑。好一会儿,汪思聪口里吐出大量的水,他这才渐渐醒转。汪思聪醒来后,庄稼汉把他带回了家,让家人照顾他。当得知汪思聪所带钱袋也尽数沉入河底时,庄稼汉说:"不急。明日我召集几个水性好的年轻人,一起帮你打捞。"

第二天,庄稼汉与几个年轻人来到河边,脱了衣服,跳入水中,在河中心探寻。虽然已过了寒冬,但早春天气,河水仍很冰凉。他们一次次下水摸索,庄稼汉更是尽力尽心,他全然不顾寒冷侵袭,一次次钻入水底。经过几个时辰的努力,他们终于把汪思聪沉入水底的银子都找到了,并交还到汪思聪手中。

当晚,庄稼汉发起高烧,身烫如炭。汪思聪原本想在第二日便离开的,见男主人如此,便留了下来,帮着请医问药,想等庄稼汉身子痊愈后再走。可天有不测风云,庄稼汉所受寒气已侵入其骨髓,救治无效,几个月后,一命呜呼。他在闭眼之前,望着家里的老人妻儿,不禁双泪长流,只是苦于已不能开口说话了。他又转头看着汪思聪,似有满腹话语。汪思聪见此,连忙承诺说:"大哥,你放心!你为我才得病的,你一家妻儿老小,我一定会照顾好的。"庄稼汉听后,闭上了眼睛。

自此,汪思聪就在这里住下了,一则是榭麓镇盛产油菜和棉花,他正好以此为货源做生意;二则他可以照顾庄稼汉子一家老小,兑现自己的承诺;三则他要报恩,不仅是报这庄稼汉一家子的恩,而且要报全村人的恩,因为他们无私地接纳了他。

经历此次磨难后,汪思聪时来运转,做什么事都非常顺利。家业越做越大,成了当地的富商。这次,汪思聪不仅死里逃生,更是认识到了榭麓镇居民的善良。榭麓镇以种植水稻、油菜为主,兼种植棉花。榭麓人男耕女织,勤劳好学,民多业耕,尤勤于织产佳布。汪思聪就做起了粮油、棉花和布业的生意,帮助打开榭麓镇农产品的销售渠道。为了感恩,汪思聪在榭麓镇安家后,开始了他的慈善之路。

他做生意在周边地区都有良好的声誉,这得益于他的诚信为本、以义取利的一贯作风。他做到诚信经营,童叟无欺,如果遇到贫困之人,甚至不收钱,无偿资助他们。这些儒商的做派,让他在榭麓镇获得了一定的威望。左邻右舍如果有什么困难,最先想到的人便是汪思聪,他们愿意向他求助,因为他们知道汪思聪乐于助人,不求回报。汪思聪始终不忘榭麓镇对他的恩情,他家资越富,就越慷慨。他一生慕义乐善,以济贫扶弱为乐,给乡里穷苦百姓夏季施帏(蚊帐)、冬季施絮(棉被)、疾者施药、死者施槥(棺材),给贫困人家以钱粮救济,并坚持始终如一。

江南多雨水,特别是吴淞江一带,若逢梅雨季节,少则下一二十天的雨,多则下一两个月。雨水不断,造成水漫农田,河淹庄稼,以致数千亩良田颗粒无收,人们流离失所,生活无以为继。虽然官府也打开粮仓赈灾,但并不及时。汪思聪看在眼里、急在心里,他立刻安排人打开自家粮库,赊米给村民。每天早上,他让人煮上两大锅粥,遇到灾民,就舍粥给他们。遇到无家可归之人,他就安排地方给他们住。这些,在他看来,只是小善,他放眼全村,放眼未来,把村庄的发展建设作为自己的责任。

榭麓镇,河流密布,号称三湖四白荡,因而,有的地方无法通行,只能用船摆渡而过,况且,汪思聪有过一次落入河中差点儿被淹死的经历,因而对于造桥的事情,更是时刻记挂着。康熙四十一年(1702),在王土泾建栅桥;康熙四十三年(1704),在沈安泾与升罗潭上建双护桥;康熙四十七年(1708),在金家堂前建远猷桥;康熙五十年(1711),于沈安泾建龙凤桥;康熙五十三年(1714),建山海桥;康熙五十四年(1715),在杨湘泾建中市桥;康熙五十八年(1719),在三家村建通济桥。如今,这些桥,有的已经拆除,有的还在。还在的桥,虽然经重建已改变原样,但桥上的人依然川流不息,来往不断。

乡绅乡贤总能在适当的时候,发挥引领一方前进脚步的作用。除了筑桥铺路外,他们也关注着乡村未来发展的命运。为了乡邻子弟的教育,汪思聪捐资建了文昌阁,内设紫阳书院,便于周边乡邻孩童读书学习。自此,榭麓镇有了自己的学校,附近的七乡八村,都送蒙童来认字学理。一时间,读书之风盛行。时任江苏巡抚的张伯行对汪思聪建义塾一事,大为赞赏,并拿出自己的藏书《理学全书》六十种,捐给书院,作为孩童受教、学习的文本。

文昌阁的建立,给原本只有农耕文明的榭麓镇注入了一股书香之气。以程朱理学为主的儒家思想,成为榭麓镇的传统思想根源。侍御徐树縠立碑于文昌阁左侧,碑文上写道:"敦劝勿怠,读书好善。"

自太平军占领南京后,太平天国战争使曾经人烟稠密的江南在燃烧不熄的战火中变成人烟寥落之区,曾经延续了数百年之久的富庶繁华顷刻之间化作了废墟,取而代之的是一派萧瑟愁惨的景象。榭麓镇也难逃厄运。战乱中的榭麓镇被一场七天七夜的大火几乎化为灰烬。榭麓江两岸只保存下来1 500米排列着的木桩。汪家的后人逐步移居杨湘泾,成为杨湘泾名贤一族。

受汪思聪的影响,汪家后代都有颗仁爱之心。其后裔汪之镰为淀山湖镇做了一件好事——创办了正基学校。汪之镰为人诚恳热情,乐于助人,是镇上德高望重的人物。

20世纪初,新文化运动在中国蓬勃开展。汪之镰与众多进步青年一样,认识到要让民族强大、国家富强,关键要从思想上进行改变,只有从教育、从文化上灌输科学与民主思想,才能改变民族孱弱的状况。他与有识之士童锡、李世琛、顾焕章几个志同道合之人经常在一起商讨国家大事,也关心着杨湘泾镇的命运。他们几人觉得镇上迫切需要开办新学,于是,由汪之镰牵头,他们向乡绅、富贾等发起了号召,召集大家捐资助学,开办新学堂。这是利国利民的好事,也是百年大计,此举得到广泛支持。他们经过不懈努力,最终以杨湘泾善堂庙后埭四间房屋作为教室,办起了镇上第一所义塾——正基学堂。该学堂的创办经费由汪之镰、童锡、李世琛、顾焕章等人捐助。

立德、正基,是正基学堂的校训。《左传》有言:太上有立德,其次有立功,其次有立言,虽久不废,此之谓不朽。古人认为不朽的事有三件:立德、立功、立言,并把立德放在首要位置,因为立德是为人处事的根本,只有树立良好的道德,端正基础了,才能成为有用之人,才能为家国出力。把学堂起名为"正基学堂",足可见创始人之用心良苦。

正基学堂,已经由最初的4个教室,2个班,40余名学生,发展成现在的8轨制,近50个班级的学校。100多年的历史中,从正基学堂走出了有品德、有学识、有才干的莘莘学子。办学堂,是利在千秋、恩泽后代的善行,汪之镰此举福泽了一代又一代的后人。

二、热血男儿陈梅华

在古朴宁静的榭麓村里,除了恬淡和乐天知命外,还有满腔爱家报国的热忱。

其中一位有热血男儿——陈梅华,他的事迹在淀山湖镇百姓中间流传,并将继续传扬下去。

"妈妈,我马上要离开部队去前方打仗,本想回来看望您,但由于时间紧,不可能了。如果我在战斗中牺牲了,您老人家千万不要太伤心,要保重自己的身体。美娟(妻子),战争是残酷的,我若能安全回来,那时我们再叙分离后的思念之情;如果我在战斗中牺牲了,那也是为了保卫祖国,是值得的。亏了我一个,痛苦了我一家,换来的却是千千万万个家庭的幸福。小兵(儿子),我多么想你,我还没有听见你喊我一声'爸爸'呢!但我这是为了祖国,为了四化建设,我不能让侵略者的枪声打扰了你童年的好梦。小兵,你的大名叫竹林,是爸爸给你起的。我希望你像竹子一样挺拔、坚强,长大了好好读书,争取上大学。"

这是一盒磁带上的录音,是陈梅华去老山前线打仗前录的。此去,或许他有预感,或许他抱着不驱除"鞑虏"誓不回的决心,而录下了这最后的遗言。录音中,我们可以感受其爱国的拳拳之心,可以体会到他对家、对亲人的依恋。最终,他为了国家而舍弃了小家,奔赴老山前线,完成了一个热血男儿的使命和担当。

陈梅华是榭麓村人,于1972年应征入伍,不久加入中国共产党。生前先后荣立三等功3次、二等功1次,被誉为"雷锋式好干部"。牺牲后,上级党委给他追记一等功。

2月18日,老山前线某部二连取得了一举歼灭越军160多人的重大胜利。不料,敌人的一排炮弹炸燃了阵地前2米多高的茅草地,刹那间,茅草被点燃,火舌飞扬。风助火势,火趁风势,转眼间,烈火熊熊。担任救护员的军医陈梅华迅速穿过枪林弹雨,在火光中抢救伤员。

他自己被炮弹炸伤了,战友要替他包扎,被他阻止了。他知道现在是与时间赛跑的时候,能从枪林弹雨中、从熊熊烈焰中多争夺一分一秒,就能多救出一个伤员。他不顾自己的伤情,毅然冲进了火海。他用尽全力,将被烧成重伤的霍建平救出,又将重伤的姬成兵背到了安全地带。

此时,他的衣服已被全部烧着了,但钢铁般的意志让他忍住了疼痛,投身到火海中救人。在把另一个战友救出后,他倒下了。自此,他再也没有起来。

听着烈士陈梅华留下的录音,他的音容笑貌便再现在家乡人眼前。他是榭麓村的儿子,也是榭麓村的榜样。堂堂热血男儿,他留下的不仅是对家人的嘱咐,更是一笔宝贵的精神财富。

陈梅华牺牲的消息传出后,被他医治过的伤病员无不失声痛哭。

3月10日,某部全体指战员在悲壮的军号声中集合。三千将士在战场上是横扫敌军的劲旅,此时此刻却寂静无声。他们这是"接灵",接英雄回家。9点半,灵车缓缓开来,某部领导人郑守增、李克勤分别向灵车行了一个庄严的军礼,泪如泉涌……

第二天,全师召开追悼会。苍天也被英雄的事迹所感动,洒下泪雨。这雨,为烈士送行,为亲人悲歌。

榭麓村,是世外桃源,是人们安享平和宁静的胜地,耕读传世的理念在此延续。但榭麓人并不贪图安逸,该担起的责任毅然挑起,该洒热血时绝不含糊。

第三节 杨湘泾——明代重镇

在杨湘泾老街入口处的牌坊上,有这样一副楹联,上联为"名镇如画尽显世纪风骚",下联是"老街似鉴难寻明清遗迹",横批"情有独钟"。从此联中,可以看出老百姓对老街的至深情感,以及因明清风格逐渐消失而心生的遗憾。走进老街,脚下是石板小道,两旁房屋依排而立。石板街,因长年雨水冲刷及人们的行走而变得光滑锃亮。古代的杨湘在明代洪武年间就是一个镇,既已成镇,必然呈现出一定的繁华程度。

现杨湘泾老街南侧,有一条河从中市桥下,缓缓流过,此河古名为杨及泾。它是舟船来往的主要通道。在河的北面,距河一千多米的地方,有个古镇杨枪泾,另有一古村寺湘泾。杨枪泾、寺湘泾地势低,遇雨水频繁时,洪涝灾害频发,村庄及农田往往被淹。村庄临水,且处于低洼地带,十年九涝,血吸虫病流行,村民生活贫困。曾经流传的"只见秧船去,不见稻船回"的说法,形容的就是杨枪泾、寺湘泾人生活朝不保夕的状态。为了求生存,杨枪泾、寺湘泾人纷纷往南迁,把家移到地势高、环境较好、水路交通便捷的地方。他们选中了杨及泾这块地方,并在这里安家落户、繁衍生息。后来,人们在这三个旧地名中各取一字,组成了"杨湘泾"这一名称。从此,杨湘泾的名字沿用至今。

一、杨湘老街

杨湘泾市河横贯东西,东通道褐浦,西接陆泥浦,南通双溇、朝南江,北连金家溇、横丹江。道褐浦成河于宋代之前,系吴淞江南大浦之一,北起吴淞江,向南流经石浦镇、杨湘泾镇,至周荡村入青浦境内。镇西的陆泥浦亦是大浦,北起吴淞江,向南流经杨湘泾,折向东南与道褐浦汇合后流入青浦境内。便捷的水上交通,使古镇成了昆山—青浦—松江之间的舟航驿站,南来北往的商船都会在此停泊。

杨湘泾以中市桥为中心,向四面八方延伸。搬迁到市河两边的人家,临水而居,枕河而眠。因杨湘泾市河来往的船只较多,船上的人会选择在此停息,及时采买日常用品,或进行休整,于是,河两边的人看到了商机,纷纷进行商业贸易。周边的农户也把多余的农产品拿到此处,或趁早市晚市时叫卖,或寄放在店家委托其出售。这样,集市越来越繁荣,吸引了其他地方的商人也来此进行商贸活动。

杨湘泾镇逐步繁荣起来,成了昆山南部的重镇。据《昆山县志》记载,宣统二年(1910),实行地方自治,杨湘泾已是县属乡建制的镇。随着区、乡政权在杨湘泾设置,这里逐步成为淀山湖东北部地区政治、经济、文化中心。

杨湘泾市河北岸的街市形成后,街道两侧,建造了许多砖木结构的楼房。从其风格来看,属明清时期的建筑。老街南北两侧,房屋鳞次栉比,错落有致。屋檐南北相对,宽的地方,屋檐之间有数米远;近的地方,屋檐之间只有数尺远,形成"一线天"景观。

房屋都分上下两层,楼上住人,楼下是店堂。老街上开着111家店铺,肉庄、渔行、豆腐店、南北杂货店、饭店、茶馆……应有尽有,一家挨着一家。

中华人民共和国成立初期,老街上的店铺中,曾有米店3家:周世祥、徐仁泰、周祥林;肉庄2家:陆世杰、翁炳生;鱼行3家:顾焕新、钱家福、钱光中。

豆腐店3家:张祥正、沈和尚、孙德发;洋货店2家:徐伯正、潘洪坤;绸布店2家:顾宏元、周顺昌;桐油店1家:翁炳生。

药材店3家:陆建忠(三秀堂药店)、殷桂生(益寿堂药店)、谈建兵(童春堂药店);地货水果店2家:王瑞元、谢二毛;篮汰店1家:顾焕新。

南北杂货店14家:徐志军、陆伯言、张之元、姚继仁、夏喜春、汪品生、蒋仲康、顾建高、陆仁葵、周生泰、童宝华、邵洪生、殷阿七、钱文明。

由西往东（一）

由西往东（二）

由西往东（三）

由西往东（四）

图 2-9　杨湘泾老街图

文具店1家：夏志真；扎纸作2家：宋镜新、朱福生；理发店8家：姚正其、徐阿全、周广才、王宝其、徐玉山、张同生、陈雨高、梳头妈。

酒饭店6家：姚继仁、童东生、陆阿根、童子康、王乾华、三老板；点心店9家：童金生、张振华、张五宝、柯阿金、徐阿宝、殷巧泉、童永林、张宝堂、吴三妈。

茶馆店16家：高老太、周阿三、邵三旺、徐福生、朱桂宝、周世令、殷三林、周长生、周邦才、张兆荣、朱德富、小阿姐、殷阿七、三妈妈、田忠明、张进福。

杨湘泾街上商贸繁荣，人来人往，络绎不绝。民国之前，老街都是青砖铺设的街道，年久失修，青砖残破较多，路面高低不平，孩子很容易被砖绊一跤，跌破头、磕掉牙的事经常发生。

第二章 悠远古镇

民国十三年(1924)的某天清晨,天空微微飘着细雨。乡董童步清一如既往地来到茶馆店里喝茶,他边泡茶,边与旁人聊天。正说话间,突然见老街上有人摔倒了。他连忙跑出去一看,原来是自己的远房表叔摔倒了,正躺在地上呻吟,动弹不得。他跑去搀扶,但老人摔得挺严重,爬也爬不起来。童步清急忙叫了人来,几人一起,把老人抬回了家。原来老人买了菜,在走回家的路上,因雨湿路滑,他没注意,滑了一跤。童步清让人请了郎中诊治,经诊断,老人摔断了骨头,需要在家调养几个月。

童步清是杨湘泾镇上比较有名望、有财势的人家,且他生性豪爽,为人仗义,因此,深得乡民的信任。他返回老街,从街东走到街西,又从街西走到街东,心里像打翻了五味瓶一样,决心对老街进行整治。产生了这一想法后,他说干就干。写了一则告示,贴于老街最热闹的地段,说明了自己的想法和意图,并率先拿出部分钱两。然后,他走访了杨湘泾镇比较富足的人家,逐一动员,集资筹款,并动用了部分公产租金,凑足了资金,对老街实行改造。那些比较贫困的人家,虽然没有出钱,但他们愿意出力,参与老街的改造工程。

图2-10　杨湘泾市河沿岸

工程开始了,他们进山选购了1 000多块上等花岗岩条石,请来能工巧匠,花了近两年时间,在老街繁华地段铺上花岗岩条石。这条石板街,与市河紧邻,与河平行,西起长大屋弄堂,东至大弄堂,由长条形花岗石铺成,全长300余米。至今石板街完好如初,下水道排水通畅。

杨湘泾这条明清老街,居住着不少大户人家。这些人家建造的豪宅大院,再现

了明清建筑风格。日月沧桑,虽然有些院落已经不复存在,但在老一辈人的心目中,这些院落是声誉、身份、地位、权势的象征,代表了杨湘泾当年的繁华与荣耀。比如老街下滩13号的钱家住宅、东大街上滩大弄堂东边的76号的徐家大院、西大街上滩58号的夏家大院,还有汪家大院、周家大院等。

钱家渔行,被人们称道的不是房子,而是中国工程院院士钱七虎将军,钱家大院就是他的故居。钱家大院,是三楼三底的楼房,北面临街,与街对面的楼房,形成"一线天"的景观,住宅南侧为市河。

钱家楼房为七路头砖瓦木结构,临街面底层三间店面,栅板门,开设渔行。上层三间,用作卧室,冬暖夏凉。临街面,每间中央为一排木制百叶窗,木窗上下两侧,木板封面。临市河面朝南向阳,每间中间有一推拉式的大木窗。钱家住宅南侧枕河,市河边立有6根石柱,上搁横梁,搭成宽1米的"后水阁"。在"后水阁"上吊着5~6只大竹篓,竹篓一半没入水中,篓里养着各种鲜鱼,专供买鱼顾客挑选。钱家渔行,鱼货鲜活,价格公道,生意红火。

杨湘泾东大街76号,是徐氏大院。房主徐旭臣,1905年生,杨湘泾人。抗日战争时期,徐旭臣任日伪昆山县政府秘书,其间在东大街建造这所大院。

徐家大院沿街有高大的石库门,石库门里面东西两边各有一排厢房。进第二道石库门是天井,天井东西两边各有厢房,厢房北面有走廊,与正房走廊相连接。

徐家的庭院,地面铺着刻有花纹的条石,种着各色花木盆栽。庭院两边分别是一排厢房,后面的走廊连着客厅的走廊,走廊中间的亭柱立在精致的花岗岩石鼓墩上。正房分上下两层,屋面两侧的女儿墙高出屋顶两尺八寸,远望,大院与另处的院落不同,可见其别出心裁。

正房,为三楼三底的楼房。下面三间是客厅,里面立有四根广漆的大亭柱。地面铺着水磨方砖,方砖与方砖之间拼合严密,只留下细细的一条缝。楼上三间铺设高档花旗松地板,有花旗松天花板吊顶,地板和天花板都被漆成淡黄色,发出的光亮能映出人的影子。天花板与屋顶之间留有空隙,起到隔热防潮作用。整幢建筑占地面积313平方米,结构精巧,布局严整,彰显豪华气派。

徐旭臣的豪宅,抗日战争期间由他的两个外甥居住。抗日战争胜利后,徐旭臣迁居上海,徐家豪宅被国民政府接收,作为当时杨湘乡乡公所的办公用房。

中华人民共和国成立后,该宅被人民政府没收作为公房。1956年6月29日,昆山县淀东区卫生所成立,选址就在徐家大院内。1958年,成立淀东卫生院,规模扩大,整幢大院全部被卫生院利用。1974年10月,新建的淀东卫生院在镇西部落成,老卫生院搬入新址,原址徐家大院改建成居民住宅区。

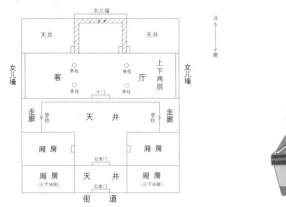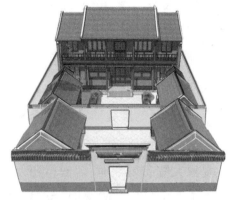

图 2-11　徐家大院图纸和模型

图 2-12　徐家大院旧貌

杨湘泾镇西大街58号,是夏祥洲的豪宅大院。夏祥洲是个富翁,他原籍为上海市青浦县(今上海市青浦区)大盈乡金家桥。因为金家桥村比较偏僻,村庄较小,人口也少,常常遭遇强盗抢劫,夏祥洲怕自家会成为强盗抢劫的对象,所以举家搬到岳父姚仲珍家所在地——杨湘泾镇。他到了杨湘泾镇,请人看了风水,最终在杨湘泾镇西大街买了地,造了房,就此定居在此。在搬进大院的当天,夏祥洲郑重地举行了祭拜仪式。

民国三十九年(1950),夏祥洲经过精心准备,破土动工。他特地去聘请张保和担任作头师傅,负责建筑大院的统筹工作。张保和(1906—1983),出生于上海市嘉

定县（今上海市嘉定区）黄渡村，是周边地区有名的作头师傅。他在建好夏家大院后，也举家迁居到杨湘泾生活。

夏家大院是张师傅打开杨湘泾市场所建的第一套房屋，所以他非常用心。开工前，挑选人才，组织人马；开工后，严把建材质量关、工程质量关，时刻关注着施工进程及安全情况等。

夏家大院工程结束后，东家及其他人一看，都连竖大拇指，赞不绝口。这项工程不仅质量属上乘，而且各个地方的细节都处理得非常好。主楼客厅的地面铺满水磨方砖，油灰的嵌缝非常均匀细腻。为确保防潮、通风，将方砖四角搁在钵头上，下面搁空，穿着皮鞋踩上去时，皮鞋的踢踏声会产生共鸣。

夏家大院布局合理、结构精巧，成为杨湘泾街上最为气派，且又实用的建筑之一。夏家大院沿街三间房屋，中间一间当作通道，东西两间作为店铺。进入第一座石库门后是天井，东西各两间厢房，厢房前有走廊，走廊中间有一亭柱。亭柱立在精致的花岗岩石鼓墩上，天井地坪是有花纹的水门汀。

东西厢房，北面连着第二座石库门。石库门上方北侧面，为砖雕图案花纹的门楼，上方东西两头有鸟画挑角，十分花哨。石库大门闩在墙洞里，能伸能缩，一旦关门，则天衣无缝。石库门里面是80平方米的天井，天井地坪是有花纹图案的水门汀。东西两厢房有落地花窗，外面走廊连着正屋走廊。

正屋为四楼四底，下面客厅占三间，东面房间铺有地搁板。东次间，一条过道，北通楼梯间。过道、楼梯间、客厅均铺有水磨方砖。客厅东西两面的北侧，为了对称，都配有一扇花色门，开门便见天。客厅后面，有两根大亭柱，支撑上面的承重梁。两柱之间封隔，可挂中堂壁画。

客厅后面是围墙天井，天井后面是石库门，两扇直拼大黑门按在上下条石的"门印子"内，开门便见一片空地。楼板、天花板，都用了美国花旗松，阴面起线，阳面光滑如镜。天花板上面，还留有楼顶空隔。

沿河下滩，西邻陆家，东连童家，中间的门面是夏家的滩渡间。上面有小楼，下面是石驳岸滩渡，中间平台上有石头雕花。石驳岸上，有带船锚缆绳的"夜壶攀"，方便来往船只夜宿河埠头。

中华人民共和国成立后，夏家大院成为淀东乡政府驻地。政府驻此长达30余年，直到20世纪80年代，淀山湖镇在振淀路北侧建造了新的政府办公大楼，政府机关才搬出,夏家大院又成为居民住宅区。

图 2-13　夏家大院

随着时间的推移,老街上的诸多大院历经风雨,已经残破,但这些粉墙黛瓦的深宅大院,在古朴的石板街上,在弯弯的小桥旁,在幽幽的小巷里,仍显风流,激起人们对老街名宅风貌的追忆。好在淀山湖镇人民政府十分重视对历史文化的保护,于 2017 年启动了对杨湘泾老街进行抢救性、保护性的修复工程,不久,一段完整的历史文化记忆将重现人间。

二、院士钱七虎

2019 年 1 月 8 日,2018 年度国家最高科学技术奖颁奖大会在北京举行,82 岁的防护工程专家、中国工程院院士、陆军工程大学教授钱七虎,获得 2018 年度国家最高科学技术奖。他奋斗一甲子,铸盾 60 年,用毕生心血,为我国铸就坚不可摧的"地下钢铁长城"立下了不朽功勋。

逃难小船上出生的中国工程院院士

1937 年,淞沪会战爆发,日本侵略者占领上海。血腥的战争逼迫邻近的江苏省昆山县人民流离失所。在那个风雨飘摇的年代,钱七虎在逃难途中的一艘小船上出生,因家中排行老七,取名"七虎"。

在抗日战争的枪炮声中,钱七虎度过了苦难的童年时期。社会动荡,7 岁丧父,家里子女全靠母亲摆小摊维持生计,他置身于动荡的年月,饱受战乱带来的困扰。

他说:"我的童年、少年是在旧社会度过的,看见过我们的抗日游击队员被日军打死,放在我们小学的操场上,这都是(亲身)经历过的。为什么会这样呢?因为我们国家不强,我们军队不强,所以受到了侵略。"

中华人民共和国成立后,依靠政府的助学金,钱七虎完成了中学学业。强烈的新旧社会对比,在他心中深深埋下了矢志报党报国的种子。

图 2-14　青年时期的钱七虎

1954 年 8 月,钱七虎迈进了哈尔滨军事工程学院的大门,成为哈军工组建后招收的第三期学生。

1961 年,钱七虎就读于苏联莫斯科古比雪夫军事工程学院,主要学习防护防卫的技术。因各种分歧,中苏关系逐渐恶化。1964 年,在学成前,学习进攻技术的一位中国学员在某天莫名其妙地死了,说是心脏病发。学习防护技术的钱七虎安全回国。

1965 年,钱七虎学成回国,获得工学副博士学位。根据组织安排,钱七虎担任了原西安工程兵工程学院教员。从那时起,为国家铸就坚不可摧的"地下钢铁长城",就成了他毕生的事业追求。

铸牢"地下钢铁长城"

20 世纪 70 年代初,飞机洞库防护门的相关设计计算均采用手算的方式,计算精度差,效率低。当时,国家正处于困难时期,科研事业举步维艰。

然而,钱七虎毅然受命设计空军大跨度机库钢筋混凝土防护门研究设计任务,率先引入了有限元计算方法,加班加点翻译整理出了 10 多万字的外文资料,探索钻研,圆满设计出当时跨度最大、抗力最强的机库大门。

几年后,这项国内防护工程领域首创的科研成果运用于当时我国跨度最大、抗力最强的钢筋混凝土防护门,获得成功。

面对一项项世界级国防工程的防护难题,钱七虎迎难而上,带领团队一头扎进研究当中,几乎跑遍了全国各地著名高校、研究所和厂家,先后10多次修改设计图纸,成功研制出我国首套爆炸压力模拟器、首台深部岩体加卸荷实验装置,攻克了困扰世界岩体力学界多年的16项关键技术,解决了近30项技术难题。

师之大者,为国为民

2004年,南京长江隧道,被纳入南京"五桥一隧"总体规划。作为专家委员会主任,钱七虎深知肩上责任之重。

南京长江隧道是当时已建的隧道中所经地质条件最复杂、技术难题最多、施工风险也最大的工程,被称为"万里长江第一隧"。如何进行隧道掘进,确定工程建设方案,是钱七虎首先要解决的问题。一开始,设计单位提出用"沉管法",钱七虎却认为用"沉管法"存在安全隐患。

"由于三峡水电站的修建,泥沙含量将大为减少,长江中下游冲将大于淤。经过几十年、上百年江水冲刷,冲淤平衡被破坏,下游的管道就会露出江底,'沉管法'隐患太大!"钱七虎说道。

为此,他建议改用盾构法,用盾构机开掘隧道。用直径14.93米、近5层楼高、长130余米的盾构机,在长江河床底下,开凿南京长江隧道,一时成为人们关注的热点。盾构机面临长江如此复杂的地质环境,这在世界上尚属首次。

2008年8月,最担心的事还是发生了。当盾构机掘进第659环时,因刀具、刀盘磨损严重,盾构机突然停止工作。这个庞然大物静静地待在长江下面的岩层中。

盾构机罢工,隧道施工搁浅。一夜之间,街头巷尾议论纷纷,远在某电站的钱七虎当即表示"工程绝不能报废,更不会'烂尾',我们一定能解决"。

在钱七虎的建议下,磨损刀具更换,刀盘修复,国内厂家对刀具进行自主改良。改良后的刀具性能大幅提高,南京长江隧道掘进历经磨难,再次启程。

2010年5月28日,南京长江隧道在历经5年的建设之后全线通车。作为中国长江上隧道长度最长、盾构直径最大、工程难度最高的工程之一,南京长江隧道获得鲁班奖、国家科技进步奖等10多个奖项。钱七虎被南京市委、市政府授予"南京长江隧道工程建设一等功臣"。

作为多个国家重大工程的专家组成员,钱七虎在港珠澳大桥、南水北调工程、西气东输工程、能源地下储备等方面提出了切实可行的建议,并多次赴现场提出关键性难题的解决方案。

图 2-15　工作中的钱七虎

钱七虎还主持了北京、深圳、南京、青岛等几十座城市地下空间规划的评审。针对建设"资源节约型、环境友好型"城市的问题,他提出要大力开发利用地下空间,倡导在特大城市建设城市地下快速路和地下物流系统,并对北京、上海建设该系统提出了建议,得到了国家有关部委和北京市、上海市的高度重视。

"做科研工作,不能仅仅着眼于当下看得见的事情,更应该站在国家的全局进行前瞻思考,哪些事情对国家和人民有利,我们的兴趣和爱好就要向哪些事情聚焦。"谈及自己的经历,钱七虎斩钉截铁地说道。

如今已经82岁的钱七虎,全年有三分之二时间依然活跃在多个重大工程的现场,积极为决策部门出谋献策。他说,地下工程复杂多样,对于工程的难点研究透彻、对策考虑充分,才能保证工程的顺利建设:"不到现场去,凭拍脑袋、凭过去的经验、凭别的地方的经验来解决这个地方的问题,就要出漏子的。我们面临的地下工程是高风险工程,要有敬畏的心态,树立一个如履薄冰、如临深渊的态度,才能把工程建设好。"

心系家乡,"瑾晖"助学

每年的开学季,孩子们背着新书包,走进校园,开始了学习。每当此时,镇小学、中学的德育主任不会忘记一件事,就是对贫困学生的助学资金的发放。这笔助学资金,不是来自政府,也不是来自社会团体,而是来自个人,来自中国工程院院士、著名防护工程专家、教授钱七虎。

钱七虎虽然离开了家乡,但他依然怀着一颗赤子之心。他以自己实际行动,回报社会。每年开学,他都会拿出一部分资金帮助镇上贫困生,以便他们能安心、顺利地完成学业。

有时,趁回家探亲时,他也会到学校,与那些受助学生进行交流。他虽然已经满头银发,但精神矍铄,双眼有神,给人以踏实的感觉。在与孩子们的交谈中,他让孩子们放下心理负担,安心学习,争取学有所成,如果遇到什么困难,随时可以找他,他一定会尽力帮助他们解决难题的。

图 2-16　钱七虎与爱人合影

随后,他从手提包里拿出一叠笔记本,分发给了孩子们。他说:"这是爷爷每次参加会议,主办方发的笔记本,我都给你们留着。你们写写作业、打打草稿用吧。"

他人在北京,心里却关心家乡的这群孩子。最初受他资助的学生中,有的大学毕业后,特地找到了他,向他表示感谢。从他的身上,孩子们学到了善良、坚持、智慧。

他资助的一位学生珍珍(化名),家庭非常贫困,单亲母亲带着珍珍姐妹俩生活。珍珍从小学开始便得到了钱七虎的资助,直至她大学毕业。珍珍毕业后,工作没着落,于是她向钱七虎求助,钱七虎了解了她的近况,便帮助她解决了就业的问题。

珍珍的母亲一度身患重病,当他得知这一消息后,回到淀东,和妻子带着珍珍的母亲到南京看病。珍珍一家在钱七虎的帮助下,不仅治好了母亲的病,而且珍珍的工作有了着落,一家人的生活得到了改善。

从20世纪90年代起,钱七虎的慈善举动就没有间断过。很多孩子都是从小学、中学,直至大学毕业,一直受到钱七虎的资助。近30年间,他资助了贵州、青海、山东、河南等地的学生共计100多人次,资助总金额达100多万元。而且,善举还会延续。这次,他又将自己获得全国最高科技奖的奖金800万元拿了出来,全部捐给了他于2006年以母亲和妻子的名字设立于家乡昆山并由昆山代为管理的"瑾晖基金",重点资助西部和少数民族的贫困学子。

图 2-17　钱七虎与老街坊在一起

目前,淀山湖镇的老街正在修缮,对部分危房进行加固,对街道的石板路进行整改,对中市河两岸的景点进行布置,尽量还原明清老街的风貌。钱家大院、夏家大院等典型建筑,将依据人们的记忆及其原型,恢复到最初的状态。

老街,是淀山湖镇历史文化的象征,也是淀山湖镇人文精神外化的体现。老街的修复与还原,不仅是淀山湖镇旅游资源的开发和利用,更是对淀山湖镇优良传统的传承。古有汪家修桥铺路建学校,今有钱七虎心系家乡、设立"瑾晖基金"助学,这就是传统文明在当代的再现。

第三章 水韵古村

美丽的江南水乡,古朴的自然村落。在淀山湖镇,有两个古村落是家喻户晓的,那就是金家庄和磺碛村。古村,与水为伴,沾染了水的坚韧与柔情;与山为邻,熏染了山的伟岸与大气。金家庄村,以儒为尊的朱家、匠心艺精的顾家,让古村的人们心灵手巧,独显古村的气度;佛教禅心圣地磺碛村,福严禅寺感召四方、古银杏承载八方风雨,这里有清正廉洁的叶家,以及明代"磺碛三杰"。历史的尘烟,遮不住昔日的荣华;当今的云雨,铸就了古村落的锦绣。

第一节 江南水乡第一庄——金家庄

在上海市青浦区和江苏省昆山市的交汇处,有一大湖(宋时史志上称"浩渺300里"),古名淀湖、薛淀湖,现名为淀山湖。在淀山湖的东北部,有一处突出于湖中的绿岛,从远处望去,秀水环绕,绿树浓荫,炊烟袅袅,生机盎然。来到岛上,只见岛中有岛,内河纵横交错,或穿流而过,或回旋成涡,或曲绕成浜。因河流多且复杂,把村庄分割成几个或连或断、或大或小的圩头。从空中鸟瞰,其整体地形犹如一只展翅飞翔的凤凰。凤头朝南,引颈清唳,与对湖的九峰遥遥相望。一对大张的翅膀,似带着风,挟着云,凌空而上。

此岛在明代之前,并没有名字。在史志中一般都以"湖滨"为称呼。明代开始,有了名号,叫"金家庄"。

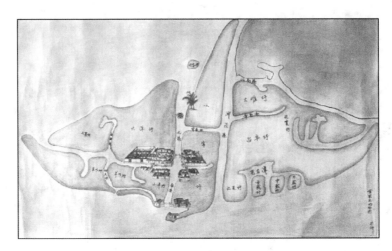

图3-1　空中俯瞰金家庄似一只凤凰

一、村名的由来

金家庄的历史,一直成为当代人研究的主题,特别是"金家庄"这一称谓,是因何事而起、因何人而名,一度成为大家争议的话题。

古代,金家庄无论从村庄的规模、人口的数量、基础设施、建筑水准和人文底蕴,都无愧于"江南水乡第一庄"的美誉。但是,也许是地处偏僻的原因,金家庄在历史上从未成为一方地域的政治、经济、行政中心,所以在各类地方志中,对金家庄的记载甚少。

金家庄的村名最早出现在清代的《淞南志》和《淀湖小志》之中。金家庄姓"金"的人在金家庄40多个姓氏中,虽不能说数量最少,但排名至少也是很靠后的。那么,为何叫"金家庄",一定另有玄机。

一说很久很久以前,金家庄是一个无人居住的小岛。后来有两户渔民在此栖身。其中一户姓金,一户姓庄。他们相处和睦,相依为伴,生活倒也安逸。谁知金家尽生女儿,庄家尽生儿郎。后来他们的儿女长大后,金家的姑娘全部嫁给了庄家的儿郎,于是有了"金嫁庄"的说法。而"嫁"与"家"音近,随着时间的推移,"金嫁庄"便成了"金家庄"。

二说是为了纪念一位姓金的教书先生,他就是金至善,元朝人,字伯明,世代居住在昆山淞南淀山湖畔后名为"金家庄"的地方。金至善因为喜欢菊花凌霜而开、不畏严寒的品格,所以特别喜欢种菊花。他自比秋菊,自称"菊逸老人"。金至善注重修身养性,知书识礼,温文尔雅,品德高尚,其所著述的诗文可与唐宋时期顶尖人物的诗文相媲美。他开办了私塾,教金家庄的蒙童认字学诗,明礼仪,做文章。他这么做,不为名利,不为钱财。孩童的父母为答谢他,送来一尾鱼,端来一碗汤,以抵学费,他都欣然接受,并不计较。他对孩童慈爱有加,也时刻关心着村民的疾苦。他去世后,村里人为了感谢他、纪念他,给村庄取名为"金家庄"。

三说是根据道家之说而来。古代先民认为,天下万物皆由五类元素组成,分别是金、木、水、火、土,彼此之间存在相生相克的关系。古人取五行之首的"金"字,给该岛命名为"金家庄",意为五行协调、固若金汤的意思。金家庄,是大自然冲积而成的泥沙岛,又受湖中水浪的冲刷侵蚀,正逐渐瘦身变形。由"金"字命名为村名,寄托着金家庄人守望故土、热爱家乡的美好心愿。

另说黄巢的一支起义军在淀山湖畔筑度城,后被官兵镇压,一小部分人流亡到这座无名小岛,躲过了灾祸。之后,这些人也无心出湖,在岛上定居,从事渔耕。这些人多数姓金,为了掩人耳目,他们改姓王、吴、赵、陆等各种姓氏。但为了不忘祖宗,他们就把这个湖边小岛取名为"金家庄",意思这小岛是金家的庄园。

该村,除了"金家庄"的称谓外,还被称为"八风山海镇"。曾经有一块石碑竖立于王家角,石碑上书有"八风山海镇"五个大字,清晰可见。此石立于金家庄中心的王家角。淀山湖水波辽阔,九峰屹立,金家庄三面环湖,故有"山海"一称。八风,一种意思是指佛家的利益、衰微、毁谤、荣誉、称赞、讥讽、受苦、爱乐这八种境界,劝诫人们以善为人,以诚处事。也可理解为因金家庄处于湖上,接八面来风,迎四方宾客,便得此石。此碑的树立,展示了金家庄的大气磅礴、海纳百川的胸怀,以及金家庄人豁达大度、真诚朴实的个性。

还有一说,金家庄的地形像一只展翅欲飞的金凤凰,传说是天帝女儿的化身,以"金凤凰"的"金"字取名会得到"神龙金凤"和天帝的庇护,人们至今还流传着"金凤凰"的传说。据传这里原是东海的一部分,沧海桑田,这里有了山和陆地,若干年后山水间的陆地上出现一片硕大的桃园。据说,这桃园里的桃子虽比不上天宫中的寿桃,却香甜如蜜,有延年益寿之功效。阳春三月,桃花竞相开放,遒劲的斜枝,弯曲的树杈上,一朵朵,一丛丛,一簇簇。桃花随风轻轻摇曳,在露水的点缀下,愈发清纯透香。远看那桃花犹如天空灿烂的云霞,飘落人间。在三月春风的轻拂下,散发出空灵而悠长的香味。到了夏天更是桃子满园,就连空气中也弥漫着桃子湿润的汁液,散发着浓郁的桃香味道。

图3-2　金家庄桃园

　　传说东海龙王的一位太子巡游到此,发现了这一人间仙境。几年后,他因不满龙宫中兄弟间的争斗,便来这里隐逸起来。

　　有一年,孙猴子大闹天宫,将仙界的寿桃糟蹋殆尽。王母娘娘获悉东海之滨有这片桃园,于是就命女儿带领三个宫女前来探访。天女们来到这里,被这里美丽的景色吸引住了。只见这里碧空如洗,绿树成荫,繁花似锦,湖面上波光粼粼。她们沉醉在这一方美景之中,嬉耍起来。她们的嬉耍声惊醒了吃饱了桃子、正在午睡的负责护园的龟鳖精。

　　龟鳖精睁开眼睛,看到如花似玉的仙女们时,顿时起了淫心,起身欲施无礼。三个宫女连忙抛出衣上彩锦裹住了龟鳖精。不料,这龟鳖精只轻轻一抖,就把彩锦抖落。宫女们又取出佩剑,三剑齐出,这下激怒了龟鳖精。"小女子竟敢下杀招!"于是龟鳖精气急败坏,也下起了狠招。几招下来,宫女们渐渐不支。天帝女儿见状,也参与进来。但龟鳖精毕竟修行了千年,而且常年得益于仙桃的功效,功夫了得。十几个回合下来,天帝女儿和宫女们已遍体鳞伤,渐落下风。龟鳖精见状心里暗喜,心想:看你们还有什么招,便一个饿虎扑食,直取天帝女儿的要害。

　　眼看龟鳖精就要得手,危急时刻,正好龙太子巡视到此,他大吼一声:"大胆龟鳖精,竟然敢对天帝女儿无礼!"说时迟,那时快,龙太子双拳齐出,将龟鳖精击出十几里外,龟鳖精重重地落在了湖中。愤怒之下,龙太子又拗断了一座小山,把龟鳖精死死地压在了水中。后来这龟鳖精和半截小山便成了淀山湖里的淀山,也称龟鳖山,而那被拗去半截的小山,便成了一个墩,这就是南港潭口被金家庄人称为"山矮墩"的小墩。

镇住龟鳖精后,龙太子向天帝女儿谢罪,曰:"只怪小仙管教不严,请天女恕罪。"天帝女儿也是明理之人,急忙回礼曰:"此事怪不得太子,也怨我来前并未通报。只是以我们的现状恐难回天宫,不知如何是好!"龙太子说:"要不,先到我行宫疗养,待你们痊愈后,我再护送你们回天宫,并向天帝、王母娘娘请罪如何?"天帝女儿说:"事已至此,也只能这样了。"在龙太子的悉心照料下,天女们恢复得很快。三个宫女不几日便能下地行走了。但此时的天女见龙太子风流倜傥、一身正气,对太子已有了爱慕之心,不想急着回去,于是假装病重难愈,躺在床上尽享龙太子的呵护。

几天以后,王母娘娘不见女儿回来,便亲率天神寻找到此。见女儿如此状况,便怒火冲天,要立马治龙太子的罪。后来听了女儿的细说,不但消了怒气,而且感激起龙太子来。

为了达到在人间多逗留的目的,天帝女儿装作伤得很重的样子,对王母娘娘说:"母后,以女儿此身恐没有三五百天时间很难痊愈,请母后向父皇禀明。"此时的王母娘娘已洞察了女儿的真实心思,也有心成全他们,于是说:"禀不禀明你父皇,倒不是什么大事。只恐女儿你在人间待得时间长了,仙力渐失,若再想回宫,需经历一场痛苦的'烈火涅槃'。再说,为娘也只能为你遮挡一时,不能遮挡一世。五百天后,你们必须回宫。天条无情,你知否!""是,是。"女儿应道。王母娘娘又向女儿交代了一番……

临行前,王母娘娘对女儿和太子说:"你们虽然栖寄人间,但你们毕竟是天帝的女儿、龙王的太子,一定要关怀好一方生灵,恩泽四方百姓。"说话间,王母娘娘从头上拔下发簪,向东一划,顷刻间,一条滚滚江河直通东海。王母娘娘又转身在身后一点,一棵参天大树拔地而出。王母娘娘说:"这江河是通向东海的,这树是通向天宫的。你们今后,若有求于龙王和我,只要对这江和这树细说,龙王和我就会前来帮助你们。"于是,就有了黄浦江和金家庄背面的银杏树。

此后,天帝的女儿、龙太子和三个宫女便在这里过起了凡间生活。为点化当地百姓走出渔猎为生的原始生活,他们从神农架引来稻种,并请来蚕神,教会村民男

耕女织，走上了农耕社会。从此，这里的人们衣食无忧，过上了幸福的生活。

天上一天，人间一年。五百年后，天帝的女儿不敢违背母亲的教训，凤凰涅槃，回到天宫，留下了这块形如凤凰的风水宝地。而龙太子深深地眷恋着天女。睹物思人，他没有回到东海，终身厮守着这块"凤凰涅槃"后的宝地。三个宫女不忍龙太子孤独一人，自愿留下，相伴龙太子。于是在金家庄村东面有了"一潭三岛"，即神龙潭和三个小岛东岁圩、中岁圩和西岁圩。金家庄的青莲寺内供奉的菩萨，据说既是观音，又是天帝女儿的化身。

关于金家庄村名的由来，众说纷纭，莫衷一是，细细分析，都不无道理。不过，这都是传说而已，史志上无据可考。这些美丽的传说，融入了金家庄人心中美好的祝愿和希望。

二、江南水乡第一庄

20世纪90年代初，有一位深谙风水术的港商在金家庄穿街走巷，坐轮船、包直升机转悠了几天后，对淀山湖镇的陪同人员说："金家庄在历史上肯定是个人才辈出的地方，营商的富甲天下，做官的达'三品''五品'的不在个位数。"

"何以见得？"陪同人员问。"因为这里是一块难得的风水宝地。如果庄的南面还有一座'案山'，湖的对面还有连绵的'朝山'的话，这里说不定还会出宰相呢。"

风水宝地，按风水学理论其实就是聚积天下灵气的地方。它能助人事业兴旺、发财，可令后代富贵、显达。风水学中讲究的是"藏风、得水、聚气"，这里所谓的"气"，又叫"生气"，在风水理论中，"生气"是存在于自然界中一种能够焕发生命的要素，是能让万物萌发生机的物质。好风水的标志就是"山环水抱"，即四周高、中央凹的群山环抱和四周秀水环绕的形象。从环境的角度讲，环抱住址的山，能阻挡住风的入侵；环绕住址的水，则能带来湿润的气体。从心理学上讲，山在周围能让人有安全感；水在前方则让人视线开阔，心情爽朗。风水学有一条重要原则，就是"界水而止"，即"生气"遇到水就会停留下来，所以水在风水中是留住气的象征，引申出去，就是水能留住财，即所谓的"盖生者，气之聚"，风水之法，得水为上，"山管人丁水管才"，"生意兴隆通四海，财源茂盛达三江"，就是这个道理。

风水学认为，山水乃天地间的两大神器，所以既有山之龙，也有水之龙。在平坦的地势中，风水以水为龙，水行即龙行。大江大河是干龙，小河小溪为枝龙，干龙

图 3-3　金家庄十字河南入口处

主要用于行势,枝龙才是最主要的结穴之处。众多水流环抱的地方,就是水龙结穴的地方。金家庄三面环湖,东面有一条泖泾港将其隔为湖中岛的自然地形,正应对了风水学中"藏风得水,水龙结穴,生气聚气"的环境模式理论标准。在风水学中,水流被称为龙之血脉,是"生气"的外在形态,又代表财源旺盛。"水口",在风水学中又是风水好坏的重要标志,是指一定地域范围水流的进出口,入口为"天门",出口称"地户"。水口之关闭,即一地风水对生活财源的把握控制。天门欲其开,源远流长而无穷尽,预示着财源广进而不绝;地户欲其闭,屈曲如"之"字或"玄"字,层密截流,以聚气藏财。风水理论还认为在龙脉(血脉集结交汇)处有"朝山""案山"更佳。案山是宛如朝拱的伏案之形的山;朝山就好像臣僚们簇拥着君主。不知是大自然的鬼斧神工,还是后人的精心安排,金家庄岛内河港纵横,溪流迂回,而南港口天门面湖开阔通畅,地户北港口河港如"之"字层密截流。且南港口处有名曰"三爷墩"的"案山"。三爷墩上,原有三官庙,供奉天官、地官、水官。在古代,透过淀山湖,还能看到"淀湖九峰"和湖中淀山。总之,金家庄三水交汇,前有案山、朝山,有形似凤凰的自然之胜……正符合风水学中"更佳"的理论标准。《黄帝宅经》上说:"以形势为身体,以泉水为血脉,以土地为皮肤,以草木为毛发,以宅舍为衣被,以门户为冠带,若得如斯,是事俨雅,乃为上吉。"难怪金家庄的老人讲,这里是江南地区千百年来千里万里难寻的"风水宝地"。

在古代,水运是物流、人流的主要手段。淀山湖处于苏浙沪交界处,其水域便成为这两省一市通行的水上命脉。淀山湖风平浪静时,波光闪烁,渔帆点点;风起浪争时,浪潮汹涌,舟帆行走于湖上,难免让人心寒意惊。此时,金家庄由于得天独厚的地理位置和自然条件,便自然而然地成为"水上驿站",成为货物集散中心。

穿梭于苏浙沪的航船途经此处时,经常会把船停靠于此,上岸补充物资、采买生活用品。甚至还有人把自家的土特产或在外埠采购的商品,拿到街上"摆地摊"零卖,或寄放在庄上的商家,让他们帮着售卖。遇上风急浪高、雨雾天黑时,在湖上行驶的舟船便会把船驶进金家庄的内河江湾里,躲避风雨,休养生息。

以湖为生、以渔为业的渔民,乘着拖网船、丝网船、鱼鹰船、虾笼船、麦钓船……或停在金家庄内河的港湾里,或停在村集市的河埠头上。金家庄,既是他们的第二故乡,更是他们物品交易的商场,因此金家庄在很早以前便是交易活跃的商埠和货物集散码头。金家庄三面环水,沿水路,向外发展,开设了东南到青浦、朱家角的航船,西南到商塌、周庄、陈墓的航船,西北到大市、苏州、昆山的航船。商贸业的发展为金家庄的繁荣昌盛奠定了物质基础。

古村金家庄作为淀山湖畔的一块风水宝地。从远处望去,秀水环绕,绿树浓荫,炊烟袅袅,生机盎然;走进金家庄,安静流淌的小河,古朴沉静的小桥,堆砌整齐的驳岸,以及尚存的历史遗存,仿佛在向我们讲述她曾经的辉煌和荣耀。

在中国的历史上,能称之为"庄"的村落,本身就是一种地位的象征。庄内路、桥、驳岸的水准,又代表了它的底气和实力。庄内住宅的格局、规模和豪华程度,又往往能体现居民的经济地位、社会地位和文化素养。豪门望族总有一个大宅第,府第的宏伟说明家庭地位的显贵,宅院的精美反映了主人风雅逸趣的生活格调,住宅厅堂房屋的规矩严整说明了家庭次序的森严。

金家庄的住宅分为三种类型:一是以朱氏、顾家为代表豪门望族的殿堂式大宅,二是农户的农宅,三是商贾店铺。

"十"字形的金湖港是金家庄水脉的骨架。两岸堆砌整齐的石驳岸上一条条或砖或石的街路,蜿蜒地伸向四面八方,连接着每家每户。金湖港上四座平板石桥将四个自然圩头连成一体。金湖港交叉的中心,也是古村金家庄的商贸中心。王家阁和长滩滩是古村最繁华的地段。在这里,沿路而筑的靠街楼、临河水阁、因地而成,因势而就的临街商铺鳞次栉比,星罗棋布。茶坊、酒店、渔行、肉庄、药材店、杂货店、裁缝店、理发店、农具店等,十七八样九行当,应有尽有。

图 3-4　金家庄老街

图 3-5　金家庄老屋旁的小路

每天早上,晨曦中初升的一缕阳光照射在波光粼粼的湖面上,港上船只川流不息,岸上三尺柜台宾客盈门,一派兴旺景象,构成了一幅古韵浓重、活色生香的水墨江南特有的乡村晨景图。而每当日薄西山,归舟泊岸,桨声划破了宁静的夜色;渔歌唱晚,渔船盛满了丰收的喜悦。

20 世纪 60 年代前,金家庄基本保持着江南水乡特有的小桥流水人家的古村风貌,庄内建筑以明清建筑为主,偶尔有一两幢元代和民国的建筑。朱家和顾家是金家庄的大户人家,拥有十几处殿堂式的气派建筑,而颇具农家特色的通天八间前后埭的建筑也十分醒目和实用。

朱家故居,是苏州"香山匠人"入驻金家庄前倾心打造的第一件建筑精品,又是占尽"风水"的吉宅。它位于大羊圩正南。门前,金湖港如一条玉带环绕着朱府,风水学家认为如有玉带状的流水从门前经过,家中必定出高官,世世代代皆为文人。这一说法在朱家得到了应验。

朱家故居从王家阁往西北延伸,占地面积 15 000 平方米,建筑面积 12 000 平方米,由 130 间居室连成一体。朱家故居不仅大,而且房屋多,沿街分设四个出入大门,分别名为五房、七房、六房、八房,房连着房,屋挨着屋,首尾呼应,前后连贯。整个建筑群外围,高墙紧裹,院内庭园重叠,游廊环绕,假山、荷池、花坛、亭园点缀,正

屋、厢房、庭院、天井……规矩严整,充分体现了以儒家为纲常的朱氏家族的个性。那一房房、一户户,如果在那里从头到尾走一趟,恐怕不是一天半天所能走遍的。

朱家故居的建造略异于同时代的建筑。这里的每一块砖瓦、每一扇门窗,都倾注了以顾仲年为首的香山匠人独具匠心的设计,特别是屋檐采用飞檐翘角的设计。在屋脊的两头,各安装了一堵横切面,形状既像天空中的一朵祥云,又似一个守家卫国的盾牌。屋脊的两则,则是一排排行列整齐的凹凸交错的黑色瓦片。瓦片与瓦片之间都是统一的距离,每一行的棱、每一凹进的槽,其所有的瓦片数都是一样的。每一行并不是以斜线的方式直直地往下,它在渐渐往下舒展的时候,以一定的弧度而延伸着。到尽头时,所采用的瓦檐上,绘有朵朵盛开的牡丹。那飞檐以傲人的姿态,向外张扬着,更显示出了朱家豪宅的气派与壮观。飞檐上,还垂挂着一只只铜铃,风一吹,就发出悦耳的乐声。这飞檐的设计,既适应了房屋内部结构的需要,又能更好地排除雨水和积雪,还起到了遮阴纳凉的作用。

走进朱家豪宅,体会到的是其中的精巧与细腻。跨过那高高的门槛,首先看到的是那几根粗大的顶梁柱,从柱子下那块顶柱石上就可以看得出这气势的不同寻常。顶柱石上,梅花的刻图十分清晰,每一侧的梅花形状又各不相同,有枝头含蕊的,似乎正在等待凛冽的风把它吹开;有含苞待放的,那微微张开的几片花瓣娇羞着,欲说还休,不好意思完全打开;有争妍怒放的,正把自己积蓄许久的清香洒向人间。站在一旁,欣赏着这精美的石刻,仿佛能闻到梅花若有似无的香味。不仅仅是石头上有精美的雕刻,那倒垂的梁托也被一朵朵祥云包围着,围成一大朵莲花。此外,栏杆、门沿、窗饰等地方,各种木刻比比皆是,上面不仅有山水流云、鸟兽鱼虫,还有一个个栩栩如生的人物,甚至细致到人物的表情、人物的手势都那么惟妙惟肖,让人叹为观止,拍手称绝。故居的墙角处,一片片的青苔躲在阴影中,悄悄地生长着,成了小院独特的风景。天井内,一条狭长的通道隐藏于房屋间的过道内,安静而幽远。

朱家最早的故宅在甲子桥西桥堍,是朱德润辞官后隐居的地方,后由朱家后裔捐赠,改建为天主教堂和私塾。朱德润故居的门是紫黑色的,门的两边各有一块青石,高 50 厘米,东西长 80 厘米,南北宽 30 厘米。门朝东开。青石上面是大门的门框,门框到墙壁之间由木板封住。两块青石的外侧各有一条凹槽,里面嵌着门槛。凹槽前的青石上的浮雕各刻有一只欢奔乱跳的鹿。这鹿,前身高,后身低,前面外侧一蹄缩起,另一蹄往前迈。两只鹿头对着正要跨入大门的人,寓意为"乐(鹿)在其中"。沿着朱家故居的石头路游历完朱家豪宅,让人感受到了它的幽深,似有一种走出此地就不知身处何地的感觉。

甲子桥北、北港西岸,基本上都是苏州香山匠人顾家的宅院。最北端的是顾家祠堂,此祠堂建于晚清,坐落在大洋圩靠北端,东靠北江出湖口,与江东的两棵银杏树隔江遥遥相对。祠堂占地面积650平方米左右,建筑面积500平方米,正东有一片800平方米的大场,厅内都有悬空的粗大柱子,大小房屋共计7间。往南分别为顾家大墙门、三墙门、二墙门。顾家大墙门现有香山匠人的后裔顾祖连、顾祖吉两个老弟兄及其后代居住。据顾祖吉老人口述可知,这个大墙门是由其先辈香山匠人登陆湖中岛后定居下来所建造的。其先辈由此结束了到处游码头、到处打工的流浪生涯。大墙门没有豪华的楼房,只是五开间的大瓦房和几间小屋,但在建造时实属非常亮堂的好房子。那儿有一片宽阔的场地,四周非常空旷,便于造房堆木之用。大墙门占地1 600平方米,大屋、小屋等建筑面积均为800平方米左右,房屋均是普通砖木结构的平房。靠河滩的小屋,作为牛棚。江口建有草舍,水中设有栅栏。以前,出于安全考虑,晚上有人守夜,早晚开关木栅栏,给进出的船只设置障碍,查询进出事由。

顾氏仲年在湖中岛大洋圩北岸立足后,建造了第一大墙门,以后再建顾氏二墙门,后又建顾氏三房里。顾氏三房里坐落在大洋圩(现淀山村)北竖头江(又称北江),北靠徐家墙门,南接顾氏二墙门,相邻是一条长弄堂(蟠弄),西是草地,乃是明朝年间砖木结构的古建筑,总面积为2 500平方米,各屋建筑面积几乎相似。从东大门进宅,东西向共10进,一条36米长的南北走向的通道,将房屋分为2个单元,东面是厅堂建筑,西面是楼房,大小房屋36间,其中10间是楼房,凡每一大天井都有御门楼,御门楼的砖石上都雕有古典人物、花鸟走兽、戏文等图案,豪宅坚固美观,装修富丽堂皇,所建的厅堂气派宏大,每幢楼房均有各自的特色。中华人民共和国成立后,被辟为淀东人民公社的国有粮食仓库,人们便叫它为"三仓库"。

盛世房是顾达今先生的故居,位于古村金家庄东浜中段,占地面积约3 800平方米,建筑面积为3 500平方米,南北共9进,计大小房间55间。整个盛世房是座粉墙黛瓦高大幽深的豪宅,四周是高高的院墙,5间房屋开阔的水墙门用精致的花岗岩石块叠砌成整齐的石驳岸和水桥滩渡,很有气派。走进大宅门,便看到那一根根廊柱、一块块匾额，木刻雕花门窗和御门楼上的精美砖雕字画，透出一股古朴清雅的气息。穿过门厅，墙门间天井，主厅沿着曲曲折折的陪弄长廊来到题名为"杏花春雨楼"的两座后楼，推开长窗，眼前豁然一亮，百花园便呈现在眼前。园内假山荷花池、回廊凉亭、楼阁一应俱全，绿树成荫，秀丽非凡。在这里，春日可赏花，炎夏听蝉鸣，秋天尝鲜果，冬日可踏雪。

甲子桥北面港西为顾乾贤宅，该宅建于清朝，东靠北江，南临顾大伦肉店，河滩有石凳、石栏杆。门前有一片场，需上3级台阶才进得了大门，天井周边过道上建有两层小楼。该宅占地面积1 700平方米，建筑面积近500平方米，房屋共计17间，其中楼房11间。中华人民共和国成立后，金家庄成立金湖乡时，顾乾贤宅为金湖乡乡政府所在地。

图3-6　金家庄甲子桥

甲子桥东堍往南，与福元桥之间，有一幢民国建筑，名为小洋房。小洋房的主人是顾越奎，他留学欧洲，精通六国语言。1903年，詹天佑修建了第一条由中国人自主修筑的铁路——京张铁路，这是国人的骄傲，也是国人实力的体现。顾越奎作为中国第一代机车工程师负责到法国考察，购买火车头。顾越奎回乡后，建造了这幢小洋房。

从福元桥往北，下了桥堍，沿砖石铺成的沿江大道向东走20米，便来到有"昆山第一花厅"之称的顾家的外珠角。外珠角是清朝年间建的砖木结构的房屋。要观赏外珠角大花厅，必过七道门槛、两个御门楼。每道门都十分沉重，用力推，发出咔咔的声响。一路往内,厢房堂屋里陈列的都是珍贵的艺术品。以格子分隔而成的落地长窗,每扇的四角及中间均雕有花鸟和戏文。打开落地长窗,雕梁画栋、绮角雕栏,尽收眼底。每个御门楼上的水磨方砖,几乎见不到缝隙。

来到大花厅,屋顶高大幽深,飞檐峭壁。厅内四根悬空庭柱根根粗深无比,现在还可看到垫有圆珠形的大石块。每根柱子的首尾都雕刻有龙身、鸟兽、花卉、古人像等精美绝伦的图案。厅堂内摆着红木家具,高贵典雅。花厅两旁玉楼耸立。登上玉楼,金家庄全景一目了然。

图 3-7　金家庄顾宅民国小洋房

该宅近代的主人是顾石林,1953 年病逝,享年 80 多岁。顾石林是位老中医,他医术高明,看病用药稳、准、狠。病人前来看病,一般只要来一次,服数帖中药就可痊愈,不需要第二次。时间长了,碰到这种情况的人多了,后来人们不约而同地送给他一个雅号,谓"石一帖"。

与朱氏、顾家的豪宅相比,金家庄的农宅,虽逊色不少,但也保持着明清建筑的特点,在其场院的布局上与朱氏、顾家殿堂式截然不同,彰显出农家的特点。

金家庄农宅以三开间四拖饻为单体,南北重复,中间设有天井,东西两面各有厢房,这种建筑组群,俗名为"通天八间前后埭"。形态上近似北京的四合院,但不同的是,北京的四合院宽绰疏朗,四面房屋都向院落方向开门,且院落宽敞,可在院内植树栽花、饲鸟养鱼、叠石造景;而金家庄的农宅组群中的天井(相当于北京四合院中心的院子)较小,天井内没有游廊,除南北正屋向院内开门外,两边厢房门口均向南北正屋开门。

金家庄的农宅一般以家族为单位,傍水或背水而建,一族一宅,东西向并列,成埭,族宅与族宅之间以或大或小的弄堂为界。前埭正屋前都有砖铺的宽敞场地,风水学中也称"明堂",以供收获及暴晒农作物所用。

金家庄是一个建筑密度较高的村庄,密密麻麻、大大小小的各式建筑将形如凤凰的腹部和两翼填得满满的。初入金家庄,如进八卦阵,坠入云里雾里,弯弯曲曲的道路,不知何为尽头。待走到河边,方才天地开阔。

金家庄的南北两端各有一个港湾,分别名为南港潭和北港口,这是专供客船停泊的地方。南港潭的南北两侧分别有城隍庙和青莲寺,金家庄村民一般把它们合称为"南庙";北港口的阳侧有一座规模不大的城隍庙,名为"北庙",庙里供奉着猛将老爷和杨老爷。据传,杨老爷是唐时平阳(今浙江苍南)人,姓杨名精义,在瑞安陶山修炼,与七子杨国刚拔宅飞升,专做海上拯救渔民等善事。金家庄人特地把此神请来,意在保佑常年出没在淀山湖上的村民的安全。

图3-8　金家庄南港桥

在南港潭的两侧,除了潭北的青莲寺和潭南的城隍庙、顾达金碑外,还有两幢楼阁——文昌阁和晚翠轩。晚翠轩位于城隍庙东侧,青莲寺改为学校后,晚翠轩改为青莲寺观音菩萨的佛堂。晚翠轩,由北宋大理学家朱熹后裔、明代朱瑄所建。朱瑄晚年居住在乡里,与沈诚学、鲁孙蕴、章琼、张敬之、穆踵、龚节安等诸多文人名流组成人文雅社,经常在这里谈论诗文。到了夜幕降临、一轮明月东升的时候,他们驾着一叶扁舟,往来于烟波浩渺、波光粼粼的湖上,寄情山水,寻觅诗文的意境;回归自然,体味物我相忘的感觉。

　　文昌阁,位于青莲寺的东侧,原是三间平瓦房,是北宋兵部郎中朱贯(字贯道)的第九世孙朱德润(著名画家、诗人)隐逸金家庄后,与薛朝阳道长、金至善诗友,谈道讲儒、泼墨临池的地方。后由朱德润之子朱吉改建成二层小楼。底层供村上孩儿读书识字之用,二楼名"文昌阁",专供文友墨客聚会之用。据传,明代昆山五高士之一的孙俊的"淀湖八景"就创作于此。

　　朱吉生三子:定安、泰安、永安,兄弟三人均在《昆山人物志》上有传。永安生子朱夏,隐居乡里,教授为业。朱夏、孙俊、叶盛本为好友。叶盛在外做官,每逢回家省亲总会邀上好友聚会。有一年,叶盛约孙俊一起来金家庄看望朱夏。诗友聚会,宾主寒暄了一阵后,便来文昌阁,谈诗说文。茶过三沏,孙俊起身推开窗户,顿时"二百里淀湖尽收眼底"。只见东南淀山上普光寺、三姑寺,在暮雾中若隐若现。薛淀湖上风帆点点,数百只鸥鹭随波逐浪。一行南飞的大雁,结伴而去。回首金家庄,岸边杨柳在晚风中摇曳,岸上一农夫驱赶着耕牛,在忙碌着。南港口山矮墩旁一渔翁身披蓑衣,放钩垂钓。几只闲鸥埋头整理羽毛。忽然一阵春雨拍打着湖边的蒹葭,声声作响。诗人孙俊被眼前的美景所陶醉,《淀山湖八咏》脱口而出:"淀湖风景讶天成,水秀山明万古情。岚树光中禅刹耸,浪花堆里客帆轻。数行征雁横秋月,几个闲鸥浴晚汀。洲渚鱼蓑披雪钓,野田农耒带云耕。春回杨柳摇金色,风度蒹葭作雨声。此景此情吟不尽,仙游何必到蓬瀛。""妙!妙!淀湖八景一气呵成,真不愧为'高士'!"朱夏、叶盛拍手赞美。孙俊吟罢,回过头来说:"淀湖美景随处可见,为凑八景,湖内湖外,湖东湖西,我不知道寻觅过多少回,总未如愿。身在一处,尽赏八景,唯此地也。"孙俊的这首诗,对当时淀山湖的八大美景"鳌峰烟寺""薛淀风帆""雁横秋月""鸥泛晴波""渔蓑钓雪""农耒耕耘""杨柳春风""蒹葭夜雨"做了全景式的描摹。

　　金家庄,以其独特的地理位置,清幽的自然环境,丰富的物产,浓郁的江南水乡风情著称于世。她闹中取静,是一个隐逸在江南喧闹都市中心的"世外桃源",因而成为历朝历代文人墨客游览隐逸、官宦忙里偷闲的理想佳地。元代地方文人金至善、薛朝阳,元朝大画家及诗人朱德润和他们的子孙们,徽国公朱熹的后裔朱瑄,两宋丞相叶梦得及其后人叶盛,明代诗人孙俊……都在这里著书立说、吟诗作画,留下了无数咏湖诗书和描山绘水的传世墨宝,同时促进了金家庄经济昌盛、文化繁荣和社会文明,也锻铸出了金家庄被人们赞美为"江南水乡第一庄"的金字招牌。

二、金家庄两大旺族

金家庄是个移民村,其先祖来自五湖四海,姓氏庞杂,据初步统计,金家庄人姓氏有40多个。在这么多姓氏中,朱姓、顾姓所占的比例是最大的,从金家庄人"顾朱能合"的口头禅中,和金家庄现存的明清豪宅遗址中,就可见朱姓、顾姓在金家庄的地位和影响力。

朱姓,是中华民族的大姓,源于黄河流域,随着流亡、迁徙等活动,朱氏便遍布全国。金家庄朱氏家族这一支,由最早的文字记载可知其是源于唐末朱兹。朱兹,原是吴郡昆山人,是当地有名的世家大族。至五代后晋后汉时期,随着国家政治中心定都河南开封或洛阳,朱氏家族受儒家忠君爱国思想的影响,其后裔朱昱离开吴郡地,迁居睢阳(今河南商丘)。五代十国期间,朝代更迭频繁,朱氏子嗣在各朝各代,或在宦海里沉浮,或在藩镇割据中求生存,其间有几代没有文字记载。到朱贯时,受到朝廷重用,在北宋仁宗朝任兵部郎中。朱贯的五世孙朱子荣年轻时,正值金兵入侵、宋室南渡,为避兵乱,朱子荣在一个老仆的帮扶下,离开河南,投奔父亲挚友吴郡(今苏州)郡守贾青。南宋初年,朱子荣官至直秘阁,后居常熟。其子朱大有从常熟迁居吴城。昆山朱氏称朱子荣为渡江始祖。朱贯九世孙朱德润,元代画家、诗人,著有《存复斋文集》,晚年隐居在淀山湖滨,是金家庄朱氏始祖。其子朱吉,工诗能文,著有《三畏斋集》。朱吉的三个儿子朱定安、朱永安、朱泰安,号称"昆山三杰"。其中,朱定安(朱集璜、朱柏庐的先人)居昆山,朱永安、朱泰安及后人居金家庄。朱家后裔朱希周,为昆山历史上第四位状元,他少时生活在金家庄。自明朝始,在漫长的岁月中,朱氏家族一直是金家庄的大族,他们与金家庄有着千丝万缕的关系,也潜移默化地影响着金家庄的历史文化、社会风气和村风民风。

朱德润(1294—1365),元代著名画家、诗人,字泽民,别号睢阳山人、眉宇山人、鸡林道人等。他出身于名门望族、书香门第,从小就受传统儒家思想的影响,待人接物以仁爱为念、以博爱为旨。

相传,朱德润是三国东吴的郁林太守陆绩转世。明代阳山草堂主人岳岱写的《阳山志》里生动地记载了这个故事。朱德润的母亲吉夫人非常贤惠,其婆婆施夫人身体不好,卧病在床,她就亲自喂汤喂药,深得施夫人的喜爱。元甲午年(1294)十二月,施夫人病重,虽然吉夫人即将临盆,但施夫人还是担心自己不能在生前见孙子一面。因此,施夫人日夜不思,病情加重。朱德润的祖父决定为自己的夫人在阳抱山上选择墓址。

当天晚上,施夫人在迷迷糊糊中,见一红衣人来到她面前,对她说:"我是郁林太守陆绩。我的墓就在这阳抱山上。施夫人,你已经病入膏肓。小生有一请求,请夫人在选择墓址时绕过小生的墓。"红衣人说完,飘飘然随轻烟而去。施夫人睁大眼睛看,眼前并无人。她才醒悟,原来刚才做了一个梦。

第二天,造墓人在挖掘过程中,果然挖到了一块墓碑,上面写着"郁林太守陆公绩之墓",旁边还有一块石上写着"此石烂,人来换"六个字。于是,朱德润的祖父想到夫人昨晚做的梦,急忙叫工役将石头原地掩埋,把碑石稳固,为施夫人另辟墓址。

这晚,施夫人再次梦到了红衣人,红衣人告诉她,为了感恩,他将投胎成为施夫人的孙子。果然,在凌晨时分,施夫人的儿媳吉夫人产下一男婴,男婴取名为朱德润,是因"人以为厚德所致"。施夫人在见到这个男婴后,脸上露出了灿烂的笑容,随即安详地鹤驾西归。

朱德润,身高八尺,相貌英俊,秀异绝人。他在文学和绘画上的成就,以及仕途和隐居生活的选择,都受到了姚式、赵孟頫、高克恭这三位老师的影响,特别是姚式传授其儒家思想,更是让朱德润受益匪浅。

姚式,字子敬,吴兴人。他与赵孟頫是从小一起长大的"发小",两人一同拜敖善君为师,学习儒家教义,当年的"吴兴八俊"中就包括了他们三人。吴兴八俊常常在一起游于山水之间,乐于名教之中,读书弹琴,以此自娱。姚式性格旷达豪爽,以真性情示人,他在吴兴文人墨客中有很好的名声。赵孟頫曾这样评价姚式说:"我的朋友姚子敬,风流潇洒如晋朝人,目光远大,能放眼四海,说话言谈之间,不沾染一丝风尘。"该评价反映了姚式的才气,从赵孟頫另外的评价"姚子敬天资高爽,相见令人怒,不见令人思"中,可见姚式是一个性格非常直爽的人。

赵孟頫与姚式为"同学故人",面对宋朝灭亡,两人有同样的悲情与抱负。南宋灭亡、元朝建立后,赵孟頫最终选择了入仕,而姚式则归隐田园生活,绝意仕途。高

克恭与姚式关系也十分密切。赵孟頫、姚式、高克恭三人的学识和品行对朱德润的一生影响是巨大的。

朱德润师从姚式,从姚式那里学习传统儒家思想,特别是对《周礼》一书的认真研读,让他从中吸收了儒家仁爱思想的精髓,也认识到儒家言行礼仪的规范。朱德润一心向学,对《周礼》的每一篇每一章都熟记于心,并有自己的心得。在学习儒家思想的同时,他也喜欢绘画,常常利用空闲时间描摹古人的书画作品。

一日,朱德润在学完文章后,又铺开笔墨纸砚,开始画画。这一画,便忘了时间。姚式见他把精力如此花在绘画上,心存不满,当即就说:"你书画技艺方面有所成就,那也只是下品,那样会影响一个人的德行修养的。切记,凡事以德为上,不能本末倒置,玩物丧志。"

适逢高克恭在旁侧听到了,他看了朱德润的笔墨,见案板上的画,花鸟栩栩如生,着色浓淡适宜,构图意境优美,高立刻赞道:"好画!好画!孺子可教也!"并转向姚式,说:"此小儿有绘画天赋,是可造之才。先生,你不应该阻止他画画,要好好培养他的绘画才能。至于绘画与德行修养,两者并不矛盾。"说完,高克恭针对朱德润的习作进行了详细的指导,在如何运笔、勾线、着色、构图等方面进行了耐心而细致的传授。

高克恭对朱德润绘画的教学,让他受益匪浅,同时,高克恭对孩子兴趣的肯定和鼓励,让朱德润日后在乡里教授时,也能注重到孩子的兴趣与特长。

元初,文人画家群有两大领军人物,有"南有赵,北有高"之说。南,指南方的赵孟頫;北,指北方的高克恭。南北两派各有千秋。朱德润在绘画的学习阶段得到代表南北画风的两大名家的指点,因而其画风也受到赵孟頫和高克恭的影响。随着时间的推移,天长日久,朱德润的绘画水平突飞猛进,不知不觉中技艺有成。

短短几年,借助老师姚式在吴兴、杭州一带文人中的影响,朱德润在吴杭的文人中形成了良好的人脉关系,经常出席各种文人的雅集,互相赠书寄画,并且以"青年才俊"的形象给人留下了良好的印象。他作画、题字,与文人墨客之间相互赠画送字,这让他在文人圈内鹤立鸡群。朱德润又经赵孟頫和沈王的推荐,得到了元仁宗、英宗两代皇帝的器重,官至镇东行中书省儒学提举。

朱德润1319年进京,在仕途上可谓一帆风顺,但这仅仅经历了4年。1323年,元英宗去世,沈王受到排挤,加之朱德润受隐逸之风的影响,便毅然结束了他的仕途生活,辞去官职,买舟南下,从此过上了"杜门屏处,讲座经籍,增益学业,不求闻达"的隐居生活。

朱德润离开京城后,回到苏州,一则回阳抱山祭祖,二则是想找个适宜隐居的处所。在祭祖时,朱德润突然想到小时候母亲告诉他的一则故事,说是因为祖母的一个梦,才确定家宗祠堂的方位,祖母在梦中得知朱德润是陆绩转世投胎而来的。淀山湖周边,留有陆绩后代陆机、陆云的足迹,且最终也魂归此处。想到这里,朱德润决定前往淀山湖畔,踏寻东吴陆家的足迹。

朱德润乘坐小船沿湖南下,一路上,顺风顺水,不久,便来到淀山湖水域。朱德润知道此处有淀湖九峰,特别是淀山、机山、小昆山等几座山峰颇有些来历。如若在淀山湖畔找个有山有水的地方隐居,岂不美哉。那日,天空有淡淡的迷雾,朱德润见风向为西北风,便命船夫顺风往淀山方向划行。船行了半日,迷雾越来越浓,风向改为东北风,且风力变大。船夫不得不顺风而行,等船靠到某个近岸处后,再做打算。

这样,船在淀山湖上顺风航行了一天一夜。这段时间内,船夫已经辨不清方向了,但他隐隐约约地看到远处有一棵树影高高地耸立着。有树,必有陆地!于是,他朝着这棵树影的方向划行,最终在湖中突出的一块地方靠岸。朱德润下船后,在那块陆地上走了一圈。这是一个小岛,四周被湖水环绕,其东西南都是茫茫的水域,远远望去,烟雾缭绕。小岛的布局,岛中有岛,几块圩头之间,河道纵横,碧波荡漾。每块圩头上,烟村四五家,桃杏八九棵。

朱德润与岛上的原住民交谈,得知这个小岛大大小小的圩头上共有四五十户人家,大家以船为渡,相互往来。岛中人见有客人来此,都热心相邀。

第二天,天高云淡,微风轻拂。向南望,远处隐隐约约矗立着连绵的山峰。朱德润站在湖边,与船夫闲谈。他放眼远望,见湖对岸有一座山峰高耸着,朱德润便问:"船家,你可知对湖那山是什么山?"

船夫笑道:"我刚才一早就问了,那山就是先生要去的淀山呀!先生,何不趁今天天朗气清,我们动身去淀山?"

"好呀!此番正好!"

于是,船夫与朱德润花了半天的时间到了淀山。之后,又沿途游览了淀湖九峰中的另外几座山峰。那次游览结束,朱德润就选择在金家庄置业,作为他日后绘画

寻找灵感之所。他选择这里的原因有这几个：一是因为这里居民淳朴善良，远离外界的钩心斗角；二是，智者乐水，金家庄就在水上，与水相伴，是隐者所求；三是因为这里地理位置非常好，抬头就能一睹淀山风采，出行便能一游九峰神韵；四是在这次游览中，他结识了薛朝阳道长、碛磹寺僧友三、儒者金至善等知音，与之谈经论道，很是惬意。

金家庄，成了朱家别院。朱德润到此，就与人读书论经，学儒从教。对于外界慕名而来索求字画者，一律婉拒，言称自己手腕疼痛，无法作画。当年姚式虽然为官，但他比较向往闲云野鹤的隐居生活，朱德润也深受姚式的影响，特别是姚式对他的教诲"技能掩德"这句，朱德润时刻铭记在心，所以他始终以传统儒者自居，以儒为尊，以德修身，行为处事也是一派儒家风范。他始终把自己作为一个抱有修身、齐家、治国、平天下志向的传统儒士。

朱德润追求的隐居生活，是为了修身养性、陶冶身心、涵养德性，但他并不是隐居后不问世事。他身处山野，却时刻关心着社会稳定、国家安危。至正十一年（1351），江南一带红巾军起义，打出"复宋"旗号，让元朝廷颇为头疼。此时，朱德润已近花甲之龄，但他得知国家危难，毅然出山，任"江浙中书省照磨官，实参军谋"，组织官兵镇守长兴。直至至正十三年（1353），因病而辞归。

在金家庄隐居期间，朱德润办起了学校，带头并发动乡绅捐资办学，他亲自授课。以"礼、乐、射、御、书、数"这六艺为基本教学内容，以《论语》《三字经》《百家姓》《千字文》等为蒙学教材。对略大的孩子，他则以《周礼》授之。朱德润隐居几十年，在他的影响下，金家庄的孩子从小就能识文断句，懂得理法规范，知晓忠义仁孝，重视教育的传统在金家庄打下了扎实的根基。

至正二十五年（1365）六月十七日，朱德润病逝。七月，葬吴县（今苏州市吴中区）阳抱山，与其先祖葬在一起。

朱德润之子朱吉受父亲影响，从小学习儒家圣贤书，谨言慎行，表里如一。其时正值元末动荡年代，张士诚占据苏州。张士诚为了扩大实力，招贤纳士，江南一带有才有识、有德有贤、有智有谋之人，都是他试图收揽的人才。

张士诚听闻朱吉文才出众，是姑苏地区有名的文人雅士，便想结交，但他也知道朱吉并不是无骨气的落魄文人之流，如果以香车宝马相赠，未必有效，只有以文对雅，投其所好。于是，张士诚寻得文房精品，派人送去。

朱吉洁身自好，丝毫不为所动，拒绝了张士诚伸出的橄榄枝。他没有屈服于权势，也没接受利益的诱惑，更没有随波逐流。他的这种秉性，让他日后在朱元璋要肃清胡蓝党时，敢于站出来，为那些无辜之人申冤。

他一生为官多年，光明磊落，清正廉洁。谢政回家时，除了带着一些字画外，无任何金银财宝。

朱吉三个儿子朱定安、朱永安、朱泰安被称为"昆山三杰"。侍郎叶盛曾经这样评价："县中文化望族必定推选朱氏，泰安兄弟出生时间不同而'清修苦节，并为乡里仪表'。"这句话对朱家三兄弟的评价非常高，把朱家三兄弟夸赞为"文化望族"，可见朱家在昆山的影响，并提到三人虽然年龄大小不一，但他们都能苦学清修，以儒家风范框正自己言行，为身边的乡邻百姓做出表率。

其中朱泰安继承了父亲教学乡里的事业，他先后在安仁、安吉、信阳三地教学，所教内容以孔孟儒学为根本。后回到金家庄继续他的教学生涯，无涉官场，不谈政事，逍遥终身，享年93岁。

朱泰安的儿子朱寿，秉持了父亲的正直善良，从小就知孝顺长辈、照顾兄弟，担起照顾和振兴家族的重担。其父一生都在教学乡里，并无太多收入，因而家里非常拮据，年纪尚轻的朱寿不得不谋求生活。

他在外做生意，谋得的钱财，除了留下自己的用度外，其余都交给了父亲，让父亲没有后顾之忧，能安心地教书育人。朱寿的一生，有担当，会处事，是父亲教育事业的坚强后盾，也是全家的依靠。

朱寿做生意因诚信而获益，其为人，也因诚信而被世人所夸赞。一次住店，在结账离开后，行了半天的路，无意中，他发现店家多给了他十两银子，便决定返回送还给店家。同行的人相劝："赶了半天的路了，再回去，不合算的。以后，如果经过此店，你再还吧！"

但朱寿并不听劝，又走了半天的路，返回店里，把钱还给店家。店家心里非常感激，连说："这事儿，如果发生在别人身上，可能就偷偷地把银子藏了，不再提起了。"

"昆山三杰"中，朱永安的儿子朱夏也以授业为主，他以金家庄文昌阁为阵地，教给蒙童孔孟之道。不管是学生还是家长，对他都尊重有加。附近如若发生了难以解决的纠纷，就会请朱夏前去评判。经他处理过的纠纷，双方都能接受，并遵从

着去做。村里人认准了他的为人，尊重他，相信他，也信服他。

朱德润修身、齐家、治国、平天下的儒家思想，为其后代做出了榜样。在他的影响下，朱家后代为官的清正廉洁，为师的甘为春蚕，为士的守城到死……朱家后代，回到金家庄的，继续投身教育事业，教给乡民礼法仁义，让乡民去蒙昧、明礼法。在一代又一代人的影响下，金家庄重教育的传统保持至今。金家庄学子每年都有考入大学的；金家庄人凭借自己的本领，在各自领域内做出成绩的大有人在，这与金家庄的历史传统是密不可分的，与朱德润教学乡里的作为也是分割不开的。

朱家以儒为尊，推崇孔孟之道，注重自我修养，以"仁者爱人"为自己思想言行的主导。朱氏家族不仅以儒家思想为先导，在金家庄，他们还把这种思想进行了广泛传播，以影响更多的人。传播思想最有效的途径就是办学授课，朱氏家族通过授课解惑，让金家庄的孩子从小就能得到儒家思想的熏陶，从而在根本上改变了金家庄的思想面貌。

金家庄的另一大姓顾氏原是苏州香山匠人。香山，位于苏州古城西南的太湖边，虽然是一座小山，但它地势极佳，风光秀美，北边是穹窿山，南临烟波浩渺的太湖，香山山麓有条名为采香泾的小河直通木渎灵岩山。

建筑是一幅幅立体的画，每个立面，每处梁栋，每方折角，都能体现出建筑人的心思巧工。香山人自古以来就有爱好绘画的传统风尚。以香山为名的"香山帮"能工巧匠之所以产生与形成，有着独特而深厚的区域、历史、文化等诸多因素。

苏州西部的丘陵山区有丰富的建筑材料，盛产于西山的石灰石、太湖石，更是建筑中不可缺少的材料。石灰石，又称青石，比花岗石柔润，纹理细腻，是制作台阶、础、柱、碑、板桥的好材料，也是生产石灰、水泥的材料。而在吴中区木渎、藏书、枫桥等地盛产的花岗石，质地坚硬，纹理细密，颜色微白带青，光泽明丽，被广泛用于各种类型建筑。这些青石、太湖石、花岗石、砖瓦等优质建材，为香山匠人发挥聪明才智提供了出色的"道具"。

苏州地区气候适宜，山宜花果、田宜稻麦、水宜养殖，是名副其实的鱼米之乡。苏州人特别勤劳、聪明，有地熟饶食之福，无饥馑流离之患，经济发达，生活富裕。加之北方多战乱，大批北方人避逃到苏州。西晋的永嘉之乱、唐代的安史之乱、宋"靖康之耻"后宋室南渡，中原一大批贵族、豪门大户迁到江南，除在苏州城内落户外,多落脚于苏州西南的太湖之滨及太湖岛上。

苏州人讲究实惠,懂生活,会享受,对吃、穿、住大多十分讲究,而对自己的"安乐窝"真可以用"苦心经营,精心设计"来形容,其屋宇"墙必砖,覆必瓦,虽杀人如麻家亦鲜有茅茨之室"。何况苏州多达官贵人、巨商富豪,他们夸豪好侈,往往将住的豪华宅第作为斗富夸豪、炫耀身份、光宗耀祖的一种标志。而一般普通百姓,特别是广大农民,一生拼命苦干,省吃俭用,为的就是能建造一座属于自己的称心的房子,这也是他们一生最大的追求和快乐。正是这种民风民俗,培育并促进了"香山帮"建筑的不断发展和壮大。

吴人信佛、好道,苏州道教、佛教高度兴盛,客观上也促进了"香山帮"建筑的发展。唐武帝灭佛后,寺庙都遭遇毁坏。唐宣帝即位后,便逐渐恢复寺庙建筑。修复大量寺庙是一项浩大的工程,它推进了"香山帮"的扩大与发展。

建筑业,文人、墨客也参与其中。苏州许多宅第、园林的主人尽管仕途显贵,但都是读书人出身,他们对自己的建筑会提出这样那样的意见和要求,这就迫使工匠们去接受并改进,建造出令东家满意的房子和园林。

明代以后,苏州各方面全面进入极盛时期,以致百工技巧也遥遥领先于全国。也正是在上述社会背景和风俗影响之下,"香山帮"工匠走向了全国。金家庄的顾姓匠人就是在这样的背景下来到了金家庄。

苏州香山帮匠人是一个以木匠领衔,集中了泥水匠、漆匠、砌灰匠、雕塑匠、叠山匠、彩绘匠等在内的建筑工匠群体,他们将建筑技术与建筑艺术巧妙地结合起来,创造了中国建筑史上的重要一脉。

在香山地区蒋墩村有一个泥水匠世家顾家,他们擅长泥水匠和砖雕技艺。顾家小儿子名叫顾仲年,年纪轻轻就得到长辈们的亲授,学得一门好手艺。每逢有活儿,就随匠人们一起干活儿。他眼明手快,不仅把自己的活儿做得漂漂亮亮,还在空闲时注意观察老师傅的活计,将那一招一式都看得仔仔细细,记得清清楚楚。

顾仲年聪明伶俐,当东家与班主谈起细节问题时,他就在旁边用心地听着。边听,边琢磨:怎样做,才能既快又好地按房东的意思干好。事后,他把自己的想法与班主交流,得到了肯定。实践证明,他的想法很实用。

香山匠人都是以手艺为生,以师带徒的方式,手把手教授的,因而,匠人们对于

能不能认字都不太在意。但顾仲年不这么想,他喜欢读书,晚上一有空,就手捧书卷。东家见这个小匠人如此好学,也乐于把书借给他,不时点拨他一下,教他如何做文章,同时也教他明事理、懂世故。

顾中年从小就随着一班匠人走南闯北,手艺十分娴熟。但他不满足于此,自从认识了香山匠人中各种门类的能工巧匠,见识了他们精湛的手艺,他内心一直希望自己能跨界学习,除了学习自己的泥水匠手艺之外,还要学习木匠活儿,学习房梁的搭建、家具的打造、木雕的细刻等手艺。虽然香山匠人有传内不传外、传子不传女等严格规定,但除了父带子、舅带甥外,还有师带徒、亲戚带亲戚、邻居带邻居等方式,因而,顾仲年向姑父蒯思明(蒯祥的祖父)学手艺,拜香山帮中木匠之最的蒯家人为师,学习木匠手艺。学艺期间,他一边在姑父家做家务打杂差,一边忙里偷闲地看姑父操作。逢姑父高兴时,会边操作边讲解要领。

木匠的基本功夫是截、锯、凿、斩、刨。在学艺过程中,姑父让顾仲年苦练基本功——让他花半年时间,用斧子砍树木,直至每根树木在他的斧子底下,砍得光溜圆滑;用半年时间,用锯子锯木头,达到锯得快速平整;用半年时间,用凿子凿木,最终能按要求把凿眼凿得大小方正合适;又用半年时间,使用刨子刨木头,直至每块木头在他的刨子底下刨得用手摸上去如丝绸般滑溜;又分别花半年的时间,让他学会使用锯子、墨斗等工具。

在这些基本功打好后,顾仲年一直等待着姑父教他如何打制家具。姑父好像故意为难他似的,迟迟没有给他新的任务,只是叫他继续苦练木匠活的基本功。

转眼三年过去了。一日,顾仲年正在庭院清扫树叶,突然听到有人叫他,回头一看,原来是姑姑在叫他。

他随姑姑来到一间小屋,小屋的门微关着。姑姑示意他进去。

他推开门,首先映入眼帘的是一幅鲁班的画像。画像前一张八仙桌,上面放着几样贡品。姑父正襟危坐在桌旁。

"今日,你正式入山门。先给祖师爷上香,并磕头跪拜。"说完,姑父交给他一炷香。

顾仲年郑重其事地接过香,恭恭敬敬地给祖师爷上香,并跪在蒲团上磕了三个响头。

之后,姑父说:"给你三天时间,你把这些零碎的东西拼装好。不要浪费任何一根木头,不要错过任何一个榫头。"

说完,姑父走了出去,并带上了门。

顾仲年站起身来,环顾了一下屋内,只见在屋子的两边横七竖八地摆着许多木头,有长有短,有粗有细;靠墙的地方竖着大大小小的木板,有方有圆,有厚有薄,有雕花有镂空。他观察之后,立刻就明白了姑父的用意,原来是让他把这些零散的东西拼装成柜子、床、桌椅等家具。

于是,顾仲年开始拼装。他先把木条按长短粗细排列好,对靠墙的木板,他也重新整理,从大到小,依次排好。通过这一过程,他对每个木条、每块木板的用途都已经清清楚楚了。随后,他按照组装家具所需用料从中选择。

一天过去了,小屋内没有动静。第二天,小屋内传出乒乒乓乓的敲打声。第二天傍晚时分,顾仲年从屋内走出,告诉姑父,自己已经完成了拼装任务。

姑父随他来到屋内,只见屋内二三十件家具,满满地放了一屋子,地上没有一块多余的木头,靠墙的木板也全都用上了。姑父检验着每一件家具,仔细观察着家具榫头的牢靠度、木条木板之间的紧密度。在看完所有家具后,姑父满意地点了点头,很少表扬人的他说了一句:"你比我预料的还提早了一天完成。很好。"

在之后的一个月内,姑父把平时没讲、没练的木匠活儿,悉数教给了顾仲年。

出师那天,顾仲年拜别了姑姑、姑父,踏上了回乡的路。临别前,姑父郑重其事地叮嘱道:"我们手艺人,艺品重要,人品更重要。"顾仲年听后,用心记下了。

香山匠人技艺高超,得到世人瞩目,但他们"吃一家饭,护一家人"的行事风格更得人心。他们以苏州为中心,以江南为重点,辛苦劳作于大江南北、长城内外,乃至海外。他们用自己的聪明和智慧,在祖国锦绣大地上,筑起了一处处宫殿楼宇,一幢幢深宅大院,一座座小巧玲珑的花苑园林。他们把自己崇尚的典雅、清淡、灵巧、富有诗意的美学观念,变成一处处凝固而美观的建筑。

作为香山匠人顾氏的一支,顾仲年除了会老本行泥水匠的技艺外,还学会了木工活。回到自己故乡后,他组织其他工种的匠人,组成了以顾姓人员为主的建筑班子,在周边接活干活。

那一年,秋意正浓。碛碶寺旁的银杏树上,叶子如黄蝶飞舞。寺中小和尚拿着笤帚,正在清扫落叶。临近银杏的寺院围墙已经损坏,落叶不时顺着风,从那低矮的围墙处飘向寺内。

这一幕,正好被方丈泽云看到了,他不禁心怀凄然:百年前,碛磹寺虽然进行了修缮,但经不起这一百多年的风吹雨打,如今已经门烂、窗破、墙塌。于是,方丈命人去苏州香山,邀请匠人来修缮寺庙。一座千年古刹,竟然逐渐破落至此境地。方丈看着寺庙内墙壁上的几行字,那是记录了一百多年前方丈友三为修缮此寺率众僧外出化缘,并修缮寺庙的事情。泽云边看边想,他决定学前辈友三募捐修寺。

经过方丈和众僧的化缘及募捐,修缮寺庙的钱款已经筹得足够了。请谁来修缮呢?这个并没有让方丈纠结多久,因为他听说苏州香山帮的匠人在建筑行业十分红火,他们不仅手艺好,而且人品实诚。

一个月后,顾仲年带着他的匠人们来到碛磹寺,开始着手修缮事宜。他们来后,并不马上动手,而是在寺庙内观察了几天,看了寺庙房子的结构、墙体的承重、寺院的损坏程度等,在充分掌握的情况下,他们开始分工。

一年后,碛磹寺被修缮一新。黄色的院墙一人多高,瓦棱覆盖整齐而均匀,飞檐直插云霄。寺内,栋宇森严,古朴庄重;院内,曲径通幽,树影婆娑,山石掩映。正殿巍峨,神柱、佛梁、门廊,木刻丰富,线条流畅,图案清晰,花鸟人物鲜明生动。

每逢周边的善男信女来到寺庙,都不禁为香山匠人的手艺所惊叹。其中,来了一位金家庄朱姓后人,他来此为家人祈福,同时也想看一下匠人手里的活计。他在寺庙里,仔细地打量了一番,立刻被香山匠人的活计所折服。在方丈的引见下,他见到了匠人顾仲年,并邀请他到金家庄去,帮着重修旧宅。香山匠人见来人青衣白衫,慈眉善目,有儒者风范,便没迟疑,满口答应了下来。

朱姓后人,不是别人,正是朱德润的儿子朱吉。自朱德润隐居金家庄后,朱吉在公务闲暇时,也会到金家庄。他见自家宅院掩藏于农舍中,略显苍凉,便决定整修房宅,他找到顾仲年,把此事托付给了这帮匠人。

以顾仲年为首的香山匠人来到了金家庄,他们在村庄北面,为自己搭了简易房,开始为朱家修建房屋。

香山匠人为人实诚,做事扎实,把朱家交代的事儿办得妥妥帖帖。因其做工用心,所以耗时很长。朱家也感谢香山匠人的付出,让他们在金家庄也建了房,造了屋,正式定居下来。

朱家的房修建好了,顾氏匠人也成了金家庄人,他们与金家庄当地人通婚,繁衍子孙。相传金家庄的口头禅"顾朱能合",就是因顾家与朱家联合,推动了金家庄的发展,所以把他们这两个家族的姓合在一起,形成了一句口头禅。

顾氏一族在金家庄扎根后,其匠气所衍生出来的胆气和才气逐渐显露出来。他们不仅在建筑业得到了空前的发展,而且将与建筑有关的产业相继带动起来了。

因金家庄临淀山湖,处于苏浙沪三地交界处,其水路交通相对来说比较发达,况且建筑材料的运送,水路交通是最合适的方式。顾氏抓住这一优势,除了帮人做工外,还安排部分人着手准备货源。他们风里来,雨里去,从苏浙沪等地买来建筑原料,在这个过程中,他们也会顺带捎一些日用品、南北杂货等。有时,村里人知道他们要外出采购,临出发前,会托他们代买一些货物。随着次数多了,顾家人便开始从事商业经营了。随着业务越做越大,顾氏家族在金家庄的地位也逐步提升。

顾达今,生于1873年,金家庄盛世房人,因其在村里的威望崇高而被人尊称为"四相"。他从小就天资聪慧,读书过目不忘,除了受传统文化影响而学习儒学经典、古代诗词外,还受到辛亥革命进步思想的影响,关心民生疾苦,关心国家兴亡,关心民族兴衰。

光绪(1875—1908)年间,正是顾达今年轻有为、热血澎湃之时。国难当头,他心急如焚,认识到实业救国的重要性,他利用自己的人脉,辗转于上海、苏州等地,开厂兴业,试图振兴经济。他把乡间种植的棉花收集起来,去籽后,运到上海棉纱厂,生意一度非常红火。金家庄顾氏家族与湖州的陈氏家族在商场上早已是挚友,顾氏家族的丝绸棉麻商行的货源基本都是由湖州陈氏提供的。顾达今随父在上海时,先结识了陈其业,后又结识了陈其美、陈其采。陈其美加入同盟会后,积极参加资产阶级革命活动。作为商场上的好友,顾达今少不了耳濡目染,渐渐对革命产生了从同情到向往的态度,以至产生投身其中的愿望。陈其美被害后,陈果夫继续叔父的事业,参加国民革命。顾达今充分利用顾氏家族在上海滩的人脉关系和经济实力,积极支持陈果夫的活动,接济陈氏兄弟的生活资费。

后来,顾达金接替哥哥"三相"任金家庄的地方官后,十分重视教育事业,1902年,他委托顾天文创办蒙养公学,由此结束了金家庄义塾、私塾的教育。

新学第一任校长郁联陞不负众望,蒙养公学一度成为淀山湖地区的标杆、金家庄人的骄傲。随着学生的增多,原校舍已不堪重负,于是顾达金召开董事会,决定将文昌阁、清莲寺改建为学校,增加了教室,让适龄孩子读书识字、断文明理,并将潭南城隍庙扩建,作为供奉观音菩萨的庙宇。他还出资造桥铺路,金家庄十字河中

心东面的福元桥,就是由他出资并筹款所建。顾达今为村庄办了很多实事,因而金家庄人都愿意听他的指挥,愿意服从他的调遣。

金家庄三面环水,经常受到湖匪的侵扰。为了保护村庄的安全,顾达今把金家庄的年轻人组织起来,建立了金家庄村自卫队,并出资购买了枪支,加强了自卫队的武装力量,他还安排自卫队成员轮流在金家庄周边站岗,确保庄上老百姓的生命安全和财产安全。

自从自卫队成立后,虽然湖匪还经常来淀山湖畔的村庄抢劫,但他们都会绕过金家庄。一时间,金家庄成为强盗不敢到的地方。但是,以徐天荣为首的太湖湖匪不甘心。为了抢劫金家庄,徐天荣派人几次到金家庄踩点,摸清金家庄自卫队的活动规律。

1930年8月2日,徐天荣趁自卫队换班的空隙,突袭金家庄。由于他们是突然袭击,自卫队没有防备,湖匪得以进入村庄。顾达今听到枪炮声,立刻持枪出来加入与湖匪的战斗。在乱枪中,顾达今中弹受伤。村民们也纷纷参与了战斗,最终湖匪不敢深入,掳走了数人,抢得部分财物,仓皇撤退。

顾达今最终因伤势过重,流血不止,离开人世。金家庄人为了纪念这位一心为公、为民谋利的乡长,在金家庄学堂东南淀山湖畔立了一块石碑。鉴于顾达今先生为一方人捍大难,实为昆南一杰,国民政府当局批准村民为顾达今先生树碑立传之请求,当时国民党元老、时任《民国日报》主笔的叶楚伧先生闻讯后,素知太湖和淀山湖一带湖患猖獗、危害老百姓,对顾达今先生的不幸遭遇十分动容,因此他挥毫为顾达今先生题词"见义勇为";陈立夫也为此题词"求仁得仁";时任国民党中央委员的钮永健撰写碑文。碑文写道:民国十有九年八月二日,昆山南杰金家庄村顾达今先生为一方人捍大难,启实呜呼哉矣。金家庄孤悬淀山湖中,人民勤朴……邑安不知兵革。清末叶……匪徒啸聚,遂为湖患。先生复出于民国三年,即……自己按户抽丁,抽资购械。当农隙,日则操练搏击,夜则躬率团巡逻,守望达旦勿懈。十三年江浙构兵匪风益厉,沿湖村镇靡不蹂躏,唯金家庄独完……匪……虽惮具戒备甚严而常涎其枪械……于民国十七年四月三十日,呼啸侵入,凡劫数家……终日有备而遇不获……十九年八月二日拂晓,匪船三十余艘,载匪众四五百。聚若风雨出至先生外察……

纪念碑坐北面湖,南面刻有"顾达今先生纪念碑"八个大字,东、西两面分别刻着"求仁得仁""见义勇为"的题字,背面刻有碑文。

顾达今的事迹,至今还留在金家庄老一辈人的传说中。直到现在,他们还念叨着顾达今办的实事。虽然那座学堂几经修缮,已几易功能;虽然那座福元桥,已略显残破,但每当看到那房屋墙院,走上那石桥,总能深深感受到顾达今留给金家庄人的恩泽。

顾氏是匠人出身,他们遗传了匠人的聪明才智和刻苦钻研的精神。顾氏后人人才辈出,在其各自领域做出了一定的贡献。

其中,中国第一代机车工程师顾越奎,就是金家庄顾氏的后人。在金家庄甲子桥东堍往南,与福元桥之间有一幢民国建筑,人们称之为小洋房,这小洋房的主人就是顾越奎。他年轻时,留学欧洲,在留学期间,刻苦学习,不仅学得过硬的技术,还精通六国语言。

1903年,詹天佑主持修建了第一条由中国人自主修筑的铁路——京张铁路。铁路修成了,火车缺少车头,顾越奎作为中国第一代机车工程师负责到法国考察,购买火车头。顾越奎回乡后,建造了这幢小洋房。

金家庄地理位置比较偏僻,村民生病外出看病极为不便,这也促使村内治病能人的诞生。其中两名中医顾石林、顾瑞华,都是顾氏后人。

顾石林(1909—1953),居住在金家庄外珠阁。他给人看病,在民间获得三字评价:稳、准、狠。稳,是指他给人看病很稳当,不急不缓;准,指他看病只要看一次,就能准确地看出病症所在;狠,是他用药比较猛,看过一次后,抄了方子,只服数帖,就能治愈。因其把脉用药的规律,人们也给了他另一个雅号,叫"石一帖",意为到他这里看病,只需要看一次,就能治愈。

顾瑞华(1912—1967),居住在淀山湖北桥堍顾家墙门。他最擅长的是看妇科病。他用药的特点比较温和,缓慢调理,把人体的阴阳盛虚调和了,便不再复发。他的性格也如他用药一样,慢条斯理,人们也给了他另个名号:慢郎中。中华人民共和国成立前,他只身前往新疆,在那里行医问药。中华人民共和国成立后,他回到了金家庄。

顾庆超,高分子研究教授,也是顾氏后人。他生于1938年12月,自幼勤奋好学,于1962年在南京大学化学系毕业,后留校任教,先后成为南京大学助教、讲师、副教授、教授。1983年11月至1984年11月,曾任日本国立大阪大学理学院客籍研究员。现为江苏省科普作家协会基础科学专业委员会副主任、中国化学会会员、国际固态离子学学会(ISSI)会员。

顾庆超主要研究领域为功能高分子材料、高分子结构与性能的关系。两项研究成果被列入《中国化学50年(1932—1982)》。曾获江苏省科学技术委员会颁发的1987年度优秀科技成果二等奖、江苏省政府颁发的1989年度科技进步三等奖。在国内外刊物上发表研究论文50余篇,出版主编的著作3部,编著、合著和参译的著作12种。其作品曾获江苏省科普作家协会优秀科普作品图书奖、香港第四届"十本好书"之一。参著的《高科技知识丛书》被评为全国1993年度精神文明建设"五个一"工程入选作品。代表性著作有其主编的《化学用表》(被称为我国第一部自编的化学工具书)和《化学实验与数据处理导论》及《大学生指南》,与人合著的《元素与人》等。

顾振寰是金家庄人雅称"老三相"的盛世房顾达今哥哥家的大儿子,他从小就想做一名教员,在思想上引领村民,让他们接受先进的文化知识。15岁那年,顾振寰考上上海市安亭师范,走上了他实现梦想的第一步。但当时国内形势非常严峻,日本帝国主义对中国虎视眈眈,全国"已经安放不得一张平静的书桌了"。"九一八"事变后,各地掀起了抗日救亡运动,身在上海的顾振寰胸怀大志,要救国,要报效祖国,于是,他投笔从戎,报考了黄埔军校。

自黄埔军校毕业后,他被分配到阎锡山部队,同日军作战。在战场上,他英勇杀敌,不负身上的戎装。因战功赫赫,他官至少校营长。中国人民历经艰苦的十四年抗战,终于把日军赶出了中华大地。此后,顾振寰也解甲归村,在金家庄小学实现最初的理想,回乡任教,潜心教学,造福乡里。

同村的林敏华、朱锡新、席以芳等人,小学毕业后,因家境贫困,想离开学校,从事农业劳动,以补贴家用。顾振寰知道这事后,把他们三人叫来,做他们的思想工作,并给予他们部分资金帮助。之后,3人分别考入了不同的高一级学校,成为社会的有用人才,其中,席以芳是浙江农林大学教授,林敏华在银行工作,朱锡新是小学教师。事后,每当他们说起顾振寰老先生时,都心生敬意,并表示深深的谢意。

顾振寰不仅是个教书匠,还是个体育爱好者。在他的发起下,金家庄的体育事业也开始发展起来。金家庄人在盛世房北侧的"金庄田"中抽出五亩地(约3 333.

33平方米),修筑大操场,内设足球场和篮球场。有了场地后,他发动金家庄喜欢运动的小伙子,成立了足球队与篮球队,他任教练兼领队,带着金家庄足球队、篮球队外出比赛,屡屡获胜。

顾氏后人人才辈出。曾任上海铁道学校校长、铁道部第三设计院党委书记的顾天冲便是其中之一,他还是20世纪50年代新中国早期少有的本科生。

香山匠人顾氏一脉,以匠人的匠心和言传身教深深地影响了金家庄人的为人处事,也丰富了金家庄的发展内涵。匠人们的匠心,让金家庄人做事更为周全缜密,其后人因匠心,因专注,因深入,能在各自的行业内崭露头角。经商的,以儒为尊,以诚为旨;从戎的,将生死置之度外,一心为国;授业的,心怀学生,倾囊相助、无私付出;学理工的,钻研深入,辟未知成已知……业勤艺精的顾家,传递的是执着与坚持,传达的是积极与阳光,他们用自己的实际行动阐述了生活的态度。

香山匠人的后裔,除了顾姓外,程姓匠人也是其中重要的一支。其中程仲年是一个善于思考、擅长研究、喜欢发明创造的人。水风车曾是农民从事劳作的主要工具之一。当初的水风车只有一只撑脚插在田里,一是固定不牢;二是遇到风大,风车会随着风向而改变方向;三是四扇篷不能随意升放,如果遇大风,就不能及时减篷,这样一来,风车容易被风吹倒而损坏。

程仲年为了解决这些问题,反复观察、研究、实验,终于想出了好办法,设计出理想的风车。他把风车的一只撑脚改成两只撑脚,牢固了风车根基;在竖头躺轴上增加了一只"面扭",能帮助水风车转换方向,同时将风车的篷增加到六扇;桅杆上装上环和弹簧,做到升降自如,即使大风突袭,风车也不易损坏。这种改革后的水风车被迅速推广到四乡八镇,成为淀山湖地区的一个品牌。程仲年的七世孙程雪林,继承了香山匠人爱动脑、会钻研的秉性,是金家庄木匠技艺的代表人之一。

香山匠人刻苦钻研的做事风格也影响了金家庄一代代的人。在金家庄,不管是做什么的,人们对自己手里的活计都追求完美。工匠,有工匠精神,对待手里的活儿,就像对待自己的孩子一样,一招一式,一刀一锯,一斧一凿,都经过仔细思量和认真核对。如果自己都不满意的活,那么他们是绝不会拿出来示人的,所以他们每一件作品都是尽善尽美的。

"吃一家饭,护一家人",这是金家庄工匠的做人原则。在金家庄,无论哪个工匠,只要在某家干活,心就向着东家,凡事为东家考虑,维护好东家的利益。他们对

东家讲诚信,不仅表现在对所做活计的态度上,还表现在维护东家的利益上。如若东家与隔壁邻居因宅基地问题发生纠纷,他就会站在东家的一面劝对方,哪怕对方是自己的亲戚或朋友。

金家庄村文明和谐的发展史,离不开朱、顾两个大家族的影响。朱家的传统儒学,影响金家庄人怎么做人;顾家的诚信、艺精,影响金家庄人怎么做事。他们相辅相成,塑金家庄人鲜明的个性,就连金家庄的口头语"顾朱能合""啥个顾朱",也把这两大家庭放在一起,可见他们对金家庄的影响之大、之深。

三、如儒似水的金家庄人

金家庄,周围是水,远望则见山,因而世世代代在这里生活的人们,既有水的儒雅,又有山的伟岸,刚柔相济。金家庄人,刚,则能擎起臂膀,力担重任,拥有顽强的意志和毅力;柔,则柔情似水,无欲无求,顺其自然,甚至可以低到尘埃里。

在金家庄发展的历史进程中,人们以有德者为尊,以有为者为重。自金家庄有文人的印迹以来,儒家文化就成为金家庄的主流思想。长期在儒家文化的熏陶下,这里的人崇尚真善美,他们拥有善良淳朴、勤劳能干、英勇无畏、吃苦耐劳、勤俭节约等传统美德。不管是过去,还是现在,每个金家庄人都在自己的领域内,发挥着作用,体现着价值。

金家庄是一个比较大的村子,截至2018年年底,已经拥有770多户,2 400多人。在这样一个大村庄,历史上每个时期都会出现一两个让村民信服的灵魂人物,如文人儒学代表朱德润、朱夏,具有侠客风范的庄主顾达今……他们的一举一动影响着金家庄发展的走势。当然,除了这些人外,每一个金家庄人都是金家庄繁荣与发展不可或缺的因素,他们有一个共性,那就是他们都信奉诚实、善良的做人原则,主张诚信、正直的待人方式,实行积极、健康的处事态度。

金家庄是个移民村,姓氏庞杂,但在此繁衍生息的一代代人以金家庄人为荣,把村庄的兴盛作为自己的头等大事。在外工作的人回乡探亲,总不忘到村子、学校去看看有没有自己能帮上忙的地方。特别是行医的人,不忘带上必备的器材,在村里为乡亲乡邻问诊把脉。村民奉行一家有难、八方来帮的行事风格。也许平日里,邻里或朋友之间也会产生矛盾,但在大是大非面前,大家都能放下各自的私利,以大局为重,彼此能扶则扶、能帮则帮。

1998年,金家庄原四个党支部合并成金家庄中心村党支部后,召开关于"金家庄如何发展"的会议。金家庄在外工作的领导干部纷纷赶了回来,参加会议。他们献计献策,并给予政策允许范围内的经济、物质上的帮助。

仁爱、包容是金家庄人的个性之一。金家庄,在历史上虽然也有穷人、富人之分,但再穷的人家,也不会穷到外出讨饭或出现饿死街头的现象。金家庄的居民大多是种田人,他们的生计靠种田,而种田最讲究的是季节,适时播种是种田人的重要环节。但因天灾人祸等特殊原因,有的农户到了播种、收获等时节,缺乏劳力,因为要错过时节而急得跳脚。这时候,亲眷、乡邻都会主动上门相帮,确保按时播种,适时收获,表现出极强的互助精神。水稻插秧,农历夏至是关节点,夏至前不插好秧,那么秋熟收成就基本无望了。金家庄有句俗语:种秧勿种夏至秧,夏至无人帮,亲眷乡邻全死光。此话虽然粗俗了一些,但也体现了金家庄人品行的一面。牛、船、车(水风车或踏水牵小车)是历史上金家庄种田人的三大农具。然而这三大件并不是每个种田户都有的,一般农户只有一件或两件,有的甚至一件也没有。这样,在金家庄农户中就出现了"合种田"和"巢种田"两种形式。所谓"合种田"就是大件不全的农户合起来,组成互助单元,互相配合使用。"巢种田"就是只有田,而没有大件农具的农户,他们合并到有牛、船、车等设备的农户家。最为可贵的是,在这种以亲情为纽带的自发组织里开展互助合作是绝没有任何附带条件的。另外,金家庄还专门设有几十亩"金庄田",即庄上集体财产,并成立董事会,负责管理。在正常情况下,"金庄田"的收入专供庄上修桥铺路、办学兴教等公益事业,遇到有特殊情况,也可用于救济穷人之用。这种"金庄田",充分发挥了发展公共事业和济贫助困的作用。

金家庄人的亲和力还表现在一家有难百家帮上面。结婚、办丧事、造屋是人生三大事,金家庄人除了吃喜酒要东家请外,办丧事、造屋的相帮,人们是不请自到的。如果某人家办丧事有困难,亲眷乡邻都会出手相助,你缺啥,我就送啥。而造房子相帮,亲眷乡邻会一直帮到东家屋面断水(房屋封顶)。

当涉及村庄安危、人员安危的时候,基本就是全村出动。顾达今组建的护庄自卫队中,金家庄的青壮年都义不容辞地报名参加,他们勇担保护全村的责任,但不求分文报酬。

金家庄是一个拥有几百户人家的大村庄,因人们不小心而失火的事也时常发

生。一旦发生火灾,不管是酷热的白天还是严冬的深夜,只要火警响起,全村人都会从四面八方拿起救火的器具,奔赴现场,根据各自的特长,全力扑救,直至扑灭大火为止。

春节临近时节,金家庄家家户户都忙着置办年货,都要牵磨、装(蒸)糕。那时的大妈、阿婆忙得不亦乐乎。装了自家的糕,还要帮着别人家的小媳妇,教她们装糕。为了把糕蒸熟,她们往灶肚里添的不是一般的柴草,而是火力较旺的树枝、木柴等。有时,为了贪图省事,两三家人合在一起装糕,一个揉粉,一个烧火,一个掌勺,十分得心应手。一下子要蒸三家的糕,那烧火的时间就很长,灶肚内的灰便很快堆积起来。为了让灶肚内保持通畅,烧火的人会把灶肚里面的灰及时清理出来。细心一点儿的人,怕灰中还有火苗,会把灰倒放江里。但很多人舍不得丢弃这点儿灰,便把灰倒在屋檐下。晾了一段时间后,主人认为火苗已经全部熄灭后,便将灰倒进灰棚内。如若死灰复燃了,就会引起火灾。

冬天,为了给站在囤里的孩子取暖,大人们会在囤下放一瓮,瓮内放入从灶肚内扒出的还有火星的灰,以灰的余温来温暖囤,也暖和了站在囤里面的孩子的脚。可是在灰的上面,就是用柴草扎成的囤,这也很容易引起火灾。

特别是冬天,天干物燥,有的为了取暖,有的用火不慎,有的马虎大意,无意中就引发了火灾。而金家庄大,人口多,房屋密集,如若一家着了火,一旦形成一定的火势,那损失将是无法估量的。因此,面对火灾时,全村人无论男女老少,一齐出动。

也许在金家庄老一辈人心目中,最让他们触目惊心的一次火灾是朱家八房失火的那次。那天晚上10:00左右,庄上大部分人已经进入了梦乡。忽听急促的敲锣鼓、敲击铁皮簸箕的声音,以及一阵阵"来人呀,快来救火呀!着火了!快来人呀,救火呀!"的喊叫声。

这一声声急促而尖利的敲打声、喊叫声,划破了寂静的夜空。随之村庄里的狗也开始骚动,狗吠不断。人们迅速起床,提着桶、端着盆,加入救火的队伍。

遇到火灾,金家庄人采用最原始的报警模式,几个年龄稍大一些的老妇,一手拿着铁皮簸箕或面盆,一手倒拿着扫帚,沿着村庄的道路奔跑,她们一边跑,一边用竹竿敲打着簸箕或面盆,大声地喊着"着火了,救火呀!"听着这样的声音,人们便提着桶,拿着盆,从四面八方赶到火灾现场。

此时,大火已经窜上了屋顶。火光中,有几个人攀着墙,拿着塘扒,从屋顶上扒下瓦片,试图让瓦片掉在火上,来压小火的势头。其中身手最敏捷的顾庆琪(小名顾小三)脚踏在牛车上,两手一撑,两脚一跶,轻盈地跃上东厢房灭火。人们从河边舀了水,向火场奔去。递给上面的人,一桶,又一桶;一盆,又一盆……哪里火力旺,水就泼向哪里!

八房的天井,年久失修,排水不畅。随着人们救火的水越泼越多,天井内的水来不及流出,一会儿,天井就成了一个池塘,水漫过了人们的脚踝。此时,人们的注意力完全集中在救火上,不知脚冷。

渐渐地,火势越来越小。不到一小时,火终于被扑灭了。

火,彻底熄灭了。这时,人们才有空询问起火的原因,原来还是由装糕时未完全熄灭的灰烬引起的。感慨了一番后,大家才发现各自怪异的面貌,有的衣服湿了,有的头发被火舔去一小嘬儿,有的脸上一团黑……人们的鞋子都湿了,裤脚也湿了一大片。然后大家才各自散去,回家拾掇自己。

除了这种关系全村安危的事情全村出动外,只要是需要全体出力的事情,大家都是义不容辞的。金家庄的农船,时隔一两年都要上岸整修。拔般和翻船,一般都在夏天的傍晚时分,东家只要沿街走上一个来回,口喊"拔船了!""翻船了!"男人们都会自觉来到现场,哪怕是刚端上饭碗开始吃饭的,都会立即放下碗筷,赶过去帮忙。

仁爱思想从小里说,是为了村庄的安危而竭心尽力;往大里说,是为了保家卫国。金家庄五房里朱塑明的长子朱家成(又名张田平,1922—1995),就是金家庄人保家卫国的典型。早年,他接受抗日爱国思想的影响,利用父亲时任金家庄乡长的有利条件,掩护新四军革命干部。后参加民运干部陈杰的队伍,在淀山湖一带开展抗日斗争。

抗日战争时期,日本人侵略中国,杨湘泾也有日本人入驻,金家庄人自发组织了自卫队,保家卫村。平时,日寇开着啪啪船(一种机动军用船)到处耀武扬威,奸淫烧杀,无恶不作。

某天,日寇乘船从北巷江出来,朝金家庄北港口方向驶来。时任乡长的顾定尖下令自卫队员准备进行阻击。自卫队员飞快地从北面的破窑中拖出枪支、弹药等武器。何家祥手提机枪,迅速攀上了村北的古银杏,在银杏树上架起了机枪。其他成员或钻在葱绿的芦苇丛中,或伏在湖滩的堤坝下,各自找地方隐蔽,准备与日寇决一死战。

日寇的船只航行到外潭嘴北面,已经离北港口不远了。但不知什么原因,船突然停了下来,最后扳艄往虹泽方向去了。可能是日寇察觉到危险,或者是他们突然接到上司的命令让他们改变方向。

不久,日寇在金家庄驻扎了两个小队的日本兵。时间一长,他们大约知道金家庄有自卫队,但不清楚金家庄到底有多少枪支弹药。日寇想破坏金家庄的自卫队。某一天,他们把金家庄的强壮男人全部押到南学堂(金家庄小学),并在大门口架起了机枪,逼迫他们交出武器弹药。

其中,有几个日寇叫人搬砖,说是要用砖头砌什么墙壁,而自卫队的武器弹药就藏在北港口的破窑里。如果日寇真的到窑洞里去搬砖的话,那自卫队的武器弹药也就暴露了。在这万分危急的情况下,金家庄人的聪明才智显现出来。他们一方面与敌人巧妙周旋,拖延时间,另一方面派出胆识过人的年轻人偷偷潜入窑洞,在敌人眼皮底下把武器弹药转移了。日寇在金家庄搜不到什么,就抢了些东西走了。

1945年4月15日,盘踞在杨湘泾的日寇以伪军为先导,向新四军淞沪支队黄山部队临时驻地西南巷村进犯。新四军在指导员顾志清、队长徐永坚、副队长冯祥生的带领下,组织全队30余名战士进行了顽强的阻击和突围战斗,绝大部分战士得以安全转移。副队长冯祥生在这次阻击战中光荣牺牲,同时牺牲的还有6位不知名的英雄。

西南巷村的战斗惊动了金家庄的全体村民,特别是一批热血青年。其中何家祥、郁林生、盛仲林等人自发组织战地救护队奔赴泖泾江畔,投入救护伤员的战斗。他们冒着被日寇子弹击中的危险,奋不顾身地背起伤员,向金家庄村西南的小独圩方向撤退,把伤员藏在老百姓家中,并立即进行紧急救治。为了防止日寇搜村,他们连夜摸黑横渡淀山湖,把新四军伤员安全送达新四军驻地虹泽毛柴泾村。

第二天,日寇到复月村、金家庄村进行搜查,并把村民集中起来,让他们交出伤员,但全村百姓没有一个人讲出伤员的下落。日寇折腾了几天后,最终无功而返。

1945年6月,张田平参加顾福生的革命队伍,被编入青东大队。1945年7月,张田平被调入昆山新四军华山大队。张田平兼任杨湘泾区抗日民主政府副区长、自卫队队长。

某一天,4个汉奸穿着杂牌军的军服,到金家庄乡乡政府(当时政府设在金家庄小学内)收缴军粮。张田平趴在小学校东南角的草棚顶上,把枪口对准了校门口。当乡长将4个汉奸送出校门口时,草棚上的机枪立即发射,4个汉奸倒地。张田平急速爬下,往南芦埂的芦苇丛中藏起来。之后,张田平随军北撤。

1949年秋,张田平所在部队驻扎在太仓双凤镇。在船上,他巧遇做芋艿生意的姑母。张田平要姑母及时回家将张田平的父母接出来见面。第三天,张田平与父母及五妹见面。张田平对父亲说:"以前你为了我而当的乡长,新政府可以不计较,但以后不能做新政府不允许的事情。"五妹不肯回家,跟着张田平到部队当了卫生员,直至中华人民共和国成立。

朝鲜战争时,张田平参加了志愿军,投入抗美援朝的战斗。20世纪60年代后期,张田平转业到上海,在整流器厂任厂长,直至离休。

淀山湖湖面宽广,天有不测风云,雷雨、台风时有发生,湖中容易出现沉船、翻船事故。每当遇到恶劣天气,看守人会在湖滩边巡视,如果发现湖中发生事故,不管是谁,他都会敲锣或敲脚炉盖。当男人们听到这种声响,立即摇船出去相救。

20世纪80年代,胜利村有一家农户到陈墓去,将买来的造房用的花旗松锯成木板。购买的时候,该农户追求质量,专挑沉入水中的圆材购买。锯成木板回金家庄时,该农户用船头额角有些破损的8吨水泥船装了7吨木材。回程中,湖面突发大风,船在无法掉头的情况下,只能顶着风浪朝东南方向驶去。3个金家庄村民开了一条挂机船,绕到锯板船附近进行护航,想挡住锯板船前面的风浪。两船的航速很难控制,一不协调,锯板船破损的船头遇到风浪进了水,船头开始下沉。当锯板船上的舵手跑到船头观察时,一半船头已经沉入水中。幸好锯板船上的人全部被救起,而船却沉入湖底。不明情况的金家庄人又开出3条挂机船前去营救。后去的船手知道锯板船上的人安全了,就帮着打捞浮在水面上的木材。第二天,金家庄人又开来了两条挂机船,将沉船打捞上来。

水,有时催生粗犷的勇士。淀山湖面,风卷巨浪,如乱石穿空,惊涛拍岸。金家庄人依湖而居,以水为伴,常年出没在淀山湖上,深谙水的习性,在练就了与风浪争胜本领的同时,也形成了勇于争先的性格。不甘落后、勇争第一,是金家庄人的又一特性。金家庄人的要强好胜是出了名的,有时甚至到了有点儿"不知天高地厚"

的地步。特别是在各种竞技类的比赛中,金家庄人总是抱着夺冠的决心与勇气。至今,老一辈金家庄人还经常念叨村庄"草鞋队"的故事,以及1946年那次庄上人在全昆山县摇船比赛中夺冠的事情。

民国初年,在新文化运动的影响下,金家庄人不仅将青莲寺中的观音菩萨请出,举办新学,还在盛世房北侧"金庄田"中辟出五亩地(约3 333.33平方米),修筑大操场,内设足球场和篮球场。每天清晨或傍晚,喜欢运动的小伙子就活跃在这片操场上。农闲季节,他们甚至没日没夜地练。后来,金家庄成立了"湖光体育会",其下组建了5支足球队——以学堂的教员、开店的商人、回乡的读书人组建"清客班"足球队,另有金家庄4个自然圩块的村民分别组成金农、金青、金金、金星4支足球队。平时,由湖光体育会负责请教练指导训练,并在队与队之间开展对抗赛。为了调动大家参加足球运动的兴趣,人们在"金庄田"的收入中拿出一部分资金,用于购买奖品,以鼓励优秀球队。在多项鼓励措施下,金家庄的足球运动兴起,球员技艺高强,远近闻名。

中华人民共和国成立前,金家庄人上街(相当于北方人的赶集)以到朱家角为主。金家庄人在朱家角打工、做事、经商、读书、定居的颇多。民国后期,朱家角镇有"朱商""淀南""黑白"3支足球队。他们闻听金家庄足球队如何了得,心里不服,一心想灭金家庄足球队的威风,于是便发出邀请,金家庄、朱家角各组织1支球队,进行比赛。为了确保稳操胜券,朱家角队做了手脚,招兵买马,从上海请来几位高手充实球队。比赛当天,朱家角队队员们穿上崭新又统一的球衣、球鞋,闪亮登场。而金家庄队保持原来本色,没有球衣、球鞋,仍然身穿土布衣裤,脚穿草鞋(故名"草鞋队"),以寒酸的形象上场。比赛一开始,也许由于朱家角队轻敌的缘故,竟然被金家庄"草鞋队"先进1球。顿时,金家庄"草鞋队"赢得了满场掌声。整场比赛,两队比分虽然差距不大,但也没出现得分高低交叉的现象,"草鞋队"一直稳稳地压住对方。

比赛临近结束时,朱家角队比分还落后1分。金家庄"草鞋队"犯规,朱家角队罚点球。如果点球罚进,则双方打成平局。朱家角队负责罚球的队员正是球队从上海请来的射门高手,他素以"狠、准、猛"为长,在上海滩小有名气。裁判的罚球哨声响后,只见他将球放好,后退几步,然后一个冲刺,飞起一脚,足球如出膛的子弹一样,对准球门左上角飞驰而来。"草鞋队"守门员徐福生见状,照准飞来的球,高高跃起,并伸出双手,接住力道巨大的球。只因球的来势太猛,他虽然把球接住了,但胸膛上也被猛击了一下,连人带球倒在球门之外,他靠自己的胸膛硬生生地接住了对手的一次罚球。

赛后,东道主朱家角足球队在七家桥杨记饭店设宴招待金家庄足球队。席间,朱家角队教练总结说:"这场比赛,金家庄队赢在'勇气',朱家角队输在'骄气',特别是金家庄队守门员徐福生的勇气,实在令我佩服。"徐福生为了金家庄人的荣誉,奋勇接球而负伤,竟埋下了他英年早逝的病根。

金家庄人识水性,对船也情有独钟。出门靠船的金家庄人,船上功夫更是了得。1946年5月,昆山作为东道主邀请嘉定、太仓两县在昆山东门江进行摇船比赛。昆山县县长自然就想到了金家庄人,经挑选由吴士德、朱志福代表昆山县参加比赛。

比赛那天,刮起了四到六级大风,江面上白浪滔滔。两岸站满了人,锣鼓声、鞭炮声,响彻赛场上空。来自昆山、太仓、嘉定的3条船一字排开,在昆山桐丰油厂的石桥前,每队一船两人,其中一个人掌橹,另一个人扯绑。

比赛开始,发令枪一响,吴士德因从未见过这样的大世面,被这突然的枪声吓了一跳,等他缓过神来,只见其他两条船都已经窜出了数十米。这时,吴士德、朱志福两人咬紧牙关,用尽全力,使出浑身解数,奋力追赶。他们抢占上风滩,巧妙地利用风浪小的优势,追上了太仓队,赶上了嘉定队,获得了第一名。一轮结束,嘉定队不服气,说昆山队的船好使,要换船比赛。在第二轮比赛中,昆山队改用太仓队的船,最终还是昆山队胜出,而且昆山队与其他两队到达终点时间的差比第一轮还大。此时,嘉定队终于心服口服。

文化拓宽了金家庄人的视野,知识激发了金家庄人的灵性。在明朝中后期,中国东南沿海以"鱼米之乡"和"丝绸之府"著称于全国的苏杭成为商品经济最为繁荣的地区。金家庄以得天独厚的地理优势和丰富的自然资源为依托,也成为商贾云集、商品经济异常活跃的经济重镇。以水产品、农产品为主的商号遍及周边各镇,以"红篷两橹"为标志的金家庄航船(一种定期的客货航船)名扬四方。到民国初期,金家庄"旅沪同乡会"在上海滩已很有名气。顾氏家族以营造业为基础,积累资本,立足上海滩,后又涉足棉纱、丝绸、证券、金融等行业,成功跻身于近代中国著名实业家的行列。

金家庄商贸繁荣,逢桥沿河街,商贾云集,店铺鳞次栉比,商品琳琅满目,每店

每铺各有特色,深受百姓喜爱。王家阁的中南饭店以其自制米酒和水产为主的菜肴而盛名远扬,特别是清水虾、河豚、鳗鱼等深受顾客欢迎。中南饭店的招牌菜是甲鱼烧肉,把甲鱼与上等猪肉加大水进行烹煮,水沸后,加入葱、姜、糖、料酒、酱油等佐料,改为温火煨,数小时后,直至肉酥嫩、汤浓稠。揭开沙锅盖,满街飘香,令人垂涎三尺,吸引食客无数。

赵义和号南杂货店,坐落在金家庄北桥(甲子桥)东堍。该店在经营南什货的同时,以自行生产特色美食糕点——赵氏糕点,拥有自己的特色。相传赵氏糕点是赵匡胤的宫廷食品。北宋后期宋室南迁,皇帝的御厨为了躲避祸害,逃到金家庄,以制作糕点为生。赵氏糕点主要经营肉饺、酒酿饼、麻饼、马条糕、粉蒸蛋糕饼等上百个品种。因赵氏糕点香甜可可,口感糯软,在周边享有较高的声誉。每年清明节、中秋节、春节,上海、青浦的人回乡探亲、祭祖、踏青时,都要大量购买赵氏糕点,带回上海馈赠亲朋好友。

金家庄另一有名的食品是顾家豆制品,店堂主人的真实名字人们已不记得,而其俗名顾家"老豆腐"则家喻户晓。顾家豆制品的特点是,油泡空如球,豆腐皮薄如纸,干丝可以像面条一样捞起来,水豆腐细腻润滑爽口。而且用同样的原料制作成品可以比人家多出一成,因而生意红火,盛名传至四方。

金家庄人不甘人后、勇于争先的思想,其实是金家庄人一贯的风格,因为他们从小就养成了这样的意识。自光绪二十八年(1902)在金家庄创办了金溪高等学堂后,金家庄的莘莘学子都发奋读书,虽没有萤囊映雪、悬梁刺股的事例,但流淌着金家庄人奋进向上血液的他们都明白自己承载着全家人的希望,所以,每年在简陋的金家庄学堂内,都能走出一批学生,他们走出村庄,朝着梦中的目标,一步一步走向全国各地,走向世界每一个大洲。

朱慰祺金家庄村人。他出生于1934年,1959年毕业于上海第一医学院(现上海医科大学)医疗系。大学毕业后,长期在上海医科大学肿瘤医院外科工作,曾任腹部外科主任,现在是肿瘤外科教授、上海市抗癌协会副秘书长、上海《肿瘤》杂志编委。

朱慰祺,是从金家庄走出去的人才,所以凡是淀山湖镇人,如若哪个长了肿瘤,或确诊为癌症后,首先想到的是去求助于他。对于家乡人,他必出手相助,联系病房,安慰病人及家属,并亲自操刀为病人切除肿瘤。经他做手术的淀山湖镇人,已经记不清有多少位了。很多人因为肿瘤切除得干净,至今还非常健康,家庭和美。由于找他看病的淀山湖人实在太多了,因而也引发了许多轶事。

朱慰祺在上海是专科医生,回到村里,他就成了百科医生,到医疗站借来听诊器和血压计,义务为村里人看病。只要知道他回金家庄了,很多病人就会来找他。记得那次来了一个病人,愁眉苦脸,因为他被医院"判了死刑",说他的病情已经进入晚期了,家人忧心忡忡。病人不甘心,拿着医院拍的片子,来找朱慰祺看。

朱慰祺拿起片子,仔细地看过,思索片刻,果断地告诉病人:"你别急,这可能不是肿瘤,是异物,我帮你取出来。你周末去住院,就住昆山中医院,我来给你开刀。"

那次手术共用了7个小时,但朱慰祺实际动手术只用了2个小时。果然,那根本不是恶性肿瘤。此人是个急性子,做事急,就算吃饭也着急。一次吃饭时,因粗心加着急而把饭篮上掉下来的篾片也吃到了肚子里,而自己没发现。篾片进入胃时,把胃戳破了,胃的黏液把篾片包围住,形成了一个硬块。这个硬块顶住了肝,造成肝的疼痛。医院误诊,以为那个硬块是恶性肿瘤。

现已70岁的朱惠娟,年轻时患了组织甲状腺癌。在626医疗队新庄治疗站,由朱慰祺主刀,动了手术。从此,接下来的几年,朱慰祺每次探亲回金家庄,都会到朱惠娟家,了解病人的情况。最初,让病人每隔3个月去医院复查一次,之后,是间隔6个月,再后来是间隔1年。

5年后,朱慰祺看了朱惠娟的气色,断言说:"你这一生,没有问题了。你如果活不到60岁,让你的家人来找我。"朱慰祺果然没有说错,朱惠娟如今已70岁了,仍然健健康康地生活着。

朱慰祺看病,最出名的是一把手术刀,但他并不仅限于此。金家庄有一妇女,叫刘云,手腕处长了一个肿块,担心是不好的病。当得知朱慰祺回金家庄了后,就来到朱慰祺家。

朱慰祺一看她手腕上肿起的地方,按压了几下,问疼不疼。问清病情后,他握住病人的手指,反转一点后,朱慰祺用手使劲地拍了一下病人的患处,那肿块竟然奇迹般地消失了。

除了朱慰祺外,吴云龙也是一位深受百姓欢迎的医生。吴云龙从苏州医专毕业后,被分配到了大市公社卫生院,成为那里的全科医生。虽然他在大市工作,但他不忘家乡人,每次回金家庄,他都要拿上他的药箱,替人诊脉看病。

很多金家庄人都提前与吴云龙的母亲说:"如果云龙回家,就来叫我。我这里不舒服,想让他看看。"因此,吴云龙每次回家,都会有一二十人到他家看病。每逢大忙,光明大队的人就连着一两个月住在北头。遇到头疼脑热、发烧感冒、肚疼腹泻等毛病时,就到大市医院,直接找吴云龙。他住在医院门口旁边的宿舍楼里,一看到有家乡人来,二话不说,就起身给病人把脉看病,遇到病情严重的,就帮他们安排床铺住院。

朱慰祺和吴云龙他们以良好的医德、乐于助人的医风而得到了金家庄人的尊重。其精湛的医术与他们的认真刻苦是分不开的。

金家庄还有一位桥梁设计师也让人们对他跷起大拇指,他就是吴德忠。吴德忠,1935年4月生,桥梁设计教授级高级工程师。1958年,自同济大学铁路道路及桥梁系毕业后,到浙江省交通规划研究院工作,先后担任室主任工程师、设计院副总工程师等职务。40多年来他一直参与浙江省交通建设,主要工作是公路测量、桥梁设计及完成设计后的配套工程的施工。

吴德忠曾主持设计的工程有:温州瓯江大桥(获一等功及浙江省优秀设计二等奖)、丽水桃山大桥、宁波甬江水底公路沉管隧道。宁波甬江水底公路沉管隧道是我国大陆第一条软土地基沉管隧道,它的建成填补了国内的空白。吴德忠参与设计的主要工程有兰溪芷江大桥、嵊县(今嵊州市)清风大桥、金华婺江大桥等。他曾受聘为总工程师的工程有舟山朱家尖海峡大桥、舟山至宁波的海峡连岛工程,还担任了杭州市钱塘江第三大桥总监理工程师。1983年被温州市人民政府授予"温州市先进生产(工作)者"称号,1985年被浙江省人民政府授予浙江省劳动模范称号,1998年受到国务院的表彰,颁发了证书,并从当年10月起享受政府特殊津贴。吴德忠长期从事交通工程建设,特别是桥梁设计,并先后著有《沙桩基础石拱桥》《等截面圆弧夹板拱架预留拱度商榷》《跨径拱桥的悬臂拼接》《沉管法水底隧道——甬江隧道设计》等。

说起吴德忠,还有一段鲜为人知的小插曲。他家的政治环境较复杂,父亲当过保长,自己的爱人是地主的女儿。吴德忠大学毕业后,被分配到浙江杭州工作。那年,他回家探亲期满,想一早乘船去朱家角,然后乘车回杭州。可就在这时,金家庄营部里走出来几个人(当时为淀东公社第一营),不准他乘船,不准他出去,理由是他出身不好。尽管吴德忠据理力争,但他们还是不允许他离开,并要拿绳子来绑他。这时,突然听到一声"啥人敢绑伊"。那声音就像一声炸雷,那些人不由自主地停了手,一看是时任第二书记的沈林福。沈林福对吴德忠说:"你马上乘船去上班,这里的一切由我处理。"然后语重心长地对周边的人说:"国家培养一个大学生不容易,他们是国家的宝贝。"

一个文化程度不到初小的书记,凭着一颗对祖国和人民的赤诚之心,凭着对党的忠诚,"救"了一个吴德忠。吴德忠果然不负众望,成为一位了不起的桥梁设计专家,受到国务院表彰,享受政府特殊津贴。

金家庄人,做一行,钻一行,哪怕是小本生意,经营者也有自己的拿手绝活。20世纪七八十年代,金家庄集市中心的小三肉庄中,只要顾客说需要什么肉、需要多少,卖肉人拿了相关的肉,正面看一看,翻一面再看一看,便放正了,一刀下去,割下来一称,分量不多不少,正是顾客想要的重量。顾葆民渔行的老板顾葆民,他也有一个让人叫绝的本领。卖的鱼,什么品种、什么规格、单价多少、总价多少,在他心里一清二楚。他一边称鱼,一边报出鱼的品种、规格、单价,并迅速地报出总价,分毫不差,让人叫绝。有人不信,特地拿算盘拨算,果然,最终的数额与顾葆民报的数额一样。鱼的重量,不可能都是一斤两斤的准数,更多的是以两为单位来计算的。顾葆民因长期卖鱼,对数字的心算极其准确,而且速度非常快。

苏轼曾在《上初即位论治道二首·道德》一文中,写下了"以至诚为道,以至仁为德"的名言。至诚,就是讲诚信,不自欺,不欺人,不隐瞒,不伪装,不弄虚作假,也不哗众取宠,不欺世盗名。而对自己、对他人、对所从事的工作、对所面对的生活能全心全意且真心诚意。至仁,就是以良善,以仁心面对世间万物,对弱者救助,对生活宽容,对世事大度。生活在金家庄这块土地上的人,虽然有的离开本地、远走他乡了,有的搬至镇上生活,但他们的心依然留在这片热土上,依然秉持着"以至诚为道,以至仁为德"的为人处事之道,依然保留着金家庄人的诚信、善良、向上、团结等共性。无论走到哪里,他们都印上了金家庄人固有的标签"顾朱能合",他们也为自己是金家庄人而骄傲自豪。

第二节 禅心清廉磕䃲村——人杰地灵

䃲䃲,是个古村落,这里历史悠久,人文资源深厚。古银杏树的枯荣见证了历代变迁,䃲䃲寺的兴衰阐述了风云变幻。但不管怎么变化,䃲䃲村那自古就有的佛缘禅心依旧,䃲䃲人传承的清正廉洁仍存。

水乡江南,鱼米之乡。有水,便有生命;有水,才能繁衍生息。多数村庄的旁边,都会有一两条河流,或穿行其间,或围绕而过,或于村前屋后潺潺流淌。在䃲䃲村这个有着几千年历史的古村落旁,也有一条溪流,缓缓流过,滋润着古村的土地,孕育着古村的生命。在江南的河流中,这条河算不上宽阔,流速也很缓慢。但当它从村前流过时,便把水的韵味、灵气,带给了䃲䃲古村。这条溪水叫䃲溪,这个村庄便随溪水而名,叫䃲溪村。

图3-9 䃲䃲村古银杏

䃲溪的形成,缘于淀山湖。淀山湖上接太湖,下泄东海。淀山湖这个大湖泊周边,河网密布,由分支流向各处,而䃲溪就是其中的一条分支。

䃲溪之畔,居住的人越来越多,人们为了区分溪流与村庄,便把村庄的名字改为"䃲墺",表明这是一片富饶美丽、适宜居住的地方。村子在时代变迁中,历经了朝代更迭、风火战乱,在经历了各类事件后,人们心生彷徨,觉得这个"墺"字缺少力量,易被风雨侵蚀而发生改变,人们觉得石头要比泥土硬,于是,把"墺"字换成了"䃲"字。从此以后,"䃲䃲村"的名称一直被沿用至今。只是,因其名称经多次修改,当代人在写这个村名时,有时比较随意,写成了读音为"ào"的不同的字。

碛硻村,紧依碛硻寺,借着天下"两只半寺有其一"的名声,和着寺庙传经诵文的禅声,自古就物华天宝、人杰地灵。至今依然矗立在村口树龄达1 700多年的古银杏树,便是真实而可靠的历史证人。此树原在碛硻寺内,随村庄的兴衰而经历多次磨难。受天灾,经数次雷劈,断其筋骨,伤其体肤,但它依然坚强地活着;遭人祸,埋盐试图腌其根,火刑意图灭其身,但它依然坚强地活着。风吹,草绿,它于枯枝间也爆出了新芽。其坚强的生命力,着实让人惊叹。

每逢春天,树叶便长满古银杏的枝头,郁郁葱葱,生机勃勃。深秋来临,它又以其独特的美吸引人们驻足欣赏。那扇形的黄叶,在秋风中,飒飒而歌。风吹,叶落,片片黄叶如蝴蝶、如花瓣,悠然而下,飘落于地。银杏村下,一片金黄的地毯,蓬松松、软绵绵的。抬头,穿过枝叶看苍穹,天地间万物都变得渺小了。这棵银杏树虽不能说是神树,但因它是三国时期吴国太亲手种植的,故而显得幽远、珍贵,又因它生长在碛硻寺内,而显得神秘,所以这棵银杏树带给碛硻村人的历史记忆是神奇的。

在碛硻村,有三位历史名人被碛硻人称为"碛硻村岁寒三友"。松、竹、梅,是中国传统文化中高尚人格的象征,也借以比喻忠贞的友谊,它们虽然属种不同,却都有不畏严霜的高洁风格,它们在岁寒中同生。明代碛硻村里的叶盛、庄乐、孙俊,他们的人生经历虽各不相同,但他们本性相近,志趣相投,被碛硻村人称为"岁寒三友"。

叶盛为官30年,清正廉明,生活极其节俭。自两广离任归来时,行李简单,就是三大箧的碑刻,题为"五岭奇观"。作为谏官,叶盛身居言路,抵制奸佞,以正朝纲,富有谏官的责任感。身为武将,每逢国难,他都挺身而出,保家卫国,功勋卓著。面对朝廷的赏赐,他却婉言谢之。孔子说:"岁寒,然后知松柏之后凋也。"就是说在恶劣的环境下,才能看出一个人的节操。松柏在严寒中依然屹立,依旧常青,且坚毅而不畏寒,这不就是叶盛的品质吗?

庄乐,精通医术,能起奇疾,本可行走于社会上层,甚至皇宫圣殿,但他独钟情于山野,奔走于乡间村舍。他给人诊脉看病,不厌贫困清寒,不计酬劳回报,恪守救死扶伤的医德。并专心钻研医术,不断帮助乡邻好友。庄乐的品格犹如笑傲严寒的梅花,它不屑与艳桃、俗李在春天争艳,而是在天寒地冻、万物凋零之时,独自傲然挺立,在大雪中开出满枝繁花,幽幽冷香随风袭人。梅花的特性成为中华民族守

寂自妍、不求赏识、清逸孤高品格的象征。

翠竹于风霜凌厉中苍翠依然的品格,让品性高洁、羞与俗流为伍的孙俊引为同道。他植竹、咏竹,以直节中空的翠竹自喻,隐居草堂。秉持"至生业岁,计不暇问,势利之徒,足迹不交"之趣读书、觞咏,至老不辍。

后人称叶盛、庄乐、孙俊为碛磧村的"三杰",如果从三人的品格这一角度来说,倒不如称他们为"岁寒三友"更为贴切。

一、正直清廉的叶家

明代府昆山县名门大族有五大姓氏:戴、叶、王、顾、李。这些名门大族,或建功立业,功名显赫;或富甲一方,造福邻里,他们都经过历史的风风雨雨,有的延至清代依然兴盛不衰,如昆山叶家。追溯叶家起源,得从叶公说起。

楚惠王十年(前479)夏,楚国发生白公之乱,两位大将相继前往平定,却都在疆场上战死,楚国危在旦夕,形势非常紧张。楚惠王在万般无奈之下,命叶县县令出兵救援。叶县县令沈诸梁(字子高)发兵相助,平定了白公之乱,救楚成功。这一事件后,沈诸梁名声大振,人们便以"叶公""叶公子高"尊称沈诸梁。因为叶公相助,避免了楚国亡国的结局,所以人们也以叶姓为荣。久而久之,沈诸梁的名字反而被人们忽略了。叶公诸梁被尊为叶姓的始祖。叶公在其封地上,根据当地实际,在水利、农桑等方面都进行了管理和引导。其修筑的东、西二陂,既能蓄水,又利排水,使当地广袤的农田得到了及时的灌溉。在他的封地上,土地肥沃,农业发展良好,百姓衣食无忧。说起叶公,有一个著名的成语叫"叶公好龙"。其实,这个成语是叶公政敌的后人为贬低叶公(沈诸梁)而编造的故事。

叶公二十二世孙、汉末光禄大夫叶望,因中原战乱不断,为保家人平安,于建安二年(197)辞官,举家避难到江南会稽郡松阳县瑞应里(今浙江省丽水市松阳县古市镇)附近的卯山右。自叶望在此落地生根后,其后代人才辈出,为相,为丞,成贤,成侯,都立下了不少功绩。其后人,不管是身居何地,远走他乡,还是寄居海外,说起叶姓起源,他们都尊称叶望为"江南始祖"。又因为叶望迁居在卯山下,所以其后裔也称为"卯峰叶氏"。

五代十国时期,钱镠开创了吴越国,雄踞江南,成为一方霸主。吴越国幅员广大,地域辽阔,北至今苏州、无锡、上海,南至福建的福州,西至今皖南,东至浙江全境,管辖十四州。叶氏后人叶逵在吴越国担任刑部侍郎,效忠于钱镠。叶逵在辅佐君王期间,遵从钱镠的"立足两浙,尊令中原,远交进攻,对抗淮南,发展生产,保障国用"的治国方略,发挥吴越国的地理优势,对外加强外交,对内提升国力,显现出了卓越的政治、军事和管理才能。

在淀山湖镇东有一自然村落叫沈安泾。这村的东面原是一片广袤的农田。春季,油菜花旺盛时节,扑鼻而来的是淡淡的清香。如若走近田边,蜜蜂也会围着人转。秋季,满眼一片金黄,稻穗随风弯腰,形成一阵阵金色浪涛,涌向远方。这片一望无际的田野在历史上被人称为"叶丞相田",这"叶丞相",不是别人,正是叶逵六世孙叶梦得。

叶梦得(1077—1148),宋代词人,字少蕴,吴县(今苏州市吴中区)人。因其晚年隐居于湖州弁山玲珑山石林,所以又自称为"石林居士",而且他的诗文都以"石林"为名。

叶梦得的父亲为叶助,母亲晁氏是"苏门四学士"之一晁补之的妹妹。那一年,叶助携新婚妻子晁氏来到苏州东山朱巷,回乡祭祖。叶助见了先祖造玄公(叶逵)的遗像,向先祖讲明了自己取了个有才识的女子,并讲明该女子家族的近况。当晚,叶助做了个梦,梦中见一条龙高高地盘踞于家中正梁之上。不久,晁氏便怀孕生子,所以叶助给孩子取名为"梦得"。

叶梦得,文武双全。他从小就受叶家和晁家诗书传家的影响,饱读诗书,擅长文章。在祖父及父亲的影响下,有着强烈的上进心和建功立业的思想,同时,忠君爱国的思想也在他的脑海里深深地扎下了根。他成年前,就随父亲在建德、拱州、达州等地生活,见识了各地百姓困苦的生活,因而从小对百姓就有体恤怜惜之心。

绍圣四年(1097),21岁的叶梦得参加科举考试,中了进士,至丹徒任县尉,而后一路升迁。当时,他的事迹在京城广为流传,当地就用他的例子教育少年学子要发奋读书。民间夸他喜欢读书,并且年纪轻轻就能有所成,能很好地理解先贤的理论和行为,并以此匡正自己的言行。叶梦得思维敏捷,能言善辩,理解青春年少,就能独步天下。

崇宁二年(1103)正月,叶梦得被召入京,为检点试卷官,再任仪礼武选编修官。这一段时期,叶梦得得到了蔡京的相助,成为蔡京的门客。蔡京见他诗书丰富,才思敏捷,出口成章,便把他推荐给了当朝皇帝宋徽宗。

朝堂之上,叶梦得一番言论,得到了皇帝的赏识。他告诉宋徽宗治理国家,必先治心。对于这一番不同以往的"治心"之论,给当时贪图享乐的皇帝敲响了警钟,也让宋徽宗见识到了他的才华,并大为赞赏,封其为祠部郎官,不久升为翰林学士。

20多岁的叶梦得,也许太过年轻,不识人心险恶。对于他依附的人——大他30岁的蔡京,并未看准看透。叶梦得参与了定元祐党籍碑案,与蔡京、蔡攸父子及他们的门客强氏兄弟5人,制造了北宋末年的"党人之祸"。涉世未深的叶梦得一心忠君,觉得新法可以国富民安,因而,无条件地支持新党。不料,无意中却成了蔡京排除异己的帮凶。正是这一举动,影响了世人对叶梦得公正的评价。

事实上,对于党派之争,叶梦得始终是不认同的。他认为治理国家,不管用什么法度,都看其是否有利于国家。而且党派之争已经严重影响到了北宋的政治局势,对国家极为不利。在新旧党交替的过程中,党派各方都视对方为死敌,政治立场势不两立。在蔡京恢复相职后,试图重新恢复原本废弃的新法。叶梦得向宋徽宗谏言制止,法度既已废,不可复行,因为法度无非是可行、不可行两种情况,如果可行是陛下的旨意,那之前就不该废除;如果不可行是陛下的旨意,则今天也不宜恢复,让今天的大臣们进退之间怎么处理呢?除非陛下有什么折中的办法。他的谏言让蔡京脸色十分难看。

叶梦得既痛恨党争,自己又身在其中,因而内心充满了矛盾。他与新旧党人都有相当密切的关系。他虽然参与了定元祐党籍碑案,但他对司马光、范仲淹、苏轼等人的风骨是十分倾慕的。他与苏门有着很深的渊源,他是苏门四君子之一晁补之的外甥。叶梦得在颍昌知府任职时,与苏轼之子苏过、苏迨等人结成诗社,可见,其关系也是不一般。而透过叶梦得的《石林诗话》一书,我们可以从中明显地感觉到叶梦得对王安石晚年的诗歌大为赞赏。

叶梦得因蔡京而得到提拔,但他善良正直,始终保持自己立身的原则,坚持自己的是非标准,并非阿谀奉承之流。因此,在政治生涯中,与蔡京产生了嫌隙。大观二年(1108),叶梦得任翰林学士。蔡京想任命童贯为陕西宣抚,取代青唐。叶梦得知童贯是擅长逢迎拍马之人,性情巧媚,极力劝阻此事。但蔡京并未理睬,仍旧重用童贯。自此,叶梦得与蔡京、童贯之流结下了梁子。

宣和二年(1120),叶梦得任颍昌(治所在今河南许昌)知府时,见灾民众多,许多灾民都饿死在街头。叶梦得便打开常平粮仓,救济灾民。此举得罪了常平使者刘寄。同时,叶梦得见有许多孩子流落街头,甚是可怜。他仔细地了解了情况,很多家庭虽想认领这些无家可归的孩子,却不便认领,因为日后孩子的父母如果来找,是要送还的。为了避免日后亲生父母讨回孩子的事情发生,叶梦得制作了空名券,意为孩子是认领人家的,亲生父母如若来找,孩子不必回去了。此举,让颍昌府300多名无依无靠的孩子找到了新家。叶梦得见百姓得病了,无钱医治,无钱买药,便赐药,为民解除疾患。空闲时间,他还组织了许昌诗社,苏轼的两个儿子就是诗社的骨干。

常平使者刘寄勾结宦官杨戬,搜刮银两,向杨戬敬献50万缗。杨戬强令颍昌府向朝廷输米,并且米的质量要与苏州的一样。叶梦得上书朝廷,据理力争,说明颍昌府与苏州等地的土地肥力不同,拒绝了杨戬的要求。并强调老百姓对此事也怨声载道。后来,献米一事唯独颍昌府因叶梦得的奏本而得免。

叶梦得为人正直坦荡,疾恶如仇,敢于为民请命。他告发了李彦侵吞公田,在他的籍贯地河南郏城、舞阳两处,私吞田亩数千顷,并给予其应得的惩罚。此事,使上一级官员大喜,同时,也给他自己又树立了一个敌人。在颍昌的几年,叶梦得为百姓做了许多实事,在民间获得了良好的声誉,但因他得罪了高官,最终被罢免。

叶梦得为官,不畏权势,善良正直,见到不平事敢于站出来。建炎三年(1129),叶梦得任尚书左丞。他向朝廷奏报:有些地方官擅立明目,以搜刮民财,要求朝廷加以严惩。而此事,又得罪了当时的门下侍郎颜岐、知杭州康允之与宰相朱胜非。因此,叶梦得的尚书左丞才当了14天,就被罢免了。

两宋相交之时,宋朝政府面临内忧外患,时刻受到金兵铁骑的骚扰。靖康之变,山河破碎,局势动荡,这让有志之士痛苦不安。叶梦得就是生活在这样的时代。国破家何在?当二帝被金掳去,金兵的铁蹄长驱直入之时,文人们纷纷离开书斋,放弃风花雪月的无病呻吟,弃笔从戎,拿起刀剑,毅然加入了抗金守土的战斗中。叶梦得也毅然不顾高龄,投入了抗金的战斗中。

绍兴八年(1138),南宋政府向金求和,此时此刻,叶梦得深感忧虑。同年五月,叶梦得被任命为江东安抚制置大使兼知建康府,行宫留守。六月下旬,叶梦得到达建康。他确定了防江措施,从边防、地域、要害、舟船、乡社、积聚、死守等8个方面做了要求。又在建康、太平、池州等关口,以及长江北可渡江的地方,共19处,加派兵力，严防死守，把住要害。

金兵元帅宗弼进犯含山县，逼近历阳，形势非常紧急。此时，张俊诸军迟迟不发兵。叶梦得见到张俊后，让张俊速派兵救援。他指明了当前的形势："敌人已经过了含山县，万一金兵得了和州，那长江这个天堑将不复存在了。那我南宋还有什么可以凭借的屏障呢？"张俊立刻发兵，军士士气大振。经过一番苦战，金兵退至昭关。

第二年，金兵再次进犯，到达了安徽柘皋。叶梦得号召兵士，并团结沿江的民兵数万人，分别占据江津重要位置，并派儿子带千人守住马家渡，让金兵无法渡江。

在叶梦得的两度建康任上，他积极筹措钱粮，使军队没有后勤保障之忧，毫无顾虑地投入战斗中。在社会管理上，他筹资建学，修建公共图书馆缃书阁，成为经略一方的重臣，颇有政声。

叶梦得出生于传统的儒家思想家庭，从小就受忠君爱国思想的熏陶。虽然拜蔡京门下，但他并不与蔡京同流合污，坚守自己的原则和理想，保持自己善良正直的人格。自始至终，他都是主战派，为保护国家完整，挺身而出，以六旬之躯战斗在抗金前线，并制止了金兵进犯南宋的趋势。

叶梦得曾经游历过各处山水，在历遍大江山河之后，他觉得东洞庭山地理位置独特。茫茫太湖，山外有山，岛中有岛，湖内有湖，是个风景宜人的好居所。东山在太湖中，独成一体，靖康之难金兵一路南下时，许多达官贵人、商贾富豪就避祸于东山，躲过了乱世之劫。叶梦得对东山十分偏爱，让儿子叶程定居于东山。

当叶梦得途经淀山湖，看到淀湖九峰之景后，不禁感慨：淀山湖，湖中有山，山外有湖，且山外有山，湖外有湖，乃一天然盛景。又因宋高宗赐田于沈安泾，叶梦得与淀山湖也结下了不解之缘。

淀山湖镇沈安泾有"叶丞相田"。清朝陈元模《淞南志》记载，宋高宗南渡时，叶梦得时任宰相一职，陪伴皇帝左右。在途经此处时，宋高宗赐田给叶梦得，以便将来度日之用。日后，叶家便迁居于此，"叶丞相田"的名称，也一直沿用至今。

真正让叶家的分支从吴县迁至沈安泾村，后又移居碛硙村的人是叶梦得的十三世孙叶苗。他于元朝延祐四年（1317）把家安在了昆山县淀东沈安泾村。

叶苗继承了祖辈的传统，在饱读诗书的同时，还注重行武，苦练拳脚功夫，可算是文武双全。因其性格比较豪爽，谈吐之间一股英气自然流露，况且喜欢打抱不平,所以民间称他为义士、侠士。

叶苗喜欢行走江湖,在游历的过程中,除暴安良,锄强扶弱。他迁居沈安泾后,行侠仗义,为弱者出头。某年岁末,碛磽寺前,人流如潮,游玩的、烧香的、还愿的、祈福的,络绎不绝。叶苗随人流来到寺内,见寺内香火缭绕,大殿内木鱼声声。叶苗也向菩萨敬了一炷香,正待退出时,却被一个小和尚叫住了。

原来是碛磽寺的方丈有事相求。方丈对叶苗说:"叶施主,久闻您行侠仗义、专管不平之事。最近,我让人留心着香客,见到叶施主,务必请进来一叙。今日,总算见到施主了。如若再晚些,恐怕祸事会更多。"

叶苗奇怪地问:"方丈,我刚才见寺院风平浪静,何来祸事呢?"

"唉!"方丈长叹一声,便把最近碛磽寺内发生的祸事,一五一十地告诉了叶苗。

原来前一时期,碛磽寺内来了一批"外来和尚",说他们原来所住的寺庙因天灾,已经毁坏,他们奉主持之命,来江南化缘,想在此暂栖。实际上,他们都是好吃懒做、无恶不作的歹人。其中领头的一人身怀绝技,仗恃武功了得,占据了碛磽寺。为了不影响寺庙的声望和日常的事务,方丈与寺内和尚只能委曲求全,把大家住的斋房让出来,自己搬到了禅房或柴房内。但与他们约定一条,不能影响寺院日常的活动,不能影响香客们的烧香拜佛。虽然如此,但平日里,这批歹人喝酒吃肉,胡作非为,怎么也阻止不了。如果有哪个和尚出面阻止,便被他们一顿毒打。碛磽寺的方丈作为一寺主持,竟然不能保护寺院。

叶苗听后,火冒三丈,大怒:"如此还了得!佛门净地,岂能容下这帮歹人。"

方丈见势,连忙示意放低声音,说:"叶施主,你暂且放低声音。此时,如若争斗起来,他们人多势众,你一人难挡众人,怕是要吃亏的。"方丈又摇头说:"可恨他们不仅在寺内作恶,还让周边百姓遭殃。前几日,这儿先后有两个女子被他们糟蹋。如此下去,佛门圣地也恐遭殃……"

叶苗问:"那为何不报官府?"

主持说:"若报官府,一是怕坏我佛门名声;二是如果官府不问青红皂白,滥杀无辜,我们寺庙里的正经和尚岂不受牵连……"

叶苗点点头,向方丈了解那批歹人的人数等情况后,说:"方丈勿急,待我亲自去打探一下情况后,再做决策。"

此后几天,叶苗就在碛磽寺周边转悠,仔细观察寺内寺外,对每一个进出寺庙

的人都不放过。掌握了信息后,叶苗决定实施他的计策。他行走于碛礧周边的村庄,游说那些青壮年,动员他们一起去捉拿碛礧寺内的假和尚,为民除害,还寺院清静圣洁。那些青壮年听说歹人所做的恶事后,都群情激愤,表示愿意出全力,与叶义士一起,惩治寺内恶人。特别是有女子受到凌辱的那几个村庄,知道叶苗的意图后,更是热血沸腾,恨不得亲手把那几个淫贼碎尸万段。在叶苗的组织下,一个由600多名壮士组成的队伍就成型了。叶苗让人教给他们一些基本的防身术和擒拿术,以便日后用上。

没有不透风的墙,碛礧寺假和尚奸淫妇女的消息,也惊动了官府,为了肃清寺院的不法分子,官府决定动用官兵,一举拿下碛礧寺内所有的和尚,并绳之以法。

叶苗得之此消息后,连夜赶到碛礧寺,与主持商量决定赶在官府之前,农历二月十五中午起事,捉拿寺内假和尚。

到了这一天,600多人的队伍和四乡八村的民众几千人,把碛礧寺围个水泄不通。寺内的假和尚慌了,见无处可逃,他们狗急跳墙,放火烧寺庙。经过一番围剿,那些歹人全部落网。叶苗担心碛礧寺真正的和尚也会受此事牵连,便让方丈遣散众人,或还俗,或投亲,或另找山门,只留几个执事在寺内,打点后事。

轰轰烈烈的围剿碛礧恶僧的战斗结束了。待官兵到碛礧寺时,叶苗把歹人交给了他们,并对官兵头领说:"这是我与周边乡亲一起擒拿的贼人,你们押回去交差吧。"说完,叶苗命人押着十几个假和尚,并指出其中谁是歹人之首,哪几个做了奸淫之事,哪几个手上有命案。那些官兵知道叶苗是淞南闻名的叶义士,自己又不费一兵一卒,就获得此功劳,何乐而不为呢?于是,他们押着犯人,扬长而去。

叶苗智救碛礧寺、勇擒恶僧的事在乡间广为流传,大家都知道叶苗的为人与胆识,此后一旦遇到为难之事,便来向他求救。叶苗也不负众望,善良正直,不畏权势,敢于挑战恶势力。

叶苗侠肝义胆、善良公正,成为周边地区百姓的主心骨。其善良正直的风骨与叶梦得十分相似,这也许就是叶家的子孙对祖辈美德的传承和发扬。叶苗去世后,葬于沈安泾(现安上村界),乡里百姓勒石"叶义士苗"以表纪念。明初龚诩题词曰:

为元叔季纲维绝,天狗下舐生人血。

草莱随处起戈矛,人命轻如冶中雪。

姑苏城东淞水南,有巍佛庐名福严。

> 中潜秃鼬二三辈,怒嘘毒气光炎炎。
> 时逢毅哉叶君子,不是人间文墨士。
> 智谋勇烈出万夫,竟取凶狂付殊死。
> 一从歌罢鹧鸪天,民方帖席得安眠。
> 至今闻者比昨日,毛发如竹犹森然。

自叶苗起,叶家便与碛礇寺结下了不解之缘。其后裔叶盛就与碛礇寺颇有渊源。

叶盛(1420—1474),字与中,号蜕庵,自号白泉,又号"泾东道人""淀东老渔"。叶盛是叶梦得的后裔。他从小就生活在淀山湖畔,喝着淀山湖的水,吹着淀山湖的风,感受着淀山湖的浪起云涌,也见识了淀湖九峰的不同风景。因为他从小生活在普通百姓中,对于淀山湖畔的人文感受颇深,以至于他用"老渔"自居,把自己放在普通人的地位,与民共生共息,这也可以看出叶盛的谦虚和低调。

其实叶盛不是普通人,他是明朝历仕正统、景泰、天顺、成化四朝的官员,在不同的职位上,尽心尽职,以忠君、爱国、爱民为念,一心扑在辅佐君王的事业中。特别是英宗皇帝正统(1436—1449)、天顺(1457—1464)年间,代宗皇帝景泰(1450—1456)年间,他在政治舞台上尤其活跃,上疏谏言,为皇帝出谋划策。

叶盛处在明朝中叶,时局动荡,内有动乱,外有战乱。叶盛经历了麓川之役、土木堡之难、南宫上皇、夺门之变、两帝并存等重大的政治事件,在复杂多变的政治斗争中,叶盛能在争夺皇权的两帝手下都被任用,并做出一番成就,足见其卓越的政治才能。

明正统十年(1445),年方25岁的叶盛考中进士,授兵科给事中。他的这段经历,与其先祖叶梦得类似。叶盛之所以年纪轻轻能中进士,这与他的天资聪慧是分不开的。

叶盛从小就十分聪明机智,遇事动脑,下笔如神,且树立了远大的志向。他参加科举考试之前的日子都生活在淀东,其父亲叶春与碛礇福严寺的方丈景燮关系十分亲密。叶春不仅白天到碛礇寺与方丈闲谈,甚至会夜宿寺内,与方丈聊诗词,谈古今。

某年中秋之夜,叶春与方丈边饮酒、边聊天,一直到三更天。七八岁的叶盛站立一旁,听着两个大人的对话。此时,月朗星稀,夜色渐浓。屋内,烛火越烧越短,

人与物件的影子越来越长。面对此情此景,"夜深烧烛短!"方丈脱口而出。说完,他举杯问叶春:"叶兄,你接下句。"

叶春举杯,正欲饮酒,听方丈让他接下句,便端着酒杯沉思。站立在一旁的叶盛,不假思索地接了一句:"话久引杯长!"

方丈一听,拍手叫好,对叶盛大为夸赞:"小娃娃饱览群书,这么小,就能引经据典,活学活用了。"原来唐代诗人杜甫在其《夜宴左氏庄》一诗中,曾有一句"检书烧烛短,看剑引杯长",方丈以为叶盛读过杜甫的诗,并参照了"看剑引杯长"这句作对。但实际上,叶盛并未读过此诗,他只是看到当时夜色越来越长,酒越喝越多,话也说了很久,由这样的场景而想到了此句。可见,叶盛从小就表现出了高于常人的聪明才智。

叶盛出身名门世家,为将相之后,也是一位出色的军事家。明英宗兵败土木堡,被也先(蒙古瓦剌部首领)擒获后,国内一片哗然,全朝上下人心惶惶,恐惧、担忧、慌乱等情绪弥漫在朝堂之上。有的富商准备转移财产,有的官员准备南下避难。

朝廷官员六神无主,不知应该怎么办。这时,叶盛站了出来,在群龙无首、国朝无君的情况下,向监国郕王提出了自己的治军策略,他说:"目前,军心混乱,不宜南下避难。只有选择优良兵将,进行练兵,才能报这不共戴天之仇。等日后,我们兵强马壮,挥师北上,兴师问罪,除去这些大逆不道的贼寇。只有这样,才能稳定当前局势,正朝纲,稳军心。到那时候,迎回圣驾的日子也就不远了。"监国郕王听后,觉得有理,便命叶盛主管兵事。

十月,蒙古军队逼近京城。北京城内,官兵戒严,应对大敌。此时,年方30的叶盛正值青壮年,血气方刚,他一日三疏上奏明代宗提出中肯的意见,最终都被采纳了,其中一点是派忠臣良将于谦守卫京城。后来于谦果然成功击退了敌军。此时的叶盛,就已经显示出了良好的军事才能。

景泰三年(1452),叶盛任山西右参政,负责督管宣府的钱粮,之后又协助做好独石等几个城池的守备。叶盛上任山西右参政后,立刻实行八条改革措施:修建房屋、招收流民移民、准备作战工具、为旅行者安排住宿、用公款购买牛千百头用以耕种、开办学校、安置义冢、为病人疗病治伤,并用余粮买马,犒赏有功之人,抚恤贫困之人。每一举措,他都身体力行、亲自落实。叶盛的这些改革措施,得到了当地人的热烈拥护,并且都被记载下来,认为这是吉祥的预兆。此后在天顺三年(1459),

叶盛任右佥都御史,巡抚两广时,以及在成化元年(1465)再次任宣府巡抚时,在改革、治乱、屯田、马政、边备和防御等方面,都做出了很大的贡献。

叶盛不仅是位言官,是位武将,也是一位文人,他读书渊博,致力于学问。他编有《菉竹堂书目》6卷、《两广奏草》16卷、《菉竹堂稿》8卷,著有《水东日记》38卷、《水东诗文稿》4卷、《文庄奏疏》40卷、《秋台诗话》1卷、《卫族考》1卷、《经史言天录》1卷、《宣镇诸序》1卷等。其中,他编的《菉竹堂书目》中,提出了六部分类法,是目录学的创新,比之前官修目录四部分类法更为精确。

叶氏家族,从先祖始,就能文能武,有文韬武略,有将相之才,还有不畏权势、善良正直之举,更有救民于水火的功绩。叶氏家族,有如一棵大树,枝杈颇丰,其后代遍布大江南北。其中,近代的就有叶梦怆、叶挺等,被人们熟知。淀东叶家,除叶梦得、叶苗、叶盛三人外,还有很多叶家的后代事迹可考,他们在淀东人心中的影响是不容忽视的。

二、淞南名医庄乐

据光绪六年(1880)版《昆新两县续修合志·人物卷》记载,庄乐,字伯和,居碛磶里,精医术,能起奇疾,与叶盛友善。叶盛在朝廷为官的日子里,一看到官府同僚身患疾病又疗效不佳时总要说:"恨不得让我乡下的好友伯和来官府治病!"

庄乐天性洒脱,性格豪爽,待人接物极讲原则。李庸是碛磶村掌管乡里事务的官员,他有一个仆人狗仗人势,对待乡里百姓一副趾高气扬的腔调,而且对待自己的父母也不孝顺,常常直呼其名。庄乐素闻此人的人品,有意想教育一下他。正巧,有一次李庸派这个仆人送信给他。仆人见到庄乐,完全不把庄乐放在眼里,说:"庄乐,这是我家老爷让我给你的信。"

庄乐见那仆人高昂着头,一点儿也不懂谦恭。庄乐看完信后,心生一计,决定要作弄一下这个仆人。

庄乐把信折好后,对这个仆人说:"你家主人要向我借磨药用的石磨,你就背回去吧!"并写了一张纸条作为答复。纸条上写着:"来人当面称某姓名,罚他驮药磨两盘。"

于是,仆人弓着背,两盘石磨压在了他背上。等仆人背着石磨回到主人家,已经累得气喘吁吁,腰酸背痛。

李庸见仆人驮着沉甸甸的药磨回来,很是诧异。等他看到仆人给他的纸条后,大笑不止,把庄乐如此做法的原因告诉了仆人。仆人听后,羞愧不已。过后,仆人特地向庄乐赔礼道歉,此后再也不敢对人不尊重了。

庄乐医术高明,待人和善,为人看病,童叟无欺。如遇到生活困难的病人,庄乐不仅不收诊疗费,还要在生活上接济他们。

庄乐成为碛硪村的名医,有一段离奇的公案。庄乐的外祖父原来是读书之人,师从方孝孺。建文元年(1399)七月,朱棣发动了靖难之役后,四年(1402)六月,攻入南京,夺取了皇位,于当年称帝。称帝后,朱棣要降服那些建文帝的忠臣,要方孝孺写即位诏书。方孝孺坚拒不从,在朝廷之上写下了"燕贼篡位"四个字后,投笔于地。朱棣大怒,决定灭方孝孺十族,即除了灭方孝孺自家九族外,他的学生门徒都要满门抄斩,因此,庄乐的祖父家也遭了难。那次死难者达873人。

庄乐的外祖父听得消息后,连夜外逃,他身无分文,又不敢在大路上行走,只能在乡间田野栖身,几经饿晕。在一次晕倒后,被一位姓庄的郎中救起。自此,他就入赘庄家,一生行医。也要求自己的子女宁为良医,不为良相,世代行医。

庄乐从小就被告知:学医可以治病救人,那些四书八股只能让人乱了心性。读书做文章,只是用以抒发情怀,把毕生的积累供别人参考而已。因此,庄乐自幼时就立志成为一位悬壶济世的良医。他在十来岁时,就已经熟悉了中医的几百个汤头方,对于七经八络,一百零八个穴位,阴阳虚实,肝脾五脏等都背得滚瓜烂熟。

庄乐的父亲外出看病,就带上他。一次,隔壁村有人来请庄乐的父亲,说村里的人都上吐下泻,情况十分严重。他们来到村子里后,小小年纪的庄乐左右一观,就问了几个问题:最近村内有无大型宴请?答无。那既然无,各家所吃的食物都不同,那唯一的根源就在"水"了。他的判断得到了父亲的认可,父亲让村人去水源上游寻找根源。庄乐协助父亲治疗村民的病。事后,果然在水源的上游发现了一头被毒死的野猪。野猪所带的毒,通过水往下游蔓延,造成村民集体中毒。

庄乐独自行医后,有一天,四人抬着一个脸色铁青、气息奄奄的病人。旁观的人都以为此人已经没救了。庄乐一看其症状,连忙拿来针,命人扒开他的嘴,拉出他的舌头。庄乐在其舌头上扎了一针,顿时,一股鲜血冲了出来。病人瞬间脸色就红润了,还打起了呼噜。庄乐告诉病人家属,这是因为他气血上涌,瘀结在脑部,所以造成气息不畅。病人家属连呼:"神医呀!神医!"

庄乐为病人诊治时,以病人为主,完全不考虑自己。有一个病人为了感谢他,捉了几条毒蛇让庄乐泡药酒。庄乐说:"蛇只有在受到威胁的时候,才攻击人。平时,并不伤人。"并劝其把蛇放了。那人打开竹篓盖子,想放走蛇的时候,却被毒蛇咬了一口。情况十分紧急,也来不及抓蚂蟥吸血了,庄乐自己用嘴把那人身上的毒液吸了出来。那人没事了,庄乐自己却因体内有剧毒而卧床调理了一个月。

名医庄乐,医术代代相传,祖上不仅把医术传给自家后代,还无条件传给肯钻研医术的乡邻好友。世世代代,该项医术作为非物质遗产传承了下来。19世纪初叶,庄乐医术传到碛礇村彭安泾姓朱的人家,朱家祖祖辈辈用庄乐的"四根汁"秘方为人治黄疸肝炎。据现年近90岁的朱小苟说,他从小就见父母亲用"四根汁"为人治病,父亲的祖父母就用这个秘方治疗黄疸肝炎。20世纪60年代,朱家把"四根汁"这种治黄疸肝炎的秘方献给了永益村(碛礇村)合作医疗站。1969年,彭安泾赤脚医生郁小苟拜师学艺,经过多年的努力,学以致用,独立诊治。因每次治疗效果显著,引起了当地卫生部门的关注。1978年,郁小苟治愈了上海市青浦县(今上海市青浦区)一个在死亡线上挣扎的病人,因病人有一定的名望,所以郁小苟和"四根针"的治疗方法走进了青浦县卫生局的视野,青浦县卫生局开展了"四根汁"治黄疸肝炎百名病人疗效调查,调查结果显示,治愈率达94.6%。1980年,昆山县卫生局组织专家进行实地调查,确认疗效显著。明代名医庄乐为世人留下了珍贵秘方,让世人享用不尽。

三、映雪斋华亭孙氏

孙俊,字叔英,祖籍华亭(今上海市松江区),父亲称"映雪翁"。明太祖洪武中,随父迁徙到淀山湖镇碛礇村。

孙俊幼年师从范徵君,潜心古学,所著文辞古律,有唐宋遗风。玉峰有"五高士",孙俊就是其中之一。孙俊著有《南溪草堂集》,叶盛为之序,称:"国风雅颂,四诗之后,有楚汉,有魏晋,有盛唐,后之言诗者,莫不尚我朝。东南多才子,高杨张徐,名满天下,而皆出于吴。其皆有得古诗人之遗意者欤?吾昆山艺文儒术,实三吴之望,孟郊张祐,留题尚存,是以词韵之士,代有之也,予早岁亦尝有慕于此,志趣毕陋,四十无闻,盖未尝不具,夫老成凋谢,无所师资之感。间为裒集,百年前辈著作之可传者如袁先生、华郭先生、翼马先生、鏖殷先生、奎庐先生、熊朱先生、吉沈先

生、丙偶先生、桓范先生，亦不下数十人也。意夫百年之内，名世大家必多，而其篇什之存否，其亦击夫，其人之门生子弟收拾之，考何如其为感则深矣，要之数先生者，皆大雅不罄，实可以扬芬一时，流乡百代其亦，闻诸君子之风而兴起者欤？若今同里孙叔英先生者，盖亦一人，为先生世家邑碛磩村，所筑南溪草堂，蔓乎竹树泉石之间，日偕故人知己，觞咏自娱，至生业岁，计不暇问，势利之途，足迹不交，而又当获登，偶范二先生之门号，得法之传故其为诗也，清婉流丽，和平典则，瞻而有章，实而不滞，盖可传于世者甚多也。先生之子源兹，以诗集刻本见遗塞恒求序言，予甚幸夫先生之有子，而其诗之可传必矣，故不辞而书之。"可见其对孙俊的评价极高。

孙俊，品性高洁，羞与流俗为伍。曾有地方官邀请孙俊出山，到广东赴任，但孙俊因不喜欢官场俗流而拒绝了。孙俊喜欢自然乡间山野，育兰花，植竹木，蔚然绕林居。酷爱读书、觞咏，至老不辍。玉峰有五高士，俊其一也。张大复称赞孙俊曰："夫士修身砥行，名不出其家。其文采葩流，则令名载而行之，二者何择焉。"

孙俊从上海市松江县（今上海市松江区）迁居到现淀山湖镇碛磩自然村后，结识了许多情投意合的挚友，如本村的叶盛、庄乐，金家庄的朱夏等。他们经常聚于南溪草堂读书饮酒、歌咏言志，或乘船畅游淀山湖、观景赏月、吟诗作词。有时，他也会倚高眺望远处老家松郡九峰小昆山、横山、机山、天马山、辰山、佘山、薛山、厍公山、凤凰山，隐约望见青绿碧色山峰轮廓，感受林荫的优美，侧听淀湖、三泖湖的涛声。有时，在黄昏时分，他挥笔作词，抒发内心的情感，赞美先辈的善德，并常常演奏出和谐美妙的音乐。他认为，父亲积善是听从了祖先的教诲，先代的遗泽连绵不断，后代必然兴盛繁荣。

孙俊不仅自己潜心古学、撰文著诗，还善于帮助别人收藏古物。碛磩人李无逸（李庸），颇尚文学，后徙云南，许多文书古物无法随身携带。孙俊就把李无逸的《洪武初行乡饮酒礼议卷》、赵丹林龙角凤尾舍、二幅错刀竹和赵松雪"小蓬莱"三字刻匾，代为保管。

孙俊与世间清高孤寡的文人一样，视兰花、翠竹为同道，他在碛磩村碛溪南岸阳光直照的地方修筑草堂。在屋前屋后种植兰花，砌竹木，经常在"倾听翠竹在清风中簌簌的声音、欣赏翠竹在夜月下疏朗的影子、饱嗅幽兰清婉素淡的香气、品味幽兰不以无人而不芳的气质"的过程中寻找诗词的灵感和做人的道理。孙俊喜欢山水自然，乡间田野。他对自然界的各种景色有一种天生的敏感，反映在他的诗词中,情感细腻,意境高远。前文谈过,孙俊在《淀山湖八咏》中真挚而细腻地描写与赞美淀山湖风景,对淀湖八景做了全景式的描摹,成为赞美淀山湖风景的千古绝唱。

碛碛村的叶家一身正气,清明廉政,是为官之楷模;庄乐,一生行医,救人无数,为医者风范;孙俊,秉性清高,不为生活所累,不与势利之徒结交,为道德之典范……虽然他们在历史的长河中已经远走,但他们的优秀品德值得当代人学习,也必将延续下去。

第四章 流风遗俗

　　淀山湖镇,民风淳朴,百姓善良。淀山湖镇的传统文化博大精深,源远流长。传统文化的精髓,如默默流淌的淀山湖水,浸润着淀山湖人的心灵,渗透到淀山湖人的精神和物质生活。淀山湖镇的传统节庆、习俗、礼仪作为传统文化的重要组成部分,以其独特的节日表情,传统的习俗活动,在生产、生活过程中,历经了时间的洗礼,既蕴藏着吴文化的特色,又彰显着淀山湖镇特有的魅力。

　　一年三百六十五天,四季二十四个节气,每到节庆期间,淀山湖镇都有相关的习俗活动,让人在隆重又热闹、庄重又活泼的庆典中,产生仪式感,从而在精神上得到升华。一代代淀山湖人,在传统的礼仪习俗下,培育出了忠孝、和睦、友善的美德,促进了和谐人际关系的建立,推动了淀山湖人的自我教育、自我管理。

第一节　长盛不衰的传统节日

　　淀山湖镇的节庆活动,从年首的正月初一,一直到年末的除夕夜,可谓名目繁多,既有与江南其他地区相同的,也有其独有的。在这一系列活动中,淀山湖人一方面尽情地享受着和谐喜悦的娱乐生活,表达对安宁、祥和的期盼;另一方面传承着优秀传统礼仪的文化元素,传承着优良的乡风民俗,使之历世历代长盛不衰。

　　关于淀山湖镇传统节日的来历及习俗,有一些典故及传说,道出了其历史渊源。中华人民共和国成立后,又增加许多蕴含新意义的节日。自2008年起,国务院办公厅把春节、清明、端午、中秋等传统佳节都纳入我国法定的节日,并安排全体企事业单位等社会组织的工作人员休假,更彰显其重要性。

一、传统节日

传统节日的形成与传承,需要经历一个漫长的历史文化积淀过程。古时的淀山湖镇,人们对时间的计算达不到精确的程度,因而只能以节气的节点来安排生产和生活,极其原始粗陋。虽然人们对自然界的变化缺乏科学认识,但为了祈求安稳的生活和期盼好的收成,势必产生对自然的原始崇拜,久而久之,便演绎出了许多神话故事,形成了很多节日习俗。随着时代的进步,节日也随之逐渐褪去了原始崇拜的神秘色彩,成为以娱乐、纪念为主的日子。此后,各种节日的习俗活动内容更兼容并蓄,将社会大事、家庭琐事、生产收成、生活安稳、传情示爱、社交活动等内容也吸纳进来,并演变为一种时尚,世代相传,从此,传统节日更成为人们精神文化生活中不可或缺的一部分。

(一)春节

春节,是中华民族最盛大的传统节日,它不仅承载了中华儿女几千年的文化记忆,而且长期给中华儿女带来了快乐、希望和祝福。春节在中华儿女心目中是那么神秘、美妙,仿佛360多天积聚的期待,让一块年糕、一张年画、一副春联,抑或一串鞭炮、一束烟花瞬间激活。

春节,旧称新年、年头,整个春节自农历正月初一开始,直至正月十五闹罢"元宵"才算正式结束。在这期间,淀山湖镇地区有以下传统年俗:

1. 吃年糕

年糕,又称"年年糕",明代《帝京景物略》一文记载当时北京人"正月元旦……啖黍糕,曰年年糕"。不难看出,"年年糕"寓意人们的工作和生活一年更比一年高、一年更比一年好。据传,过年吃年糕的习俗从周代便已开始,已有3 000多年的历史。最早,年糕是为午夜祭神、岁朝供祖所用,后来才成为年节食品。由于禾谷成熟一次称为一年,所以,后世过年吃年糕,就含有庆贺五谷丰登的意思了。

吃年糕还有"年高",即长寿之寓意。关于年糕还流传着这样一则故事:春秋时,吴国大夫伍子胥被吴王夫差赐剑自刎而死。伍子胥死前嘱咐亲信:"我死之后,如果国家有难,民众缺粮,你们到相门城墙脚下挖地三尺,可以得到食粮。"伍子胥

图5-1 新年多吉庆,合家乐安然 (清)杨柳

死后,越王勾践闻知,认为吴国失去主将,就进攻吴国雪耻。夫差连吃败仗,京城被困,城中粮尽援绝,军民纷纷饿死。这时,伍子胥的亲信按他生前嘱咐,去相门挖地三尺,果然挖到可以充饥的"城砖"。原来这是当年伍子胥暗地设下的"屯粮防急"之计,他在相门一带用的城砖,全部是用粳米粉蒸制后压成的。这类粳米砖十分坚韧,既可以作砖砌墙,必要时又可充饥。从此以后,每逢过年,当地家家户户都要蒸制像城砖一样的粳米年糕,以奉祀伍子胥的功绩。

年糕,多用糯米磨粉制成,而糯米是淀山湖镇乃至江南地区的特产。还有片炒和汤煮的年糕,味道甜、咸皆有。

2. 吃汤圆

吃汤圆也是淀山湖地区的传统年俗。汤圆分甜、咸两类,很多种。甜的有芝麻馅、糖腌猪油馅、豆沙馅等;咸的有纯肉馅、荠菜肉馅等。不过,过年吃的多是些香甜类的汤圆,基本上不吃咸的。这主要是人们为图个吉利——香甜馅汤圆,意味着在新的一年里全家人心想(香)事成、事业兴旺、万事顺心、甜甜蜜蜜。

以前,市场上没有现成的汤圆卖,人们全部要自己手工做。那时候,一般的人家过年只舂十斤糯米粉,大户人家舂三五十斤,而即使舂十斤糯米也要花半天工夫。尽管吃顿汤圆这么费事,人们还是乐意去做,图的是过年讨个吉利。那时,只有大年初一和正月十五才能吃上一顿汤圆,余下的米粉舍不得吃,都用于招待来客,这是对于客人最尊贵的接待。谁叫吃汤圆是香甜沁人的享受呢。

3. 贴春联、门神、窗花

贴春联、贴门神、贴窗花是过年最重要的习俗之一,一般都要在除夕夜关门之前做好。根据《玉烛宝典》《燕京岁时记》等记载,春联的原始形式就是人们所说的"桃符"。宋代诗人王安石《元日》写道:

　　爆竹声中一岁除,春风送暖入屠苏。
　　千门万户曈曈日,总把新桃换旧符。

此诗中的"新桃"和"旧符"指的就是春联。

春联的由来可以在《山海经》里找到答案。传说,东海里有一座风景秀丽的度朔山,又名桃都山。山上有一棵大桃树,枝繁叶茂,蜿蜒三千余里。一只金鸡站立树顶,日出报晓。桃树的东北

图 5-2　写春联

部有一根拱形的枝条垂地,状如拱门。度朔山住着各种妖魔鬼怪,出入皆需经过此门。为防止鬼怪擅闯民间作祟,玉皇大帝派神荼、郁垒二人镇守此门,监察鬼怪的行为。后来,人们为辟邪,便在桃木上刻上神荼、郁垒的名字,挂于拱门两侧,以驱鬼怪。用红纸书写的春联始于明朝。

除春联外,每到过年,家家户户还会贴"福"字、"禄"字、"寿"字,以及门神等。宋代吴自牧《梦粱录》记载:"士庶家不以大小,家俱洒扫门闾,去尘秽,净庭户,换门神,挂钟馗,钉桃符,贴春牌,祭祀祖宗。"其中,"贴春牌"就是贴写在红纸上的"福"字。

"福"字,指福气、福运、幸福,寄托了人们对幸福生活的向往、祝愿。传说,民间贴"福"之风始于姜太公封神之时。各路神仙分派妥当,姜太公那丑陋、粗俗的老婆也伸手来讨神位。姜太公无奈,便把她封为"穷神",并规定凡是贴了"福"字的地方不能去。于是,老百姓便家家贴"福"字驱赶穷神。

后来,张贴倒"福"字之风盛行,这也是有典故的。传说在清朝,有一年过新年,恭亲王府有个家丁因不识字,错将"福"字头朝下贴上。恭亲王福晋十分气恼,欲鞭

罚惩戒。其府大管家能言善辩:"奴才常听人说,恭亲王寿高福大,如今大福真的到(倒)了,乃喜庆之兆。"恭亲王一听觉得合情合理。从此,贴倒"福"字的习俗便流传下来。

旧时还有贴门神的习俗,源于唐朝。相传,玄武门之变后,李世民夜夜噩梦缠身,总感觉窗外有鬼骚扰。武将秦叔宝、尉迟恭闻听,便每夜到李世民寝宫外值守。这一招果然奏效,李世民不再做噩梦了,身体逐渐康复。由于不忍心再让两位大将持续守夜,李世民便命人将两位大将的威武形象画下来,把画像贴在门上。此事传播开来,尉迟恭和秦叔宝渐渐被奉为门神。

贴对联,贴的顺序也是有讲究的。一般而言,都是从院子的正门开始贴起,然后是堂屋门,再后是左右的偏门。而贴门心、框对、横批、春条、斗方的顺序,一般按照从上到下、由左至右的顺序来。不仅门上要贴对联,水井、粮囤、牲畜圈、车上等地方都要贴,水井贴"清水长流",车上贴"出入平安"或"日行千里",牲畜圈贴"猪羊满圈""六畜兴旺"……这样一来,这个年就过得"满园春色"了。

贴年画、窗花,也是重要的中国传统年俗活动,特别是大户人家更免不了。

窗花和年画的内容丰富、题材广泛。大部分内容是表现农村生活,如耕种、纺织、打鱼、牧羊、喂猪、养鸡等。除此之外,窗花和年画还有神话传说、戏曲故事等题材。此外,花鸟虫鱼、十二生肖等形象在窗花年画中亦十分常见。"文革"期间,人们都用"样板戏"剧照作为年画,贴于客堂和房内。

关于贴窗花的由来,还有一个神话故事。

相传,太阳在万年时间里不断吸取天地精华,蕴化出了自己的精魂——金乌。金乌有三翼四足,背上一翼为护体金翼,能口吐炽熔,吞化万物,为害天下。玉皇大帝得知10个太阳祸天,派后羿射除9个太阳,由于金乌有护体金翼,众神与它大战3 000多天,却始终对它无可奈何。幸得女娲将月亮神化为一把极阴的劈地剑给了颛顼,以纯阴之力克破金乌的纯阳之翼,这才将金乌的护体金翼砍伤。一场天昏地暗的战争终于结束了。可天地却陷入一片阴寒黑暗中。于是女娲重新将剑化回月亮,又取出金乌的心,化作新的温纯如初的太阳,天地才又恢复了光明。为了纪念并让后人珍惜这来之不易的光明,人们用剪纸将这场战斗记录下来,贴在窗户上,便形成了贴窗花的习俗。

随着剪纸技艺的日益精湛,窗花集娱乐性、观赏性、艺术性为一体。剪窗花的人也不再局限于民间老婆婆,越来越多的爱好者加入这一队伍成为专业人士,并通过多种渠道切磋技艺,使剪纸这项传统民俗文化活动逐渐发扬光大。

如今讲时尚,春节时家家挂大红灯笼,显得更有节日的气氛。

4. 放鞭炮(高升)(爆竹)

放鞭炮是为了给春节助兴,这是男孩们的至爱,即使没有新衣服,鞭炮也是断然不能少的。年前还不到除夕,孩子们便三三两两地聚在一起,比赛着掼小鞭炮(俗称掼炮仗)。当然,春节放鞭炮是一项最喜庆的习俗活动。淀山湖地区春节年三十夜至年初五每晚都放高升,其中除夕夜和初五凌晨放得最多。

年关的鞭炮用处很多,祭祀祖先要放,祭灶要放,从初一到初五的连续几天里都要放。放得最集中的要数除夕夜里守岁等关门,男人们开始放高升,远处五六里外还能听到响声。此后的几个小时里,鞭炮声和火药味成了主角。远处鞭炮爆炸的声音,仿佛夏日里突如其来的暴雨疯狂地砸在屋顶上、玻璃上、水泥地上,又似成千上万人在尽情地欢呼,震得人耳朵嗡嗡作响。近处的声音,则显得脆亮许多,仿佛炒黄豆时豆粒在锅里欢快地舞蹈。耀眼的火光烟花、亲人们幸福的笑脸、孩子们快活地在人群中钻来钻去的身影,使四处都洋溢着欢乐祥和的节日气氛。刚娶了新媳妇的人家会抢在深夜12点钟声响起的时刻点燃鞭炮,据说这样才能把幸福美满、红红火火的日子过在别人前面。

鞭炮的起源很早,至今已有两千多年的历史。南朝梁代宗懔的《荆楚岁时记》记载:"正月一日……鸡鸣而起。先于庭前爆竹,以避山臊恶鬼。"据说古时住在山区的人常得寒热病(今天来说可能是疟疾),当时被认为是恶鬼作怪,于是为了一年平安无事,人们便在农历正月初一用火燃烧竹子,发出爆裂响声,把小鬼驱走,因最初的放爆仗就是烧竹子,故称"爆竹"。唐朝称"爆竿"。火药发明后"爆竹"采用硫黄做火药,外面裹厚纸,并按上了引线,引爆时体积骤然膨大,把外面厚纸爆开发出巨响,如今放爆竹只是为了欢乐而已。

如今,烟花爆竹花样翻新,令人眼花缭乱,美轮美奂、形态逼真的烟花造型使人大饱眼福。除夕夜的前后几天,放眼窗外,或远或近,时不时会有烟花如七彩霞光般在眼前瞬间炸开,每一朵烟花升起,都引得人们惊呼、赞叹,呼朋引伴来观看。这也成了过年的一道风景。

(二) 元宵节

元宵节的形成经历了一个较长的过程。汉武帝正月上辛夜在甘泉宫祭祀"太

一"的活动,被视作元宵节的源头。元宵节真正成为全国范围的民俗节日则是在汉魏后期,东汉佛教文化的传入加速了其形成过程。据传,蔡愔从印度求得佛法归来,汉明帝下令正月十五夜在宫中和寺院"燃灯表佛",并由此推广到全国。

另一种说法是,汉高祖刘邦驾崩后,汉惠帝即位。无奈汉惠帝生性懦弱、优柔寡断,吕后借机把持朝政。汉惠帝死后,吕后更是独揽大权,吕氏门人封侯拜相,权倾朝野。眼瞅着刘氏江山即将改姓吕,朝中忠臣、刘氏宗室忧心如焚,但惧于吕后淫威,敢怒而不敢言。吕后死后,吕氏门人恐遭报复和排挤,便于上将军吕禄家中密谋造反。幸得刘氏宗室刘囊识破诸吕奸谋,与开国功臣周勃、陈平等设计除乱,彻底平定了诸吕之乱。之后,刘恒即位,开启了文景之治的盛世局面,他深感这一局面来之不易,便将平定"诸吕之乱"的正月十五日定为与民同乐日,以示纪念,元宵节的习俗由此而来。

还有一种说法认为是东方朔为救元宵姑娘而略施小计才形成了元宵节俗。相传,汉武帝的宠臣东方朔善良风趣。一日雪后,东方朔为武帝折梅,巧遇宫中元宵姑娘要投井自杀,东方朔将其救下后,问其自杀原因,方知是想念家中父母及妹妹,无奈宫中规矩森严,无缘团聚。东方朔听后,动了恻隐之心,决定要帮元宵姑娘达成心愿。一日,他以占卜为名,向人们宣扬:"长安在劫,火焚帝阙,十五天火,焰红宵夜。"一时之间,长安城里发生巨大恐慌,还惊动了汉武帝。东方朔趁机献计:"据说火神君最爱吃汤圆,十五晚上万岁焚香上供,传令京都家家都做汤圆,一齐敬奉火神君。再传谕臣民一起在十五晚上挂灯,满城点鞭炮、放烟火,伪装成满城失火。此外,通知城外百姓,十五晚上进城观灯,杂在人群中消灾解难。"武帝纳其言。正月十五日夜,长安城里张灯结彩,游人如织。宫女元宵的父母也带着元宵的妹妹进城观灯。元宵在大宫灯上写了自己的名字,父母看到后惊喜地高喊:"元宵!元宵!"一家人终得团圆。如此热闹了一夜,长安城果然平安无事。汉武帝大喜,便下令以后每到正月十五都做汤圆供火神君,当天晚上全城挂灯、放烟火。因为元宵做的汤圆最好,人们就把汤圆叫元宵,把这天叫作元宵节。

元宵节的习俗活动主要有:

1. 闹元宵

"正月里闹元宵"是元宵节最典型的年俗活动,它是大戏的压轴,是妙文的豹尾,是谢幕前的狂欢。旧时,从正月十三始,"闹元宵"的序幕就已开启。街道两旁挂满彩灯。其中,"走马灯"最为诱人,一盏灯有多幅画面,呈现不同的历史故事。随着画面的不停转动,人物也活动起来,吸引游人围观。富家豪户、商号店铺借此争奇斗富,所有寺庙、公所、水会、茶棚,皆彩灯高挂,供人们欣赏。

2. 猜灯谜

旧时元宵节盛行猜灯谜活动,人们将谜语写在绢灯上,故名灯谜。据记载,猜灯谜活动自南宋开始流行,至今不衰。开始时是好事者把谜语写在纸条上,贴在五光十色的彩灯上供人猜。《武林旧事·灯品》记载,以绢灯剪写诗词,时寓讥笑;画人物,藏头隐语;以旧京诨语,戏弄行人。元宵佳节,帝城不夜,春宵赏灯之会,百姓杂陈,诗谜书于灯,映于烛,列于通衢,任人猜度,所以称为"灯谜"。明末阮大铖传奇剧本《春灯谜》和清代曹雪芹《红楼梦》第二十二回"制灯谜贾政悲谶语"都记叙了元宵节猜灯谜的情形。

据传,猜谜变成灯谜,还有个有趣的故事。很久以前,有个势利的财主,人称笑面虎。见到穿着华丽的人就巴结,对衣着褴褛的人则很鄙夷。有一个叫王少的少年很穷困,但满腹经纶。一次,穿着破烂衣服的王少去笑面虎家借粮,被其羞辱一番,赶出家门。元宵之夜,王少挑着一盏题了字的大花灯,来到笑面虎家门前。笑面虎上前观看,只见上面写着:"头尖身细白如银,称称没有半毫分;眼睛长到屁股上,光认衣裳不认人。"笑面虎看罢,气得面红耳赤,暴跳如雷,嚷道:"好小子胆敢来骂老爷。"便命家丁去抢花灯,王少忙挑起花灯,笑嘻嘻地说:"哎,老爷莫犯猜疑,我这四句诗是个谜,谜底就是'针'。不要对号入座哦!"笑面虎一时哑口无言,灰溜溜地走了,周围的人都乐得哈哈大笑。第二年元宵,人们纷纷效仿,将谜语写在花灯上,供人猜测取乐。此后相沿成习,猜灯谜、打灯虎成了元宵佳节的重要活动内容。

3. 吃元宵(汤圆、烊粉粥)

"卖汤圆,卖汤圆,小二哥的汤圆是圆又圆……"正月十五元宵节,是吃元宵的时候,这个节日食俗举国一致。汤圆曾普遍叫"元宵",这个词本意是"上元节之夜","上元"是灯节,精彩活动在夜晚,所以叫"宵"。后来此夜吃汤圆的习俗逐渐流行,便把这一特定的吃食也叫"元宵"了。

吃元宵,还有个习俗是吃"烊粉粥"。烊粉粥是用米粉、青菜、豆制品、慈姑、荸荠、香菇、枣子、腊肉丝等和盐、糖、味精调料做成的什锦羹。烊粉粥可口鲜美,别有风味。

4. "炭田角落"

元宵之夜,农村里家家户户到自家田里去"炭田角落",农民在田岸上边跑边举着稻草火把大声喊道:"炭炭田角落,今年收成三石六。"也有势利的人叫"炭田角落,自家田里长好稻,别人家田里长稗草。"如此等等,不一而足。

5. "缸三姑娘"

"炭田角落"回来,有的人家聚在一起玩扛"缸三姑娘",三人中两人手拿小筛或淘箩,小筛或淘箩边沿上插一支用来别住女人发结的簪子(俗称一粒簪),蹲在粪坑缸边,其中一人口念邀请缸三姑娘的咒语,咒语念完后,另两人用中指勾着小筛或淘箩,小心翼翼地抬(俗称扛)回家。家里桌面上均匀地撒上一层米糠,两人用手指勾着小筛或淘箩让簪子戳在台上,如有人提出要它(缸三姑娘)画啥样图画,簪子会在米糠上画出来给你看;如有人要它猜自己的年龄,这发簪在桌台上戳几下就表示你几岁。真的很神奇,大家玩得笑逐颜开,觉得十分有趣。活动结束,仍由去请的三人把"缸三姑娘"送回原地(粪坑)。据说,如不送回,明天那粪坑缸一定会臭气熏天,遭人痛骂,以后就再也请不到"缸三姑娘"了。

6. 接灶君

元宵节午后,家家户户都要接灶君。所谓接灶君,就是在灶台上放些酒菜,焚香烧黄纸钱,男主人磕头拜祭。拜祭完后,再请上一尊灶君公公(纸佛像)端坐于灶头上的供龛,俗称"灶君宫"。有民间俗曲吟咏接灶君一事:"年年有个家家忙,正月十月接灶王。炉内焚上一炷香,祝愿灶王降吉祥。"接灶君后,家庭主妇每逢农历带"六"的日子(农历初六、十六、二十六)必须"刮镬子"(铲除锅底烟灰),寓意"六发六发,六六大发"。

(三) 清明节

清明是一个引发人们无限思念的节日。此日,心灵完全敞开,或追忆先人及亡者,或潇洒出游,浓浓的节日气氛一如撩拨不开的轻烟薄雾。

清明,在我国的节日岁时中含有双层意义,既是节气,又是节日,大约起源于周代,有2 500多年的历史传承。相传,大禹治水后,人们就用"清明"之语庆贺水患已除,天下太平。《淮南子·天文训》云:"斗指子则冬至……故曰春分则雷行,音比蕤宾;加十五日指乙则清明风至,音比仲吕。"按《岁时百问》的说法:"万物生长此时,皆清净明洁,故谓之清明。"清明一到,气温升高,雨量增多,正是春耕春种的大好时节,故有"清明前后,点瓜种豆"的农谚。

传说,春秋战国时期,晋国公子重耳为了躲避祸害,流亡出走。一日,重耳又累又饿,几近昏迷。跟随他的大臣介子推走到僻静处,割下自己大腿上的一块肉,煮了一碗肉汤,给重耳喝了之后,其精神慢慢恢复了。当重耳发现自己所吃之肉是介子推从自己身上割下来的之后,感动得流下了眼泪。

19年后,重耳回国做了君主,他对那些和他同甘共苦的臣子大加封赏,唯独忘了介子推。很多人为介子推叫屈,劝他向君主求赏,但都被介子推拒绝了。晋文公知道后,十分羞愧,便差人去请介子推上朝受赏封官。可是,介子推不愿意接受封赏,背起老母躲进了绵山。晋文公便亲自带着兵士到绵山寻找,但山路险峻,林木参天,找寻两个人谈何容易?于是,晋文公便听信臣下建议,三面放火烧山,逼介子推与其母出来。大火烧了三天三夜,终究不见介子推出来。上山一看,介子推母子俩抱着一棵烧焦的大柳树,已经死了。晋文公见状,悲恸不已。装殓时,发现介子推写了一首血书,藏于柳树树洞,上书:"割肉奉君尽丹心,但愿主公常清明。柳下做鬼终不见,强似伴君作谏臣。倘若主公心有我,忆我之时常自省。臣在九泉心无愧,勤政清明复清明。"

为了纪念介子推,晋文公下令把绵山改为"介山",在山上建立祠堂,并把放火烧山的这一天定为寒食节,晓谕全国,每年这一天禁忌烟火,只吃寒食,以寄托哀思。从此以后,我国北方各省,相沿成俗,年年都过寒食节。

秦汉时期,寒食节慢慢增加了扫墓的习俗,因为和二十四节气中的清明这个节气很接近(就差一两天),久而久之,到了唐代两者就已经合二为一,形成了我国现在的传统节日——清明节。

宋朝时,过清明节的习俗已经很普遍了,流传千古的"清明上河图"就详细再现了清明时节东京汴梁的繁华景象。

清明节的习俗活动主要有:

1. 插柳

清明节插柳风俗由来已久。从古代有关清明的诗文歌赋里,皆可寻到杨柳的影子:"天街小雨润如酥,草色遥看近却无。最是一年春好处,绝胜烟柳满皇都。""梨花风起正清明,游子寻春半出城。日暮笙歌收拾去,万株杨柳属流莺。"在很大程度上，杨柳已成为清明节的有形符号，因此，清明节也有"柳节"之称。

事实上，清明节插柳的习俗自唐朝已有了。唐玄宗曾在清明节赐每位大臣柳圈一枚，戴于头上。插柳的真正原因，是人们认为柳条与桃木一样，具有辟邪、祛病的功能。原来，中国人以清明、七月半和十月朔为三大鬼节，是百鬼出没讨索之日，人们为防止鬼的侵扰迫害而插柳戴柳。而且，受佛教影响，人们认为柳可以驱鬼，便称之为"鬼怖木"，所以神话传说中也就有了南海观音菩萨一手拿杨柳枝，另一手托甘露净瓶的造型。北魏贾思勰《齐民要术》载："正月旦取杨柳枝著户上，百鬼不入家。"清明既是鬼节，又值柳条发芽时节，人们自然纷纷插柳戴柳以辟邪了。宋元以后，清明节插柳的习俗非常盛行，人们踏青玩游回来，在家门口插柳以避免虫疫。

2. 扫墓

扫墓是清明节最重要的风俗，古代又称野祭、上基、墓祭（祭墓）。白居易的乐府诗《寒食野望吟》云：

乌啼鹊噪昏乔木，清明寒食谁家哭。

风吹旷野纸钱飞，古墓累累春草绿。

棠梨花映白杨树，尽是死生离别处。

冥冥重泉哭不闻，萧萧暮雨人归去。

唐朝之后，清明节扫墓祭祖成了此后持续不断的节俗活动。

清明当日，人们携带酒食果品、纸钱等到墓地。先由男人祭扫墓地，除去坟茔上方和周围的荒草，添几锨新土，将墓冢整理得干干净净，折几枝嫩绿的新枝插在坟上，还要在上边压些纸钱（长乐锭），让他人看了，知道此坟尚有后人。然后，在坟头燃上香，并依次将酒肉果品摆上，再将纸钱焚化，端起一碗水酒倾洒于坟前，磕头祭拜，寄托对逝者的怀念，祈祷祖宗保佑吉祥平安，最后是燃炮拜别。

中华人民共和国成立后，移风易俗，实行火化，除在一些少数民族地区之外，棺木入土的葬礼已基本不复存在，死者骨灰一般去公墓安放。清明小长假，亲人们就到公墓扫墓。学校、机关、团体都要组织青少年在清明节去祭扫烈士陵园，如瞻仰淀山湖镇西南巷战斗纪念碑，缅怀先烈，接受革命传统教育。

3. 吃青团

清明节还有吃青团的习俗。清明节一到，家家户户采艾草制作糯米团子。具体做法是，将艾草捣烂后挤压出汁，接着用这种汁同晾干后的水磨纯糯米粉拌匀揉透,然后开始制作团子。团子的馅心用细腻的糖和豆沙制成,在包馅时,另放入一小块糖猪油。团坯制好后,将它们入笼蒸熟,出笼时用毛刷将熟菜油均匀地刷在团子的表面,便大功告成了。青团子油绿如玉,糯韧绵软,清香扑鼻,吃起来甜而不腻,肥而不腴。

关于青团的由来,还有一个传说,是与大禹治水有关。相传,大禹治水平息了太湖地区的水患,当地人民都很感激他。苏州有位青年后生,见人们清明节祭大禹都用精美的供品,认为这样与大禹生前节约的品格不符。清明时节正是冬小麦返青的时候,这位青年后生与大家商量,用麦叶汁水和糯米粉做成了青团子,将青团子供在大禹墓碑前,以示不忘大禹治水之恩。

如今,青团已不再是单纯的清明祭祖食品了,它充满诱惑、耐人回味,其中包含的情感总让人心里涌起淡淡的思念和甜甜的回忆。

(四)端午节

2 200多年前的一个农历五月初五,滚滚汨罗江吞噬了一个诗人的生命,却由此衍生出了一个节日。因此,端午节里,天空里飘扬的不只是艾草的十里香气,还有辗转千年的盎然诗意。

端午节是我国重要的传统节日,至今已有2 200多年的历史。端午也称端阳、端五,此外还有许多别称,如夏节、浴兰节、女儿节、天中节、地腊、诗人节等。别称之多,间接说明了端午节习俗流传之广。对于端午节的起源,各地流传着不同版本的传说,而迄今为止,影响最广的是纪念伟大诗人屈原的说法,这在古今诗词歌赋中都有提及。唐朝文秀《端午》一诗云:

节分端午自谁言,万古传闻为屈原。
堪笑楚江空渺渺,不能洗得直臣冤。

古人又有词《六幺令·天中节》道:

虎符缠臂,佳节又端午。门前艾蒲青翠,天淡纸鸢舞。粽叶香飘十里,对酒携樽俎。龙舟争渡,助威呐喊,凭吊祭江诵君赋。感叹怀王昏聩,悲戚秦吞楚。异客垂涕淫淫,鬓白知几许?朝夕新亭对泣,泪竭陵阳处。汨罗江渚,湘累已逝,惟有万千断肠句。

《史记·屈原贾生列传》记载,屈原本是春秋时期楚怀王的大臣,他倡导举贤授能、富国强兵,力主联齐抗秦,遭到贵族子兰等人的强烈反对,致使屈原遭谗去职,被赶出都城,流放到沅江、湘江一带。他在流放中写下了忧国忧民的《离骚》《天问》《九歌》等不朽诗篇,影响深远。公元前278年,秦军攻破楚国都城。屈原眼看自己的祖国被侵略,心如刀割,但始终不忍舍弃祖国,于是,在五月五日写下绝笔之作《怀沙》后,抱石自投汨罗江而死,以自己的生命谱写了一曲壮丽的爱国乐章。

此后,每年五月初五就有了龙舟竞渡、吃粽子等风俗,以此纪念爱国诗人屈原。

图5-3 端阳故事图之裹角黍 (清)徐杨　　**图5-4 端阳故事图之观竞渡 (清)徐杨**

另外,苏州地区还流传着关于端午的另一个传说。楚人伍子胥的父兄均为楚王所杀,后来他投奔吴国,助吴伐楚,五战而入楚都郢城。吴王阖闾死后,其子夫差继位,举兵伐越。吴军士气高昂,百战百胜,越国大败,越王勾践请和,夫差许之。伍子胥建议,应彻底消灭越国。夫差不听,且听信内奸伯嚭的谗言,赐死伍子胥。伍子胥死前对邻舍人说:"我死后,将我眼珠挖出悬挂在都城东门上,以看越国军队入城灭吴。"夫差闻言大怒,令将子胥之尸装在皮革里于五月五日投入大江,人们于当日至江边祭拜凭吊伍子胥。因此,有人认为端午节是为纪念伍子胥的。

关于端午节的起源,还有"恶日"说。自先秦起,人们普遍认为五月是毒月,五日是恶日,相传,这天邪佞当道,五毒并出。《吕氏春秋》记载人们在五月要禁欲、斋戒,引夏小正云:"此日蓄药,以蠲除毒气。"《史记》记载孟尝君在五月初五出生,早先,其父田婴曾令其母不要生下他,认为:"五月子者长与户齐,将不利其父母。"宋徽宗赵佶五月初五生,因而从小被寄养在宫外。可见,古代以五月初五为恶日,是普遍现象。这样,在此日插菖蒲、艾叶以驱鬼,薰苍术、白芷和喝雄黄酒以避疫,就相沿成习了,而且人们为避"端五"忌讳,另称此节为"端午"。

端午节的习俗活动主要有:

1. 吃粽子

吃粽子是端午节的标志性习俗,已流传了几千年。

在端午节前几天,妇女们便会去采摘或购买粽叶。粽叶买回来后,洗净修剪好,用烧好的热水浇在上面,原本有些"倔强"的叶子一下子就变得温顺了,再用凉水浸泡一晚,叶子也没有先前那么绿了。糯米是包粽子的主要材料,人们常用的粽子内馅有豆沙、松仁、大枣、胡桃、猪肉等。端午节头一天晚上,妇女们开始聚在一起包粽子。经过浸泡的糯米、大枣等都胀鼓鼓的,比平时大了两三倍,就像罗汉的大肚子。一般包一个粽子要用三片粽叶,大叶在外,小叶夹在中间,宽头一方收在片叶里,一个漏斗形就出现了。先放进一些糯米,然后放进馅料,最后再盖上满满的糯米,把上面的粽叶折叠、盖上,再用线捆住就可以了。

煮粽子最是熬人,因为要煮好几个小时,小孩子们早已按捺不住,眼巴巴地看着大锅里冒出的热气,盼着,盼着,便进入了粽叶飘香的梦中。端午节一早,剥开泡了一夜的粽子,浓浓的糯米香,伴着艾叶的清香,沁人心脾。吃进嘴里,糯米和唇舌接触的一霎间,便知这是绝妙的人间美味了。

时至今日,人们对端午吃粽子这一习俗的热情丝毫未减。每当端午节日还未到来,大街小巷早已回荡着关于端午的歌谣:"粽子香香厨房,艾叶香香满堂,桃枝插在大门上,除病去邪快乐又安康。这儿也端阳,那儿也端阳,处处是端阳。"

2. 赛龙舟

赛龙舟是我国各地过端午节的重要习俗。有一传说,相传屈原死后,楚国百姓哀痛异常,纷纷涌到汨罗江边去凭吊屈原,但投入的角黍(粽子的古称)等食品多被鱼虾抢走了。于是,屈原便托梦给乡亲们说:"你们在投放角黍的舟上,加上龙的标记就行了。因为水族都归龙王管,到时候,鼓角齐鸣,桨橹翻动,它们以为是龙王送来的,就不敢去抢了。"此后,人们每到端午节便按照屈原的意思打造大的龙舟,到江面上弄出很大的动静来,逐渐形成了赛龙舟的习俗。

另有传说以为赛龙舟之俗起源于越王勾践。勾践为了灭吴复仇,日夜操练水军,战鼓阵阵,舟艇齐飞。如此兴师动众怕引起吴王夫差的猜疑,谋臣们便献上一

条妙计,用貌似嬉戏、娱乐的方式来训练水师,这就产生了龙舟竞渡。

事实上,龙舟早在屈原之前就出现了,屈原所作《楚辞·九歌》中已有关于龙舟的描述。先秦故事集《穆天子传》卷五载:"天子乘鸟舟、龙舟浮于大沼。"郭璞注:"舟皆以龙鸟为形制,今吴之青雀舫,此其遗制者。"至于竞渡,著名学者闻一多认为,端午节赛龙舟是古代吴越族举行祭祀的一项内容。吴越多水,江河湖泊密布,有"三江五湖之利",越人又有"善操舟"之美誉,而且有"文身断发,以避蛟龙之害"的风俗,他们在祭祀自己所崇拜的"龙"时,举行具有吴越特色的龙舟竞赛,是情理之中的事。

3. 吃雄黄酒、撒(搽)雄黄酒

端午节时,民间将蒲根切细、晒干,拌上少许雄黄,浸在白酒里做成雄黄酒,也有单独用雄黄浸酒的。雄黄是一种矿物质,俗称"鸡冠石",其主要成分是硫化砷,并含有汞,有毒性。

雄黄酒有杀菌驱虫解五毒的功效,中医还用来治皮肤病。在没有碘酒等消毒剂的古代,用雄黄泡酒,可以祛毒解痒。

传说雄黄酒是神仙所赐,喝了它,能有效去除风湿,避免蛇虫叮咬。这种习俗在淀山湖镇地区很少见,人们只是在孩童的额头、耳鼻、手足心等处涂抹上雄黄酒,意在消毒防病,使虫豸不叮。古诗云:"唯有儿时不可忘,持艾簪蒲额头王。"意思是说,端午节这天,孩子们手拿艾叶,戴上菖蒲,额头上用雄黄酒写了"王"字,以辟邪防疫。

在科学、医学十分发达的现今时代,这种习俗已逐渐消失了。

4. 插艾草、挂菖蒲

民谚说:"清明插柳,端午插艾。"在端午节,人们把插艾作为重要内容之一。唐代诗人殷尧藩《端午日》一诗就有对艾草的描述:

少年佳节倍多情,老去谁知感慨生。

不效艾符趋习俗,但祈蒲酒话升平。

鬓丝日日添头白,榴锦年年照眼明。

千载贤愚同瞬息,几人湮没几垂名。

俗云:"粽子香,香厨房。艾叶香,香满堂。"端午当日,家家户户都在门上或墙上挂一束清晨刚采摘的新鲜艾叶,讲究一点儿的人家还在自家角角落落各放一束。

艾蒿是一种极普通的植物,叶子散发着一股清香的中药味。每当到了端午节,艾蒿梗便长到一尺多高,走到路旁、河岸或池塘边,总会看到茂盛葱郁的艾蒿叶在风中摇曳。

每到端午日,有些人家会烧一锅艾草水给孩子们洗澡,据说这样可以使人神清气爽,不惹蚊虫。

关于端午插艾草的来历,也有一个传说。黄巢起义年间,义军攻打中原地区时正值端午。当地官员放出风声:"黄巢隔山摇刀,人头落地!"动员民众逃离家园,是为"走黄巢"。实际上政府官员的目的是使义军无法与民众接触,以制约义军不断扩大之势。当时,中原地区有一户人家,男人都外出了,家中只有一个妇人与两个小孩,其中一岁多刚能走路的小孩为亲生,两岁多的孩童则是收养的亲友遗孤。此妇生性善良,逃走时背着两岁多的孩子,却让自己的孩子蹒跚着跟随其后。很快,小一点儿的孩子便落了单。途遇一黄衣人问其缘故,妇人便如实相告。黄衣人听后甚为感动,说道:"你危难之中行忠义之事,已破黄巢之刀,只需在家门口插上艾草,便可平安无事。"言罢竟忽不见。妇人认为是仙人指点,于是回家依其言而行,并沿途告诉逃难之人可插艾草破黄巢之刀。果然,义军过境,见到家中插艾草的,便不去打扰,随军医生还为民众看病。于是,人们便深信艾草是吉祥之物,可避灾祸,端午插艾之俗就此传开。端午在古代一直被视为毒日、恶日,所以才形成了种种企求平安、驱灾避难的习俗。

菖蒲的叶子形状似剑,民间方士称之为"水剑",也称"菖蒲剑",说它可"斩千邪"。菖蒲身上这层驱邪避害的文化含义使它成了人们过端午节时必不可少的一种植物。在端午节,人们还把菖蒲刻成小人、小葫芦等形状,挂在儿童脖子上,以求吉利。有的还用菖蒲根泡酒,认为喝了能健康长寿。

关于端午节挂菖蒲的由来,有很多传说。其中有这样一个传说,相传,很久以前,有一农妇,是穷秀才之妻,名唤青英。她跟着丈夫耳濡目染,学会了吟诗作对。一年,天旱,禾苗干枯。端午节前一天,青英见丈夫未归,想着自家面米皆无,十分着急。突然,看见房屋旁边的菖蒲,在烈日下碧绿青翠。于是挖了几棵菖蒲,用清水洗干净了,挂在大门上。门庭顿时充满生机。青英一时高兴,用红纸写了一首诗,贴在大门旁边。诗文曰:"自嫌薄命嫁穷夫,明日端阳祭礼无。莫叫良辰错过去,聊将清水洗菖蒲。"傍晚,丈夫回家,见诗文十分羞愧,无颜见妻子,便匆匆转身离开。途中见一头老黄牛在田间吃草,旁无别人。于是心生恶意,欲牵牛卖钱过节,不料被主人捉住见官。公堂之上,秀才将妻子作诗之事一一诉说。知县不信一农妇会吟诗作对,便差人传青英来现场作诗。青英感慨之下,作诗一首:"滔滔黄水向东流,难洗今朝满面羞。自笑妾身非织女,郎君何事效牵牛?"知县看过,大为赞赏说:"好一对牛郎织女!"便赠他们五十两银子回家过节了。青英因家道贫寒,端午节挂菖蒲,竟得到如此好运。此事传开后,每年端午节,在大门上挂菖蒲的人家越来越多,此后广为流传,逐渐成为一种民俗。

(五)七夕节(农历七月初七)

"七夕节"是我国的传统节日,古代也称其为"少女节"或"乞巧节",现代人又称之为"中国情人节"。

"七夕节"有着悠久的历史。它最早来源于人们对自然天象的崇拜。从历史文献看,至少在三四千年前,随着人们对天文现象认识水平的提高和纺织技术的产生,有关牵牛星和织女星的记载就有了。七夕坐看牵牛织女星,是民间的习俗。相传,在每年的这个夜晚,天上织女与牛郎在鹊桥相会。

传说中织女是一个美丽聪明、心灵手巧的仙女,凡间的妇女便在七夕这一天晚上向她乞求智慧和巧艺,也少不了向她求赐美满姻缘。所以七夕节又称乞巧节。据史料记载,乞巧习俗源自汉代,东晋葛洪《西京杂记》说:"汉彩女常以七月七日穿七孔针于开襟楼。俱以习之。"后来,唐宋诗词也屡屡提及妇女乞巧活动,唐代诗人和凝《宫词百首》说:"阑珊星斗缀珠光,七夕宫嫔乞巧忙。"据《开元天宝遗事》载,唐太宗与妃子每逢七夕在清宫夜宴,宫女们各自乞巧。乞巧这一习俗在民间也经久不衰,代代延续。

"七夕节"这一天,如果天气晴朗,可以看到天空云彩五光十色,多样巧变,十分壮观。民间流传说:"七月七,看巧云,交好运。"其具体习俗是,中午,妇女们用大碗盛水,于太阳下投以衣针,看水底针影,有算盘状、杵状、剪刀形等。晚上,在月光下,妇女们进行用红绿丝线穿针的比赛,并向织女星祈祷,请求帮助,提高缝纫刺绣技巧。此俗流传下来,即为乞巧。此俗在淀山湖镇地区现已失传,但牛郎织女的传说仍家喻户晓。

"七夕节"这一天,为了表达人们希望牛郎织女能天天过上幸福美满生活的愿望,家家都要杀一只鸡,意为这夜牛郎织女相会,若无公鸡报晓,他(她)们便会永远不分开。现代的"七夕节",在淀山湖地区,这一天,长辈们都要给孩童杀一只"童子鸡"煮了吃。据说,孩童在这一天吃了"童子鸡"后会健康又聪明。

"七夕节"这一天,时兴吃西瓜。俗话说:"七月七,买只西瓜切一切。"

（六）中元节

农历七月十五,简称"七月半",俗称"中元节",传说这一天是田地官（土地公公）的生日,又称"鬼节"。

"中元"本是道教的说法。道经以正月十五为"上元",是天官赐福日;七月十五为"中元",是地官赦罪日;十月十五为"下元",是水官解厄日。因此,在七月十五日这天,民间都会准备丰富的牲礼,祭拜地官大帝及祖先。节日这天,人们带上祭品,到坟上去祭奠祖先,与清明节扫墓相似。有些地方把中元与清明、十月初一合称为"三鬼节"。中元节与清明节最大的差别就在于,清明节往往聚族而祭,中元节则大多是一家之祭。

关于中元节的来历,还有一个传说。地藏菩萨的母亲去世后,来到阴曹地府,被关在牢房里,少不得受十八层地狱的种种折磨。地藏菩萨是个孝子,看到母亲受罪心中不忍,在七月十五这天竟徇私情,让看守牢房的小鬼偷偷把牢门打开,放他母亲出来,谁知这一开牢门不要紧,牢房中的小鬼们蜂拥而出,跑到人间为害百姓,所以就有了"七月半,鬼作乱"之说。那些跑回家乡的鬼纷纷向家人索要钱财,以便回去后用来生活和打通关节,希望早日托生。后来,人们把这一天就定为"鬼节"。

七月十五又是佛教的盂兰盆节。盂兰盆为梵语的音译,"盂兰"意思是"倒悬",即人被倒着挂起来;"盆"指盛放供品的器皿。"盂兰盆"的意思就是用来救被倒挂着的人的器物。后来逐渐演变成:用盆子装满供果,供养佛陀及僧侣,以求拯救苦难众生。这源于目连救母的故事。目连是佛祖释迦牟尼的十大弟子之一。目连的母亲青提夫人,因破戒杀生,开五荤,死后被打入地狱的饿鬼道,成为饿鬼,受尽苦刑。目连到地狱中见到受苦的母亲因没有吃的而骨瘦嶙峋,心中难受极了。他为母亲送去饭菜,可母亲没有吃进口,饭菜就化成了火炭。目连无计可施,便向佛祖求救。佛祖告诉目连,其母之罪非一人之力能够解救,需要于七月十五日举行盂兰盆会,设百味五果,供养十方僧众,以此般功德才能超度亡人。目连依佛祖之意行事,其母终于得以吃饱,从地狱中解脱。我国过盂兰盆节兴起于南北朝时期,主要习俗也是拜祭先祖,超度亡灵,祈求吉祥平安。

在中元节里,各家要祭祀祖先并吃蟹壳饭,有新亡者的人家要请僧、道诵经超度,谓新七月半。农家还要祭祀田神(土地公公)。

放河灯是中元节流传最广的习俗之一。这项古老的习俗大约起源于南北朝梁武帝时期,当时只是僧人在放生池里放河灯,后来流传到民间。明人刘若愚的《明宫史》载:"(七月)十五日'中元',甜食房进供佛波罗蜜;西苑做法事,放河灯。"《清史》也记载,皇宫内每年农历七月十五,太后及帝后嫔妃都要到北海观看河灯。届时上千名太监及侍卫,手持荷叶,叶上点燃蜡烛,烛光闪闪,罗列两岸,太液池水面上几千盏琉璃河灯随波漂荡,并伴有梵乐和禅诵之声。清代诗人庞垲《长安杂兴效竹枝体》:

　　　万树凉生霜气清,中元月上九衢明。
　　　小儿竞把青荷叶,万点银花散火城。

形象地描绘了当时中元夜儿童手持荷叶灯结伴游乐的情景。

旧时到了中元节,大村庄的村头搭戏台,请戏班子做戏,俗称"社戏",还要请班子打醮,祈求年内风调雨顺、五谷丰登。中华人民共和国成立后,这一习俗消失。

(七)中秋节

中秋,一个富有诗情画意的节日,它最不缺美文佳句,如"海上生明月,天涯共此时""不知天上宫阙,今夕是何年"等。台湾民谣《煎熬》:"夜深沉,明月高挂天正中,寂无声;睡眼蒙眬,恍若梦中;生卧徘徊以不宁,故国家园萦脑中;苦煎熬,归去成空,如焚王衷。"将作者百转千愁的思乡情描述得淋漓尽致。每到中秋月圆时,总会有那么多的故事、诗文,或伤感,或温馨,事事关情。此时,月亮是一条情感纽带,是一种思念符号。皓月当空,一盘月饼、几碟小菜,对酒当歌,揽月共饮,即使相距遥远,心的距离也近了许多……

图5-5　中秋赏月

随着历史的演变,民间形成了许多关于中秋节的故事传说,为这个节日增加了更多的文化内涵和神秘色彩。其中,流传较广的有嫦娥奔月、吴刚伐桂、玉兔捣药等和月亮密切相关的神话故事。

1. 嫦娥奔月的故事

关于嫦娥奔月的故事,较早记载为《天中记》中所说"昔嫦娥以西王母不死之药服之,遂奔月为月精",后又衍化出很多优美婉转的新情节。相传,远古时候,天上出现了十个太阳,直烤得大地冒烟,海水枯干,老百姓难以生存。后羿知道后,登上昆仑山顶,运足神力,拉开神弓,一气射下九个多余的太阳。盖世神功让后羿一夜成名,慕名拜访者蜂拥而至。心术不正的逢蒙也趁机混入。不久,后羿娶嫦娥为妻,郎才女貌惹人羡慕。

一日,后羿巧遇王母娘娘,得赠长寿不老药,后羿舍不得吃,便将药交于嫦娥保管。不巧被逢蒙偷窥到这一幕。趁后羿狩猎时,逢蒙手持长刀逼迫嫦娥交出神药。嫦娥自知不是逢蒙对手,机智地将药吞下,飞上天去。由于惦记丈夫,嫦娥便在离地球最近的月球成了仙。后羿狩猎归来,获悉一切,既惊又怒,抽剑去杀恶徒,不料逢蒙早已逃之夭夭。思妻心切的后羿,日日仰天呼唤爱妻。至八月十五之夜,他发现月亮格外皎洁,里面隐隐约约有个身影酷似嫦娥。于是,后羿急忙在院中摆上水果、点心,遥祭嫦娥。人们闻听嫦娥奔月成仙,也纷纷在月下设宴相拜,希望嫦娥赐福。中秋拜月风俗随之形成。

2. 吴刚伐桂的故事

吴刚伐桂的故事大致是说,汉朝西河人吴刚曾跟仙人修道,不小心在天界冒犯玉皇大帝,便被罚到广寒宫去砍伐桂树。玉帝放言,只要他砍倒广寒宫门前的桂树,便可将功折罪,得道成仙。无奈,广寒宫门前的桂树枝繁叶茂,高五百余丈,且每次砍伐之后,斧痕又自行合拢。几千年来,就这样随砍随合,桂树永远也不能被砍倒。可怜的吴刚也就日日做着这项徒劳无功的工作。人们念其砍伐辛苦,遂于八月十五月圆之夜设案拜祭。拜祭时,似乎能看到月亮中吴刚辛苦砍树的影子。

3. 玉兔捣药的故事

玉兔捣药的故事广为流传,月亮中影影绰绰的影子被人们理解为玉兔跪地捣仙药。久而久之,玉兔便化作月亮的象征,一些文人骚客的诗文也时常以兔喻月。

4. 中秋节的习俗

作为中华民族的四大传统节日之一,中秋在千百年的传承中形成了独特的习俗。赏月亮、吃月饼、玩花灯……每一个习俗里都包含团团圆圆、生活美满的幸福期待,成为中秋节永恒的主旋律。

(1) 吃月饼

月饼,在我国有着悠久的历史。据史料记载,早在商周时期,江浙一带就有一种纪念太师闻仲的边薄心厚的"太师饼",可视为我国月饼的"始祖"。汉代张骞出使西域时,引进芝麻、胡桃,为月饼的制作增添了辅料,这时便出现了以胡桃仁为馅的圆形饼,名曰"胡饼"。唐高祖年间,大将军李靖征讨匈奴得胜,八月十五凯旋。当时有经商的吐鲁番人向唐朝皇帝献饼祝捷。高祖李渊接过华丽的饼盒,拿出圆饼,笑指空中明月说:"应将胡饼邀蟾蜍。"说完把饼分给群臣一起吃。据《洛中见闻》载,唐僖宗曾在中秋节当日命令御膳房用红绫将饼包裹起来,赏赐给新科进士。唐代,民间已有专门从事月饼生产的饼师,京城长安也开始出现糕饼铺。

北宋时,月饼又被称为"宫饼",民间俗称"小饼"或"月团"。苏东坡《留别廉守》曰:"小饼如嚼月,中有酥与饴。"其中,"小饼"指的就是月饼。而"月饼"一词最早见于记载是在南宋吴自牧《梦粱录》中:"市食点心,四时皆有,任便索唤,不误主顾……荷叶饼、芙蓉饼、菊花饼、月饼、梅花饼……"那时的月饼只是像菱花饼一样的饼形食物,后来才演变成圆形,寓意团圆美好。

关于中秋吃月饼的风俗,还有一个传说。元末,烽烟四起。朱元璋联合各路力量起兵抗元。为了秘密联络,刘伯温命人把藏有"八月十五起义"的纸条藏入饼子中,派送到各地起义军中。此招奏效,八月十五日,各地起义军一呼百应,取得胜利。为纪念这一日,朱元璋传下口谕,每年中秋节军民同乐,并将立下汗马功劳的饼子作为节日糕点赏赐群臣。此后,"月饼"制作更加精细,品种也更丰富,成为馈赠佳品。

时至今日,吃月饼已成为中秋节最重要的习俗。

(2) 中秋赏月

中秋赏月是古时一项浪漫的节日习俗。每逢中秋,圆月升起时,人们便在庭院、楼台,摆出月饼、柚子、石榴、芋头、核桃、花生、西瓜等果品,祭祀祖宗和祭月,边赏月,边畅谈,直到皓月当空,再分食供月果品,其乐融融。有的地方还有烙"团圆"的习俗,即烙一种象征团圆、类似月饼的小饼子,饼内包糖、芝麻、桂花和蔬菜等,外压月亮、桂树、兔子等图案。祭月之后,由家中长者将饼按人数分切成块,每人一块,如有人不在家即为其留下一份,表示合家团圆。

赏月风俗来源于祭月,民间中秋赏月活动约始于魏晋时期,但彼时未成习。到了唐代,中秋赏月、玩月之风才盛行,许多著名诗篇中都有咏月的佳句。

宋时,形成了以赏月活动为中心的中秋民俗节日,中秋节正式确立。与唐人不同,宋人赏月更多的是感物伤怀,常以月之阴晴圆缺喻人情事态,即使中秋之夜,明月之清光也掩饰不住宋人的伤感。苏轼《水调歌头》最能体现这一点:

明月几时有?把酒问青天。不知天上宫阙,今夕是何年。我欲乘风归去,又恐琼楼玉宇,高处不胜寒。起舞弄清影,何似在人间! 转朱阁,低绮户,照无眠。不应有恨,何事长向别时圆?人有悲欢离合,月有阴晴圆缺,此事古难全。但愿人长久,千里共婵娟。

(3)玩花灯

中秋是我国三大灯节之一,过中秋节要玩灯。当然,中秋没有像元宵节那样的大型灯会,玩灯的主要是儿童。每年中秋节,孩子们总会得到一个花灯,有提的,有拉的,有抱的,有的似小动物的样子,有的似灯笼或花草鱼虫。其中,生肖花灯最受欢迎,兔子灯尤为传统,爷爷奶奶亲手做的灯更是最朴素的。月光下,花灯里投射出朦朦胧胧的光亮,星星点点地移动着,快乐便随着光圈满溢出来。

(八)重阳节

自古以来,重阳与中秋一样,是寄相思、盼团圆的节日。王维《九月九日忆山东兄弟》:"独在异乡为异客,每逢佳节倍思亲。遥知兄弟登高处,遍插茱萸少一人。"字里行间渗透着诗人对家乡亲人的思念之情。

古时,数字有阴阳之分,九为"阳数",农历九月九日,两九相重,称为"重阳"。

重阳的源头,可追溯到先秦时期。《吕氏春秋·季秋纪》载:"(九月)命家宰,农事备收,举五谷之要。藏帝籍之收于神仓,只敬必饬。……是月也,大飨帝,尝牺牲,告备于天子,合诸侯制。"可见,当时已有在九月农作物丰收之时祭飨天帝、祖先,以谢天帝、祖先恩德的活动。

关于重阳节的来历,南朝梁人吴均之在《续齐谐记》里记载了这样一个神话故事:东汉时,汝南县里有一个叫桓景的农村小伙子,父母双全,妻子儿女一大家。日子虽然不算好,半菜半粮也能过得去。谁知,不幸的事儿来了。汝河两岸传起了瘟疫,家家户户都有人病倒,尸首遍地,没人葬埋。这一年,桓景的父母也都病死了。

桓景小时候听大人们说,汝河里住着一个瘟魔,每年都要出来到人间走走。它

走到哪里,就把瘟疫带到哪里。桓景决心访师求友学本领,战瘟魔,为民除害。听说终南山中住着一个名叫费长房的大仙,他就收拾行装,进山拜师学艺。

费长房给桓景一把降妖青龙剑。桓景早起晚睡,披星戴月,不分昼夜地练习。转眼又是一年,那天,桓景正在练剑,费长房走到他跟前说:"今年九月九,汝河瘟魔又要出来。你赶紧回乡为民除害。我给你茱萸叶子一包、菊花酒一瓶,让你家乡父老登高避祸。"

桓景回到家乡,召集乡亲。把大仙的话说给大伙儿听了。九月九那天,他领着妻子儿女、父老乡亲登上附近的一座山。把茱萸叶子给每人分了一片,并说这样随身带上,瘟魔不敢近身。又把菊花酒倒出来,每人喝了一口,说喝了菊花酒,不染瘟疫之疾。他把乡亲们安排好,就带着降妖青龙剑回到家里,独坐屋内,单等瘟魔来时降伏妖魔。

不大一会儿,只听汝河怒吼,怪风旋起。瘟魔出水走上岸来,穿过村庄,走遍千家万户也未见一个人,忽然抬头见人们都在高高的山上欢聚。它蹿到山下,只觉得酒气刺鼻,茱萸冲肺,不敢近前登山,就又回身向村里走去,只见一个人正在屋中端坐,就吼叫一声向前扑去。桓景一见瘟魔扑来,急忙舞剑迎战。斗了几个回合,瘟魔战他不过,拔腿就跑,桓景"嗖"的一声把降妖青龙剑抛出,只见宝剑闪着寒光向瘟魔追去,穿心透肺,把瘟魔扎倒在地。

此后,汝河两岸的百姓再也不受瘟魔的侵害了。九月九登高避祸、桓景剑刺瘟魔的故事,就此父传子、子传孙,一直传到现在。从那时起,人们便过起重阳节来,有了重九登高的风俗。

重阳节的习俗主要有:

1. 吃重阳糕

旧时,很多人家都在自家地里种豆(黄豆、赤豆、绿豆之类)。重阳节前,人们会先把豆角采下来,重阳日一大早,孩子们都早早地起来剥豆子,即使是几个月龄的婴儿,大人也要把着手带他一起剥。剥好的豆子放锅里煮烂后,就把面粉和豆子一起蒸成糕,最后切成一块块长条。一家男女老少都要品尝重阳糕。有的孩子还会拿重阳糕和伙伴们一起分享,品尝谁家的重阳糕做得好吃。还有的孩子,到街上买糖加在糕点里。有的人家种了桂花树,会把桂花加到糕中,这样的重阳糕吃起来就会有一股特殊的香味。一块小小的重阳糕能让孩子们高兴好几天。

据史料记载,重阳糕又称花糕、菊糕、五色糕,制无定法,较为随意,有"糙花糕""细花糕""金钱花糕"等很多种。现今人们吃的重阳糕,一般都是从市场上的专营店购买而来。

因"糕"与"高"谐音,表示吉利,有登高的避灾之寓意。因此,除了吃糕外,还要登高,有山登高,无山吃糕;或有山登山,无山登桥(登塔或登楼)。寓意高兴,农作物收成高,或农家"交高运"。

2. 放风筝

如今,在淀山湖镇,重阳节与清明节一样仍盛行放风筝习俗。"九月九,风吹满天啸",就是形容重阳以后,风筝满天飞舞的情形。节日当天,人们拿着自己制作的风筝到野外空旷地带放飞。风筝造型各式各样,燕子、蜈蚣、飞机、金鱼……以放得高为好,似有"登高"之意。几只风筝在天空中互相"打斗",也相当精彩有趣,这就是"风吹相咬"。打斗的时候,人们用各种技巧操控风筝,或者截断对方风筝的尾巴,或者咬断对方的风筝线,让对方"英雄无用武之地"。更激烈的,有的还在风筝线上绑暗器,以便破坏对方的风筝。风吹相咬时,大风筝固然容易打胜仗,但小风筝操控自如,东游西窜,易于随时打游击,反而更占优势呢!

图 5-6　美女放风筝图

3. "老人节"里醉重阳

如今的重阳佳节,已成为"老年节",意义已经远远超越了避灾、怀乡,更多的是借佳节之际共享天伦之乐,尊老敬老,把酒谈笑,憧憬美好未来。但愿岁岁重阳人欢笑,年年菊花香满园。

图5-7 《月曼清游图册》之"重阳赏菊"

图5-8 卖重阳糕

1989年,我国政府将重阳节定为"老人节"。每到此日,尊老、敬老、爱老、助老就成为节日的主旋律。商场里开设了针对老年人的特卖会,助听器、保健品、生活用品等一应俱全。前来为老人购置礼品的顾客络绎不绝。有的子女还专门请假陪父母逛街购买礼物,老年人乐呵呵的,幸福的笑容舒展了皱纹。

当今,政府有关部门还在重阳节里为70周岁以上的老年人发放节日慰问金。

(九)寒衣节

农历十月初一是寒衣节,又称为"十月朝"。

清《帝京岁时纪胜》载:"十月朔,孟冬时享宗庙,颁宪书,乃国之大典。士民家祭祖扫墓,如中元仪。晚夕缄书冥楮,加以五色彩帛,作成冠带衣履,于门外奠而焚之,曰'送寒衣'。"

关于"寒衣节"的由来,还有一个历史传说。

相传,秦始皇统一中国之后,为了抵御北方少数民族的入侵,征调壮丁去修筑万里长城。孟姜女的丈夫范喜良不幸也在被征之列。当时两人才成婚不久,奈何王命难违,夫妻俩只得抱头痛哭一场,依依惜别。孟姜女日夜思念丈夫,悲痛万分。天气转寒,北风呼啸,孟姜女惦念丈夫衣服单薄,难御塞外寒风,便连夜赶做了一件棉衣要给丈夫送去。一路上,孟姜女尽管历经艰险,心头仍抱着一个坚定信念:尽快让丈夫穿上寒衣。农历十月初一,她终于到了长城脚下。可是眼前除了新修的长城,就是荒草中堆积的累累白骨,哪有半个人影?此情此景,令孟姜女心灰意冷。她明白,自己的丈夫十有八九已经死了,于是瘫坐在地,对着长城大哭起来。孟姜女哭边双手拍打城墙,高喊着丈夫的名字,她哭一阵惨死的丈夫,骂一阵残酷的暴君。她愤怒的控诉声,使得风暴嘶吼,大海怒涛翻滚,一齐向长城压了过来。忽然间天崩地裂,一声巨响,一段长城塌了,露出一具白骨。孟姜女守着白骨一连哭了七天七夜,之后将寒衣烧掉,只见那寒衣缓缓飘起,又渐渐下落,围着孟姜女转了三圈,便稳稳覆盖在白骨上。孟姜女万里寻夫送寒衣的故事,在长城内外广泛流传。有一首民歌唱道:"十月里,十月一,家家户户缝寒衣。人家丈夫把寒衣换,孟姜女万里寻夫送寒衣。"此后,每逢十月初一这天,人们都要用五色彩纸剪寒衣,到坟头上烧给死去的亲人。有的将所剪制的寒衣,悬挂在小树枝上或插在坟头。

"寒衣节"的重要习俗是烧寒衣。十月初一,也是冬天的第一天,此后气候渐渐寒冷。人们怕在冥间的祖先缺衣少穿,因此,祭祀时除了粮物、香烛、纸钱等一般供物外,还有一种不可缺少的供物——冥衣。在祭祀时,人们把冥衣焚化给逝去的祖宗。因此,十月初一又称为"烧衣节"。这个节俗寄托着今人对古人的怀念,承载着生者对逝者的深深悲悯。

也有些地方,人们不去老坟上烧寒衣,而是在家门口及十字路口烧寒衣。待到十月初一这一天,瞅着天快黑了,人们抓把土灰,在家门前撒一个灰圈,然后焚香上供,燃烧纸衣、冥币,祭奠先人。

后来,"烧寒衣"的习俗发生了一些变迁,有些人家不再烧寒衣,而是把许多冥币纸钱封在一个纸袋之中,写上收者和送者的名字及相应称呼,然后焚烧给逝者。人们认为冥间和阳间一样,有钱就可以买到许多东西。老百姓还认为,在这个月不该打雷。

(十) 腊八节

十二月初八过腊八节,人们通常以红枣、蚕豆、花生、黄豆、赤豆、核桃、葡萄、桂圆 8 样果物煮粥,称为"腊八粥",俗称"什锦粥"。

其实,腊八粥的食材多样,有的人家还调配莲子、栗子、杏仁、松子仁、青丝、玫瑰等为食物,总计不下 20 种之多。

腊八粥做法更是精细入微。前一天晚上,先洗米、泡果、剥皮、去核、精拣,然后在半夜时分开始煮,再用微火炖,一直炖到第二天清晨,腊八粥才算熬好了。更为讲究的人家,还要先将果子雕刻成人形、动物等花样,再放在锅中煮。比较有特色的是在腊八粥中放上"果狮"。果狮是用几种果子做成的狮形物,用剔去枣核烤干的脆枣作为狮身,半个核桃仁作为狮头,桃仁作为狮脚,甜杏仁用来作狮子尾巴。把它们用糖黏在一起,放在粥碗里,活像一头小狮子。如果碗较大,可以摆上双狮或四头小狮子。还有更讲究的,是用枣泥、豆沙、山药、山楂糕等颜色各异的食物,捏成八仙、老寿星、罗汉像等。这种带有装饰的腊八粥,只在以前大寺庙的供桌上才可以见到。

腊八粥熬好之后,要先敬神祭祖,之后赠送亲友,一定要在中午之前送出去,最后才是全家人食用。吃剩的腊八粥,要保存下来,吃了几天仍有剩余,是个好兆头,含有年年有余的寓意。如果把粥送给穷苦的人吃,那更是为自己积德。在民间,人们在果树枝干上涂抹一些腊八粥,相信来年会多结果实。

腊月初八喝腊八粥的历史已有1 000多年,古代很多诗词歌赋都有记载。宋朝陆游在《十二月八日步至西村》诗云:

腊月风和意已春,时因散策过吾邻。
草烟漠漠柴门里,牛迹重重野水滨。
多病所须唯药物,差科未动是闲人。
今朝佛粥交相馈,更觉江村节物新。

诗中"腊月风和""佛粥相馈",点出了腊月饮佛粥的习俗。腊八当天,不论是朝廷、官府、寺院还是黎民百姓家,大伙儿都要做腊八粥。到了清朝,喝腊八粥的风俗更是盛行。在宫廷,皇帝、皇后、皇子等都要向文武大臣、侍从宫女赏赐腊八粥,并向各个寺院发放米、果等,供僧侣食用。

关于腊八粥的来历,民间流传着许多说法。

一说为"祭神日"。每到腊八这一天,为了祭祀众神,感谢神灵的保佑,民间往往要准备一顿别有风味的粥。这种粥是用五谷杂粮掺入花生、栗子、红枣、核桃仁、杏仁,用微火煮熟炖烂,再添加红糖,做好八色香粥,称之为"腊八粥"。粥煮成之后,先要盛上几碗,放置于庭院天井、碾磨盘上、牛马羊猪圈的门上,以示同庆丰收、共迎吉祥之意。

一说为佛祖"成道日"。相传,释迦牟尼在成佛之前,出道修行,过了六年苦行生活。一天,他极度饥饿、疲惫。两位牧女给他送来了乳糜(奶粥),食后,释迦牟尼恢复了体力,洗去了身上的污垢,在菩提树下终于觉悟成佛。这一天刚好是腊月初八。佛教把这一天作为"成道节"。因此,每逢此日,各寺院都要诵经纪念,仿效牧女献乳糜,以各种香谷、果实煮粥供佛,称为"腊八粥"。

一说为祭祀岳飞。相传宋朝抗金名将岳飞坚持抗金,遭奸臣秦桧诬陷。朝廷连下十二道金牌,召岳飞进京。岳飞无可奈何,急急班师。一日粮食不够,百姓闻讯,户户送去粥饭,岳军含泪而食,道谢离去。这天乃腊月初八。后岳飞被害,百姓为示怀念之意,每年腊月初八烧起"百家饭"。

如今,这些传说的虚实已无从考证,相对于腊八粥的来历,人们更为看重的是传承文化,品尝美食,享受健康。

(十一) 除夕

农历十二月三十(小月十二月二十九),是一年中最后一天的夜晚,也可说是一年最后的一天,简称"除夕",俗称"大年夜"或"年三十",是年终的重大节日。

除夕的年俗主要有:

1. 吃"团聚饭"(年夜饭)

大年夜,一家人不管是在外地学习、经商、从政、打工,都要回家过年,全家人一起吃"团聚饭",又名"年夜饭""团圆饭""团年饭""守岁酒""辞岁酒"等。辞岁之风自晋朝以来就很盛行,当夜骨肉团聚,儿孙绕膝,共话团圆,共享天伦之乐。

大年夜,丰盛的年菜摆满一桌,阖家团聚,围坐桌旁,共吃团圆饭,构成了节日里一幅红火的景观。咀嚼温情满溢的"团聚饭"之所以是一件幸福的事情,关键在于人们心中那一份甜蜜、温馨、真挚的情感。

在这辞旧迎新的时刻,吃"团聚饭"已经超出了一般意义的"吃"的范畴,而上升为一种文化娱乐与精神审美活动。"团聚饭"是过年时人们借助饮食活动来表达中华民族群体文化心理的一种方式,它首先是一个年节文化载体,承载了数千年中华民族"年文化"的文明积淀与文化内涵,因此,围绕着"团聚饭",也就有了许多故事、习俗与欢乐。

这天,即使不会喝酒的,也多少喝一点儿。如果有家庭成员出远门未归,也要把他的碗盛满,给他留着座位。席间,晚辈要给长辈敬酒、祝福。有时,关系较好的邻居也会相邀共同饮酒守岁。

旧时每年吃年夜饭的时候,家家户户都要把大门关起来,不能大声说话,不能敲击碗筷。吃完年夜饭后,就要将桌上的碗筷收拾干净,再打开大门,这叫作闭门生财、开门大吉。据说,此习俗是因铁拐李而兴起的。以前吃年夜饭的时候,家家户户本是开着门的。后来,玉皇大帝差遣铁拐李到民间查看百姓疾苦。铁拐李装扮成乞丐挨家挨户讨饭,谁家穷、谁家富都了然于胸。玉皇大帝根据铁拐李的汇报,削富助贫。此事传到人间,有富裕奸诈者关门噤声,"被贫穷"了一次,骗得铁拐李几个元宝。此事传开后,家家效仿,关门吃年夜饭的习俗流传开来。但在淀山湖,从来没有此习俗,大家都是开门吃年夜饭的。

不少人家在吃年夜饭的时候还搭配些副食品,想要讨个吉利的口彩。例如,吃枣,象征春来早;吃柿饼,象征事事如意;吃杏仁,象征幸福来临;吃三鲜菜,象征三阳开泰;吃长生果,象征长生不老;吃年糕,象征一年更比一年高。当然,现在的年夜饭桌上的菜肴品种就更加丰富了,无论鸡鸭鱼肉,还是山珍海味,大约一年中能见到的最好的菜肴都摆上了餐桌。

团聚饭的食材种类很多,多取其谐音或典故意义,隐喻对美好生活的向往。各地有不同的年节饮食特色,比较常见的是饺子、馄饨、长面、元宵、年糕等,各有讲究。

2. 给压岁钱

对于孩子而言,给压岁钱绝对是过年压轴好戏。除夕夜里,换上新衣服,给父母磕几个头,送上新年祝福和感恩的话,便会有压岁钱入账。时代不同,家境不同,压岁钱的数目也有所变化。小时候,父母总会给几块钱,名为压腰钱。老辈有言,不能身无分文过年,要使腰包鼓囊囊的,来年才能财源广进。大年初一早上,孩子们去给左邻右舍拜年,长辈也会象征性地给点儿压岁钱。腰包渐渐鼓起来,人也变得"财大气粗"了,把街头店里盼了许久的好吃的、好玩的买回来,快乐和满足把心撑得满当当的,想不乐都难。初二到初六走亲戚的时候,孩子是一定要跟着去的,见了七大姑八大姨,甜甜地叫一声、拜个年,压岁钱便拿得稳稳当当的。一个年关下来,也能攒个"小金库"了。

也有的人家是父母等孩子睡熟后,悄悄地把压岁钱塞在孩子的枕头底下,类似于西方的圣诞老人送礼物。有的地方有讨要压岁钱的习俗,甚而追讨到长辈的卧房,孩子们一齐跑到床沿,大嚷道:"压岁钱!压岁钱!"老人家还嫌不够热闹,故作小气,由双方讨价还价到孩子们围攻摸索,最后孩子们把老祖宗的红包挖掘出来,大家抢夺一空,才呼啸而散。老人家逢此情景却乐不可支,认为这是新年事事顺利的好兆头。

关于压岁钱,有一个流传很广的故事。古时候,有一种小妖叫"祟",除夕晚上出来用手去摸熟睡的孩子的头,孩子往往吓得哭起来,接着头疼发热,变成智力障碍者。因此,家家都在这天亮着灯坐着不睡,叫作"守祟"。有一家,夫妻俩老年得子,将孩子视为心肝宝贝。到了除夕夜晚,他们怕"祟"来害孩子,就拿出八枚铜钱同孩子玩。孩子玩累了睡着了,他们就把铜钱用红纸包着放在孩子的枕头下边,夫妻俩不敢合眼。半夜里一阵阴风吹开房门,吹灭了灯火,"祟"刚伸手去摸孩子的头,枕头边就迸发出道道闪光,把"祟"吓跑了。原来八枚铜钱是八仙变的,暗中来保护孩子。因"祟"与"岁"谐音,后来除夕夜或年初一大人们给孩子的钱就逐渐演变为"压岁钱",除夕夜"守祟"叫作"守岁"。

最早的压岁钱出现于汉代,是为了佩戴玩赏而专铸成钱币形状的辟邪品,有的正面铸有钱币上的文字和各种吉祥语,如"千秋万岁""天下太平""去殃除凶"等;背面铸有各种图案,如龙凤、龟蛇、双鱼、斗剑、星斗等。

唐代,宫廷里盛行春日散钱之风。《资治通鉴》卷二十六记载了杨贵妃生子,玄宗"自往观之,喜赐贵妃洗儿金银钱"之事。这里说的"洗儿钱"除了表达贺喜外,更重要的意义是作为长辈给新生儿的辟邪去魔的护身符。

3. 除夕守岁

《京梦华录》:"士庶之家,围炉团坐,达旦不寐,谓之守岁。"许多诗人都有吟咏守岁的诗句。孟浩然《岁除夜会乐城张少府宅》诗云:"续明催画烛,守岁接长筵。"杜甫《杜位宅守岁》也曾有"守岁阿戎家,椒盘已颂花"的佳句,守夜的乐趣跃然纸上。

除夕守岁是中国古代最重要的年俗,人们点起蜡烛或油灯,通宵守夜,象征着把一切邪瘟病疫照跑驱走,期待着新的一年吉祥如意。这种风俗流传至今。关于除夕夜守岁的传说,有多个版本,多与除旧迎新、辟邪驱病、招财纳宝等有关,传递出人们对美好生活的向往与期盼。

传说,很久以前,每逢除夕晚上,玉皇大帝便会把天门打开,将天库里的金银珠宝撒向人间。所有的石头、瓦块都变成了财宝,遍地金银。人们在此时可捡拾一些

金银放在屋里,但不得贪多,并且到天亮才能开门,否则金银会悉数变为石块。相传,有一李姓男子懒惰嗜财。除夕晚上,他事先在门前堆放了很多石头、瓦块。三更一到,天门打开,遍地金光闪闪,李姓男子迅速将其搬入屋内,他看着满屋的金银,暗自高兴,幻想着自己变成了天下最富的人,一时忘了"不到天亮不开门"的规矩。门一开,屋内金光顿时消失,金银都重新变回了石头。玉皇大帝见此情景,便不再开启天门。尽管玉皇大帝关闭了抛撒财富的天门,但人们对美好生活的期盼和信念却依然真切。此后,每到除夕晚上,人们便点上蜡烛,全家人团聚在一起,等到天亮。"熬年"的风俗也由此而生。

另说,玉皇大帝的小女儿偷偷爱上了人间一个给别人烧火做饭的穷小子。玉帝知道后,非常生气,粗暴阻拦。幸亏王母娘娘从中讲情,玉帝才不情愿地给穷小子封了个"灶王"的职位,把女儿下嫁给他。从此,穷小子成了"灶王爷",玉帝小女儿成了"灶王奶奶"。灶王奶奶深知百姓疾苦,常常借回娘家之际,从天上带回一些吃的、穿的、用的东西接济乡邻。玉帝知道后,便规定小女儿以后只准每年腊月二十三回天宫一趟。有一年腊月二十三,灶王奶奶照例回到天宫,为了尽可能多地带些东西给乡亲们,她从二十三日一直忙到大年三十,扎扫帚、蒸馒头、包饺子……玉帝催了一次又一次,灶王奶奶看东西准备得差不多了,才在年三十的夜里离开天宫。这天夜里,家家户户都没有睡觉,等着灶王奶奶回来。灶王奶奶回来后,人们便点起香火、纸码、鞭炮迎接她。以后,为了纪念灶王奶奶的恩德,人们在年三十夜里便不睡觉,形成了"守岁"的习俗。

4. 新风尚

中华人民共和国成立后,机关、团体、农村及企事业单位一般在除夕前一天开展慰问烈军属、离退休职工、尊老及扶贫帮困活动。有的要贴上春联,发放慰问金。至今,已形成良好的惯例。

二、新尚佳节

中华人民共和国成立后,除将春节、除夕列为传统节日外,国家规定元旦、春节、"五一"国际劳动节、"十一"国庆节都为国家法定假日,共计放假 7 天,即元旦 1 天、春节 3 天、"五一"节 1 天、国庆节 2 天;1999 年 10 月,国务院对法定假日的放假天数有了新的规定,共 10 天,即元旦 1 天、春节 3 天、"五一"节 1 天、端午节 1 天、中秋节1天、国庆节3天。2008年起,国家又将清明节纳入新的正式节日,放假1天。

除以上节日外,还有较多的新节日,如"三八"国际妇女节、"五四"青年节、"六一"儿童节、"七一"中国共产党生日、"八一"中国人民解放军建军节、"9月10日"教师节。其次还有护士节、父亲节、母亲节、情人节、圣诞节等。

在这些新节日里,淀山湖镇的男女老少,同样是欢天喜地,走亲访友,欢聚畅谈,或参加庆祝大会,或进行娱乐活动,或逛街购物,或旅游度假,或参加喜庆宴会,等等,总之是充满着浓厚的节日气氛。

第二节 承载民风的传统习俗

淀山湖镇历史源远流长,在漫长的历史进程中,我们的祖先用智慧和勤劳的双手,创造了灿烂的文化,同时也自然而然地形成了独特的民间风俗,它是民俗文化的重要组成部分。淀山湖镇的习俗有其自身的鲜明个性和特色,反映了淀山湖镇老百姓勤劳、淳朴、互敬互爱、祈福、期盼好成果、过上幸福好日子的美好愿望。

在淀山湖镇,人们除了在节庆活动中,有着丰富多彩的内容外,还在没有固定日期而进行的生活、生产、建设活动及重大事件中,传承着民风习俗,如婚庆喜事、送葬丧事、建房大事等,都十分讲究一定的仪式与格局。

中华人民共和国成立后,随着社会制度的彻底变革,社会经济的迅猛发展,人民物质和文化水平的显著提高,人们的思想观念、信仰和村风、民风有了很大的改观,一些落后的习俗逐渐改变或消亡。

一、祭天敬神的岁时习俗

1. 卜兆祈祷

农耕习俗中的重点是农作物生产习俗,正月初一农家要观察天气风云,如果是阴天将预示丰年。农谚有"岁朝乌泷秃,高低田稻熟"。如果那天风向是东风,则预示着当年农作物是大丰收,东北风次之;西风则预示着歉收。观察天空中的云,西北有红、黄云,则大熟;若有白、黑云,则歉收。

年三十晚上将刻有刻度的竹竿竖在河滩上,从正月初一到正月十二,每天早上看水位,如果哪一天水位落差大,说明新年里那一个月多雨水;或用瓶装水来称重,哪一天重,哪一个月雨水就多。

立春是二十四节气之首,"一年之计在于春",所以有"立春大如年"的说法。昆山县城要举办"打春牛"的习俗活动。

正月初一家长派孩子到牛棚,看牛站着还是睡着,如果牛站着,说明当年水大;如果牛睡着,则说明全年雨水少。

敬畏"上天",似有迷信之嫌,其实不然。古人早有言:"成大事者,必占天时、地利、人和。""地利"可以选择,"人和"可以营造,唯有"天时"可遇不可求。敬畏并依附于上天,是中国农民千百年来形成的思维方式和心理轨迹。

正月初九是天帝的生日。天帝是神话传说中天上的主财,在老百姓心目中是作为自然神而存在着的。人们认为,顺应天帝,便会风调雨顺、五谷丰登;若违逆天帝,则将灾祸重重,因而民间有祭天帝的习俗。

中华人民共和国成立前,淀山湖周边远近很多百姓,在正月初九这一天聚集到附近的寺殿烧香祈祷,喧闹声常常会持续一整日。如今的淀山湖镇,这种祭天帝的习俗已消失了。

正月廿八,相传是达摩渡江日。所谓达摩渡江,相传达摩在南方传道已毕,返回时路遇一江,无船可渡。于是,他折下一片江边的芦苇叶,抛入江中,踏苇过江。达摩渡江与多风雨一直是同义词。应验春社活动,在春分前说明收成好,春分后说明收成差。

2. 祭财神

旧时的淀山湖镇,人们在正月初五祭财神。民间传说,财神即五路神。所谓五路,指东、西、南、北、中,意为出门五路,皆可得财。清代顾禄《清嘉录》云:"五日为路头神诞辰。金锣爆竹,牲醴毕陈,以争先为利市,必早起迎之,谓之接路头。"又说:"今之路头,是五祀中之行神。所谓五路,当是东西南北中耳。"所以旧时有抢路头的习俗。正月初四子夜,备好祭牲、糕果、香烛等物,并鸣锣击鼓焚香礼拜,虔诚地迎接财神。初五日俗传是财神诞辰,为争利市,故先于初四接之,名曰"抢路头",又称"接财神"。

因此,每到正月初五零时零分,人们都打开大门和窗户,燃放烟花爆竹,向财神表示欢迎。接过财神,大家还要吃路头酒,往往吃到天亮。大家满怀发财的希望,但愿财神爷能把金银财宝带来家里,在新的一年里大富大贵。

关于财神,民间有诸多传说。有说法认为,宋朝的蔡京非常富有,民间传说他是富神降生,而他恰生于正月初五,所以民间把他当作财神来祭。而根据《封神榜》,财神姓赵名公明,他原在峨眉山罗浮洞修道,因助纣攻打武王,死后被封为"金龙如意正一龙虎玄坛真君之神"。并统领"招宝天尊""纳珍天尊""招财使者""利市仙官"四个部下。他们的职责都与财有关。同样,道教供奉的财神也是赵公明。据道教传说,赵公明本为终南山人,自秦时就隐居深山,精修至道,功成之后,玉皇大帝封他为"正一玄坛元帅",简称"赵玄坛"。

旧时财神庙和各家各户所供的财神,尊容颇凶,乌面浓须,怒睁圆眼,头戴铁冠,一手执钢鞭,一手捧元宝,身下还跨有黑虎,故又有"黑虎玄坛"之称。传说这位赵公明元帅职掌除瘟剪疟,祛病禳灾。人们有冤难申,他便会主持公道;人们买卖求财,他可以使之获利。他原先的职分并不是专职的财神,但能使人获利,别无他人可以代替,民间便把他看作财神了。

"接财神"又称"祭财神"或"请财神"。正月初五这一天,人们都在当天的零时零分,打开大门和窗户,而去做的第一件事就是把自家水缸拎满水,意为"财势"丰满。特别是一些经商人家祈盼新的一年里财运亨通,其迎财神的习俗更为隆重,不仅要放百响或千响鞭炮,还要请财神酒、焚香点烛等,祈愿财神爷能把金银财宝带来家里,在新的一年里大富大贵。

正月初五接财神的习俗,流传至今。

旧时的正月初八这一天上午,很多人家到村庙里烧香,晚上在自家屋前扫场地,称"扫夜场"。扫场时,一边扫一边默默念"手拿金丝帚(竹丝由青变黄的扫帚),场上扫一扫,扫到东,自家屋里有青龙,青龙盘米囤,白米吃不尽;扫到南,自家屋里显黄龙,黄龙盘米缸,大小元宝两人扛……"祈盼新年里自家种田发财富裕。

中华人民共和国成立后,这一习俗已消失。

3. 祭灶

农历十二月廿四为"小除",在淀山湖镇地区也称"小年夜",俗称腊月廿四,民间也称"祭灶君"日,简称"祭灶"。

十二月廿四这一天,家家户户"掸檐尘"(大扫除),淘米磨粉,开始蒸年糕、做米团子,为喜迎新年做准备。吃过晚饭后,先在灶台上放些年糕、团子、米饭(或米粉羹)等祭品,烧香点烛,以敬灶君神,行善保平安;之后,把灶君公公从"灶君宫"里请下来与黄纸钱一起焚烧,寓意送灶君神上天去,明年正月半再来掌管自家灶台,让自家烟火兴旺,家人健康。这种习俗又称"送灶君"。

如果有人家新砌灶头,则灶墙上面必须写上"火烛小心",其中"火"字倒写,寓意不会引起火灾。农村里还流传有"三年一打灶,胜过祭回祖"的说法,意思是用了三年的灶头不卫生了,该重起炉灶了。

在旧社会里,腊月廿四,长工在东家干了一年农活,"送灶君"结束后,长工要在东家吃团圆饭。廿四夜要吃东家24个团子,廿五饭后领取工钱,回家过年。民间流传说:"长工苦,苦长工,廿四团子廿五饭,卷了铺盖就滚蛋。"

旧时腊月廿四夜,淀山湖镇有些村庄里少数农民还要烧地香,但这种习俗如今已很少见了。

祭灶,又称小年,是在我国民间影响很大、流传极广的一项习俗。我们的祖先相信承载日常生活的五祀即户、灶、中溜(檐下接水的槽)、门、行诸神均需祭祀。民谚曰:"二十三,祭灶关。"在时间上,南北稍有差别,北方以腊月二十三祭灶,南方则迟一天。

"祭灶"最早叫"纪灶",起源于周朝,即纪念教人吃熟食的"先灶者"。火的发明,终结了茹毛饮血的时代,味觉蓓蕾的欲望被撩拨起来,人们第一次发现原来吃也可以这么享受。饮水思源,对"先灶者"的崇拜油然而生。后来,先灶者被逐渐神化,也出现了一些关于灶王的传说。灶王被尊为"司命菩萨"或"灶君司命",传说他是玉皇大帝封的"九天东厨司命灶王府君",负责管理各家的灶火。这里还有两个传说。

传说一:古代有张姓兄弟俩,哥哥是泥水匠,弟弟是画师。哥哥拿手的活儿是盘锅台,经常帮助街坊邻居修灶台。大家都尊称他为"灶王",时间久了,都忘了他的真名字。张灶王不仅锅台盘得好,还爱评理。遇上吵架的他要劝,遇上不孝顺的他要说,他仿佛是杆"公平秤"。

张灶王在他70岁那年的腊月二十三夜里仙逝了。几房儿媳妇都闹着要分家,家里乱成一锅粥。灶王的弟弟张画师想了一个办法,他事先画出灶王夫妇头像贴于灶台前,并在灶王亡故一周年忌日的当天夜里把大家叫醒领到厨房,说是灶王显灵了。只见黑漆漆的灶壁上,飘动着的烛光若隐若现显出张灶王和他已故妻子的容貌,家人都惊呆了。画师趁机说:"大哥托梦给我说他已被玉帝封为'九天东厨司命灶王府君',知道你们妯娌不和,闹分家,很气恼,准备上天禀告玉帝,年三十晚下界来惩罚你们。"一家老小听闻此言,甚为惊恐,忙取来张灶王平日爱吃的甜食供于灶上,跪地恳求灶王爷饶恕。从此以后,全家和睦相处。

这事一传十,十传百,街坊邻居知道后,都赶来张家打探虚实。当乡邻来找画师探听情况时,他只得假戏真做,把画好的灶王像分送给邻舍。如此一来,家家户户的灶房都贴上了灶王像,久而久之就形成了腊月二十三给灶王爷上供,祈求合家平安的习俗。

传说二:灶王爷原名张禅,是个富家子弟,品行不端,喜新厌旧,好端端地休掉了自己的妻子。他从此整日花天酒地,将偌大的家业败坏殆尽,后因眼疾,双目失明。无奈只得四处乞讨。一日,乞讨到一户门前,女主人见其可怜,便将其带到家中好生招待。数日后,张禅得知女主人原来是他休掉的前妻,想想自己沦落到如此地步,羞愧难当,便趁人不备,投火自尽。

后来,玉皇大帝得知此事,觉得他是浪子回头,便封他为灶君,令其司察人间的功德善恶,并在每年腊月二十三日回天庭汇报一次人间的实情。岂知张禅本性难移,仍是好吃懒做,不务正业。人们信不过他,怕他上天之后胡言乱语,便在他上天之日,摆上灶糖(由麦芽糖粘芝麻做成)来祭奠他。祭祀时,先将"上天言好事,下界保平安"的对联贴在灶君像的两侧,用来提醒他多为百姓说好事、办实事。之所以供灶糖,是取其又甜又黏的特点,希望用此糊住他的嘴。当他尝到灶糖的甜味时,就要多说点好话,如果他想打小报告说坏话时,就让灶糖粘住他的嘴,让他想说也张不开口。

4. 除夕祭祖(俗称过时节)

除夕祭祖,是我国传承久远的重要风俗之一。"百善孝为先""慎终追远"等传统观念让我们虔诚地要与祖宗先辈们共享此欢乐时刻,以表达我们对故去先辈们的怀念。同时,人们深信祖先神灵会福佑子孙后代。

除夕那天,有的人家除上坟祭祖外,还在家摆上一桌荤素搭配的菜,再放上几十只酒盅和数量相当的碗筷,点上蜡烛,在香炉里点上长香。在一家吃年夜饭前,按辈分大小先后磕头祭拜,以示让老祖宗先吃年夜饭,以求祖宗庇佑、赐福。

二、膜拜土地的农耕习俗

1. 测天气

正月初一是农历中最为重要的日子。农民早起烧香祭祀祖宗后,要做的事情就是观察风云,从而推断出一年来的水旱疾疫之情,以早做准备。离淀山湖镇中心几里外的村民们争相观望福严寺浮图。云起晴朗,人们就认为这预示着一年会风调雨顺;雾气浓重,人们则认为一年中雨水多。从当月初一到十二,人们将每一天的天气情况对应为每一月的天气情况,如哪天水气重,则认为某个月雨水多。

图5-9 祭祖

2. 龙头节

二月里,春意朦胧,万物复生,人们都期盼着第一声春雷在天空炸响,淅淅沥沥的春雨下个透彻,绿了芽苗,暖上心头。白居易《二月二日》诗云:"二月二日新雨晴,草芽菜甲一时生。轻衫细马春年少,十字津头一字行。"形象地描述了二月二当日春雨初降,万物一新,人们神清气爽出行活动的情景。

农历二月二,古代称中和节、龙头节。明代《帝京景物略》:"二月二日曰'龙抬头',煎元旦祭余饼,熏床炕,曰'薰虫儿',谓引龙,虫不出也。"清咸丰《武定府志》更是将二月二定为春龙节,此外尚有上工、试犁、戴蓬草、祭龙王、敬土地、童子开笔等节俗活动。

二月二是我国重要的传统节日之一。明朝以后,二月二又有"龙抬头"的习俗,诸如淀山湖镇地区则盛行撒灰引龙、熏虫避蝎等习俗。

龙是中国古代文化中地位显赫的神物,是祥瑞之物,更是风雨的"主宰"。俗话说:"二月二,龙抬头,龙不抬头人抬头。"既然想让龙抬头,就要设法引龙出来。明朝沈榜《宛署杂诗》:"宛人呼二月二为龙抬头。乡民用灰自门外委婉布入宅厨,旋绕水缸,呼为引龙回。"每到二月二,家家户户把春节祭祀下的糕或饼,用油煎,涂抹在床柜和桌子、椅子等处,以此代替农药和杀虫剂,用来驱赶昆虫,称为"熏虫子",

更重要的是在此以后,各家用稻草灰绕住宅和水缸一周铺设一圈,意在呼唤龙归,俗称"引龙回"。

民间"二月二,龙抬头"的俗语实际上与古代天文学有关。中国古代用二十八宿来表示日月星辰在天空的位置并由此判断季节。二十八宿中的角、亢、氐、房、心、尾、箕七宿组成一个完整的龙形星座,其中,角宿恰似龙的角。每到二月春分以后,黄昏时,龙角星就从东方地平线上出现,故称"龙抬头"。作为淀山湖镇人,尤其是农民,之所以十分关心"龙抬头"这一节日,根本原因是与农业生产有关系。民谣云:"二月二,龙抬头;大仓满,小仓流。"因为二月正是农作物播种的季节。在科学不发达的时代,农民们通过各种纪念活动,寄托了祈龙赐福、祈求风调雨顺和五谷丰登的强烈愿望。

二月二这一天,淀山湖镇农村里,各家要做米糕,名曰"撑腰糕"。其俗语有:吃了撑腰糕,腰背勿酸痛,种秧有力道。

3. 社祭

传统的中国农民脸朝黄土背朝天,日出而起,日落而息。土地是衣食之母,人们对土地的敬畏和信仰很早就已经形成,表现在人们对土地神的崇拜上。这可以追溯到周朝,那时土地神叫"社"。"社者,土地之神。土地阔不可尽祭,故封土为社,以报功也。"社祭活动一年中有农历二月初二春祭和八月十五秋祭两次,上至君王,下至民众,都设坛祭祀。春祭是农民向土地神祈求一年能够得到丰收的祭祀日;而秋祭则是农民向土地神报谢秋收的祭祀日。

社祭活动到了唐朝,演变为民间盛大节日,影响遍及全国。农耕社会,土地是农民赖以生存的命根子,农民是土地的崇拜者和守望者。有位学者说:"中国农民对土地的黏着性,远较他国为大。……美国农民把农场看成商品,中国农民则把土地当作婴儿。"

在漫长的历史长河中,中国农民在敬畏天帝、神灵的同时,也十分崇拜"土地公公",祭拜"土神",以求风调雨顺、五谷丰登。不误农时,是千百年来中国农民积累的宝贵经验。

淀山湖镇历史上,农民祭拜土神的习俗和农谚形成了鲜明的农耕文化,是一种依附性和自主性相结合的农家文化。一方面,农民崇拜"土神",渴望"土神"保佑,具有对"土神"强烈的依附性;另一方面,什么时候,做什么农事,农谚告诫人们只有

不误农时、吃苦耐劳才能真正获得五谷丰登的好收成，具有发愤图强的自主性。

淀山湖地区膜拜土地的农村习俗，除了社祭、正月十五元宵节的形式外，还有以下几种。

正月初七这一天，有盛行走七桥的习俗活动，并且走桥时不可回头，寓意不走回头路。

旧时，走桥的人走完桥后，还要"摸钉"，方能求吉除疾。"摸钉"是指到土地庙烧香，用手触摸庙中大门上的门钉，以此祈盼家庭人丁兴旺。现在，这种习俗渐渐消失了。

走桥的人们还认为，走桥犹如"走百病"，因此走桥是一种消灾祈健康的活动。

"走百病"这一习俗，在旧时是妇女们进行的活动。抛却习俗不说，妇女们"走百病"也是一种身心解放。旧时，妇女困居闺房，是不敢随便出门游走的，尤其是未出阁的姑娘和年轻的少妇们，即便是要到亲朋家做客，也都是车载轿抬，而"走百病"这种习俗让妇女获得了短暂的"解放"，给了她们一个成群结队出门游玩的借口，使压抑的人性得到短暂的舒展。

春耕迟早，会影响一年收成好坏，耕田离不开牛，所以封建朝廷责令地方官每年要举行"迎春"仪式与民间"打春牛"的习俗活动。清朝时，在立春前一天，昆山县令要到东南门外超化庵，新阳县令要到东门外候潮馆，分头举行这种仪式。地方官要事先沐浴净身，更换素服，步行到郊外，然后率领乡民，上香叩首。拜祀后，再让衙役扮成"芒神"将供桌前一只塑好的泥牛或糊好的纸牛扬鞭抽打。打春牛象征打去牛的惰性，叫它勤奋耕田，夺取丰收。纸牛是经不起抽打的，鞭子抽上去后立刻皮开肉绽，牛肚里流出预先装进的五谷，象征"五谷丰登，遍地丰收"。立春这一天宜晴暖，农谚"春寒多雨水，春暖百花香"。正月初一立春最吉利，谓之百年难于岁朝春。

4. 百花生日

百花生日，俗称"花神节""花神生日""挑菜节"。因各地花期早晚不一，故这一节日的日期也不统一。而淀山湖镇地区以二月十二为百花生日（其他一些地区以正月十二、正月十五、二月初二、二月十五或二月十八为百花生日）。

给百花过生日这一习俗由来已久，最早记载见于春秋时期的《陶朱公书》："二月十二日为百花生日，无雨百花熟。"可见，春秋时已经有为百花过生日的习俗，百花生日是我国古代就有的一个盛行于民间的传统节日。百花生日时间大致在"惊蛰"到"春分"节气之间,此时春回大地,万物复苏,草木萌青,百花含苞或绽蕊或盛开,定其中一天为"百花生日"是十分恰当的。后来,这个节日逐渐变成纪念花神的日子。相传,南岳夫人魏华存死后被西王母派众仙接引升天,其女弟子女夷也随之而去,成为仙家,因其善于侍弄花草,西王母派其掌握管天下名花,称为"花神",人们便把百花生日附会成她的生日。

关于花神,还有一个传说。宋时,有一位叫秋先的老者酷爱花,对满园花木呵护备至。一日,一恶少滋事捣乱,把秋先的花园践踏得只蕊不剩。秋先痛哭流涕,惊动花神出来,让花朵重上枝头。是夜,恶少再度摧残花木,花神怒卷寒风将其摔进沼池。在这个故事中,花神已经成了正义和力量的化身,寄托了人们对美好事物与正义力量的赞美和向往。

淀山湖镇地区的农民,在"百花生日"这一天,用红色纸条、布条或红绒线条结于果树枝上,称"赏红"。据说"赏红"后果树会果多果大。"赏红"又名"护花",关于此,还有两个有趣的典故。

民间传说,为花儿挂红的习俗起源于唐代。当时,武则天当了皇帝,在一个寒冷的冬天,她看见宫廷中的蜡梅盛开,突然诗兴大发,写了一道催花诗:"明朝游上苑,火速报春知。花须连夜发,莫待晓风吹。"次日,果然,各种花儿都承旨遵命,竞相开放。武则天再到御园赏花,天气似乎变得特别暖和,池中冰块都已融化,园内陡然变成初春光景。武则天见林苑青翠,花开满园,万紫千红,十分高兴,立即命令宫人给这些花木挂上红绸并悬以金牌表示奖励。

另传,唐朝天宝年间,有位名叫崔玄微的男性花迷,远近闻名。某年二月之夜,一群由百花之精幻变的艳丽女子入其花园,告诉他百花本欲迎春怒放,可封姨(风神)出头阻挠,故请他帮忙解难。崔氏遵彼指教,置备彩帛,画日月星辰于其上。农历二月十五日五更时分,他将彩帛置于园中花枝上。届时,果然狂风大作,但枝上花卉有彩帛护持,一朵也没被吹落。喜爱花卉者争相仿效,因以成俗。由于悬彩护花的时间必须安排在五更,故称"花朝"。

百花生日当天还有一个习俗,那便是饮百花酒。

百花酒是江苏的特产,主要产于镇江和丹阳。有一首民歌赞美此酒:

百花酒香傲百花,万家举杯誉万家。

酒香好似花上露,色泽犹如洞中春。

丹阳的百花酒现在衍生出很多品种,如"十里香""玉乳浆""状元红"等。相传,隋炀帝曾命高丽国进贡美女,高丽国便派使节送来美女阿姬和百花,乘船渡黄海入长江,直驶向扬州。当船行到丹阳江面时,恰遇丹阳练湖水神赴宴归来。水神见了阿姬,有心娶她为妻,又听说隋炀帝要纳阿姬为妃子,就变作隋炀帝模样,前去试探,还去东海龙王处带了百坛仙酒作为礼品,阿姬怕透了隋炀帝,宁死不从,跳进了江水。水神非常高兴,他让高丽使节和水手们上岸,然后作法把大船掀翻,好让他们对隋炀帝有一个交代。最后水神带着阿姬,乘坐龙鸟,隐没在江水之中。那条沉船上的仙酒和百花,顺着新丰河飘流到花乡丹阳。乡民们把百花捞出来沤田,种出的稻米色泽红润,香气扑鼻。人们就用这米和水酿出了曲阿百花酒(丹阳古称曲阿,唐天宝元年,即742年,曲阿县改为丹阳县)。

5. 三月初三

农历三月初三,流传在淀山湖镇地区的传说是,这一天是道教真武大帝的寿诞之日,也是王母娘娘开蟠桃会的日子,同时还是观音菩萨托梦、赠仙草拯救人间游魂的纪念日,是道教、佛教共融的节日。这一天,很多人要到庙里烧香,听青蛙叫声。人们有这样的臆测:青蛙上午叫,预示小熟收成好;青蛙下午叫,预示大熟收成好;青蛙全日叫,预示两熟收成都好;青蛙叫声哑,预示低田熟;青蛙叫声响,预示低田被淹没;等等。这些都是从青蛙的叫声来预判田地的收成情况。青蛙叫声犹如鸡叫一样,所以古人将青蛙比作鸡,把青蛙叫声称为田鸡报。这也是淀山湖人把青蛙叫作田鸡的出处。这一天,金家庄人还要举行摇桨船比赛。此俗一直延续到20世纪70年代。

6. 立夏节

立夏节,通常是在公历5月6日。这一天,农村里时兴吃金花头(菜)、"摊面衣"、酒酿、咸鸭蛋、青蚕豆、螺蛳等。午后或傍晚要称人,在村口大树枝上挂大秤,或在家里梁上吊一杆大秤,在秤钩处扎上"土垯"、草筐之类,便于大人、小孩称体重。

7. 打醮活动

打醮,即做法事,要设坛,由法师率领一众道士在道场上按"法事如式"之仪进行祭祷活动,一般有祈晴、祈雨、雷醮、瘟醮等,最多的是祷雨祈晴。度城西港有道士帮,专做此事,一直流传到20世纪70年代,此习俗才消失。

8. 猛将社活动

猛将社活动的主角是刘猛将。刘猛将的神格,历史文献记载是驱蝗神,清代官府也把它作为"驱蝗正神"列入祀典。但是在淀山湖地区的民间信仰中,它不止于驱蝗,还有其他神力。淀山湖地区的渔民也信仰猛将,尊称他为刘王、刘天王、普佑上天王等,是渔民信仰的主神之一。

与其他民间信仰的神不同,刘猛将在民众心目中是一位可亲可近的神。人们祭祀他,又同他一起娱乐、游戏。农村迎神赛会都要抬出"老爷"(民众对各种神佛的尊称)游行,大多是恭敬有加的,唯独对"猛将老爷"可以抬着(或背着)他跑、跳,同他开玩笑,甚至把他跌得粉碎。一如清人的记载,"农人背猛将,奔走如飞,倾跌为乐,不为慢亵",民众以此为乐,这位"老爷"绝不会发怒。民众捧出猛将,组织祭祀,叫"猛将社",有的以自然村为单位,有的则十来家农民自觉结社,每年活动4次,农民轮流供祭。

这一习俗在"文化大革命"中"破四旧"的大力冲击下已彻底消失。

四月初八是佛诞日,各庙有浴佛会。

四月十五日邑中拜山神。旧时的淀山湖人要举办乡社活动,祈求福祉。活动结束后人们开始选种,从事农耕,把新麦煮熟,做成蚕形,互相赠送,称之为麦蚕。预示会有好的收成。至今,这一习俗已完全失传。

9. 祭土谷神

八月,农家祭土谷神,称为青苗社。各地各自祭自己境内的土神,交纳纸线彩缎,称为收钱粮。

10. 冬至

人们通过祭祖活动寄托晚辈对祖宗的怀念、对先人功德的赞颂。在淀山湖镇,明朝进士王鉴在度城建"忠孝堂"、书"忠孝"二字,倡导孝顺前辈、忠于国家的理念,忠孝文化在淀山湖地区产生了强烈的影响。人们通过祭祖活动,不仅表达后辈继承祖宗遗志、立志兴家报国之意愿,而且表达了期盼祖宗保佑居家平安健康,家业发达,子孙飞黄腾达和光宗耀祖的美好心愿。

淀山湖镇地区祭祀祖宗的习俗,除了春节、清明节、中秋节、除夕夜等节日活动外,还在冬至夜进行祭祀祖宗的活动。

冬至为二十四节气之一,通常是在公历12月22日,民间称"小年",还有"冬至大如年"之说。

冬至,是一年中白昼最短、黑夜最长的一天。人们往往以这一天的晴及雨的情况来预测春节的天气,有"干净冬至邋遢年,邋遢冬至干净年"的经验之谈。从冬至日起进入严寒至九九八十一日止为"连冬起九",也叫"九里天"或"数九寒天"。

冬至节里,淀山湖镇地区有祭祀祖宗、亲朋互赠食品、互请吃饭和阖家吃团圆酒的习俗。这一天(或上一天)家家磨粉做团子,为祭祀祖宗之祭品,名为"冬至团"。冬至节前夜,即冬至夜,已婚而在娘家的妇女必须回夫家团聚吃"冬至夜饭"。有祭祀新丧不满周年者,称"过新冬至",死者的祭台一般都会在冬至日拿掉,俗称"端坐台";还有人家事先选择好墓地,在冬至时节"落葬"。旧时冬至夜家家祭亡人。

中华人民共和国成立后,冬至日除祭祖习俗渐渐消失之外,其他习俗在淀山湖镇地区至今犹存。

三、婚姻习俗

淀山湖镇地区的风土人情有着江南水乡特色,尤其是婚姻的形式也多种多样,婚嫁期间的习俗活动颇有讲究。时代的进步,社会的发展,造就了淀山湖人的思想意识不断更新,适应着形势及环境的需求,消除了父母包办的封建婚姻,树立了自由恋爱的婚恋观及婚姻新风俗。"童养媳"、纳妾、抢亲、换亲等劣俗已绝迹。

(一)传统婚姻

1. 定亲

男方家长央请媒人(俗称"媒婆""介绍人")帮助物色对象。对象物色到后,媒人向女方家长要来姑娘的庚帖。庚帖写明姑娘的出生年、月、日、时辰,用毛笔书写于红纸上,也称为"生辰八字"。媒人将姑娘的生辰八字送至男方。男方接到后将生辰八字供在灶公龛前,再请算命先生推算合字,俗称"论八字"或"合八字"。男女双方的生辰八字如有冲克、不合,男方将女方八字退还;若没冲克,即由媒人告知女方,经女方父母同意后,商定聘礼。男方择定吉日,备礼金。中华人民共和国成立前,农村备礼以大米为主,附金银首饰;之后,聘礼以钱、物为主,由媒人带领送往女方,俗称"担小盘",也称"攀亲""定亲"。定亲当日,男方需备"求允"帖子,女方收礼后换上"允吉"帖子,表示双方同意定亲。

定亲后,男方选定黄道吉日结婚,结婚之前男方还要送重礼,俗称"担大盘"(也叫"彩礼")。女方收下后,同意男方选定的结婚之日,俗称"话着实"。也有女方嫌聘礼少,主要嫌"六礼""捏金钱"等少,还须讨价还价。"六礼"是赠送女方母亲生育抚养女儿辛苦的报酬礼。中华人民共和国成立前,以大米为礼,送六石六斗、六十六石六斗不等,一般20石米钱。中华人民共和国成立后,以人民币为礼,送六元六角、六十六元六角、六百六十六元六角至十六万六千不等,寓意六发、六六大发。"捏金钱"是赠送新娘子购买金器装饰品之类的费用,这一习俗沿袭至今。后曾提倡婚事新办,女方一度不收彩礼,但后来随着经济条件好转,彩礼也越来越多、越来越贵。当女方收礼后,女方父母忙着给女儿准备嫁妆。

2. 迎亲

女方按男方选择的良辰吉日结婚(一般逢阴历双日)。成婚之日,男女双方各自宴请自家亲朋好友。农村结婚一般需要三天排场,第一天称为"开厨";第二天称为"正日";第三天称为"荡厨",也叫"罢厨"。

"开厨"那天,女方将嫁妆送往男方家中,俗称"行嫁",其中必备嫁女的新被头、枕头要成双成对,被头内放红蛋、糖。嫁女新马桶(俗称"子孙桶")内放五个红蛋、米、赤豆、红枣等物。嫁女还要有新淘箩、饭箩(俗称"金饭箩"),内有一身新衣服、一双新鞋并用红方巾包扎(俗称"子孙包")。在"子孙包"上面放一棵用红纸包住根的万年青(俗称"运")。

"开厨"当天,男方送上"上头盘"至女方(俗称肚里痛盘),盘内装有一桌酒菜和一根猪腿、一条活鲤鱼(表示鲤鱼跳龙门)等。女方收礼后在空碗、空盆里放上几根咸菜(农村风俗不可以空碗盆回男方),其中一条活鲤鱼仍送回男方,俗称"游(有)来游(有)去"。

"开厨"那天,男方发"正媒帖子"邀请正媒(女方姑娘的娘舅或姑父)当晚到男方吃夜饭(俗称"载娘舅")。娘舅一到,男方先放"高升"(鞭炮),再请茶(陪伴娘舅喝茶吃果品),然后备酒席。酒席上安排娘舅那一桌在男方客堂的东北角(据农村风俗,"东北角"是最尊贵的)。娘舅一人朝南独坐,其左右各两人陪吃,称为"请娘舅"。饭后娘舅要送喜钱给厨师、茶担师。男方在送女方娘舅回家时又要放"高升"(鞭炮)欢送。

"正日"那天,男方备花轿,摇娶亲船去女方家。娶亲船要扎彩,船上彩旗飘扬,请丝竹班吹拉弹唱,船艄配备双橹,装好"开出跳",挑选村上身强力壮的小伙子摇船和抬轿,船头配备两名撑篙能手,船舱里停放花轿和丝竹班子人员座位。一切安排妥当,在鞭炮、丝竹声中出发,去女方村庄"载新娘子"。

此时男方家中布置新房,整理婚床,俗称"铺床"。婚床是新婚夫妇关系公认许可的见证物,也是传宗接代的重要场所,其意义的重要性不言而喻。"铺床"需挑选一对已婚、已生育男孩的夫妇和一对男、女小孩(俗称仙童、仙女)参与。

"铺床"要求新被头里放上五个红蛋,床上放两块蒸米糕、两根挑稻扁担、两根甘蔗、一杆秤。"铺床"开始,外面放鞭炮,男女小孩面对喜床叩头。这"铺床"习俗流传至今。

娶亲船摇至女方村庄,放鞭炮,船上丝竹声响起。娶亲船在村头至村尾的河道里摇四五个来回,俗称"打出势"。村上男女老少站在河边观看,十分热闹。之后,女方河滩头竖两竿竹,竹上用红纸包扎(以示停泊娶亲船处)。旧时规矩规定娶亲船不准停在非办亲事人家的河滩上。待娶亲船停稳后,轿夫抬轿上岸,丝竹跟随吹拉喜庆乐曲。花轿停至女方家门口,新娘上花轿前,蒙上红盖(是一块两尺见方的红布)。新娘上轿之前要哭,俗称"哭嫁""哭上轿"。俗话说:"新娘哭,娘家福。"如果新娘此时不哭,人家会说新娘子傻,没教养,没人情味,婚后也不好过。新娘不哭,嫂辈们劝哭:"哭两声吧,嘴里哭,心里愿,不哭两声不好看。"再不哭,母亲就会打哭、逼哭。之后,由新娘的哥哥或堂兄抱新娘上轿,乐队亲友伴送,在鞭炮声、丝竹声中花轿抬至娶亲船(俗称下亲船)。娶亲船离开时,只能由新娘的长辈来推开,或用已备好的船篙撑开。娶亲船离开,必须在女方村庄河道上再来回摇几次,方可离村回男方家。

娶亲船一路上会十分畅通,所有船只都会避让,甚至官船也会让路。如有娶亲船相遇,各放鞭炮,相互谦让而过。民间传说,天下娶亲船最大。

娶亲船摇至男方村庄时,伴随着鞭炮声、丝竹声,在河里摇上几个来回。此时,男方母亲要用提桶上河滩头舀满水,提到厨房内,寓意顺风顺水。花轿上岸抬至男方大门,由新郎的母亲首先迎接"子孙桶",之后新娘在喜娘(中国传统婚俗中在举行婚礼时男方所雇请的通晓礼仪的妇女)的搀扶下走下花轿。新娘开金口叫声"妈"。新娘跨入男方家大门槛后,双脚必须踩在麻袋上。两只麻袋有人不断拾起、交替移动,让新娘在麻袋上缓慢行走(寓意新娘来传宗接代)。其身后安排两名童男童女,拉着新娘的衣带,在新郎母亲的引领下,步入屋内,等候拜堂成亲。同时,邀请几个有生育男孩的妇女做"结亲圆"(一种汤圆),准备成亲拜堂之后,煮熟了供大家分享。

3. 拜堂

午后举行婚礼仪式,婚礼一般都在大客堂内举行。客堂中央摆一张用红布罩着的香案台,台上有大红烛、香炉(俗称"结亲台")。台前安放椅子、凳子。亲朋好友欢聚大客堂两旁。主婚人宣告新郎新娘拜堂成亲仪式开始,同时场外放鞭炮,堂内奏乐。主婚人高声喊道:"请迎光员入席,点燃香烛。"迎光员由父母双亲健在,并与新郎同辈的两个男青年担任,入席后站立在香案台两旁。接着请主婚人(男方家长)、证婚人(有名望的人)、介绍人就坐到香案台前的椅凳上。

新郎新娘入席。新娘在喜娘和新郎的搀扶下,踏着红地毯,从新郎母亲的房间走出,入席后站在香案台前的红毡毯上。此时,红烛高照,乐声不断。

证婚人、主婚人、介绍人分别讲话。

接着主婚人先后喊道:"新郎新娘拜堂,一拜天地、二拜高堂、夫妻对拜。"此时为婚礼高潮,高潮过后,大家尽可与新郎新娘嬉戏玩乐。

接着,新郎新娘手拉红绿"鸳鸯巾",在手持红烛的迎光员引领下,踏着红地毯到新房,拜堂仪式结束。

4. 祭祖拜家堂

拜堂后,祭祀祖宗,俗称"祭祖拜家堂"。接下来会亲,开宴,向亲朋好友敬酒。新娘子在喜娘和婆婆的陪同下,逐一向长辈行礼叫应,之后新郎新娘回新房。晚上闹新房至深夜,俗称"三朝呒老小,太公太婆闹一闹"。闹新房不分男女老幼,都可闹一会儿,图个快乐。

5. 回门、祭外祖

"荡厨"那天,新郎陪新娘备礼回望女方父母,俗称"回门",直到晚饭后才回男家。此礼节流行至现在。

喜事的第四天,农村里还盛行新郎在父亲的陪同下,肩挑一桌酒菜,上娘舅家去祭祀外祖宗,俗称"祭外祖"。

此前在"正日"那天,办喜事的男女双方都要请"账房先生"记录人情账。

20世纪80年代之前,农村盛行人情账簿(俗称"喜簿"),都用大红纸自制装订而成,并用毛笔书写。人情账簿封面中央用毛笔书写堂名,堂下写喜事人家姓氏,如"乐天堂浦""积善堂李""行善堂邱"等,两旁写上办喜事的日期。

人情账簿开页,先记娘舅、姑父,后写直系至亲。第一号为娘舅(娘舅诸多从大到小依次排序)。第一号改写为"元号",第七号改写为"巧号",第十号改写为"全号"。

"账房先生"记账结束后,要分别结算出"小礼"(见面礼)、"代衣"(指用来购买衣服的钱款)的金额,男方的"小礼"要给新娘,女方的"小礼"要给新郎;男方的"代衣"给新郎,女方的"代衣"给新娘;至于"茶叶包扎"(以前买茶叶、糖之类的,都是用纸包上、用线扎着)则给各自的父母。

(二)特殊婚姻

1. 童养媳

旧时,有的贫苦人家子女众多,无力把女儿抚养成人,就把她从小送给人家当童养媳。也有的贫苦人家生怕儿子长大后无力娶亲成婚,就从别人家领养小女孩,或者到育婴堂、孤儿院去领养女童作为未来的媳妇。这种未成年就入门的媳妇俗称"童养媳",多数童养媳处于小女婢地位,承担家务劳动,动辄挨打受骂,到了成年后草草完婚,称为"并亲""圆房"。一直流传着这样一句歇后语"童养媳妇做媒人,自身难保"。中华人民共和国成立后,此俗已绝迹。

2. 兑换亲

旧时农村里两户贫苦人家都无力娶亲,但孩子已长大到男大当婚、女大当嫁时,由中间人牵线搭桥,经双方父母同意,将双方的兄妹或姐弟互相换成亲,婚礼也比较简单,俗称"兑换亲"。中华人民共和国成立后,此婚姻仍有,但如今已基本消失了。

3. 招女婿(入赘)

招女婿,又称"倒插门",一般是女方无儿子,而男方又家境贫寒、多子,无力娶亲,经媒人介绍,男方就婚于女家,即入赘(男方落户女方,成立家庭)。按旧的习俗,男方到女方家入赘后,男方必须改姓女方的姓,俗称"改姓"。经三代后,可续姓原来的姓,俗称"还族"。生育的儿女都得姓女方的姓。中华人民共和国成立后,入赘男方多不改姓,但生育的子女仍姓女方的姓。

4. 钻火洞

旧时,丈夫死后,妻子成了寡妇。中华人民共和国成立前,寡妇要"从一而终",不得再嫁,再嫁被视为耻辱。若要再嫁,不但嫁妆简单,礼仪也没有,年轻寡妇为了支撑这个家庭,一心想嫁人,正如耘稻山歌《小寡妇上坟》所述:"清明时节雨纷纷,小寡妇打扮去上坟。白裙里厢露红裙,心田如麻昏沉沉。脚踏萋萋荒草坟,哭上亲人两三声。亲人茫茫不答应,拍拍胸脯要嫁人。"因为寡妇苦,男人入赘寡妇家如同钻进火炕一般,故男人进入寡妇家俗称"钻火洞"。

5. 顺风囡、返乡囡

中华人民共和国成立前,农民家庭贫困,娶媳妇或嫁女儿有一定的困难,只能在至亲之间通过友好协商,将哥、弟家的女儿嫁给姐、妹家的儿子,因侄女随着姑妈嫁给同一人家,如同风吹向同一方向,所以俗称"顺风囡",又称"亲上加亲"。

同样,有的将姐、妹家的女儿回嫁到娘家做哥、弟家的儿媳妇,俗称"返乡囡",也是"亲上加亲"。

中华人民共和国成立后,为贯彻实施新《婚姻法》,已废止"顺风囡""返乡囡"等亲上加亲、近亲结婚这些旧习陋俗。因近亲结婚者,其后代往往不健康,先天具有这样或那样的缺陷。

6. 叔接嫂

中华人民共和国成立前,兄长已过世,经长辈撮合,弟娶嫂为妻,简办婚礼后即可同居,俗称"叔接嫂";也有兄长接娶守寡的弟媳为妻者。中华人民共和国成立后,这种现象极少存在,如果有,也必须双方自愿,履行《婚姻法》规定的合法手续。

7. 抢亲

中华人民共和国成立前,抢亲有两种情况:一是男女双方已订婚,男方因经济贫困,无力办酒席行聘,而女方又不同意简单成婚,于是男方带领一帮小弟兄,事先谋划,伺机而动,趁女方不防备,突然袭击,新郎拉住未婚妻后,小弟兄们帮忙放鞭炮、吹喇叭,乐声一响,表示已成亲,既成事实,女方的左邻右舍不得干涉。如果姑娘反抗不从,则由公婆央人说服。

二是公婆阻止守寡儿媳妇再嫁,儿媳妇私自约新丈夫抢亲。也有个别婚姻是利用庙会、节庆场合或上坟机会,男方突如其来拉扯住女方,其他相帮人一拥而上,放鞭炮、吹喇叭,就算已成亲了,旁人不予干涉,这样的婚姻也能得到大家认可。抢亲一般都不办酒席。此俗在中华人民共和国成立后已绝迹。

(三)现代式婚姻

19世纪30年代,淀山湖的少数知识界人士接受文明婚礼,双方自由恋爱或经人介绍撮合,征得各自家长许可,在当地报端公布订婚启示,再择日举行结婚仪式。仪式由司仪主持,主婚人、证婚人和来宾先后致贺后,用鞠躬的形式,以示敬祖拜友。

"现代式婚姻"讲究婚事简办,移风易俗,有的举行集体婚礼。20世纪90年代,随着人民生活逐步改善,婚礼渐趋讲究,女方要求越来越高。男方必备婚房、轿车,婚房内电器、家具设备要齐全,装潢须新颖。男女双方家庭倾其财力,酒席越办越丰盛。但也有青年人要求节俭办婚事,提倡旅游结婚,甚至有的年轻人实行"裸婚"。

四、祝寿丧葬习俗

人的寿命有长有短,而最后总要走向人生的终点——死亡,这是任何人都无法抗拒及改变的生理规律。为此,人们形成了在人活着时候的祝寿的习俗,常常以"寿比南山"的颂语,祝贺年长者高寿;同样,人去世后的丧葬习俗,常常以"一路走好"来送行,期望死者在天堂或阴曹地府里仍是太太平平、安安稳稳的。

淀山湖镇旧时的祝寿丧葬习俗充斥着迷信的色彩,往往请和尚或道士念经拜佛、做道场,有些逝者的家人就是因为履行丧葬习俗而负债累累。中华人民共和国成立后,人民政府大张旗鼓地进行"破除迷信"的宣传教育,采取一系列的措施,促使淀山湖人步入移风易俗的正确轨道,喜事新办、丧事简办的习俗已蔚然成风。

1. 做寿

人们一般多于60岁、80岁做寿,也有30岁做寿者。大户人家的长者至花甲诞辰,由儿孙辈摆酒庆贺。生日前一天,女儿、女婿送上寿桃寿糕、寿星纸马、寿香寿烛,寿面寿筵等,称为"暖寿"。亲友等也送来寿幛、寿礼。生日当天,寿堂红烛高烧,寿幛高挂,寿礼纷呈。先由儿孙向寿翁拜寿,一般亲友拱手作揖为礼。开宴时奏乐、燃放爆竹,同时向邻里分赠寿面。

老人至66岁时称"逢关",须由女儿烧66块猪肉,吃了之后可顺利闯过此关,以达长寿。如今在淀山湖镇做寿之风犹存,但较简化,仅以寿面、蛋糕自家庆贺而已。不过,向亲邻分赠寿面之风俗仍旧流行。

2. 过生日

过生日与做寿的性质相似,只是年岁不同。过生日的主角绝大多数是孩童、学生或青年。某人过生日前,先向亲朋好友及同学发出口头、书面或电话邀请,说明某日生日,邀请大家来参加生日宴会。过生日那天,主人设宴(一般是晚餐)招待,主、客一起围坐在圆桌边,鸡鸭鱼肉等佳肴满桌,大家边吃边畅叙,快快乐乐,气氛活跃、融洽。进程约一半时刻,东家将生日蛋糕置于圆桌中央,蛋糕上插上代表年龄的小蜡烛,并点燃。这时全体人员边拍手边齐唱《生日歌》,活动达到高潮。主角站起来先默默许愿,寓意感谢父母长辈含辛茹苦的抚育,感谢亲朋好友的衷心祝愿,自己表示决心不负众望,日后不断进取,好运连连,幸福万年长……而后主角一一吹灭蜡烛,并切蛋糕发给众人。

事后,前来祝贺的所有客人送上礼物,其中,长辈也有送红包的,以表心意。

3. 丧葬

淀山湖镇地区旧时习俗中操办丧事一般要进行为期3天的丧葬活动,其礼仪具体过程比较烦琐。

村民家凡人亡故,其家属即将此噩耗讣告亲戚,俗称"报死""报丧",只报告给去世者的亲戚,不报给朋友,但朋友间可通过互传来吊唁。

村民亡故后,要替逝者净身,并将换下的衣服立即火焚,将逝者睡的床席、蚊帐丢抛至屋顶上或室外。然后,在客堂中央置一门板,将逝者从房中移出至客堂,俗称"转尸"。逝者躺在门板上,头南脚北,用清洁被单(面)盖上。脚上穿鞋,用一只巴斗套住其双脚,也有用巴斗套单脚的。头前挂白被单(或白篷单),称为"孝幕"。再放一八仙桌,称孝台。逝者头旁边点一盏油灯,一碗(盆)中放一个荷包蛋。油灯必须昼夜不灭。在孝台上点燃香烛,放些祭品。孝台前放一铁锅,内焚化锡箔纸钱或黄纸钱。逝者的子女等直系亲属都穿白衣,女性加穿白布罩裙,脚穿白鞋,腰扎白带,头上披麻;其他亲属扎白腰带,称"戴孝"。亲属昼夜守灵恸哭,称"守夜";朋友称"伴夜"。恸哭者中,与逝者是夫妻关系的称"哭亲人",逝者的子女称"哭爷娘",逝者的儿媳妇称"哭大人"。

丧事里请道士、佛婆念经,称"做道场"。逝后3天,尸体放入棺材(入殓)。入殓前死者穿新衣服、新裤、新鞋子。逝者一般要穿7件衣,称"七个领头"。入殓棺材里放石灰包、黄纸和逝者生前喜爱的生活用品,俗称"陪葬"。出殡前办丧事人家请人专门记录亲朋好友的吊唁钱额,俗称"吊好钱",记录簿称"丧簿"。

出殡前子女、亲友在逝者棺材前挨次跪拜作揖,子女重孝披麻着白,扶着棺材抬出客堂。相帮人立即摔碗盏,道士吹哀乐。待逝者棺材出客堂后,客堂间马上用大扫帚扫地。如巧遇死者是81岁的,农村里还有风俗习惯:相帮人在客堂里除了摔碗盏外,还要摔一把算盘在地上,意思是"八十一岁死,九九八十一,财运被算尽"。摔算盘或碗盏表示怨情被算尽、算完(算盘表示"清算","碗"与"完"方言音近)。丧事过后,逝者子女在农村里讨百家饭,示意财运算完,要重新开始过上苦难生活(最穷苦困难的就是讨饭人)。讨饭如讨到姓"万""范""樊"的人家,算讨到了万家饭,表示苦尽甘来,这一习俗在农村至今尚存,但讨百家饭的习俗已不再存在。

逝者出殡时,随行人员一路上撒锡箔纸钱或黄纸钱。子女、亲友簇拥着送棺木至坟地。逝者的棺木送至墓地,在当时有两种情况。一是将棺木放置于墓地上,用稻草遮掩,待后选择吉日,再入土埋葬;也有棺木四周用砖砌,上面用土瓦遮盖者。二是当逝者的棺木送至墓地,直接入土深葬,俗称"热落葬"。送殡的子女、亲友回来,须在逝者家场角处的火堆上用脚甩一下,寓意焚晦气。

回丧后,在客堂一角设灵台,白布摊于台上。台上点香白烛,立牌位,俗称"坐台"。当晚宴请亲友,俗称"吃回丧夜饭"。

4. 祭七

从去世之日起算,第七天为"头七",直至"七七",称为"断七"。每逢七期,家人于灵台燃香点烛,烧锡箔元宝和纸钱,设供品,跪拜祭祀,同时还须痛哭一番,称为"祭七"和"哭七"。其中以"五七"最为隆重,丧家须请僧、道做法事,超度亡魂。富户人家预先须发讣告,设祭受吊。在"二七"和"三七"之间,还有一次"回殃",也称"接",据说当天亡人幽灵要回来一次,回殃日期由道士按逝者出生年月日时推算而定,届时家人举行祭祀仪式。

5. 忌日

逝者去世后的周年称为"忌日",自一周年至三周年,每逢忌日设奠悼念,富裕人家还要请僧、道做道场。三周年过后即为"满孝",举家脱去孝服,丧事正式结束。

中华人民共和国成立后,丧事从简,家属向亲友报丧、发讣告,接待亲友吊丧时,亲属腰系白带,或穿白衣,吊丧亲友佩黑纱。大殓时,举行向遗体告别仪式。火化后,家属将骨灰盒接回家中或存放于火葬场存放室,再择日葬于公墓。

五、渔民风俗

淀山湖镇是一个因湖而名的江南古镇,水域广阔,水资源和水产十分丰富,渔民占有一定的比例。渔民曾在较长的历史时期内,几代人依水傍湖生活在船上,船为连家船,既是生产资料,又是生活资料。"吃喝拉撒在船上,船舱儿女船头网,破衣烂衫苦菜汤,风波浪里度时光"是旧时渔民生活的真实写照。

自古以来,渔民们长年累月地与水打交道——以水为家,以捕猎鱼虾等为收成,以"敬水拜天"独特的渔民风俗,形成了一种祈求平安生息的渔家文化,是不可忽视的中华民族文化的重要组成部分。

经过渔业社会主义改造,1968年开始,淀山湖镇的渔民陆续到陆上定居,称为"上岸"。直到改革开放后,完全脱离了船上生活。定居后的渔民,生活习俗与农民相似。

另外,值得一说的是淀山湖的渔猎文化。

江南水乡,也是江南渔乡。有水就有鱼,有鱼就有相应的生产方式——渔猎经济,在此基础上形成新型的渔猎文化形态。在远古时期,由于淀山湖地区的农业不够发达,该地区老百姓的生活来源主要是依靠渔猎经济。《管子·轻重丁》云:"渔猎取薪,蒸而为食。"十分形象而贴切地反映了渔猎经济的主要特征。在渔猎经济的基础上,形成了淀山湖地区富有特色的渔猎文化。

1. 打造新船

一般渔民人家都会备大、小两只船,大船为家庭生活和贮藏物品用,称连家船;小船则作为外出作业打鱼之用。渔民打造新渔船,用料十分讲究,富裕人家都用材质上乘的柏树打造船只。古时,度城有一个很大的船厂,主要打造网船。网船普通大方。船上分几个隔舱,甲板层又用模板(平基)分隔成上、下二层,船头和头舱底层穿孔通水放新捕获的鲜鱼,中舱下层贮放物品,上层是吃睡、会客、办红白事宜的地方,后隔舱放渔具和柴火,船梢连后舱是厨房,灶是用陶土做的"行灶"或用烂泥做的"泥灶"。船艄和后舱也叫"火舱"。这个说法后来延伸至形容人们安排生活、过好日子的俗语叫作"开火舱"。

渔民们把打造新船看作一件头等大事。什么时候开始动工、哪天举行上"肉肋"的仪式、何时下水试航,事先都要选好他们认为最吉利的日子和时辰。

渔民称船舷为"肉肋",造船"上肉肋"的仪式就如同陆地造房屋"上梁"的仪式一样隆重。

新船"上肉肋"的那一天,主人计算好良辰吉时,新船旁边摆上供品、点燃香烛,再恭请"太平菩萨"。因为渔民们外出捕鱼,所企盼的头等大事就是太平。新船已经成型,"肉肋"也已按上,只不过还未钉上最后几枚钉子,几个造船的大木师傅手持斧头立于系着红布条的新船两边"肉肋"旁,"砰!"随着响亮的敲击声,大木师傅抡起了斧头,把最后几个钉子钉下,接着是一阵"噼噼啪啪"的炮仗声和人们发出的欢呼声。这一天,大木师傅的工钱是双倍的。中午,船主人家里会置办几桌菜肴丰盛的酒席,名之曰"上肋酒"。

2. 新船下水

新船下水要定黄道吉日,下水前,一要喜钉。船头要钉四条红绿布条,上钉的时候,船主为了讨个吉利口彩,故意藏开一只,等木匠来寻,寻不到时向船主要,木匠说:"东家,还要一只喜钉。"船主高兴地拿出来,有望今后发财添船。二要祭祀。新船上要点香烛,摆果品、糕点。用八个盘(或盆子)放八样东西:鲤鱼表示大吉大利;定胜糕表示定定心神;云片糕表示平步青云;糖元宝表示恭喜发财;百合表示百年好合;糯米赤豆饭表示团团圆圆;最后一个盘子放一只脚炉,内放用糯米粉捏成的万年青、石榴、葱、秤、鲤鱼等10种物品,称为聚宝盆,分别谐音万年兴旺、事事称心、节节升高,寄寓渔民对美好生活的向往。三要贴对联。新船船头喜钉下要贴一个大红的"囍"字,二扇船门上贴一副对联,如"生意兴隆通四海,财源茂盛达三江"等。

3. 渔民的禁忌

渔民长期在水上生活,产生了与农民不同的习俗和禁忌。

① 不准在船头上小便。渔民认为在船头小便对菩萨不敬,又说小便会激起水声,吓走鱼虾;吃饭时盛饭说"添饭"。因为"盛"与"沉"是谐音,要禁忌。吃饭不说"盛",渔船才"不沉"。用过饭要把筷子搁在饭碗上,表示吃饱了。

② 吃鱼不准翻身,筷子搁在碗上不得直接放在船上。又忌说"搁""翻",因为这两字不吉利,会导致船搁浅和翻船的事情发生。吃鱼时,热情好客的主人以筷指

鱼示请,待客人尝第一筷后,宾、主才一道食用。吃鱼时不能挖鱼眼,必须吃了上段、剔掉鱼骨后再吃下段。为此,总是由主人预早持筷,从鱼刺的空缝里伸进去,细心地拨拉出整块的鱼肉请客人食用。以此示范后,客人就会自动按此法食用而不去翻鱼身。渔民还有不能挪动鱼碗的规矩。在吃鱼时不仅筷子不能拨翻鱼身,嘴也不能说"翻鱼身",主人总是在做示范动作的同时说:"顺着再吃!顺着再吃!"

③ 渔民重男轻女,禁忌也很多。如新娘不满月不准上别人家的渔船串门。因新娘一上男家船,就担当烧饭做菜等家务,因此称之"火脚""烧脚",上了别人家的船,会触霉头起火。若触犯禁忌,长辈可以将新娘赶跑,并鸣放鞭炮以禳火灾。

④ 渔民不读书。认为"打鱼为生、代代相传",识字没有用,捉点鱼虾,可以籴米买柴,生活就过得去了。渔民过节意识淡薄,每逢春节外出讨年糕。

⑤ 渔民家庭,妇女生小孩不请接生婆,都是左右邻舍女人相帮的;女人们不坐月子,一生下孩子就得干活,但身体挺结实的。

⑥ 渔民与水结缘,一般不与岸上人交往,岸上人开展的划龙船、摇快船等活动,渔民只会观看,从不参加。原因何在?至今还是个不解之谜。

⑦ 农民落水,渔民看见了也不来相救,因为若相救,渔民自身会触霉头。

4. 渔民的宗教信仰

淀山湖渔民大多信仰天主教,一人入教,全家信教。信教的渔民有特殊的生活习惯,从而也形成了特殊的风俗。比如说,在清明、冬至或者圣诞节等这样的时节内,他们会趁着休渔期,上岸置办物品,举办婚礼,顺便再休闲娱乐一下。因为对于大多数与水为伴、四处漂泊的渔民来说,平日生活很辛苦,上岸的机会很少,更多的时候,他们要为生计而发愁和辛勤劳作。

渔民们每天下午收网回转,船一靠岸,男女一边整理渔具和做饭,一边就喃喃念经,天天如此。并每周一次去天主堂听经(做礼拜),渴求天主保佑生息平安。

渔民没有故地,去世后便埋在天主教设的公墓或渔船停泊处的"化人台",所以渔民清明不上坟,逢节不祭祀。

渔民敬奉水神水仙或龙王。认为每年五月五日,是水仙生日。这一天,渔民要到水仙庙或龙王庙烧香。而平日里渔民很少烧香。

六、其他习俗

在淀山湖镇这块风水宝地上,我们祖先在生存、繁衍和发展过程中,留下了许

许多多灿烂的文化瑰宝、丰富的精神素养和优良的传统习俗,除了以上所描述的传统习俗外,还在衣、食、住、行诸方面,形成了格局不同的其他习俗,如在生育、建房、攀亲、拜师、立嗣等重大事情上,都彰显着淀山湖镇别有风趣的习俗,凝聚了淀山湖人对美好生活的向往和追求。

1. 生育习俗

(1) 催生

新婚妇女怀孕后,在临产前一个月左右,女方父母有催生的习俗。即孕妇娘家将苦草、喜面、水果、婴儿小衣服、鞋帽、尿布,以及一只公鸡送至女婿家,娘家还准备粽子、团子等分赠给乡邻、亲友,即为"催生"。

(2) 献三朝

产妇俗称"舍姆娘",婴儿诞生后数天,一般3天,男方要办"三朝酒"。男女双方的至亲朋友都要去男家赴宴、送糖钱,有的人家要祭祖。接生喜娘要请来吃饭,产妇要起床活动一下。娘家送上红蛋、小床、米糕、团子等礼物。主人饭后将红蛋、糕团等物品分赠亲戚邻里。赠送给亲戚邻里的红蛋要成单数,一般为3只或5只。此习俗如今仍有,但不只限于3天(朝)。

(3) 做满月

婴儿出生满一个月,娘家要送"满肚饭"给产妇吃。婴儿要剃胎头、修指甲,把胎发搓成团,连同其他饰物,穿上丝线,挂在蚊帐上(或床头)。设宴请客吃"满月酒",也有双满月宴请的。此习俗现在仍有,一般做了三朝就不做满月。满月酒也不只限在满月或双满月,在合适的日期都可以办。

(4) 搭纪(搭期)

新生儿到周岁时,男方办酒席请客,叫"过周岁",俗称"搭纪"。亲朋好友赠送首饰、玩具、蛋糕、水果、喜面、衣服、红包等以示庆贺。"搭纪"之日,家人把婴儿抱出和诸亲友见面。20世纪80年代后由于一家只生一个娃,故人们对生育庆典活动更加重视。有的农户重兴旧俗,但大部分农户只保留吃"三朝饭",喝"苦草汤",发红蛋。一般在婴儿面前放些书、笔、算盘、钱币、小玩具之类物品,任婴儿去抓去拿以观其将来前途命运,俗称"抓周"。

现在一般人们在"三朝""满月""搭纪"之间只择其一操办酒席,请亲朋好友来一起庆贺一下。

2. 建房习俗

（1）看风水

旧时建房造屋要先请阴阳先生看风水，定好地块作为宅基，择吉日破土动工。

（2）开工酒

一旦造屋开工以后，东家每天以鱼、肉、酒、菜招待泥木工师傅，每次用餐时的座位，泥木工"作头师傅"的位子是固定不变的，寓意为其所造的房屋牢固。

（3）上梁

正梁上贴红纸横幅，左右正柱上贴红对联，叫"赏红"。上梁时要放高升、鞭炮，从梁上抛下喜糖、铜钱和馒头，说吉利的话，诸如"抛梁馒头抛梁糕，东家房子造得好"等顺口溜或口诀。围观群众和造房的帮工们翘首以待，争相接抢，同时观看"作头师傅"行走于正梁上，边走边唱"上梁歌"的表演。这时，从正梁两头各放六只高升，之后，东家将馒头、糕点分送给泥水木匠、亲朋好友当点心，也分送乡邻，并当天设宴招待诸亲朋好友，俗称"吃上梁酒"。中华人民共和国成立后，上梁仪式已经简化。

（4）进宅

新房完工后，东家择良辰吉日，再次宴请亲朋好友。娘舅家会馈赠一篮圆子、八块整糕、两根甘蔗、两根青竹（有竹梢）及淘箩、竹篮、碗、盆、筷子等物品，并把娘舅家送的糕、团子等分赠给乡邻、亲戚，东家备酒席，俗称"住屋酒"。这一习俗延续至今。

现今人们购买商品房或住进拆迁安置房，省略了较多习俗，但办酒筵还较流行，招待至亲好友吃一顿，其性质由"吃上梁酒"延续而来。

3. 攀过房亲

这是一种特殊的认亲方式，农村里盛行。据说孩子认了"过房亲"以后，可以减少疾病的困扰，免除灾难。攀过房亲是在"过房爷娘"新婚婚礼时，孩子随父母带上面、鞭炮等礼物，举行简单仪式后就认可了。孩子认过"过房亲"后，就要叫寄父、寄母，有的称"好爹""好娘"，也有称"过房爷""过房娘"的。有钱人家攀过房亲，要供寿星像，孩子由父母带上礼物，在红地毯上拜过神佛，再下跪认寄父母。寄父母要给寄儿、寄女见面钱，到过年时要送压岁钱。此俗至今犹存。

4. 立嗣

旧社会，若有子女未成家就死亡，或夫妇未能生育的人家，为延续香火，找近房近亲的男孩立为己子,继承家业,称"立嗣"。也有找外姓人立嗣的,但很少。

5. 谢师宴

旧时拜师学艺要央人介绍作保,请"拜师酒"。学成后,艺徒要请"谢师宴""谢师酒"。徒弟尊师如父母,逢年过节要上师父家拜望送礼。徒弟有"学三年、帮三年"的习俗。

20世纪下半叶,当学生初、高中毕业后,考取了上一级学校,特别是重点学校或名校,为了感谢母校恩师的辛勤教诲,特在某日晚上举办谢师宴,邀请老师、同学、亲戚朋友前来庆贺。这既表示某家子女日后前途无量,也表示某校教育质量高。

6. 农民"合会"

在淀山湖镇地区的一些自然村里,农民自发组织在经济上的互助合作形式,叫"合会"。据有关资料查证,合会在民国时期最为盛行。那时候守信善良的农民会用"合会"来解决家庭中暂时的经济困难。"合会"办法简单易懂,操作方便,所以,一直被广大农民认可,这种习俗相沿到中华人民共和国成立为止。淀山湖地区这种合会叫作"摇米会"。

据说"合会"最早由度城一带开创,度城是民间"合会"的发祥地。追根溯源要到唐朝年间,黄巢起义军在度城地方筑城驻守,起义军在黄巢的带领下,军纪严明,爱民如子,不拿老百姓一米一柴、一针一线,在农忙时节还帮助老百姓耕种收割;农闲时候帮助老百姓盖房修屋;平时防匪防盗,为老百姓看家护园。起义军是老百姓的保护神,深受度城一带老百姓的爱戴。老百姓为了表达对起义军的感激之情,每逢大年夜,各村百姓纷纷自发送粮送物慰问起义军。有些贫苦百姓家虽然困难,但为了了却这桩心事,穷人有穷办法,组合几家亲戚朋友,携手帮助去支援起义军。这样年复一年轮番合作,逐步形成了一种民间互帮互助变相借贷的合作形式,后来,逐渐推行至四乡八邻。

自古以来,淀山湖镇地区农民家庭都是以种田为生的个体经济,一旦遇到天灾人祸,或者为了添置耕牛、农船等大型农具,或者为了改善居住条件,造房修屋,或者为了儿女谈婚论嫁办喜事,长辈们没有相应的经济实力,这时候,当地农民首先想到的是通过民间流行的"合会"来解决困难、渡过难关。摇米会的入会者一般上缴会米20石。

"合会"首先由"头会"发起人召集"合会"人家聚在一起商讨,因为发起户往往有大事要办,急需经济来源。由他邀请亲戚朋友,少则几家,多则十几家,经多次接触联系后,选定具体日期,相聚在召集人家里,并由他家设宴款待大家之后才共同商量成立"合会"事宜。首先确定"会米"数量(当时都以大米为定价标准)和缴"会米"的时间。为了郑重其事,防止口说无凭,当场要立下"合会"协议书,并由"入会"户主盖章或揿手印作为凭据。一般发起人为"头会"(首先收"会米"),那么谁来拿"二会"(第二个收"会米")、"三会"(第三个收"会米")……呢?这要以"着骰子"的形式来安排顺序。这"着骰头"的过程叫"摇会"。那时有民谣说:"合会好,合会好,头会跑得脚底泡(苦),二会现成饭吃饱(甜)。"意思说"合会"起头人常常走这家亲眷、跑那家朋友,横请竖邀,表述己见,好话说尽,最后约定好日期,才把亲朋好友请约到家,总算把"会"合起来,而"二会"坐享其成凑现成,一转眼第二年马上就能获回报。

这期间,如果有入会人家发生意外事故,遇到困难,可以缓缴"会米",但诚实守信的农民宁愿自家苦,也不会欠"会米",都能按时缴付清。假如其中某户遭遇天灾人祸,困难深重,"合会"众家一起协商,一般都会同意让他家提前收取"会米",及时帮助他家渡过难关。以上这些内容尽管在"合会"协议书上没有写那么多的明文细节,但老实诚信的农民兄弟一旦成为"合会"成员,大家就情同手足,互相尊重,互相关心,不失约,不失信。古往今来,"合会"这种民间借贷互助的合作经济形式能帮助贫苦农民顺利渡过难关,其作用功不可没。

7. 穿着习俗

淀山湖镇地区村民的服饰、鞋帽等穿着,在不同的场合、不同的时节有着不同的讲究,且男女的打扮也有区别。

改革开放以前,每到"水黄梅"插秧季节时,淀山湖镇地区干活的农村妇女们普遍身着长袖衣裳,双臂套一副"套袖",腰部结一条"短作裙"(与膝齐)或"系身头"。插秧身体弯腰,有的将"系身头"反结在腰部,"系身头""短作裙"防日晒,便于出手,又方便妇女野外小解。

妇女赤脚,穿一双自制"布脚套"(后来穿农田袜、塑胶农田靴),主要防水田里的杂物划伤脚或虫子叮咬。

头上扎兜头。"兜头"其实是一块方形布料头巾,但不称"兜头巾"或"兜头布",与"背心"不称背心衫或背心衣的道理相同。这种习俗是村民在长期生活中形成的习惯。

在田间劳作,妇女扎兜头尤为重要。兜头虽小作用大,一来插秧要弯腰垂头,可防长发遮住眼睛;二来挡风护发,使头颈部、脸部免受烈日暴晒。另外,妇女扎兜头在收割脱粒时可保护头发不受草屑、灰尘污染,在风寒天劳作时又可起到帽子那样的防寒作用。不同年龄段妇女的兜头色彩不一,老年妇女为黑色,中年妇女为拼色(几种颜色的布拼合而成),年轻姑娘以花色为主。兜头的质地有的是棉布,有的是丝绸料。所扎兜头的形状有长方形、锥形、蚌壳形等,看各人手艺、喜爱而定。

兜头的缺点是,那些长头发妇女在扎兜头前先要"盘头发",就比较费时间。

在"水黄梅"季节里,干活的男人们大多数头戴席草凉帽或自编麦柴帽;身穿粗土布衣裤;赤脚,有的也穿长筒布脚套,他们多干挑泥、挑秧、经绳、抛秧等农活。

农村里男人要是挑旱泥,大多脚穿自己编制的"草鞋",秋种时穿"蒲鞋"(后来穿橡胶跑鞋)。

耘稻时,男人身穿"草裤"或骑"耘稻竹马",手指头上套着"竹节头袋",双腿跪着在水稻行间爬行,两手不停地在稻棵旁边挖、拉、拔杂草,缓慢前进。

妇女们耘稻也同样手指头上套"竹节头袋",在田间稻行里弯着腰,双手不停地拔拉杂草而缓慢前行。

8. 结拜小弟兄与小姐妹

这种习俗,在淀山湖镇中的金家庄最为流行。

小弟兄、小姐妹并不是有血缘关系的弟兄或姐妹,也没有像《三国演义》中桃园结义的弟兄或姐妹的山盟海誓,同族、异姓皆可,其中有部分是堂兄弟或表姐妹的,可以是同村或异村年龄差距不到三五岁的人。人数可以是七八个,也有十几个的。金家庄在历史上什么时候开始有小弟兄或小姐妹的,目前已无法考证,这大概与金家庄人的性格和金家庄特殊的地理位置有关,人们外出必须经过淀山湖,如果在进出其过程中遭遇危险,这时若有铁哥们儿或"铁姐们儿"出现,就可以帮助渡过难关。于是,金家庄就出现了小弟兄或小姐妹,延续至今,且影响邻村也流行这种习俗。

在小学读书的时候,要好的几个同学经常一起玩耍,这就是小弟兄的萌芽形式。当其中一个同学被老师关夜学或放学后在校扫地,其他几个同学就背着书包在外等或帮他一起扫地,放学后一起打弹子、打铜板、叉铁箍,或一起去湖滩边学游泳,到人家豆地里去偷蚕豆烧来吃。他们彼此之间十分熟悉,一起欢笑、一起调皮。随着年龄的增长,彼此关系更近,会经常在一起吃讲聚(几个人聚在一起撮上一顿)。休息时间,一起去找吃的,一起拷溇潭(抽干池塘的水而捉鱼),将捉到的鱼、虾、蟹、黄鳝等作为菜肴,也可以通过你拿米、我拿蛋的方式,组合成一顿丰盛的菜肴,这也叫"劈硬柴"。因他们从小就串门,彼此家长对他们十分熟悉,谁都愿意为他们烧菜、备酒等。

小姐妹的形成在校时与小弟兄相仿,离校后,要好的同学相互串门,一起经纱接纱、纺纱织布、做鞋子、学做衣裳,以至趁铺(两女一同睡)。日子久了,便成了小姐妹,有时,小姐妹彼此的亲密程度胜过亲姐妹。

随着年龄的增长,到了择偶、完婚期,弟兄们在吃讲聚或在桥头纳凉时,物色意中人。当某弟兄有了意中人之后,告知家人,众弟兄也会鼎力帮忙。比如晚上陪同一起前去姑娘家。如若另一帮弟兄也看中同一个姑娘时,就会造成两帮弟兄冲突。当某弟兄举行婚礼时,如果新郎缺东西,弟兄们会将所需东西拿出来借给他。当一个小弟兄正式结婚时,搭棚、借台凳、告客、杀鸡、杀鱼、值盘、送下饭、送下亲六理、抬轿子、摇船、敲铜鼓、接行埂、移化烛等事情,都是小弟兄担当的义务。吃喜酒时,小弟兄也要送礼。当日,小弟兄的权利就是喜果可以随便拿,吵亲可以无休止,甚至可以恶作剧。例如,新婚第三朝,其他弟兄可以挖门或潜入新房内,等新婚夫妇入睡时,将他们盖在被头上的上衣及裤子全部拿光,让他们起不了床。次日一早,去探望新婚夫妻,与他们讨要喜糖和烟等。

一帮弟兄、姐妹全部完婚后,随着家庭事务的增多,小弟兄、小姐妹见面的机会相对减少,其亲密关系也进入淡化期。只能定期或不定期聚会一两次。虽然平时见面的机会少了,但他们的感情仍在。只要其中有一个家中有事,如遇上造房、婚丧嫁娶、添丁等事宜,其一帮小弟兄、小姐妹从头到尾都会帮忙出力。如若其中有一个生病,其他弟兄、姐妹定会前去探望。年龄大了,如果哪个小弟兄、小姐妹先走一步,那其他小弟兄、小姐妹都会去送最后一程。说是小弟兄、小姐妹,其实有时候与亲兄弟、亲姐妹并无二样,只是随着各自成家后,小兄弟、小姐妹的关系也在逐渐弱化。

9. 茶馆喝茶

在淀山湖镇的中心地杨湘泾村和其他大的自然村如金家庄、榭麓、度城、神童

泾、白米泾等居住户较多的村庄,村民历来有聚集到茶馆喝茶的习俗。

去茶馆喝茶的大多是年龄较大的男性。民国年间,年龄在40~50岁已算是老人了。他们在上午8~9点钟吃早茶,9点钟后回家吃饭干活。到了茶馆,说东道西地聊聊天,听到的新鲜事儿较多,比如哪个村上出了个好媳妇,勤快贤惠、孝敬公婆;哪个村上的某位小伙子力气特别大,可用双手擎起牛缆石(系牛大石头,重约35千克);等等,大家彼此交换各种新闻或小道消息,互相扯谈。茶馆里还有说(唱)书先生,一旦有说书,茶客天天络绎不绝,尤其是杨湘泾村的一些茶馆店。

在有些村庄里,如度城、神童泾等村,女人们则在下午一两点钟相互邀请吃茶,茶果有自家腌制的瓜条、咸菜,还有瓜子、糖之类,而且一家家轮着吃,很有乡风情味。盛夏季节农村里备有大麦茶和绿豆汤,取代红绿茶。

除了到茶馆喝茶外,有些村庄的农民还购置铝制的大茶炉子,对外做生意,同时备有很多碗筷、调羹、茶壶、毛巾等饭桌上的用品,还备有各种挂灯、五颜六色的横幅。规模大一点儿的还备有新娘子坐的彩轿,主要为结婚大喜人家服务……其生意也很兴隆。这就是人们所说的"茶担生意",主要是为红白事宜服务的。

10. 酿酒

中华人民共和国成立前,淀山湖地区除少数贫困人家外,一般家家都做米酒。淀山湖人自古就会自己酿酒。在度城一带,民国前大多人家栽香柑(一种熟透后可以像橙一样好吃的水果),米酒中放入香柑汁,酿造的酒既香又甜。传说南宋韩世忠的士兵最爱吃这种米柑酒。从度城潭挖掘出的大批韩瓶就是佐证。

自家做米酒时,大户人家一般做3石米,中户人家做1石半米,小户人家做1石米,农民常年都喝这种自酿的酒,很有乐趣。这种自家做酒的习俗一直延续到中华人民共和国成立后,1954年国家实行粮食统购统销后,做米酒的人家就很少了。

11. 做土布

中华人民共和国成立前及成立后的一段时间内,淀山湖地区农家有做土布的习俗,村民的穿着大多靠妇女纺纱织布成衣。家庭纺织设施简陋,只需纺车和布机。妇女们种岸边稻(一种种在田岸边的早熟稻),将其收割后出售,所得的钱用来买花絮洋纱。中华人民共和国成立后,"合作化"时期,农村分了自留地,妇女们在自家自留地上种棉花后纺纱织布,做成土布。改革开放后人们就不再做土布了。

第三节 温文尔雅的传统礼仪

中国素有"礼仪之邦"之称,十分重视礼仪文明。礼也成为我国传统文化的重要组成部分,礼文化深深烙在中华民族的秉性之中,虽经沿革、嬗变,礼之精神却始终难以割舍。其实,早在上古时代,讲究礼仪就已成为先民生活中的重要内容之一。春秋战国之时,礼典名目繁多,蔚为大成。孔子曾说:"不学礼,无以立。"因为礼是一个人为人处世的基本原则,不懂得应有的礼节就难以立足于世。礼之于人,可谓重要。

礼在传统社会无时不在。如今,礼仪是人们日常生活中所遵守的道德规范和行为规范,维系着社会良好风气。我们不能轻视、忽视礼仪这一传统文化中的经典,仍然要重视礼仪,日常生活要受到礼仪的约束,出行有礼,坐卧有礼,宴饮有礼,婚丧有礼,寿诞有礼,祭祀有礼……

淀山湖镇传统礼仪中有诚敬谦让、和众修身的礼仪原则,推动着淀山湖镇礼仪精神文化的发展,如今仍然值得提倡。诚然,对传统礼仪的继承,应遵循适应时代发展的原则,必须认真辨析,择善而从。

淀山湖镇的主要传统礼仪有以下一些形式。

一、行走之礼

行走之礼就是在行走过程中要注意体现出对于人际关系的处理原则。在古代,淀山湖镇都有行走的礼节。古代常行"趋礼",即地位低的人在地位高的人面前走过时,一定要低头弯腰,以小步快走的方式对尊者表示礼敬,这就是"趋礼"。

传统行走礼仪中,还有"行不中道,立不中门"的原则,即走路不可走在路中间,应该靠边行走;站立不可站在门中间。这样既表示对尊者的礼敬,又可避让他人。

二、见面之礼

见面之礼——人们日常见面既要态度热情,也要彬彬有礼。如何与不同身份

的人相见,都有一定的规矩。比如一般性的打招呼,传统的行拱手礼。拱手礼是最普通的见面礼仪,方式是双手合抱(一般是右手握拳在内,左手加于右手之上)举至胸前,立而不俯,表示一般性的客套。

做客时,在进门与落座之际,主客相互客气礼让,这时行的是作揖礼,称为"揖让"。作揖同样是两手抱拳,先拱起再按下去,同时低下头,上身略向前屈。

三、作揖跪拜之礼

作揖礼在日常生活中为常见礼仪,除了在上述社交场合施行外,向人致谢、祝贺、道歉及托人办事等也常行作揖礼。身份高的人对身份低的人回礼也常行作揖礼。传统社会对至尊者还有跪拜礼,即双膝着地,头手有节奏触地叩拜,即所谓"叩首"。现今跪拜礼只在我国偏远乡村的拜年活动能够见到,一般不再施行。

四、入座之礼

入座之礼是指传统社会礼仪秩序井然,座席亦有主次尊卑之分,尊者上坐,卑者末坐。何种身份坐何位置都有一定之规,如果盲目坐错席位,不仅主人不爽,自己事后也会为失礼之事追悔莫及。

如果自己不能把握坐何种席次,最好的办法是听从主人安排。室内座次以东向为尊,即贵客坐西席上,主人一般坐在东席上作陪。可安排年长者坐在南向的位置,即北席。陪酒的晚辈一般坐在北向的位置,即南席。

入座之后,饮食时人体尽量靠近食案,非饮食时身体尽量靠后,此即所谓的"虚坐尽后,食坐尽前"。有贵客光临,应该立刻起身致意。这一风俗在淀山湖镇一直延续至今。

五、饮食之礼

饮食是人生命之根本。饮食之礼在我国古代就有一定的规则及形式。

淀山湖镇地区的人们,传承先民们的礼仪之精神,尤其在聚餐会饮时,履行"以飨燕之礼亲四方宾客"的规则,常常如同上演一幕幕礼仪活剧。迎宾的宴饮称为"接风""洗尘",送客的宴席称为"饯行"。宴饮之礼无论迎送都离不开酒品,"无酒不成礼仪"。

宴席上饮酒有许多礼节，客人须待主人举杯劝饮之后，方可饮用。客人如果要表达对主人盛情款待的谢意，也可以在宴饮过程中举杯向主人敬酒。在进食过程中，同样先由主人执筷劝食，客人方可动筷。这符合"与人共食，慎奠先尝"的古训。

先民们创立的一些进食规则，也被淀山湖镇地区的人们传承着，如"当食不叹""共食不饱、共饭不泽手""毋投与狗骨"等，主客相互敬重，营造出和谐进食、文明进食的良好氛围。

六、拜贺庆吊之礼

中国自古就是一个人情社会，人们相互关怀、相互体恤，在拜贺庆吊中有许多仪礼俗规。拜贺礼一般行于节庆期间，是晚辈或地位低的人向尊长行的礼，同辈之间也有相互拜贺的。行拜贺礼时，不仅态度恭敬，口诵贺词，俯首叩拜，同时也得有贺礼奉上。庆吊之礼主要行于人生大事中。人的一生要经历诞生、成年、婚嫁、寿庆、死亡等若干阶段，围绕着这些人生节点，形成了一系列人生礼仪。

1. 拜年

拜年是中国民间的传统习俗，是人们辞旧迎新、相互表达美好祝愿的一种方式。关于拜年习俗的由来有这样一个传说，古时候有一种怪兽，头顶长独角，口似血盆，人们叫它"年"，每逢腊月三十夜，它便窜出山林，掠食噬人，人们只好备些肉食放在门外，然后把大门关上躲在家里。到初一早晨"年"吃饱扬长而去后人们才敢开门相见，作揖道喜，互相祝贺未被"年"吃掉，于是拜年之风流传下来。

初一一大早，晚辈们便三五成群地来到长辈家中拜贺，恭祝长辈新年快乐、万事大吉。长辈们便拿出糖果招待。看望完一个长辈，会接着去看另一个长辈。长辈不分亲疏，只要同住一个村子，辈分高者为长。遇有同辈亲友，也要施礼道贺。

初二至初六的几天里，会去看一些远方的亲戚。初二回娘家，特别是一些刚过门的新媳妇，初二回娘家是很隆重的事情。新郎要带很多礼品，还要请陪酒的、帮忙抬礼的一同去女方娘家，有的地方还会带着一个小孩过去，专门去赚压岁钱。女方娘家这边也要隆重接待，好酒好菜并有专门陪客。陪客一般为村里场面上的人物，擅长酒桌辞令。此刻，酒桌如战场，双方展开酒量、心理、语言等方面的较量，往往以一方喝醉告终。

前些年，走亲戚很累人，初二回娘家、初四去姨家……七大姑八大姨都要一一

看望。有时候,过了年初十亲戚还没走完。现在,走亲戚的程序也简化了不少,大家事先商量好,一起见个面、吃顿饭、聚聚会,就算相互拜年了。

拜年所带的礼品也与时俱进了。原来拜年清一色的点心——蜜三刀、小金果之类的。对方还会回礼,双方拉扯推让,显出彼此诚意。现在拜年的礼品不但名目繁多,而且包装也日趋精美,一些礼品盒好看又方便,走俏年关。农村中一些新婚夫妇的亲戚家要备年酒,留新婚者吃年酒。

随着时代的发展,拜年的习俗亦不断增添新的内容和形式,现在人们除了沿袭以往的拜年方式外,又兴起了明信片拜年、短信拜年、电话拜年、微信拜年等。

正月初一还有不扫地、不倒脏水、不说粗话或脏话等习俗。

2. 诞生礼

子孙繁衍是家族大事,诞生礼自然隆重热闹。婴儿满月时,亲戚朋友纷纷上门祝贺,并馈赠营养食品与幼儿鞋帽衣物等。

3. 成年礼

小孩长大成人时要行成年礼,成年礼在中国传统社会被称为冠笄之礼。男子20岁时行加冠礼,重新取一个名号,表示该男子具有了结婚、承担社会事务的资格。女子15岁时行绾发加笄礼,表示到了出嫁的年龄。

现代成年礼的年龄是18周岁,学校举行集体的成年宣誓仪式,强调青年人的成年意识。

4. 婚礼

婚嫁是人生的大事,传统社会十分看重。淀山湖镇地区的人们传承着古代先民的婚礼,其"六礼"的出处如下:

《仪礼·士昏礼第二》记述士大夫娶妻成婚的礼节仪式。《仪礼·士昏礼第二》疏引郑玄《目录》说:"士娶妻之礼,以昏为期,因而名焉。"也就是说,男子在昏时亲迎新妇。以昏为名,所以称作昏礼。现在所说的结婚、婚礼,就来源于此。

婚礼共有六项内容,也叫六礼,它们分别是纳采、问名、纳吉、纳征、请期、亲迎。女方应许男方提亲后,男方遣媒人到女家"纳采",也就是赠送彩礼。"问名"就是男方父亲找人占卜该女子生辰八字与男方生辰八字是否相合,如果相合,男方就派遣媒人到女家报告,这就叫"纳吉"。"纳征",征即聘,也就是男方派遣媒人向女方家赠送聘礼,表示婚姻关系的正式确立。此后,男方要通过占卜挑选一个好日子成亲并遣媒人前去女家报告,请示婚期,这就是"请期"。最后就是到了婚期"亲迎"成婚。这"六礼"就是古时婚礼的大致过程。

到了宋代,这"六礼"被简化为"纳采、纳币、亲迎"三礼。

淀山湖镇地区的婚礼高潮在"亲迎",新郎要到女方家亲自迎娶新娘。新郎新娘拜堂之后入洞房,行结发礼与合卺礼。大婚之日,亲友纷纷前来恭贺,主人要大宴宾客。

5. 寿诞礼

一般在40岁以后开始举行。生日那天有庆生仪式,亲友送寿礼祝贺。

6. 丧礼

最后一道人生仪礼是丧礼。中国人重视送亡,丧礼十分隆重。人死于寿终正寝,是白喜事,亲戚朋友都来吊唁。为了表示哀悼,人们要奉上挽联、挽幛或礼品、礼金。亡者一般在三五天内入殓安葬。

拜贺庆吊之礼显示了人们相互扶助的社会合作与团结精神。

中国人的礼制精神是亲亲爱人,礼仪原则是自卑尊人。旧时的淀山湖人,深受传统礼仪文化的熏陶,在与人交往时总是能够放低姿态,谦恭待人、尊重他人,从而也能够赢得他人的尊重。

人们都认为,地位高的人屈尊结交比其地位低的人会取得很好的社会效果,流行着"若要好,大敬小"的风气。淀山湖人还认为,敬人不仅是礼貌的姿态,或仅为礼节性的表示,而是要有发自内心的对他人的尊重。如果没有发自内心的恭敬,讲礼节就成了虚伪,这就不符合传统的礼仪标准。

七、乡饮酒礼

乡饮酒礼虽属饮食之礼,但这一礼仪有着独特的仪式和传奇的故事,所以在此专门叙述。

乡饮酒礼这一仪式源于氏族公社时期以尊老养老为目的的会食、聚餐制度,即集体宴饮活动。《吕氏春秋》认为,乡饮酒礼是古代乡人因时聚会,在举行射礼之前的宴饮仪式。乡饮酒礼表面上看是乡人们在一起饮酒聚餐的集会,实际上是一种通过联络感悟、融洽人际关系、化解利益纠纷来达到推行德政、教化民众的社会活动。乡饮酒礼的一个重要目的就是教育人们相互尊重和相互理解,和睦亲邻、尊奉高年。一方面用酒文化和礼乐这类温和的方式弘扬礼遇贤能、友善互助的社会风气,以起到凝聚人心、稳定社会秩序和促进乡村治理的作用;另一方面也使得彼此朝夕相处的邻里乡亲能够同餐共饮,交换信息,畅叙友情,融洽关系,化解矛盾,既增进了人与人之间的感情联络,又使得一些生活中的纠纷和争执消释于萌芽状态。乡饮酒礼历经各个历史时期的不断演化,由最初只是一些志同道合的乡人凑在一起喝酒,经历代政府提倡并逐步完善,演变为古代社会敦伦常、行教化的官办酒会,是古代嘉礼之一,并以此为载体将"尊卑有别、长幼有序、臣忠子孝、兄友弟恭"的儒家礼教精神灌输到社会最基层的乡村。

《礼记·射义第四十六》中说:"乡饮酒之礼者,所以明长幼之序也。"意思是说施行乡饮酒礼的目的是用来表明长幼有序的。此外,还可以区分高低贵贱的地位,以一种普及性的道德实践活动,成就孝悌、尊贤、敬长、养老的道德风尚,达到德治教化的目的。

明朝开国皇帝朱元璋为加强对面广量大的乡村的统治和管理,大力号召各地举办乡饮酒礼。他就是希望通过这种似乎非常简单的餐饮宴请活动,寓教于乐,使其发挥出非常重要的政治功能。乡饮酒礼仪式是古代封建政治文化大众化、娱乐化、通俗化的重要载体,实际上是在弘扬与宣传封建社会为臣尽忠、为子尽孝、兄弟相亲、邻里和睦、朋友有信、长幼有序等道德伦理规范。试图通过举办乡饮酒礼,化解一些社会矛盾和纠纷,促进建立和谐的人际关系,推动农村乡民的自我教育和自我管理。

在谈到古代淀山湖乡村治理时,不能不提到明代初年碛碾村李庸这位推动乡村治理的杰出贡献者,由他主持举办的乡饮酒礼因其内容丰富和形式新颖及效果显著而得到皇帝褒扬。此事被载入史册。李庸主持的这次乡饮酒礼盛况空前。据叶盛在《水东日记》中记载,李庸"字无逸,碛碾巨姓,颇尚文学。国初,坐累徙云南,发龙江,寄亲友诗曰:'不识云南路,今过第一关。旧驿连新驿,前山接后山。我心无愧怍,天道有时还。'乡间往往见无易家旧物,孙叔英家有洪武初行乡饮礼诗卷,余爒序,赵丹林龙角凤尾金错刀竹二幅,赵松雪'小蓬莱'三字刻匾,字本顾玉山家物,顾一孙赘李,字因在焉。字初为村氓得之,以其背断草豢豕云。野水舅家中吴纪闻残帙,即余得之而失去者。先孺人嫁时青铜大鼻镜,皆李氏物也。"

《水东日记》卷二十中记载,明朝开国皇帝龙飞十二载(登基12年),特诏告天下行乡饮酒礼。李庸当时为淀山湖地区的万石长,所谓"万石长"即"粮长",非富室大户不能充任。李庸奉诏,主持乡饮酒礼。行大礼于乡里老者,远近毕至。年龄最长者是120岁的周寿谊,坐于首席,接着90岁、80岁、70岁的老人依次入座,按照礼法宾主相互敬酒,饮酒致礼。在此次大礼上,昆山县令毕福奉诏,召集每乡头目以大户率有知识者和民众于申明亭读《律戒论》。这次活动规模盛大,周围前来观看者人山人海。所有参加者都笑容满面地离开。事后由太宰燫作序的《行乡饮酒礼诗卷》,记载了此次规模极其盛大的行乡饮酒礼。《水东日记》这样写道:"盛升降揖让拜俯周旋之仪,献酬有容,读法胥告,观者如堵墙,莫不感化翕然。已而醉者扶,归者歌,髫白欣欣,笑而载途,乡士大夫记其事而咏之。"当朝天子特赐玺书慰劳。至洪武十六年(1383)朝廷决定,每岁正月望日、十月朔日为行乡饮酒礼之日,举行地点为各府、州、县之儒学。参加人员中设主席位一人,以各府、州、县之长官充之。皇帝诏告全国,行乡饮酒礼便普及开来。

由李庸主持的乡饮酒礼,以乡人凑在一起喝酒的形式,将"尊卑有别、长幼有序、臣忠子孝、兄友弟恭"的儒家礼教精神灌输到社会之基层。尤其在农村社会大力倡导尊老敬老的习俗,推进了乡村和睦局面的形成。同时,由县令带领乡民诵读《律戒论》,重申了遵守清规戒律、维护乡村稳定的要求,营造了实施乡规民约、促进乡村和睦的环境氛围。《律戒论》充分体现了"德业相劝、过失相规、礼俗相交、患难相恤"的乡村治理观念。从李庸主持的乡饮酒礼成功举行并获得巨大社会反响,可以窥见古代淀山湖地区和善治理的生动景象。

诚然,随着岁月的流逝和时代的变迁,有些古旧的节庆习俗,淡出了人们的视线,有些陈腐的礼仪,已渐趋沉寂,甚至是销声匿迹,其所承载的厚重的历史文化意义在人们脑海中变得模糊不清。然而,当人们多次饶有兴趣地深入民间,学习及体验先祖留下的良好流风遗俗时,我们必然会心头一热,民族自豪感油然而生;当人们的思绪穿越千古,追溯这一系列的传统文化的起源与历史传承时,那些尘封已久的文化记忆会顿时鲜活起来,感受到如春节、清明、端午、中秋、重阳、除夕,以及国庆节、抗战胜利纪念日等诸如此类的每一个佳节都是一部美好的赞美史诗,激励着一代代中华儿女,传承、发扬先辈的灿烂文化,在实现"中国梦"的征程中,去坚持不懈地奋斗,去努力拼搏,去创新。

第五章 戏曲魅力

　　从古至今,淀山湖人都爱看戏,其热情简直达到了痴迷的程度。戏曲文化成了淀山湖地区一种重要的文化现象。淀山湖民间一直流传着"深夜三更半,村村有戏看,鸡叫天明亮,还有锣鼓响。""三天不看戏,肚子就胀气;十天不看戏,见谁都有气;一月不看戏,做事没力气。""宁可一月不吃肉,不可三天不看戏"等民谣。这些民谣真实地反映了淀山湖人浓烈的看戏情结。

　　淀山湖人看戏还容易入戏,经常将戏曲中演员扮演的角色当作现实生活中真实的人物角色。据说,在清代嘉庆十四年(1809),有一个锡剧团前来淀山湖演出,在碛碨寺院外的广场上演《白蛇传》。入夜,周边几个乡的老百姓都如同赶庙会般纷纷涌来。舞台上演法海的演员演技十分高超,其对待白娘子凶神恶煞的态度激起了台下观众的愤怒,其中,一位观众居然冲到了舞台上,要去揍法海。演出结束后,可苦了碛碨寺里一位长相酷似舞台上法海形象的和尚,老百姓看见他都要怒目以待,背后还要吐口水。无奈之下,碛碨寺内这位和尚只得云游他方。

　　戏曲文化何以在淀山湖兴起和发展?戏曲文化又为何在淀山湖有如此巨大的魅力?

第一节 戏曲文化的基础

淀山湖镇成为自古至今的戏曲之乡,不是凭空产生的,而是有其深厚的历史文化渊源的,是由其民俗信仰基础、经济基础、文化基础和群众基础奠定的。

一、深厚的民俗信仰基础

吴文化具有较为浓厚的民俗信仰内涵。从汉至唐,吴地因地理相对偏远,受儒家思想影响要比中原晚而弱一些,在文化个性上也就比中原更自由、活跃,佛教、道教在吴地的传播非常迅速,进而与古老的神巫传统结合,产生了鲜明的宗教特质。吴越先民自古就是"信巫鬼,重淫祀"。吴地水网密布,人们舟船为生,为适应水上作业的要求和顺应威慑水中"鬼怪"的心理愿望,吴地先民在与水患的斗争中逐渐形成敬事鬼神的信仰传统。吴地民间信仰体系极其庞杂,有众多的地方性神祇崇拜。这些神祇涉及吴地居民生活的各个方面,有神话人物神、自然崇拜神、历史人物神等。

吴文化具有开放性的特点,它从远古以来就不断地吸收、融合着其他文化,显示了较突出的文化包容性,最突出的是它和楚文化及中原文化的交融。吴立国之初中原文化即开始融入吴地文化。显然,吴文化是在与楚文化、中原文化的交融中得到发展的。秦汉统一中国以后,采取大规模彻底的文化统一政策,并大规模移民江南。强势的大一统的中原文化冲击着江南各区域文化。大量中原人士南迁江南,使得东汉以后江南的文化优势逐渐建立。三国时期孙权的许多重要官员如鲁肃、吕蒙等将领都来自北方。东晋永嘉八王之乱、唐代安史之乱中,大规模的移民浪潮主要去向均为江南。江南广泛接纳北方士人与北方文化。

东晋南朝时期,佛、道教对江南民间宗教基本上采取了收容、改造的态度,这种收容与改造一方面使佛、道教能够利用民间宗教加快发展,另一方面也使民间宗教从佛、道教中吸收了大量鬼神观念,从而丰富了这一时期江南民间宗教的内容,更使其开始带上亦佛亦道的色彩。东吴之后,佛教迅速在江南一带扎下根来。佛教在吴地的迅速发展与该地区肥沃的宗教土壤是分不开的。江南人民"敬鬼神则受

巫觋之欺",其"尚鬼好祀"的民风表达了人们对神灵的无限敬畏和祈求福祉的强烈愿望,这种准宗教的心理、氛围,对于佛教在吴地的传播是非常有利的。佛教进入江南后,面对"淫祠杂神",基本上采取了收容与改造的态度。佛教对以"淫祠杂神"为主的民间宗教的收容与改造,首先由于佛教的传播,在江东传统的鬼神行列中,又增加了许多新的鬼神,如饿鬼、罗刹、魔、夜叉、阎罗王、如来佛、菩萨、天王、诸天、罗汉、伽蓝神等。佛教教义中大量的鬼神故事在民间流行,丰富了民间鬼神信仰的内容。佛教的流行使观音信仰在江南民间盛极一时。淀山湖地区的佛教寺庙大多以供奉观音为主,如碛碛寺的圆通宝殿、金家庄的青莲寺等。道教在吴地的流传由来已久,民间对"灵魂不死""肉体飞升"的虔诚构成了江南民间极普遍的社会心理和社会意识。孙吴时,笃信李家道的信徒"转相教授,布满江表"。后瘟疫流行,李家道的创始人李宽亦未能幸免,但他死后,他的教徒却以为他是"化形尸解之仙,非为真死也"。道教在吸收民间巫鬼道因素的同时,对于民间巫鬼道所具有的原始巫教色彩进行了激烈的批判。尽管这些新天师道经典对民间巫鬼道进行了批判,但民间巫鬼道并没有因此而大受影响。道教虽然反对民间道派进行"血牲祭祀",但它的传播对民间鬼神观念进一步深入人心有显著的推动作用。

淀山湖镇是个临湖小镇,这里的人既有从事农业的,又有从事渔业的。所以淀山湖镇人的信仰祭祀风俗十分庞杂,多神论是他们宗教信仰的特点。在万物有灵和天人合一观念的支配下,出现了有关神灵的崇拜和祭祀,希望寄托于图腾、祖先和神灵。旧时淀山湖镇渔民的生活,在风里来浪里去,驾驶小渔船行在淀山湖里,危险重重,稍有不慎,就可能命丧湖中。面对险恶的自然环境,人们希望神灵能庇护自己的安全,能保佑自己富贵。农业生产,依赖自然界的风调雨顺,农民将心中的祈愿通过祭祀向神灵传达,以求一年的丰收,以至于呈现一村一庙、一庄一寺的景象。

"头顶三尺有神明",这是旧时代的淀山湖镇老百姓的普遍信念。由宗教信仰而引申出来的庙会和民俗活动层出不穷,这为戏曲发展提供了巨大的舞台。《苏州府志》也记载:"吴俗信鬼巫,好为迎神赛会。春时搭台演戏,遍及乡城。"庙会若以内容分类,除观音、城隍、关公等祭神的庙会外,还有与生产密切相关的春牛会、龙蚕会等,一般在空闲时节举行,少则持续一天,多则持续三五天,甚至有持续一旬的。一般在村(镇)中心的空地上举行,还搭台做戏(即演戏)。做戏一般做三天。

秋后,又有丰收戏、蚕花戏、祭神戏等,都有请戏班助兴的传统。在人去世后,老百姓为了让故人能有个好的归宿,往往会请道家办一次大型的道场或佛事。而这一办,就是两天两夜。东家请来做法事的人,也请来一批丝竹演奏者,既增加了气氛,又把事情办得热热闹闹,撑足了场面。

淀山湖镇还有一项名为"待佛"的活动。淀山湖镇的庙宇划分地界,每座庙分别设有六房、轿班等职务。其中六房主要管理寺庙内的事务,轿班主要管理神像的看护等事务。每年春秋两季分别各举行一次待佛。届时,淀山湖镇的百姓宰猪杀羊,合资聚饮,另外雇用戏班唱戏说书,作为娱乐。

二、坚实的经济基础

戏曲文化,作为一种重要的精神文化,是由一定的经济基础决定的。管子曰:"仓廪实而知礼节,衣食足而知荣辱。"这句话形象地说明经济是基础,它为精神文化的发展奠定物质条件,精神文化的发展归根到底要受到物质文明发展水平的制约。离开了经济这个基础,物质文明上不去,精神文化建设就会因失去基础而成为一句空话。戏曲能在淀山湖镇得到发展,与淀山湖镇的坚实的经济基础是分不开的。自远古以来,江南水乡就是"地广人稀,火耕水耨饭稻羹鱼,不忧饥馁"的地方,这里的人们可以不必为吃饱穿暖发愁。西汉史学家司马迁在《史记·货殖列传》中曰:"楚越之地,地广人稀,饭稻羹鱼,或火耕而水耨,果隋蠃蛤,不待贾而足;地势饶食,无饥馑之患,以故呰窳偷生,无积聚而多贫。是故江淮以南,无冻饿之人,亦无千金之家。"《史记·平准书》又引汉武帝处置山东灾民的诏令曰:"江南火耕水耨,令饥民得流就食江淮间。"其后,《盐铁论·通有篇》和《汉书》的《武帝纪》《地理志》均有类似记载。淀山湖镇作为典型的江南水乡,其主要经济来源还是以渔业、农业和养蚕业为主。形成了以农耕文化为主、商贾文化为辅的生产方式。特别是农业,更是淀山湖镇人赖以生存的根本,虽然有部分经商者或官宦人家,但他们也都兼事耕种。优越的经济地理环境,使淀山湖人的祖祖辈辈用较粗放的农耕渔猎方式就能获得衣食,比中原人较少生存之忧与劳作之苦。

随着宋朝中期社会的政治稳定和经济发展,淀山湖镇的农业经济也得到了发展。在物质生活得到保证的前提下,人们对精神生活也产生了更多的需求。除了富豪乡绅能有经济实力邀请戏班外,普通农家往往也都具有一定的经济实力。他

们因为对戏曲的喜爱,都愿意拿出钱来,以农家集资的形式,逢节庆之时,外邀戏曲班子来唱戏。遇到丰年,竟然有轮流邀请来唱戏一两个月,直到春耕开始才作罢的。如此大规模、长时间的戏曲表演,在淀山湖镇并不少见。

农业的发展,带动了手工业、商业的发展,淀山湖镇有一部分农民脱离土地,成为商业发展的带动者。他们走南闯北,在与外界的接触中,把外面的文化带入本地。特别是在宋元明时期,戏曲的形式发生了一些变革,服装、道具、背景等外在的形式得到了提升,戏曲的唱腔、韵味、舞台编排等改良更适合大众的需求了。

淀山湖位于苏浙沪三地的交汇处,因而淀山湖镇与苏浙沪的交流十分频繁。既可水路出行,又能陆路而走。淀山湖镇人在与外界开展商业贸易的同时,也把不同地方的文化带了进来,因而淀山湖镇的文化集众多地方文化的精华,呈现多元化的趋势。特别是淀山湖镇的戏曲文化,集众所长,融八方音律,各类唱腔、各类剧种被广泛传播,得到居民们的喜欢,并相互传唱。其中,最受淀山湖镇居民喜欢,传唱甚广的是沪剧、锡剧、越剧和黄梅戏。

沪剧与越剧几乎是同时从上海传播而来的。随着淀山湖镇老百姓对沪剧和越剧越来越喜爱,当地有一些年轻人到上海相关的戏班学习。碰到喜庆的场合,搭台唱戏时,他们也会露上一手,成为当地的明星。其他地方的人们争相效仿。淀山湖镇的百姓人人都能唱上一段,如沪剧《阿必大》《燕燕做媒》、越剧《梁祝》《红楼梦》等片段。

淀山湖人最喜欢的剧种,以沪剧、锡剧为最,其次是越剧、评弹,而黄梅戏《天仙配》在电视里上演后,淀山湖镇人也会哼上几句黄梅戏了。锡剧中,《双推磨》《珍珠塔》等选段,在淀山湖镇百姓当中流传甚广。苏州评弹的《三笑》《岳传》《七侠五义》《水浒》等,也能在黄昏时分,从当地百姓自娱自乐的说唱中传出。随着淀山湖镇经济的发展,人们还专门开设书场,邀请苏州的评弹演员来为淀山湖镇的百姓演唱弹词开篇。黄梅戏,在淀山湖镇只能算是作为小戏种而被大家接受,其中的《天仙配》《女驸马》《牛郎织女》等剧目,也是大家耳熟能详的。

三、浓厚的文化基础

淀山湖镇的戏曲之所以有此繁荣的盛况,宋元明时期文化的平民化也是一大因素。中唐之前的文化是以贵族文化为主体的,平民文化处于附属地位。中唐以后,社会文化的发展发生了重大的变化,文化平民化成为不可逆转的倾向。到宋元明时期,通俗文化与雅文学并驾齐驱。杂剧、词等文化形式不再是文人雅士的专利,普通百姓也能吟唱一二。宋元明时期的淀山湖镇,因其风景秀丽,吸引了许多达官贵人或落寞文人,他们有的在此隐居授学,有的到此游山玩水。儒学大师朱熹曾流连于淀山湖的山水,元代画家朱德润,一代高僧至讷、景燮,白莲宗创始人茅子元等都曾在淀山湖畔留下诗书或戏文。

对淀山湖戏曲文化做出突出贡献的是碛碅寺的僧人至讷(法名无言)。明代的叶盛在其《水东日记》卷三中,就说道:"至讷无言,福严寺僧,善词翰,所交皆一代名人,赵松雪、冯海粟、柯丹丘、郑尚左、陈众仲……最后亦钱惟善辈。有诗文真迹在孙叔英家,无言卷尚留寺中者也。"讲至讷善于赋诗作词,演唱戏文,特别擅长散曲。他的朋友有赵松雪(1254—1322),即赵孟頫;冯海粟,即冯子振,元代散曲名家;柯丹丘,元代四大南戏之一《荆钗记》的作者;钱惟善,自号曲江居士……从至讷所结交的这些好友,或是著名书画家,或是戏曲名家,可见其文化造诣也实属不一般。

元朝,是昆曲在昆山形成并发展的时期。碛碅寺的名僧至讷在其好友的帮助下,创作了《兰亭记》。据说当时至讷在研读唐代书法品评著作《书断》。《兰亭记》里称:"询(欧阳询)八体尽能,笔力劲险。篆体尤精,飞白冠绝,峻于古人,扰龙蛇战斗之象,云雾轻笼之势,几旋雷激,操举若神。真行之书,出于太令,别成一体,森森焉若武库矛戟,风神严于智永,润色寡于虞世南。其草书跌宕流通,视之二王,可为动色;然惊其跳骏,不避危险,伤于清之致。"读罢《书断》,至讷唏嘘不已,颇是惆怅。此时,正好有好友来访,他们一起谈起欧阳询的书法造诣,赞叹不已,并谈起欧阳询看石牌字帖,摸索近达三天三夜之久。几人突发灵感,何不以欧阳询为原型,写一出昆曲,以怡情养性。在这个提议下,才诞生了戏曲《兰亭记》,并由至讷主演,受到了当地百姓的欢迎。《兰亭记》是以欧阳询的楷书《兰亭记》为名,主要讲了欧阳询的故事。一次,欧阳询外出游览,在道旁见到一块由西晋书法家索靖写的章草所刻的石碑,看了几眼,觉得写得一般。但转念一想,索靖既然是一代书匠,那么他的书法定会有自己的特色。我何不看个水落石出?于是伫立在碑前,反复地观看了几遍,才发现了其中精深绝妙之处。欧阳询坐卧于石碑旁摸索比画竟达三天三夜之久。欧阳询终于领悟到索靖书法用笔的精神所在,因而书法亦更臻完美。

至讷在碛碅寺修行结善缘,其朋友经常前来拜访,或研究诗文,或探讨佛学,或

苦攻散曲。其间，柯丹丘在创作完《荆钗记》后，前往碛碌寺，征求至讷意见。至讷认为，作为艺术无话可说，而作为史实则有根本谬误。因为"荆钗记"写的是南宋时期的人物，但其主人公钱玉莲的原型是碛碌人，与碛碌寺也有一段渊源。至讷对这段历史有一定的研究与考证。

在淀山湖镇停留的文人，不仅自己在淀山湖镇的山水中寻找灵感，他们也把自己的技艺教给当地百姓，使戏曲成为百姓喜闻乐见的娱乐形式。而那时的淀山湖地区就已经是戏曲盛行的地方，各村的百姓人人都能哼上一段小曲儿，个个都会唱几首山歌。特别是在劳动之余、农忙之后，戏曲就成为他们必不可少的精神依靠。

四、广泛的群众基础

戏曲的繁荣和发展，需要广泛的群众基础。戏曲只有得到观众的认可和喜欢，才能得以传唱、继承、发展。从戏曲的发展史中，我们可以看出戏曲的观众群体主要是广大的劳动者，其中最核心的受众是遍布全国各地的农民，他们曾经物质贫困、生活单一，但并不影响他们对精神世界的追求。广大农民因物质条件的限制，无法像官宦和有钱人家那样，送孩子去私塾学习仁义道德和技艺，他们的孩子只能在日常的生活中进行潜移默化的学习。而这种学习的途径除了口耳相传外，最有效的就是戏曲欣赏与传唱。这是由戏曲的认识功能和教育功能所决定的。农民的生活很平淡，生活的圈子也仅仅局限于自己的田地和家庭，很少有走出去的机会。他们接触外界也是通过戏曲来实现的。农民闲暇时，组织庙会，庆祝丰收，搞各种庆典活动、婚丧等红白事宜，往往都会请戏班子唱上一天，有时候甚至唱上几天戏，这是因为戏曲有很强的休闲娱乐功能。

戏曲是综合运用造型、表演、语言艺术等手段的表演形式。戏曲的文学剧本具有情节跌宕起伏、引人入胜的特点；戏曲的人物造型富含特色，布景设计简单凝练，灯光安排因地制宜，道具运用巧妙，服装制作精美，化妆技术精致，具有很强的审美功能；戏曲的音乐充满美感，不管是插曲，还是配乐，曲调悠扬婉转、一唱三叹，表演中的动作、舞蹈、程式都透出艺术韵味。所以戏曲除了能得到达官贵人的喜欢外，在广大农村更是得到了老百姓的喜爱。人们从戏曲舞台上的故事中了解了神话传说、传奇人物、英雄故事、历史烟尘和世态人情，从中看到了忠奸的较量，看到坏人被惩罚、正义得到伸张。在广大农民的心目中，戏曲不仅是娱乐休闲的方式之一，更主要的是他们借助戏曲,看到了自己理想生活的实现。因而在农村,戏曲的受欢迎程度远远高于城市。

淀山湖镇地处江南,山清水秀,自古就是鱼米之乡。凡事应合农时农事,春播秋收、农忙田闲,均按时按事,有条不紊。在空闲时节,戏曲就成为淀山湖镇主要的文娱活动。人们除了外请各种戏曲班子来村演戏之外,还自己组建戏班演戏,不仅演现成的戏,甚至还自编自演一些戏。

民国之前的春、冬两季,有喜欢戏曲的组织者,每逢敬神祭祀活动,便在神庙前搭台演戏。为了增加娱乐性和可看性,甚至搭了两个戏台对峙,两台戏班同时表演,进行比赛,这被称为"双戏台"。淀山湖人还会邀请远方的亲朋好友前来看戏。这方神庙演罢,那方神庙登台。淀山湖镇的戏曲班子也有自己组织比赛的。每个班子演一天戏,第二天换另一班子演,看哪个班子招揽的观众多,多者胜出。在这种氛围下,淀山湖镇许多富裕的农家青年,其父母会请丝竹世家教孩子学丝竹,以陶冶性情,提高修养,为戏曲班子提供后备力量。

戏曲是淀山湖人必不可少的生活内容之一,最为常见的就是唱花鼓戏,后来发展为沪剧。据记载,花鼓戏是在强压下发展起来的,禁而不息。花鼓戏是"男敲锣,妇打两头鼓,和以胡琴、笛、板。所唱皆淫秽之词,宾白亦用土语,村愚悉能通晓"。可见当时花鼓戏表演形态基本上处于一男一女"两小"(小旦、小丑)或两男一女"三小"(小旦、小丑、小生)的原始状态,其流动性也较大。"村愚悉能通晓"指其所演所唱通俗易懂,普通的农民都能听懂。其所演内容,据载多为"皆淫秽之词,演必以夜",从中可知花鼓戏多以男欢女爱为主要故事情节,为当时主流社会不齿,并被打压禁止。嘉庆十一年(1806),青浦知县武韵青就曾颁布过《禁花鼓告示》,但是花鼓戏越禁越多。光绪七年(1881)《嘉定县志》卷八载"花鼓戏为祸尤烈,情歌淫态百般引诱,其为害不可明言。官虽示禁,空文而已",这更说明花鼓戏这种扎根于农村的民间小戏有着强劲的生命力。花鼓戏向来属于被禁演之列,但在淀山湖镇还是蓬勃发展,并未受影响。

茶馆,也是淀山湖镇人休闲的好地方。有的茶馆甚至通宵营业,因为茶馆内有说书先生在说书。一般十日为一出书,日夜开唱。茶馆内,茶香四溢,琵琶叮咚;茶客昂首静听,回味无穷。茶馆成了人们交流信息、开展精神文化活动的重要场所和重要载体。

五、源远流长的山歌

山歌,有着悠久的传统。早在远古社会时期,人们在狩猎、祭祀、劳作、求偶等活动中,开始了山歌的吟唱。最初的山歌以"劳动号子"的形式呈现,通过有节奏的喊唱、号歌,缓解因劳动产生的疲劳。随着时间的推移,传唱山歌的范围从劳动延伸到各种活动中,因而产生了各种形式的山歌。

"江南文化始泰伯,吴歌似海源金匮。"3 200多年前,泰伯、仲雍从北方来到江南,建都立国,把中原文化带到荆蛮地区,泰伯把周族的诗歌和吴地原有的土谣、蛮歌结合起来,"以歌为教",后人称之为吴歌。泰伯头一个唱出吴歌声,至今传有"梅里花,梅里果,泰伯教民唱山歌"的歌谣。

关于淀山湖地区的山歌,早有历史记载。当太湖流域开始有了原始的栽培水稻农业时,就有了山歌。因水稻种植的特殊劳动条件,决定了吴地山歌的特殊形态,人们习惯地称之为"田山歌"。明代冯梦龙的《山歌》中,收取吴歌356首,从中可以看到明代吴地的社会关系、婚姻习俗、衣食文化、妇女穿着、娱乐活动等,是一部见证吴地山歌文化渊源的史料典籍。

淀山湖地区的山歌是以耘稻山歌为主要形式的民间山歌。历史上的淀山湖,就有"六月小大暑,耘稻山歌喊起劲"的习俗。明代叶盛常常想起家乡淀山湖地区的人们唱耘稻山歌情景,他在《水东日记》中记载:"吴人耕作或舟行之劳,多作讴歌以自遣,名'唱山歌'。中亦多可为警劝者……"叶盛还特意在书中收集了两首山歌以予纪念:"月子弯弯照九州,几家欢乐几家愁?几家夫妇同罗帐,多少飘零在外头。""南山头上鹁鸪啼,见说亲爷娶晚妻。爷娶晚妻爷心喜,前娘儿女好孤凄。"

除了唱耘稻山歌外,造房时匠人还唱上梁山歌,名曰《拖丈杆》:

    金台银台供八仙,
    龙凤蜡烛两旁点,
    檀香插在金炉里,
    一股清香飘上天,
    先敬天,后敬地,
    再敬鲁班先师借仙气。
    ……

风吹竹园响悠悠,

闲人勿要多开口,

今年造了前后汏,

来年再造走马楼。

  渔民在泛舟淀山湖上捕鱼作业时,也常唱山歌,叫作"渔歌"。水乡渔歌是淀山湖古代渔民生活的真实写照。其内容涉及爱情、审美、日常生活等多方面,是青年男女内心世界的直接抒发和流露。

  山歌的语言为大众化的语言,适宜广泛传唱。比如从"山歌好唱口难开,打铁容易把钳难。白糖饭好吃田难种,新鲜鱼好吃网难扳"这一首山歌中,可以看出淀山湖山歌语言通俗,采用吴地当地的语言,唱来朗朗上口。有的淀山湖山歌语言新奇活跃,作品充满戏谑成分,诙谐、有趣,如这首《螳螂作亲》:"昆虫宝宝初卷开,蛇虫百脚讲拢来,善男信女听我讲,一句一句唱出来。上天做事最最公,众牲也分雌和雄,昆虫也有结婚日,你情我愿把婚通。千手螳螂将军名气大,嫡亲阿哥是叫咕咕,蚱蜢乃是亲姐夫,随身书童是蝈蝈。一日到夜吭啥做,一心想要讨新妇。看见纺织娘娘真漂亮,拜托花家蝴蝶做媒人。壁虎先生拣日脚,选到八月十五半夜里。菊蛛连夜丝来纺,织布娘娘来织布,春蚕宝宝做衣裳,蜘蛛老爷坐账房,蜜蜂姑娘派喜糖,曲蟮主张劈硬柴,响板先生把歌唱,硬壳虫相帮抬轿子,蚂蚁相帮搬嫁妆,臭屁虫乒乒乓乓放爆仗,小脚蜻蜓做喜娘,萤火虫照仔进洞房,厨子老爷是蚂蟥,翁头苍蝇来贺礼,红头百脚来吃喜酒,蚊子嗡里嗡里闹新房。螳螂对纺织娘说:你不要嫌我头颈长;纺织娘对螳螂讲:你不要嫌我肚皮大。蜻蜓喜娘忙接口:哎呀呀——纺织娘娘肚皮大,开年正好养只小螳螂!"

  淀山湖地区水网密布,农田一块挨着一块。人们在从事插秧、莳秧、耥稻、耘稻等田间劳作时,脸朝黄土背朝天,头上还顶着个大太阳,一身汗水,一身疲惫,此时,嘹亮的山歌响起,人们的注意力不再关注身体的疲劳,情绪得到了宣泄,身心也得到了放松。因此,每当哪块田里山歌响起时,立刻会得到周边田里劳动者的响应,唱山歌之声此起彼伏,在田块之间飘荡,所以,明代就有"唱田歌悠扬赴节,声闻远近"的文字记载。淀山湖镇各村都有"山歌手",他们一亮嗓子,便把人带到了广阔的田野,带进了热火朝天的劳动场景。

  "唱山歌"的风俗千古流传,飞越了岁月的沧桑,直至今天依然长唱不衰。更为欣喜的是,淀山湖人善于把山歌调运用到戏曲舞台表演中,比如近年来创作的沪剧小戏《顾朱能合》、戏歌《拔船》等都安排了部分山歌曲调,更展现了淀山湖人淳朴、善良、憨厚、豪爽的性格特征,具有浓郁的乡土气息。

优秀传统文化中包含着中华民族"最深沉的精神追求"和"最深厚的文化软实力",不管在过去,还是现在,或是将来,淀山湖镇的戏曲文化凭着其深厚的历史渊源,坚实的文化基础,广泛的群众热情,将长久不衰,谱写出更辉煌的篇章。

第二节 "戏曲之乡"成长之路

淀山湖镇自古就有坚实的戏曲文化根基,又有着戏曲文化生长发展所需的丰厚肥沃的土壤,所以在近代,淀山湖镇的戏曲文化发展更是蒸蒸日上。

从古到今,杨湘泾都是个热闹的小镇。每逢节庆,这里的老百姓就举行相关的庆祝活动,形成了各种各样的文娱节目。江南,离不开水,那水上的热闹自然也少不了。摇桨船(摇快船)、荡湖船比赛,在两岸观众的喝彩声中举行着。宽阔的湖面上,鼓声激越,众桨划动,龙船破浪向前。清澈的江面上,歌声激扬,号声嘹亮,湖船破浪。街道上,龙腾虎跃,灯光闪烁,舞龙灯的队伍,吸引着大家的目光。看到惊险的动作时,人们情不自禁地拍手叫好。

杨湘泾西大街,市河北面,有一个老式的简易剧场。节庆前一两天,相关的剧团就提前报到,放下行头,搬出道具。剧团演员开始吊嗓练唱,行武练功,进行准备。表演的那天,周边的百姓很早就在舞台前的空地上摆放好了凳子,只等舞台上开锣响鼓。演出当晚,空地上人满为患,坐着的在前,站着的在后或在旁侧。表演未开始前,各种杂声吵吵嚷嚷,但当锣鼓声响起时,如得了号令般,观众立刻安静下来,目不转睛地看向舞台。节庆时,剧场热闹的场面,一直延续到日军入侵,因剧场被日军炸毁,才盛况不再。剧场被炸后,在烈焰中烧毁,日后,人们便把此处叫作"火烧场"。

除了简易剧场,茶馆也是座无虚席。人们来茶馆,不单是来喝茶聊天的,也是来听段子、品戏文的。茶馆,往往兼做书场,表演苏州评话、弹词等节目,深受老茶客的欢迎。茶客们眯着眼睛，在嘤嘤咽咽的吴侬软语中，边用手在桌上合着琵琶节奏打着节拍，边摇头晃脑地品味着。松江敲钹子的农民书，也经常在茶馆内上演。农民书，旧时称太保书，是在民间流传甚广，很受大众喜爱的一种节目形式。当年，陆省三、吴俊明等艺人在杨湘泾镇很出名。提起他们的名字，无人不跷起大拇指。

中华人民共和国成立前，淀山湖镇各村的文艺活动较为活跃。每逢元宵灯会、庙会、舞龙灯、摇荡湖船、打连厢等民间传统文艺活动，更是热闹非凡。空旷的场地上，搭起了简易的舞台，或从上海请来戏班子，搭台唱戏；或由本土文艺爱好者上台表演。再加上婚丧仪式上，丝竹声声不断；佛事、道场的场景中，乐器之声不绝于耳。在这种氛围的影响和熏陶下，南榭麓陆家咀头丝竹班子、上洪丝竹班子、度城丝竹班子应运而生。施家四兄弟施龙章、施凤章、施金章、施善章成立的施家江南丝竹班，20 世纪 30 年代风靡淀山湖地区，并发展到被邀请至临近的乡镇进行丝竹演奏，北至石浦镇、歇马桥、千灯、陆家浜，东至上海青浦，南至朱家角。随后，度城丝竹班于 1948 年成立，主要由西港自然村 12 人组成，以二胡、琵琶、弦子、笛等多种民族乐器为主。上洪丝竹班也不甘示弱，也以二胡、扬琴、笛子等乐器，组成一套班子。除了乐器演奏的丝竹外，唱戏自成一绝的，要数金家庄村了，村里的顾乾贤、顾乾行等大家庭，几乎人人会唱京剧，会拉二胡，一出手就是一个戏班子。

中华人民共和国成立初期，青年积极分子为响应号召，学唱新歌，学扭秧歌，学打腰鼓，学唱现代戏，人人都成为文艺活跃分子。20 世纪 50 年代初，青年村民张毓泉等人以"土改"时期村内发生的故事为题材，编写了大型沪剧《农家女》。在排练过程中，邀请了上海沪剧团的老师来进行指导。沪剧《农家女》的演出，轰动一时，并受到了昆山县委的表彰。由此而成立的文娱团队，由郑秀英、周林泉、邵小荣、周其昌、潘佩芳、邹凤仙、陆仁元、张雅娟等文艺骨干组成。文娱团队的成员因为喜欢而组团，并把此当成共同的事业，刻苦练习，同时，也得到了上海沪剧团体的帮助。

上海与淀山湖镇向来都是袍与袖的关系，在沪剧的发展史上，淀山湖镇作为上海的外围地区，也深受其影响。上海沪剧团体和杨湘泾文娱团队的关系非常密切，由于前者的指导，在学习、排练、表演的过程中，杨湘泾文娱团队的水平得到了提升。又因演出需要，吸收了童麟、金国荣、王美玉、程月妹等几个年轻人进团。1964年，在时任文化站站长胡华兴的支持下，杨湘大队单独成立了戏剧演出队，又先后

吸收了一批青年戏曲爱好者加入,并排演了沪剧小戏《墙的秘密》《毛竹扁担》等节目。其中的殷惠康因唱功好、表演出色,后考入了昆山京剧团。

1965年"社教"运动期间,江苏省锡剧团下基层辅导。其中,来到杨湘大队戏剧演出队的四人辅导小组包括一名乐队老师、一位舞美设计和两位青年女演员。这四人辅导小组进行手把手教,大幅度提升了杨湘大队戏剧演出队的演出水平。那时,正排锡剧《夸媳妇》。乐队老师一句句,从乐器的演奏、情感的表达上给予提点;舞美设计老师从道具的烘托、舞台的效果等方面进行了现场教学,队员受益匪浅。两位青年女演员更是对队员的表演进行了实打实的指导,从一招一式入手,哪怕是一个细微的动作、一个瞬间的眼神、一个简单的咬字,都要进行多次辅导练习,直到满意为止。《夸媳妇》上演之后,观众们纷纷表示大开眼界了,此剧的演出也在当年昆山县文艺会演中获得了好评。这四人辅导小组中的一位青年女演员是徐洪芳老师,她后来在江苏省锡剧团出品的电影《双珠凤》中扮演霍定金。

随着杨湘泾文娱团队戏曲活动有声有色地开展,淀山湖镇各村的戏曲文化也紧跟其后,都成立了宣传队。宣传队的成员,不管他们识字不识字,都积极参与到文艺活动中。虽然他们文化底子薄,但靠着对文艺的热爱及过人的智慧,硬是把台词唱腔记住了。其中,度城村宣传队有一女孩叫高三毛,她不认字,为了学唱歌、学唱戏,她自创了记词方法。她通过画一些简单的图案来表示字音或字义,类似于以甲骨文的形式来记录文字。这种对文艺的热爱,在那火热的年代中,随处可见。他们白天生产,晚上排练,配合村干部宣传党的政策,同时演出一些锡剧、沪剧小戏,如《双推磨》《庵堂相会》《借黄糠》等。

在杨湘泾的带动下,淀东公社每个村文艺宣传队的活动都搞得有声有色。说起"戏曲之乡"品牌的建立,不得不提起金家庄村的文艺宣传队了。1963年,"三年困难时期"结束了,大家生活有所好转,但文化生活还是相当匮乏。回乡知识青年盛福元筹建了金家庄文艺俱乐部,很多回乡知识青年及文艺爱好者纷纷加入。他们结合当时的形势排演诸如《白毛女》《沙家浜》《红军的女儿》《小气姑娘》等节目。当年较为流行的《红梅赞》《洪湖水浪打浪》《谁不说俺家乡好》《唱支山歌给党听》《李双双》《十送红军》等革命歌曲,在金家庄村成为流行歌曲,以至人人都会唱。

1966年至1970年期间,金家庄文工团解散,但四个大队分别成立了"毛泽东思想文艺宣传队"。这些宣传队中的朱文元、顾玲珍、朱瑞荣等人,至今依然活跃在淀山湖镇的文艺舞台上。

淀山湖镇人爱看戏、喜听戏、擅演戏的传统延续到当代。1992年,吕元龙退休后,任金家庄村老人协会理事。那时候,村里经常邀请上海、青浦等地的演出队来村演戏,在大礼堂内简易的舞台上,就能进行表演。想看戏,得买票,一人一元,后来涨到一人两元。部分老人受经济的限制,无法场场去看戏,因此,往往心存遗憾。有的老人是个十足戏迷,但舍不得掏钱,只能站在礼堂外面的窗口边,伸着头颈,往里面张望。窗口被人占满了,有的就只能站在更远一点的地方听,以此来过过戏瘾。

吕元龙看到同村人有困难时,总会想办法帮一把。当他看到金家庄那么多戏迷隔着窗户听戏时,心里很不是滋味。他利用自己的人脉资源,寻求私人老板赞助,让他们帮村民购买戏票看戏。

怎样让每个戏迷都有戏看呢?这个想法一直萦绕在吕元龙的脑海里。有一天,吕元龙遇到吴云清。当他俩谈起戏迷看不了戏的事情时,吴云清提了个建议:现在可以放VCD呀!只要买VCD机和相关的戏剧碟片,这样就不需要再花钱买票了。而且,你们想什么时候看,就什么时候看;想看什么戏,就放什么碟片。听了这个建议后,吕元龙一直把这事儿放在心上,想着向谁寻找赞助,筹得钱来买设备。

一天,吕元龙搭陆炳贤(时任淀山湖镇农村信用社主任)的车去镇上。在闲聊中,吕元龙把金家庄想建一个电视剧场的想法告诉了陆炳贤,并试探性地问陆炳贤:信用社能不能赞助两千元钱。陆炳贤一口答应,但他声明,经费审批需要两个月。

为了满足戏迷们的戏瘾,吕元龙决定这两个月的时间都不等了,先去借钱买机器。他请了当时还在老街开修理店的店主徐惠岐,知道徐惠岐对电器在行,让他参与买电器。他们买来了电视机、VCD机和一些戏曲的碟片,成立了昆山市第一个"电视剧场"。

每样新生事物,最初总会遭受到一些质疑。刚开始,有一些老干部持不同意见,觉得这既浪费了钱,还要安排人员去操作管理——浪费人力。但在运行了几次后,他们发现这个电视剧场很受老百姓欢迎。因朱卫海在镇广播站工作过,有一定的电器知识,于是,村里让朱卫海专门负责播放,确保戏迷们有戏看。

2002年春天,关王庙有个戏曲队来金家庄演出。这个戏曲队规模很小,一班

人,除了演员外,乐器只有两把二胡。他们在金家庄只唱了两天的戏,但这两天内,看戏的人非常多。200人的礼堂根本容不下那么多人,以致很多人站在门外,有的人就站在窗口。

此情此景,吕元龙和庄俊生(原金家庄村支部书记,后任淀东人民公社工业办公室主任)看不下去了。他们俩找到时任村支书的庄建宏,把想组织一些戏迷成立一个剧团的想法告诉了书记。庄书记一口答应,但声明在先:村里经济实在困难,没有钱给剧团。办剧团,由此产生的费用,需要你们自己想办法解决。

听了庄书记的话,他们俩便开始盘算如何把这个剧团办起来。吕元龙又用他的老办法,外出找赞助。宝波树脂厂的老板朱善彪、冠宝化学公司老板朱桂荣(吕元龙的女婿)、樱花涂料老板朱小明和任以若等"小老板"分别出资。把钱凑足之后,吕元龙他们几个人特地跑了几趟苏州,把相关的乐器买了回来。之后,购买了字幕机。

2002年3月16日,金家庄村成立了"金家庄业余演出队",负责人吕元龙、朱文元,队员有任以若、朱瑞荣、顾林根、蔡林珍、顾清秀、顾丽萍、顾彩萍、朱美珍、朱红菊、沈爱华、蔡根元、吕华峰、赵国平、吕华东、沈小妹、顾巧英等。他们在节假日演出,剧种以沪剧、锡剧为主,演出了《双推磨》《庵堂相会》等老戏,也有自编自演的反映农村风俗的小戏,如大型锡剧《顾朱能合》,小戏《菜单》《乡情》《棋逢对手》《存单风波》等。其中,《剪枝》在2010年淀山湖镇村级团队小戏会演中获一等奖,《耘稻山歌》在2011年淀山湖镇村级团队小戏会演中获一等奖,《存单风波》在2013年淀山湖镇村级团队小戏会演中获二等奖。

演出队最初在度城村、兴复村、红星村、永新村、杨湘村等周边几个村进行演出,随着演出阵容的强大和演出影响的扩大,还到朱家角镇张家库等几个村表演。

金家庄业余演出队是淀山湖镇成立的第一个村级业余演出团队,自成立以来,共演出了400场左右,受到老百姓的一致好评。在金家庄村业余演出队的影响下,度城村、兴复村、红星村、永新村、杨湘村也相继成立了业余演出队。为了互相学习,取长补短,淀山湖镇每年要举行一次业余演出队会演,这成了淀山湖镇戏曲文化的常态,也为淀山湖镇创建"戏曲之乡"打下了坚实的基础。

在金家庄业余演出队成立的同时,淀山湖镇也启动了"戏曲之乡"品牌的申报工作。21世纪初,在昆山全市宣传工作会议上,时任昆山市宣传部部长的毛纯漪提出"一镇一品"的概念,要求各乡镇要根据自己的特点,挖掘出文化工作的亮点,形成一定的品牌。

会议后,时任淀山湖镇党委宣传委员的吕善新为此动起了脑筋:一镇一品,作为我们淀山湖镇,创什么呢?

每年春节前后,淀山湖镇上都要举行文化、科技、卫生"三下乡"的活动。在这一年的三下乡活动中,淀山湖镇宣传办、文化站请了张浦演出队来演出锡剧《双推磨》。在金家庄村(原黎明大队)七櫓头两开间的礼堂内演出。这一天,能容纳200人的小礼堂,硬是挤了近300人,连礼堂外面也站着许多人。随着熟悉的唱词"推呀拉呀转又转,磨儿转得圆又圆……"响起时,不少观众跟着哼唱起来。台上表演,台下也唱戏。看到金家庄的戏迷如此热情,镇文化站也到金家庄加演了一场戏。演出时,观众的热情空前高涨。

图6-1 "三下乡"活动

逢年过节,戏曲表演是淀山湖镇各村必不可少的节目。随着每个村戏曲人才的汇聚,戏曲团队的壮大,村级场面的戏曲演出活动也不间断地进行着。在淀山湖镇,三日两朝有戏曲活动,除了晚上、周末的排练外,戏曲团队还加强交流互动,形成了"一个唱段大家唱"的场面。感受到如此热烈的戏曲氛围,吕善新已经心里有数了。戏曲文化,在淀山湖镇有着深厚的历史传统和人文基础,只有创戏曲特色的文化品牌,才是淀山湖镇要走的路子。

根据淀山湖镇人"爱写戏、爱演戏、爱看戏"的特点,淀山湖镇党委和政府做出了创建"戏曲之乡"的决策,并提出了具体的指导思想和总体目标。号召全镇广大干部群众大力营造"爱戏曲、爱生活、爱家乡"的环境氛围。

随着"戏曲之乡"创建活动的深入开展,淀山湖镇党委和政府及时提出了"写身边人的事、演身边人的戏",用身边看得见、摸得着的典型事例教育人的戏曲文化发展思路。要求用群众喜闻乐见的戏曲艺术,引导人民群众逐步树立正确的价值观念、是非观念、道德观念和发展观念,引导群众以更为饱满、更为振奋的精神状态投入火热的改革与发展中去。强调文化要服从和服务于发展大局;服从和服务于党的中心工作;服从和服务于人民群众的需要。这些戏曲作品,被人们称为"三自"小戏,即自编、自导、自演。一出戏,从萌芽起,直至成型搬上舞台,除导演之外,都是在淀山湖镇本土戏曲人才的努力下独立完成的,不借助外力,不依靠专家,完全凭着一镇之力,完美地打造了一个个鲜明的角色、一出出精彩的剧目。

在本土人才的通力合作下,一大批顺应改革发展需要的小戏诸如《叫声妈》《龙门架下》《晚醉》等描写刻画身边人、身边事的现实题材作品搬上了舞台。由于演的是身边人,看的是身边戏,群众观看戏剧的热情越发高涨,特别是一些反映家庭伦理的作品,场场演出都能让大婶、大娘、姑娘、嫂子们流下同情的泪、忧伤的泪、激动的泪、甜蜜的泪。值得一提的是,大型沪剧《浅水湾》三部曲(2003年的《走出浅水湾》、2004年的《重返浅水湾》、2005年的《情系浅水湾》),从创作、作曲,到导演编排、舞台表演,除导演外,都是由淀山湖镇本土的创作表演人才完成的,更把"戏曲之乡"品牌推向了新的高度,其中大型沪剧《走出浅水湾》被昆山市人民武装部推荐

图 6-2 百姓戏台

为苏州市"国防教育重点教材",在苏州市"十八频道"全场录播。《重返浅水湾》荣获苏州市"五个一工程"奖。因《浅水湾》三部曲在全社会影响非常大,以至于淀山湖镇的镇刊《淀湖浪》改名为《浅水湾》。

由于自编自演的戏曲剧目,紧扣时代脉搏,针对改革发展中的热点问题、敏感问题和群众思想认识上的模糊问题,较好地为当地经济社会发展和建设和谐社会提供了丰富的精神动力,因而获得了本镇和上级党委、政府与广大群众的满意和好评。自编自导自演也就成了淀山湖镇戏曲文化繁荣发展的主要特色。

多年来,淀山湖镇党委和政府一直把创建"戏曲之乡"作为全镇文化建设的重头戏。随着金家庄业余演出队的成立并如火如荼地开展活动,淀山湖镇其他村也受到启发,戏曲爱好者们跃跃欲试,也分别成立了演出队。2004年7月,度城村办起了业余文艺演出队,张泉元、唐卫民、朱炳庆、朱伟生先后任度城村戏曲队队长。他们除了在本村满足戏迷的需求外,还活跃在淀山湖镇各村和社区的舞台上,此外还受邀到本市锦溪镇演出。他们排演的《借黄糠》《血泪恩仇》等大戏,得到了多方的肯定。2008年、2010年,曾先后获得"苏州市优秀文艺业余团队"的荣誉称号。2007年,红星村、兴复村、永新村戏曲队先后成立,首任戏曲队队长分别是顾志浒、徐玉新、张其龙。杨湘村与安上村合一个戏曲队,队长郁亚其,由童麟管理具体业务。随着金家庄部分村民搬迁到淀山湖花园后,为满足这部分村民看戏的需求,淀湖社区也成立了"沪花苑"戏曲队,队长顾林根。镇党委、政府十分重视戏曲队的培育和发展,开辟戏曲队排练的场所,金家庄、马安村、永新村、兴复村、度城村等村委会的空地上,搭建了大型舞台,并配备了灯光、音响、道具室。政府每年拨放专用资金,用于戏曲队的培训、购买道具、演出、后勤等费用的支出。在多项措施的保障下,淀山湖镇形成了"政府搭台、群众唱戏、凝心聚力"的可喜局面。

十多年来,淀山湖镇搭建了一个又一个固定的戏曲活动平台,戏曲演出已经成了时尚,成为淀山湖镇老百姓精神生活中的一道"美食"。其中,最能引起轰动效应的要数每年的戏曲演唱赛了。戏曲演唱赛是淀山湖镇最具普及性的群众戏曲活动,其参赛选手都是各村的农民,他们并不在乎获什么奖,追求的是在千百观众前过一把戏瘾。

戏曲艺术周对于淀山湖镇的农民来说,犹如"第二个春节"。戏曲艺术周被安排在每年春节过后、元宵之前,每天一场戏,七个戏曲队,连着七天有大戏。沪剧、

越剧、锡剧,精彩纷呈,戏迷直呼过瘾。戏曲艺术周期间,能容纳七八百人的剧场内,场场爆满。有的戏迷怕抢不到座位,早上七点多就过来占座位。午饭就吃带着的面包、饼干之类的干粮。

村级文艺演出团队会演、戏曲培训班,已经成为提高村级戏曲演出队艺术水平的有效阵地。最初几年,为了鼓励创作,淀山湖镇村级团队小戏会演组委会要求参加会演的剧目必须是自己创作的反映农民生活的现代戏,极大地提高了会演的含金量。

戏曲培训班,除了邀请昆山市戏曲家协会的专家来进行授课外,还组织团队之间开展交流互动,有效地提高了全镇戏曲演职人员和爱好者的创作、表演与欣赏水平。

有一年冬季,安上村的妇女主任带领一群妇女风风火火地赶到淀山湖镇文化站,吵着要见文化站站长。站长赶来问及原委,那群妇女叫嚷着说:"文化站还欠我们一场戏!……你们什么时候还这场戏?"文化站站长这才搞明白了,原来镇文化站送戏下乡,在每个村各演几场戏是有指标的,他们确实在安上村少演了一场,时间长了也就忘了这事儿,想不到安上村的村民却记在心里,这不,赶上门来"要债"了。文化站站长马上答应不日后去安上村"还"这场演出债。听说过欠债的欠钱欠物,没听说过"欠戏"的。可见淀山湖镇各村的村民们对戏曲的兴趣、渴求、热爱已经到了痴迷的地步。戏曲贴近百姓,百姓喜爱戏曲。在淀山湖镇,欣赏、参与戏曲艺术活动已经成了人们继"油盐酱醋柴"之后的第六件大事。淀山湖镇每年都要举办送戏下乡活动,这是镇党委、镇政府对戏曲之乡搭建的又一个平台。每年春、秋两轮送戏下乡,全年演出近百场。

戏曲人才,从娃娃抓起。2010 年,淀山湖镇成立了"湘蕾少儿戏曲班",邀请 7 位专业表演艺术家来进行手把手授课。多年来,淀山湖镇以淀山湖小学"湘蕾少儿戏曲"班为阵地,培养新生一代的戏曲演员。自"湘蕾少儿戏曲班"成立 8 年来,每年开 6 个班,累计培养学员近 800 名。学员连续参加了 6 届"小梅花"比赛,共摘得了 11 朵金花、1 朵银花,5 名学员获得"十佳学员"称号,累计有 14 名学生被专业戏曲院校录取。淀山湖中学于 2018 年 7 月成立"淀山湖中学小昆班",为淀山湖镇的戏曲文化又添上了精彩的一笔。

第三节 "戏曲之乡"群英谱

淀山湖镇规模不大,人口不多,但因其有着扎实的戏曲文化基础,才成功创建中国民间艺术(戏曲)之乡,这除了镇党委、政府的正确决策外,也离不开淀山湖镇文化系统内的精英及来自最基层的文艺活跃分子。这些人各有所长,在各自所擅长的领域内发挥着作用,从戏曲的编写、谱曲、导演、表演、舞台、道具、外联等方面,层层推进,环环相扣,把"戏曲之乡"品牌擦亮。

在淀山湖镇,说起戏曲剧本创作的本土专家,大家一致首推徐儒勤;在谱曲、舞美设计等方面的本土专家,金国荣责无旁贷。徐儒勤撰写剧本,金国荣谱曲,两人是"三自"小戏创作的黄金搭档。两人出手,一前一后,一文一谱,珠联璧合。在淀山湖镇戏曲之乡的发展之路上,这两位本土戏曲艺术家是功不可没的。

说起两人,还得从金国荣说起。金国荣与戏曲结缘,很大程度上与他的母亲是分不开的。他的母亲是个十足的戏迷,每逢本地有演出,她是一场不落。20世纪五六十年代,昆山锡剧团下乡演出,金国荣的母亲就带着他一起去看戏。与戏接触得多了,耳濡目染,金国荣便也喜欢上了戏曲。

20世纪60年代,金国荣因缺乏营养,患了脊椎软骨炎,去上海医治。在医治的过程中,因医院与上海大戏院相邻,金国荣与她的母亲利用看病间隙,在上海看了不少戏。大戏院内,母子俩的身影融入众多的戏迷中,并不起眼。但此时,戏曲的种子已经在金国荣的心里种下了,并成就了他一生的戏曲事业。

有一天,大戏院内表演沪剧大戏《碧落黄泉》。当演到"志超读信"那场时,王盘声读信那段的赋子板响起后,一个个鼓点敲打在金国荣的心头,一句句唱词钻入了金国荣的脑海。演出结束,金国荣欲罢不能,还沉浸在戏曲的调门里。自此,他就对沪剧情有独钟。

1962年,金国荣参加了公社宣传队,最初演了个只唱四句的小角色。虽然只是个小角色,只有四句,但这让他真正走上了舞台,跨上了戏曲台阶的第一步。从此,他与戏曲结下了不解之缘。他不仅开始亮开嗓子唱,还开始学习二胡。爱一样,学

一样;学一样,钻一样;钻一样,成一样。二胡,成了他贴身的朋友,每天必练、必拉。如此勤奋刻苦,为他日后成为戏曲队的主胡打下了扎实的基础。

杨湘大队成立宣传队后,金国荣既能演角色;又会拉二胡,可以充当乐队成员,自然成为宣传队里的重要一员。随着宣传队活动轰轰烈烈地展开,他的表演水平、演奏水平也逐渐提升,并随演出队多次参加了昆山文艺会演、苏州地区会演,可谓久经沙场。

1980年3月25日,淀山湖公社文化站正式成立了文艺演出队,其中的成员都是半专业化的,金国荣是其中的骨干。文化站边办厂搞活经济,边开展文艺活动,通过以工养文的形式保证文艺演出队的稳定与发展。在站办厂这个坚实后盾的基础上,当年的乡土文化事业也蒸蒸日上。演出队在每年县市会演中,表演的节目所获的名次都是名列前茅的。

当时,昆山文教局下达了全年60场的演出任务。每次演出,他们都要把活动舞台搬到200米外的机船上,演出结束后,又重新搬归原位。其中光5米长的花旗松板就有20多块。演员,既要演出,又要搬运设备。金国荣虽然身材瘦小,但他出力一点儿也不比别人少。

为了更好地以工养文,站办厂通宵生产是常有的事。记得一次从千灯镇会演结束后,回到站里已近深夜,但金国荣与其他演员们还得继续开夜工,连夜进行生产。在文化站20年的办厂历程中,金国荣不遗余力,出力献智,尽心尽职。几次评职称培训,他都因演出任务重、生产任务紧急而放弃了。因此,直到退休,他还是初级职称。但为文化事业而放弃职称评定,他一点儿也不后悔。

长年累月,金国荣奋斗在文艺前沿的第一线。虽然他只有初中文化底子,没有上过专门院校,也没有受过专业培训,但创作、作曲、舞美、道具等方面,他都有所钻研。他创作的小戏近十个,曲艺节目几十个,其中,许多作品在昆山会演中获奖。小沪剧《三上门》《喜落洞房》,浦东书《一场虚惊》,小品《切莫上当》,获一等奖;《断电之后》获二等奖。1974年,金国荣自编自演了一出浦东书《饲养员张阿虎》,塑造了一个好饲养员张阿虎的形象。此戏唱遍淀山湖全公社,唱到了昆山。1975年1月,这出戏被选中,代表苏州地区去江阴参加会演。

读书期间,所有音乐课都是只教唱歌,不教乐理,造成金国荣对曲谱一知半解。在杨湘大队成立的演出队,与其他人比,他算是半个内行,于是,他就成了那个定调教唱的老师。在教唱过程中,有时未免走样。为了避免走样,在关键处,他就写上几个音符,写多了,便熟能生巧了。

办厂第二年,排演沪剧《赶不走的媳妇》。只有三刻钟的戏,金国荣关起门来专心记曲谱,记了四五天。记谱的过程,也是学习的过程。从生疏走向熟练,这就如同书法的临帖。他的努力,也造就了他的成绩。他自编自演的绍兴莲花落《偷油老鼠》在昆山会演中,获得了作曲奖。凡是设立作曲奖项的比赛,他只要参加了,每次都能拿奖。

在舞台设计方面,金国荣也是边学边钻。他曾去上海观摩演出,在无人关照的情况下,把各场景草图都带了回来。在《走出浅水湾》中,他使用了图景,这在业余演出中,是绝无仅有的。在昆山,舞台上已经无人绘制天幕幻灯,因为那要用上变形的九宫格,太复杂烦琐,有一定的难度。但金国荣尝试着绘制,并使用了,效果很好。

《浅水湾》三部曲在创作过程中遇到一些困难,金国荣任劳任怨,闭门修改作品。他拿笔在手,却笑称:"羡慕那些驳石堤的工人,因为他们不怎么用脑,不会头疼伤脑筋。"经过多次研讨修改,在多方努力下,《重返浅水湾》荣获苏州"五个一"工程奖。

1983年,金国荣被推荐去苏州戏校教唱沪剧。不仅在戏校,他是老师;在淀山湖镇,他有更多的学生。如今,淀山湖镇文化站排演什么戏都少不了他。舞美、道具策划制作,需要他;教唱、乐队演奏,需要他;创作、谱曲,需要他;"浅水湾三部曲"的主胡是他;2016年,排演的引进剧目沪剧《挑山女人》的主胡也是他。他的二胡演奏,在起承转合处,总是那么引人入胜,堪称完美。

图6-3 《挑山女人》剧照

金国荣,作为戏曲之乡的常青树,为淀山湖镇戏曲文化的发展出谋划策,奉献了自己的所学、所知、所能、所悟。如今他是70岁的老翁,但鹤发童颜,精神焕发。金国荣是戏曲之乡的一个符号,也是淀山湖全镇公认的一个地方文史专家。对于淀山湖镇的历史,他如数家珍。

金国荣的黄金搭档,就是徐儒勤,他是戏曲之乡的"土编剧"。徐儒勤年轻时,插队到淀山湖镇,与金国荣成为邻居。两兄弟喜欢戏曲,有共同语言,所以常常聚在一起喝喝小酒,聊聊小戏。

金国荣退休后,留在了镇文化站,做一些琐事。因文化站需要进行文艺创作,于是,金国荣推荐了徐儒勤。徐儒勤虽然没有经过专业的文化进修,仅在20世纪六七十年代参加过几次县文化馆的创作会。但他在创作会上的为数不多的几个作品,受到了相关老师的好评。徐儒勤到了文化站后,不负众望,写了《叫声妈》《路在脚下》《棋逢对手》《请客》《原来如此》《一只蹄髈》等许多优秀的小戏作品。这些作品都源于他身边的人和事,接地气,得到老百姓的喜欢。这些作品参加市级比赛或会演时,得到了观众的认同,也获得了较好的社会效应。如小沪剧《原来如此》除了获得了昆山市、苏州市的奖项外,还拿了个全国农民会演的银奖。

徐儒勤常说的一句话就是"群众喜欢,我热爱"。2003—2005年,他在三年内创作了三部沪剧大戏。第一部《走出浅水湾》围绕"送子当兵"的题材而创作,得到了昆山市人民武装部的重视,作为乡镇拥军题材文艺作品的代表,该剧应邀到昆山市玉山广场演出。演罢,昆山市人民武装部政委亲自接见了演职人员,对于剧组圆满完成演出任务表示祝贺,并充分肯定了这部戏曲作品。常言道,十年磨一剑,一部优秀的戏曲作品要经过反复打磨,才能成型。淀山湖镇这些业余的草根创作人员的创作,能得到社会的认同,这对徐儒勤和金国荣而言,是莫大的鼓舞。此剧还在苏州电视台全剧播放,之后,中国人民解放军原总参谋部专门派人来淀山湖镇采访了两位老人,并在《解放军报》上发表了相关文章。

《浅水湾》三部曲的第一部《走出浅水湾》效果如此轰动,他们一鼓作气,着手于第二部《重返浅水湾》、第三部《情系浅水湾》的创作。功夫不负有心人,《重返浅水湾》荣获了苏州市"五个一"工程奖。《浅水湾》三部曲,成为淀山湖镇的经典作品,也为"中国民间艺术(戏曲)之乡"的成功创建,打下了扎实的基础。

虽然他们俩均已进入古稀之年,但他们依然发挥着余热。这组黄金搭档,光合作的小戏作品就有几十部。每年的小戏会演,他们的作品都会崭露头角,获得观众和评委们的一致好评。如小戏《原来如此》获苏州市小戏小品大赛二等奖、全国首届农民艺术节"银穗奖";小戏《一只蹄髈》获江苏省小戏小品大赛二等奖;小戏《心灵之窗》获苏州市小戏小品大赛铜奖;小戏《田家来客》获苏州市小戏小品大赛创作、音乐、舞美、表演四个单项奖;《喜落洞房》《跟我回家》《叩门之前》等 8 个小戏先后获昆山市文艺会演一等奖。

自 1952 年各乡镇相继成立了文化站起,淀山湖镇有了文化干部后,就组建了业余文艺演出队。镇业余文艺演出队的成员有钱文明、张毓泉、邵小荣、陆仁元、潘佩芳、邵秀英、周凤佩、张雅娟、张兆明等人。他们演出了沪剧《阿必大》《卖红菱》等折子戏,以及大型传统沪剧《少奶奶的扇子》等剧目。当年,条件差,没有资金购买演出服装,张毓泉出面,向上海长江沪剧团借服装。张毓泉之所以能借到服装,是因为上海长江沪剧团的当家小生丁国斌是张毓泉的至交,丁国斌的儿子曾经在杨湘小学读了三年书,吃住都是在张毓泉家。

1962 年,淀山湖业余文艺演出队在排演大型沪剧《争儿记》之后,一鼓作气,于第二年又排演了大型沪剧《丰收之后》。为了让演出队得到更好的发展,演出队吸收了杨湘大队还不满 20 岁的童麟、金国荣、王美玉、蔡彩鸣、程悦梅 5 人,其中,王美玉和程悦梅开始担任主要角色。

1964 年,杨湘大队建俱乐部,除了上述 5 人参与外,还增添了沈巧英、陆志云、邵根荣等人,组成了杨湘大队业余演出队,淀山湖镇上的演出队便解散了。淀山湖文化站站长胡华兴在群众文化方面,把一部分精力投入杨湘俱乐部,找剧本、写剧本,就是不会唱戏。幸好,金国荣已经掌握了部分锡剧、沪剧的曲调,于是便由他担当了定调、教唱的任务。第一次就排演了沪剧小戏《墙的秘密》和一个锡剧表演唱。下半年,胡站长争取到江苏省锡剧团在昆山搞"四清"工作的四位老师(两男两女)来辅导,他们分别是一位琴师,一位舞美设计,以及两位年轻的女演员。虽然四位老师来此辅导只有一周的时间,但在这一周时间内,老师教得仔细,学生学得认真,这次辅导对俱乐部成员的帮助很大。同时,老师为王美玉、程悦梅、沈巧英、殷惠娟量身定制,排了一个幽默风趣的锡剧表演唱《夸媳妇》,第一次在昆山会演中,就获得好评。从此,淀山湖镇的戏曲文化事业便蒸蒸日上,一路高歌。

淀山湖镇戏曲之路的发展,离不开众多的本土的戏曲工作者。2001 年,淀山湖镇举行了戏曲大奖赛。全镇每个村都充分挖掘戏曲人才,发动他们参加比赛。因是首届比赛,戏迷们都翘首以待。参赛选手也拿出了自己的拿手好戏,在舞台上亮嗓子、展身姿。在这次比赛中,评选出了淀山湖镇的"十佳戏曲之星",他们分别是金国荣、童麟、沈巧英、王美华、周建珍、沈明荣、陆亚飞、朱建明、朱瑞荣、顾丽萍。这10人不负众望,成为淀山湖镇戏曲人才的中坚力量,并一直活跃在淀山湖镇的戏曲舞台上。

其中,周建珍曾担任过文化站长。在任期间,她几乎把自己所有的时间和精力都献给了戏曲事业。周建珍本身就是一名出色的演员,她除了演戏之外,还要操心演戏之外的剧务后勤,主持文化站的全面工作。她"丢下扫帚拿锄头"忙里忙外,就是忙不到自己的家。

童麟,是位老演员了,长年活跃在淀山湖镇的戏曲舞台上。他年轻时风流倜傥,每当演出结束后,就有姑娘送花给他。2017年,他在淀山湖镇文化站排演的沪剧大戏《家庭公案》里担任公安局局长这一重要角色。对于70高龄的他来说,这既是一次演技上的挑战,更是体力上的挑战。最终,他不负众望,出色地完成了任务,得到大家的一致好评。王美玉与童麟同一批加入杨湘泾业余演出队,为了排练,她来往于昆山和淀山湖镇之间,不辞辛劳,至今还活跃在"戏曲之乡"的舞台上。沈巧英,人长得漂亮,扮相好,20世纪八九十年代参演了许多小戏作品。在乡镇的戏曲大舞台上,他们这批乡土"老戏骨"在小镇舞台上活跃了四五十年,深受老百姓的喜爱,大家尊称她为"巧妈"。

图6-4 《大雷雨》剧照

目前,淀山湖镇文化站较年长的两位台柱子是陆亚飞和孙明荣。陆亚飞善工花旦、青衣,唱腔圆润甜美,在当地有不少"粉丝"。她原来的工作收入甚微,因丈夫在晟泰集团做出了特殊贡献,晟泰集团的老总愿意给陆亚飞安排一个收入不菲的岗位。可陆亚飞不愿离开她所钟爱的舞台和观众,婉言谢绝了老总的好意。孙明荣,原文化站人,后被借调到太仓沪剧团成为当家小生。几年后,他又回到家乡,在本村的印刷厂任业务员。他为了排练和演出,损失了不少业务。他的工作单位在昆山城北,距淀山湖镇有30多公里(即30多千米),他每天往返于淀山湖与昆山城北,摩托车的轮子不知换了多少个。在孙明荣的经历里,有过上午在云南昆明、晚上出现在淀山湖镇送戏下乡的舞台上的佳话。陈瑞琴,唱功扎实,扮谁像谁。扮阿庆嫂,就有阿庆嫂的干净利落;扮恶婆婆,就有恶婆婆的刁钻恶毒……她能按角色随时展示自己的演技。在青年演员中,吕华锋和沈爱华是最为出色的。他们一个唱功好,一个表演好,是戏曲之乡将来的传承人。

在戏曲表演艺术中,离不开乐器的演奏,在淀山湖镇有一位戏曲多面手,那就是陆川明。1989年高中毕业后,他到淀山湖镇里的文艺工厂上班。当时,他所钻研的是生产技术,所关心的是工作任务。随着时间的推移,他耳濡目染,被身边写剧本的、作曲的、表演的、伴奏的所营造的戏曲文化氛围所感染,便产生要学习一门艺术的想法,他选择了学琴。他从零基础学起,学习二胡和扬琴。在同事们的传帮带之下,经过几年的练习,他基本能够掌握戏曲伴奏的要领,并担任淀山湖镇文化站乐队的扬琴演奏员。一个偶然的机会,让他迷上了京胡,并拜上海京剧院、国家一级演奏员李寿成的胞弟李耀平(原昆山京剧团京胡琴师)为师,同时还多次受到京胡高手的指点,潜心苦练,活跃在周边的京剧票房,深受好评。如今,每次演出,乐队里总少不了他的身影。熟悉陆川明的人都知道,陆川明不仅会谱曲,能拉能弹,还能演能唱。2008年,他与陆亚飞搭档,演出了《陆雅臣卖娘子》中"求岳母"片段,其舞台形象深得人心。

各村戏曲队内,也是人才辈出。红星村戏曲队的队长顾志浒也是一个全能手,他除了唱戏外,还拉二胡、弹电子琴。每逢各个演出队演出,他就在幕后拉二胡。镇文化站演出,他就是弹电子琴的那位。他还有听音记谱的能力,想借用那部戏曲,他就听碟片,记下音符和节奏,用专业软件把谱打印出来。为了让自己的戏曲队能发展得更好,他试着改编剧种,把越剧改编成沪剧或锡剧,因此,每年村级戏曲团队的展演上,他们的节目总能给人耳目一新的感觉。

金家庄村戏曲队中,走出了吕华锋、沈爱华这两位青年演员,他们两位的启蒙老师就是金家庄村戏曲队的朱瑞荣。朱瑞荣不仅唱戏,还进行戏曲剧本的创作。他做事认真,办事效率高。当有创作灵感时,不出一个星期,就能拿出剧本初稿。

随着金家庄村集中搬迁到淀山湖花园,在社区领导的支持和帮助下,在淀湖社区成立了"沪花苑"戏曲队,顾林根为队长。顾林根和爱人吴丽芳,以及两个女儿顾彩萍、顾丽萍都特别喜欢戏曲,两个女儿经常担任各个剧目的主角。

盛敏珠,作为一为村干部,她发挥特长,参与戏曲团队的演出。2010年,她参加镇戏曲大赛,凭借越剧《沙漠王子》中的《算命》这一经典选段,获得了第一名。从此,她与戏曲结缘,并参与各种戏曲表演。2017年,镇文化站排演的《大雷雨》《家庭公案》,她以优雅的气质扮演了重要角色。

图6-5 《家庭公案》剧照

值得一提的是,从淀山湖镇走出了一位中国戏剧梅花奖得主,他就是周雪峰。国家一级演员,工小生。第27届中国戏剧最高奖项——梅花奖得主。师从蔡正仁、汪世瑜、岳美缇、凌继勤、徐玮等,2003年拜著名昆剧表演艺术家蔡正仁为师。塑造了各种不同的古代小生形象。曾荣获中国首届昆剧艺术节表演奖,被评为全国昆曲优秀青年演员展演"十佳演员"、"江苏省优秀青年戏剧人才",获得首届长江流域十二省市青年戏剧大赛"长江之星"称号,第四届"中国戏曲红梅荟萃"活动"红梅金奖",浙江省第11届戏剧节优秀表演奖,江苏省戏剧节红梅奖大赛金奖,被列为江苏省"333 高层次人才培养工程"培养对象,是江苏省宣传文化系统青年文化人才。代表作有《长生殿》《狮吼记》《荆钗记》《西厢记》和新版《白蛇传》、歌舞伎《杨贵妃》等大戏及《荆钗记·见娘》《狮吼记·梳妆、跪池》《渔家乐·藏舟》等折子戏。2011 年出版个人昆曲唱腔专辑《雪峰之吟》。由他牵头邀请其他 6 位戏曲表演艺术家,创办了淀山湖镇"湘蕾少儿戏曲班",为"戏曲之乡"增彩添光。2017 年年初,淀山湖镇专门辟出 200 多平方米空间,作为其工作室的活动场所,并举行"周雪峰昆曲艺术工作室"的揭牌仪式,旨在发扬昆曲,传播昆曲。

图 6-6　周雪峰戏曲工作室

淀山湖镇的戏曲文化之所以能得到长足的发展,是因为淀山湖镇党委、政府一心为百姓办实事,以满足百姓的需求为工作的目标;是因为淀山湖镇的戏迷痴心于戏曲,把戏曲当作茶余饭后的重要事情;是因为淀山湖镇的编创、演职人员精于业务、勤于研究,对戏曲的执着。淀山湖,戏韵悠悠,源远流长;古韵今风,硕果累累。

第六章 乡音俗语

"十里不同音,百里不同俗。"每个地方的方言都蕴含着一定的历史文化、区域特色,每个地方的方言都有自己的个性,哪怕是淀山湖镇的东片与西片,虽然距离只有十几里路,但方言也有细微的差别,个别字词的音义甚至完全不同。

本章主要介绍淀山湖镇方言的词汇,"( )"里的标注是汉语拼音,"[ ]"内标注的是国际音标。另外,一些生僻字是吴方言特有的字,《现代汉语词典》未收录,本书特此列出,以供查阅。

第一节 一般词语

一、称谓

太太:父亲和母亲的祖父或祖母。

大大:爷爷。

婆欶:奶奶。

阿爸、爷(yá):父亲。

姆妈:母亲。

夫夫:姑父。

孆孆:父亲的姐姐。

嗯娘：父亲的妹妹。

好爹、好娘：即干爹、干妈。也分别称为过房爷、过房娘。反之，干儿子、干女儿则分别叫作过房囝、过房倪子。

慢爷、慢娘：继父、继母。一般还是分别叫作"阿爸""姆妈"。也有叫"爷叔""阿姨"的。

男人：①除性别指向外，和人们交谈时，指女性自己或别人的丈夫。②有时是骂人话。

女人：①除性别指向外，和别人交谈时，指男性自己或别人的妻子。②贬义，是骂人话，例如："汝个女人！"

倪过阁人：女性说的话，专指自己的丈夫。

倪屋里：男性说的话，专指自己的妻子。例如："倪屋里阿拉屋里？"这两个"屋里"是两种意思，第一个"屋里"指妻子，第二个"屋里"指家里。意思是指在问第三者："我妻子在不在家？"

新妇：儿媳妇。

阿哥：哥哥。

大老倌：对年长于自己的男性的统称。

连襟：指两姐妹丈夫之间的关系。

倪子：儿子。

囡嗯：女儿。

伯姆道里：妯娌，指弟兄妻子之间的关系。

弟兄（姐妹）道里：指兄弟（姐妹）们。

徒细：对直系小辈的总称。

老末拖：最小的子女。

新相公、新官人、新郎官、新客人：新郎。

老相公：新郎的父亲。

老娘娘：新郎的母亲。

小官人：指刚确定婚姻关系后，对男性的称呼。

娘子、家主婆：妻子。

二、人物

老老头：老年男性。

老太婆：老年女性,带贬义。"老头子""老太婆"往往也是老年夫妻之间的互称,此时则不仅无贬义,且显得亲密。

老娘家：泛指老年人,不分性别。

丫(wō)婷：对姑娘的昵称。

几赤怪：对女性小辈的爱称。

搅乱头：指不做好事的人。贬义词。

猪头三：指不明白事理、糊里糊涂的人。

阿无卵：说话办事都不认真思考、不明事理的人。

黄伯伯：指办事不牢靠的人。

老卵：骂人话,一般指不尊重别人的人。贬义词。

三脚猫：指什么都懂一点,什么都会一点,但什么都不精通的人。

阿木林：指呆头呆脑、反应迟钝的人。

老鬼(jì)：门槛精的人,或处理某种事有特殊技能的人。

蹩脚货：能力差的人。

丑脱货：原指丢弃的物品。常指被人不屑的人。

顶头货：难以对付的人。

赤佬：①骂人话,多指男性。②两男性开玩笑时互相戏称。

杀坯：骂人话。"小杀坯"是长辈对小辈的喜爱之称。

老烟枪：嗜烟如命的人。

脚色：指有能力、能干的人。有时也含贬义。

好户头：老实人。

贼骨头：小偷。

贱骨头：甘愿被人任意欺负耍弄的人。

轻骨头：指生活轻浮、不检点的人。

书毒头：书呆子,理论不联系实际,死读书的人。

懒骨头：懒惰的人。

一家头：一个人。

嫩头：初出茅庐、入世不深的人。

药罐头：长年吃药的人。

光唧头：指没头发或理光头发的人。

盐钵头、搞咸头：吃菜偏咸的人。

大舌头：口齿不清的人。

毒头：脾气比较拗，有点傻气，死脑筋，不会转弯的人。

冲头：代人受过的人。

姘头：指婚外恋的对象。

汉榔头：女性的婚外情人。

杨树头：立场不稳、左右摇摆的人。

下作坯：比较下流的人，或不干正事的人。

滥料坯：铺张浪费的人，或不讲卫生的人。

验头：瘾，瘾头。

三、时间、气象

上昼(上半日)：上午。

下昼(下半日)：下午。

日里厢：白天。

老清早：清晨。

夜快点：傍晚。

今朝：今天。

明朝：明天。

后日：后天。

大后日：大后天。

旧年：去年。

开年：明年。

年头唧：年初。

年夜头：春节时期。

老底子、老里八早：从前。

后首来：接下来。

辰光：时间。

便卡：以前。表示时间的副词。

头一趟：首次。

该呛：最近这段时间。

该辰：现在这段时间。

上呛：上次，也可指前段时间。

晏歇点：等一会儿，晚点儿。

等脱歇：等会儿。

该模样：这个时候。

前一呛：指前一段时间。

日脚：日子。

热天工：夏天。

冷天工：冬天。

大（度）清老早：一大早。

摸夜务：指晚上还在干活。

莛[bɛ]早起：比正常提前起床。也叫"碌早起"。

隔夜头里、隔夜仔：昨晚。

天好：指晴天，或不下雨的天气。

上阴、阴水天：阴天。

旸（yáng）日头：阳光灿烂的大晴天。

日头里：太阳底下。

荫头里：太阳照不到的地方。

濛（mó）花雨：很密很细的雨。

跑马云：在天空中移动得很快的云。

缸爿头云：小块状的云。指空气特别好，天空晴朗。

雷响：雷声。

霍显：闪电。

226

金闪锣：特别耀眼的闪电，指雷击前的闪电。

打响雷：雷击。

雾露：雾。

落雨：下雨。

阵头雨：雷阵雨。

长溻雨：连续几天下雨。一般指雨季里下的雨。

空阵头：只闻雷声不见雨。

云头啷雨：云掠过时局部飘洒的雨。

黄梅天：梅雨季节。

还潮天：空气湿度高的天气。

落沙天：类似于沙尘暴。

拗春冷：倒春寒。

雨湿迷迷：有零星小雨，并带点雾。

晓刮青天：晴空万里。

夜茫茫：天气已暗，看不清楚。

四、自然环境类

田横头：田间。

圫(háng)头：田边可种植物的高地。如"垦圫头"。

田隘：田间小路或田埂。

村窠：自然村落。

河浜：指较小的河流。

浜兜：一端不与其他河流相通的小河。

溇头、溇潭：小池塘。

场化：地方、场所。

水口：位置。一般指经营场所的位置。早先水网地区商品运输主要靠水路，故集镇商户大多集中于河的两岸，其位置叫"水口"。"水口"的好坏会直接影响经营业绩。

老岸：靠近江滩或河滩的横田岸较阔地带叫老岸，即圩岸。

滩渡头：河埠，也指河边洗衣物的场所。

坟墩头：土堆起的坟墓。

坟窠庐：乱葬岗子，即多个坟墓聚在一起。

垡尘：灰尘。

五、日常生活类

1. 衣、被

被横头：在被头的横边位置，特地缝上的一块布，避免被头被弄脏。

被头：被子。

被絮：棉花胎。

抱被：用以包裹新生儿的棉或夹的小被头。

包衫：外衣。

睏衣睏裤：睡衣睡裤。

长衫：长袍。

马登子：马褂。

夹襟身夹裤、夹布袍：有面子、里子的双层外衣。

棉衣棉裤：面子、里子中间有棉絮的外衣、长裤。

mián：棉袍。

布衫裤子：泛指内衣内裤。

短出手：短袖子衣服。

长出手：长袖子衣服。

头绳衫：毛线衣。

头绳挂肩：马夹。

大襟衣裳：中式，又叫"扯襟衣裳"门襟开在右侧腋下。

搭攀：衣物上用以系住固定的构件。

绢头：系在头上用以挡风遮阴的一种正方形的布。

桌（zō）裙：围在腰间的防护裙。中华人民共和国成立前及20世纪50年代，男女在淀山湖湖面上用于防风，田间劳动妇女可做遮羞用。

叉胸：围在婴幼儿胸前防止弄脏衣服的布。

蚌壳棉鞋：有左右两片形似蚌壳鞋帮的棉鞋。

套鞋：雨鞋。

蒲鞋：四边不镂空的草鞋，供田间劳作之用。

芦花蒲鞋：稻草夹杂芦花的蒲鞋，保暖性能好，冬天穿。

系(yí)巾：围巾。

2. 食

酿(ài)子：米面食品里的馅。

饭粟、番麦：玉米。

饭糍：锅巴。"饭糍粥"即北方所谓的锅巴放上水烧成的粥。

塌饼：用米粉做成的实心饼。

长生果：花生。

哈菜：苋菜。

草头：各种野菜的统称。

野菜：专指荠菜。

苦草：益母草。

籴饭糕、籴饭团：用糯米煮成饭后做成糕放在油中氽称为氽籴饭糕，或捏成团并在团中放入馅，如豆沙、油条等，味道极佳。

蒲桃：胡桃、核桃的总称(有大小之分)。

勃萄：葡萄。

枇杷干：用面粉制作并经油炸而成，颜色、形状与枇杷柄相似的一种甜点心。

烤果：用糯米粉煮熟后推成薄片晾干，油炸而成的食品。

爆炒米：爆米花。

味之素：味精。

夜壶水：酒，贬义。

香头：葱、姜、蒜、香菜等调味的原料。

螺蛳头粥：米粒尚未变烂，仍一粒一粒的粥。

捞饭：螺蛳头粥捞起来的纯米粒的饭，指干的粥。

烊粉粥：完全用米粉或米粉加蔬菜烧成的糊状食品。

粞：较为细小的碎米。

圆团：米粉做成的球状大的有馅食品叫大圆团，小的无馅叫小圆团。

吃局：食品的总称。

包子：北方人所谓"包子"是有馅的，淀山湖人叫法正好相反，无馅的面粉制品俗称"大包子"。

馒头：面粉制品，发酵后蒸或煎熟后食用。北方人所谓的馒头是无馅的，而淀山湖人说的"馒头"是有馅的。

阳春面：光面条的美称。

重青面：多放碎大蒜叶的面。

免青面：不加大蒜叶的面。

油煤(zhá)桧：油条。

小菜：荤素菜肴的统称。

荤腥：荤菜的统称。

烂糊肉丝：煮得很烂的大白菜炒肉丝。

腌笃鲜：用鲜货、咸货和其他干货加水一起煮成的汤类。

时件：禽类内脏的总称，可炒，可做成汤。

青头：绿叶蔬菜的统称。

和头：主菜的搭配。如红烧鲫鱼里放少量的萝卜丝，萝卜丝就是"和头"。

胶菜：大白菜。

卷心菜：包菜。

鸡毛菜：地上刚长出来不长时间，很细，且轻软的青菜。鸡毛菜是一种较为形象的叫法，其实就是小青菜。

小圆：豌豆。

番芋：红薯。

香瓜：甜瓜，品种较多，有青皮绿肉，黄的、白的都有。

小蒲桃：核桃。

秦糖：麦芽糖。

定胜糕：用米粉做材料，由模具制作而成。图吉利，淀山湖民间大凡祝寿、造房、乔迁等喜庆活动都要准备这种糕来馈赠亲友。

海棠糕：面粉调成糊状,经模具制作成而,因形似海棠花而得名,是传统甜点。

酒酿饼：传统小吃,以面粉和酒酿为主要原料品种,有玫瑰、豆沙等。

鱼腥虾蟹：水产品的统称。

3. 住、行

客堂间：客厅。

灶下间：灶间。

户槛：门槛。

户齿：控制两扇大门开、关的门框中的柱子。

扯篷船：帆船。

六、行业类

泥水木作：泥瓦匠、木匠。

圆作：制作木盆、木桶之类用品。

作凳：手工业者操作用的长凳,多为木匠所用。

作台板：一般为裁缝师傅操作用的平台板,或面食点心制作用的平台板。

料作：原材料。

兹钻：锥子。

捻凿：螺丝刀。

撩捻：镊子。

铁搭：用来垦地翻土的农具,四个齿,四齿扁平。

钉钴郎：用来垒草塘泥或猪粪之用,四齿形似蛇头。

镗扒：比钉钴郎略小,装长柄,四齿尖。也有"八齿大镗扒"。

撅子：镰刀。

莳头：锄头。

土筥：畚箕(bēn jī)状竹制品,用以装土或肥料。金家庄人直接叫"挑泥畚箕"。

捯扒：竹木制品,爪形,用来拉拢乱稻草的工具。

栲栳(kè lǎo)：即笆斗。一种用柳条编的圆形大口的器具,用来盛放、搬运粮食。本地也有叫"挽子"。

山笆：柳条制品，比"栲栳"小的一种圆形容器。

栈条：用竹篾编成的席子状物品，较长，盘旋着围起来时可以盛放粮食。

升箩：度量的容器，作为度量单位，1升是1斤5两。

斗：度量的容器，作为度量单位，1斗是10升。

斛（hú）子：度量的容器，1斛是5斗。

三车：指牛车、风打车、牵车的总称。

挡兜：在水里捞鱼、捞物的工具。

簖：拦在水中用以捕鱼捉蟹的设施。

垩壅：肥料的泛称。

七、生活设施及用品类

么事：东西。

家生：家具及其他用具的总称。

硬头家生：专指较大型的家具。如床、柜子等的统称。

条板（踏板）：老式床前放鞋子的板。

条：长约1.7米，宽约0.6米，高约0.5米的多用途家具。

春凳：长约1.5米，宽约0.4米，高约0.4米的多用途家具。

杌[ŋə]子：四边有框的方凳子。另，像骨牌形状的凳，叫骨牌凳。

小矮台（tāi）：小凳子。

碗盏家生：厨房内的碗碟用具。

汤盏：小碗。

宫碗：比大碗小且比汤盏大的碗。

大碗：较大的碗，一般拿来盛菜。

汤碗（缸碗）：一般拿来盛汤，比大碗还大的碗。

瓢（piáo）：汤匙。

筷竖笼：竖插筷子的容器。

凹勺：舀水的木制工具，也可用作洗脸盆。

镬（huó）子：锅。

豁（huā）镬（huó）：三眼灶中，嵌在两个大锅中间的小锅子。

汤罐：老式灶台上嵌入的圆锥形铁锅。利用柴火的余火加热。

行灶：窑中烧制的灶头。

三肘架：用三根竹子做成的三脚架子，可供晾衣服之用或其他之用。

皮皂：肥皂。

八、动物

蟹(hā)：螃蟹。

柴虾(ho)：河虾。

鳗鲡：鳗鱼。

黑卵头：黑鱼。

黑必鬼：一斤不到的小黑鱼。

老太婆鱼：鳜鱼。

裙带鱼：带鱼。

田鸡：青蛙。

癞团：蟾蜍。

四脚蛇：壁虎。

黄沙地鳖：蝮蛇。

老喔：乌鸦。

在绩：蟋蟀。

决立郎：形似蟋蟀，个头比蟋蟀大，不喜斗的一种昆虫。

羊夹：天牛。

格蜢：蚂蚱。

曲蟮：蚯蚓。

跳驳虫：硬壳小虫，将其翻身朝天能弹跃一尺多高。大约在夏至到来之际出现。

百脚：蜈蚣。

菊蛛：蜘蛛。

菊蛛荡网丝：蜘蛛网。

香酿虫：形似蜈蚣，约一二厘米长的小虫，有臭味。

蚕宝宝：蚕。

虻拍子：飞蠓。一种小飞虫，呈黑色或褐色，有点像小蚊子，会叮咬人。

响蟟：黑褐色的蝉。

响板（知了）：雄性的蝉，能发声。反之，"哑板"指雌性的蝉，不能发声。

约时谈：一种小型的蝉，呈青绿色，极少，有淡灰色的，鸣声像"约时谈"几个字的发音。

九、动词

拎（撣）：用手提。

挼（nuó）：揉搓。

袒：敞开。

斫（zhuó）：用刀斧砍。例如"斫稻"。

扚（dī）：用拇指和食指（中指）掐东西。例如"扚人""扚点小白菜"。

嘬：吮吸。例如"嘬螺蛳"。

搓（cuō）：两个手掌反复摩擦。例如"搓绳"。

扠（duō）：扔。例如："这破家具扠脱算了。"

𢲵（tè）：整理，捏在手里甩。例如："早晨起来后，被头要𢲵一𢲵。"

捻：用手指搓。

潽：沸腾溢出。

揿（qǐn）：按。盖头揿牢，要勿让蒸汽出来。

掼：①掷，扔。例如："伊脾气不好，一发火，就掼家生（东西）。"②失去平衡、摔倒。例如"掼一跤"。

荡：①洗。例如："荡脚水烧好了，可以荡脚睏觉了。""荡浴"一词，意为"洗澡"。②摇动、摆动。例如"荡在空中"。

披：整理。例如"衣裳披披好"。

囥（kāng）：藏。例如："嗯格压岁钿被姆妈囥好拉哉。"

拗：折。例如："拗断"。引申为性格固执、特别。例如："这个人脾气有点拗。"

擤（hng）：捏住鼻子，用气排出鼻涕。擤鼻涕。

按：放。例如："该个末事按拉该搭（这件东西放在这里）。"

揞(àn)：用手指把药粉等按在伤口上。

绊：挡住或缠住。例如："绊户槛大阿哥，出门就吃苦。"

鐾：把刀在布、皮、石头等物体上面反复摩擦，使刀锋利。

滗(bì)：把水或液体慢慢地滤出来。例如："把腌鱼里的血水滗脱点。"

撇(pì)：从液体表面轻轻地舀。例如"撇油""撇沫"。

屏：屏住，忍住。

拼(bìng)：合在一起。例如"拼拢"。

搛：用筷子夹。例如："别客气，大家搛来吃。"

嘞：唠叨。例如："你嘞来一遍，嘞去一遍，啰唆得来。"

眍：眼珠子深陷眼眶里。

揣：局部洗涤。例如："这件棉袄的领口、袖口有点龌龊，要揣一揣。"

宕：延迟、拖延。例如："现今我手头较紧，这笔钱宕一宕，以后还给你。"

氽：读 tǔn。①浮在水面上。②油炸。例如"氽排骨""氽油条"。

汆：读 cuān。指将食物放进开水锅里过一下。

掰：用手把东西分开或折断。

掗(gé)：用力抱。例如"掗牢"。

鲠：卡。例如："鱼骨头鲠在喉咙里。"

蹿：向上或向前跳。

扽(cèn)：两头同时用力猛拉绳或其他东西。例如："盖个被单皱来，昵两个头拿伊扽一扽。"

裰(diāo)：缝补衣服。例如："这件衣裳汏特仔，要裰一裰。"

掇(dūé)：用双手拿，掇椅子。例如："这只台子蛮重咯，几个人一道掇一掇。"

掇(dūé)转：很快地转身。例如："没等话讲完，伊掇转屁股就走。"

轧(gá)：挤。例如"人轧人""轧闹猛"。

缲边：做衣服的边或带子时，把布边往里头卷进去，然后藏在针脚内部。引申为帮人说话。

绲：缝纫的一种方式，绲一条边，例如"绲条"。

绗：用针固定衣料，不使移动。

235

匡：粗略计算。例如："咯样么事,匡匡有几花重?"

哴(láng)：晾。例如："衣裳哴一哴。"

撩：动作。例如："把蚊厨撩开。"

抒：用手顺着抹过去,使物体顺溜或干净。例如"抒胡子"。

掮：用肩扛东西,引申为"掮客"。

捧(音 hōng)：两手并排了,用手心舀水。

绾：把长条形的东西打个结。

挦：撕、拔、拉。例如"挦鸡毛"。

搦(nuò)：持,握,拿着。

挪(nuó)：移动。例如"把桌子挪一下"。

焐：用热水焐热。

搣(挽)(wěi)：细长的东西来回折叠。例如"把铅丝搣断"。

萦：围绕、缠绕。例如"萦线""萦头绳"。

庹(tò)：两臂张开,两手中指尖之间的距离。以此度量长短或距离。

挹：牵引,拉。例如："拿牛从棚里挹出来。"

起：①产生。例如："伊有点起疑心。"②长出。例如"起泡"。

霍：靠近,贴近。例如："热来,勿要霍来忒紧。"

隑：斜靠,依仗。例如"隑壁脚""隑牌头"。

跽：跪。

跼(jù)：指身体弯曲,不舒展。例如"跼拢""跼紧"。

服：适应。例如"水土勿服"。

过：①洗后再用清水漂。例如"过衣裳"。②传染。例如："肺结核会过人的。"③死。例如："×××老早过世了。"

阁：①合用。例如"阁牛瘦""阁船漏"。②邀请。例如"阁伊一道来打牌"。

煤(zá)：把菜、肉等食物在水里稍煮。例如"毛豆煤煤烂"。

极：①耍赖皮。例如："下棋,不可以极咯。"②急。③害怕。

格：吵架。例如："婆媳妇俩挦拉格哉。"

辁：扬起。例如："你不要敲哉,辁得不得了。"

抠：用手指或细小的东西从里面往外挖。引申为小气、吝啬、刮皮。例:抠门。

咪：同"呷"，小口儿地喝。例如："每晚咪点小酒。"

张：看、望。例如："你到外头张张看，你爷阿拉转来。"

差(cā)：被人指使做事。例如："在伊手下头，不大好吃饭，一直被伊差来差去，忙煞哉。"

泅：渗透。例如："屋面做得勿好，天一落雨，就要泅水。"

戗：风向相对，戗风，例如"盘戗船""戗板"。

炝：用酱醋凉拌菜肴。例如"炝黄瓜"。

呛：因水或食物进入气管而引起的咳嗽。

详：琢磨。例如："这字写得蛮潦草，我详仔半日，刚刚详出来。"

拦事：无端猜疑别人，将矛头对准自己，主动去"对号入座"。

抿缝：严丝合缝。"一拍一抿缝"，指正好合适、合拍。

吃酸：中招。

批揭：批评，比较刻薄，带有讽刺意味。

撩事：惹是生非。

看想：爱上，喜欢上。例如："小赵看想小李，开始追求伊哉。"

弄怂(sǒng)：作弄。

白相：玩。

荡浴：洗澡。

搬场：搬家。

轧道：交朋友，参与群体活动。

推头：搪塞，推脱。

缠缠：应付。自谦之话。例如："做不好的，缠缠拉倒。瞎缠缠。"

嫌弊：看不上眼。例如："蛮好的一件连衫裙，还嫌弊不是名牌的。"

趁让：放任。例如："小囡勿可以趁让伊，一歇要该样，一歇要个样。"

白话：说话交谈。例如："宁可与有知识人相骂，也不愿意同呒知识人白话。"

讲张：说话，交谈。

醒觉(gò)：醒悟、觉醒。

茄(gā)：挤入，嵌入。例如："鱼骨头茄勒拉牙齿缝里。"

杭：支撑，忍受。例如："迭点困难杭一杭，也就过去哉。"

抓(ò)：手指聚拢使物体纳入手中。

揪(ò)：用手抓取。例如："去米缸里揪把米。"

浸：泡在液体里。例如："洗衣服时，先把衣服放在水里浸一浸。"

扭(nǐ)：用湿毛巾擦。例如"扭席"（指用湿毛巾擦席子）。

拨[bə]：给。例如"拨你"。

抚(áo)：用杯碗等大致估量米或面粉等物。例如："烧饭，我抚水总是抚勿准，所以饭勿是忒硬就是忒软了。"

体忕(tà)：①闲适。②宽裕，从容。

窎(liáo)：动态，用脚窎人。例如"手呒贼窎"。

饫(yì)：喂。例如"饫饭"。

詶(ò)：诬赖，批评人语言不符合事实。例如：①伊詶我的不是。②詶嘴乩舌：所说的话激起人们愤怒，要吵架。

刢(pì)：用刀斜切，把肉等削成很薄的片。例如"刢肉片"。

挜(ò)：硬把东西塞给别人或卖给对方。

挡(hài)：用网兜捞。例如"挡么事"。

掬[yɔì]：两手用力揉搓（东西）。例如"掬面粉""掬菜籽"。

挺(tín)：留，剩。例如："侬勿要拿小菜吃光，挺一眼拨我吃。"

㧟(huá)：划（船）。

匢(yà)：藏在隐蔽的地方，例如："侬匢勒拉我后面，做啥？"

哈喇里：夹缝里。也说"瞎腊里"。

疲(fěi)：胃里不舒服，恶心，想要呕吐。

迸(bìng)：抑止，忍耐，忍住。

洸(wāng)：晃荡。例如"小船特别洸"。

啃(kèn)：翻寻。例如："箱子里啃啃看，阿有啥值铜钿咯么事。"有时也用"垦""掯"。

逋(bǔ)：蹲。例如："老母鸡逋勒啷窠里，大概要孵蛋哉。""伊逋啷地上，阿吃力？"

捏(niā)：握。捏鼻头做梦，意为痴心妄想。

瓞(bá)：分开。例如"两脚瓞开"。

揸(tá)：同"搨"，涂抹，沾。例如"揸粉""揸便宜"。

捼(nū)：揉,抚摩。例如："我来搭伊捼捼。"

捭(音同"背")：拉,拽。例如："盖样物事不直,拿伊捭捭直。"

揱(xiāo)：揭开,掀开。

捭[bié]：拨动东西。例如："柴堆里捭开看看,阿曾囥啥个物事经。"

挨(ā)：轮。例如："排队排到现在,总算挨着伊看毛病哉。"

捩(lì)：①绞,柠。②折。

滮：液体从狭小的孔道里很急地射出来。

眼跐：不留神,没有注意到。

㧐：担当,招架。例如："盖桩事体,我还㧐得住。"

惹[zā]：①排泄。②泻,肚皮惹。

惹厌：①讨嫌,惹人厌烦。②啰唆,唠叨。例如："勿关伊那事,侬那惹厌点啥。"

惹气：讨厌、引起恼怒。例如："你这惹气话少讲点儿。"

惹毛：言语或行动触犯对方。

惹眼：显眼,引人注目上。例如："侬拿迭样么事放勒边啷去,勿要放啷惹眼咯地方。"

惹事：引起麻烦或祸害。

搽(có)：涂抹,同"揩""揭"。例如"搽粉""搽胭脂"。

偃(yè)：比长比短。例如："伲立啷一首,偃偃看,啥人长。"

馤(géi)：打嗝儿。

剢(lè)：用手指或细小的东西往深的地方挖。例如"剢耳朵"。

渝(pào)：用热水烫或浸。例如"渝碗"。

摛(lí)：淘米、洗菜时,让水漏干。

揎(xiāo)：打(多指打耳光)。

㗧(dō)：呼鸡的声音。

渧：液体一点儿一点儿地向下落。

滋：汗水、浓液等液体往外渗。

戠[tsjà]：指甲或竹木等表皮裂开的部分翘起来。例如"肉戠"。

敨(tē)气：呼吸。

掰(bēi)：绊，扳。例如"踢脚掰手"。

搂(lù)：用手贴着桌面等平面，把散乱的东西归拢到一起，或抹去。例如："头发有点乱，搂搂顺。"

搳(huā)脱：丢掉，遗失。

煏(bì)：用旺火把东西烤干。

熰(tuò)：用小火慢慢地煮。

燂(qián)：已宰杀的家畜家禽用滚水烫了后，把毛去掉。例如"燂鸡""燂鸭"。

潒(guò)：液体因摇晃而流出。例如："当心水潒出来。""吃饭前，用热水把碗潒一潒。"

赿(dán)：闲逛。例如"赿马路"。

跾(lù)：①站起来。②起床。

蹬食：因吃得太多，不消化而停食。

懊惱：后悔，懊悔。

擸(lá)：用尖锋的东西划破表皮。例如"擸人狗"。

嗥：怂恿，激。例如"侬覅嗥我。"

踱：慢步行走。

勥(fèn)："勿曾"的会意，不曾。

劻(kuàng)：破裂。

劻破：裂开。例如"地皮劻破"。

燉(dēn)：食物放在锅屉上蒸。

夯夯：什物。例如"夯里夯夯"。

撨(háo)：①限定一定的数量。例如："我是定量吃饭，每顿撨好仔吃。"②约略地测定。例如："你撨撨看，缸里还有多少米。"

溧(lì)馋：不自觉地流出唾沫。

汏(dà)溧：洗。

䟴[bé]：人用手和脚一起着地，向前移动。

十、形容词

趸(dǔn)当：一总，总儿。例如"趸当生活零碎做""零碎驳趸当"。

挨(ā)模样：差不多。

颁(zéi)：副词，全，都。例如：大家皆有称“颁有”；大家皆好称“颁好”。

沰(duò)：量词，滴。例如“一沰浆”“几沰眼泪”“一沰沰糨糊”。

涸(duò)：量词，滴。例如：“小囡吐馋唾，一涸一涸。”

晏(yà)：迟，晚。例如“困晏觉”。

囸(zá)硬：坚强，能忍受皮肉的痛苦。

囸实：形容物体坚固。

莔(méi)：堵塞不通。例如“洞洞眼莔脱哉”“莔裆裤”(裆里不开口的裤子)。

眼眼调：恰巧，凑巧。

崭：形容(事物)美好，(质量)高。例如“崭齐”(即极整齐)。

胳(mǐn)：两样东西合拢，无缝隙。例如“胳缝”(指物体相接处无缝隙)。

稠(mán)：密。例如：“秧种来忒稠。”

𦭩(mán)：庄稼、草木等茂密。

殟[wə]：心里烦闷，不舒服。例如“殟塞”。

煊红：通通红。

横垛里：半中间。

嗆(qiāng)：价钱便宜。

覅[zjɔ̀ː]：“休要”二字的会意，不要。

撇脱：做事敏捷。

敨(tē)乱：粗心，忙乱。例如：“伊敨乱，自家放咯么事还寻勿着。”

殨(sū)：指食物煮得非常烂。

坒(bī)：量词，层。例如“叠一坒砖”。

粗约酌：副词，大约。

坍宠：难为情，丢脸。

极形极状：形容惊恐或发急的样子。

蓬[bòŋ]：①烟或尘土乱飞的样子。②量词，用于烟，灰尘。例如“一蓬烟”。

忒(tè)：太。例如：“今朝咯天忒热哉。”

艮：性子犟，说话生硬。例如：“这个人艮到来。”

皴(cūn)：皮肤因受冻或受风吹而干裂。例如：“手皴到来。”

拧(nǐng)：形容脾气倔,固执不爽气,不听劝。拧皮吊欠。例如："伊个脾气拧滴滴咯。"

泞：黏稠。例如："粥烧得泞来。"

乖(音"呱")：①听话,不任性。②有心计。例如："这个小孩真乖,不用父母操心。"

孍(赞)：好。例如："这幅画孍到来。"

灵：好。例如：这件羊毛衫编织的花纹灵到来。

在(zái)：颗粒饱满。例如："今年水稻的颗粒在到来。"

噗：松垮,不结实。例如："他一身噗肉,没有大力气的。"

丘(邱)：不好,程度比坏轻一些,通常指人的脾气或品行。

骚：言行举止轻佻下流,通常指女性。

狠：厉害。例如："某某人狠到来,一百五十多斤的檑子,一只手就把它推起来了。"

刁：①阴险。②要求高。例如："这小囡嘴巴刁,专挑食。"

嘎(gá)：①没韧性。例如："你烧的粥火功未到嘎来。"②不紧凑。例如："此人做生活嘎来,做弗脱生活的。"

粗：除本义外还指强、多。例如："伊路道粗到来。"

厚：除原意外还指"干"。例如："粥忒厚,难以下咽。"

薄：除原意外,还指"稀"。例如："这粥太薄了,一会儿就要饿的。"

得：黏。例如："今天汗出得太多了,身上得来。"

毁(huī)(损坏)：物体放久或长期在外牢固度降低。例如："这棵树倒下来以后,不放在江里浸,长期日晒雨淋,整个树干毁哉。"

扯(cā)：原意是拉扯、升,引申为不正、歪斜。例如："不要扯转身体,给我立正。"

扯过：互相抵消。

侧(zé)：倾斜、不正、向一边斜。例如"侧转""侧歪"。

轧：拥挤。例如："轧到来,我吃不消了。"

献：肿,一种病态。例如："伊面孔献扑扑,好好叫到医院检查一下。"

畅：①舒适,满意。例如："这次酒被我喝了个畅。"②久、时间长。例如："你干什么这时才来,我等畅等畅。"

寸当:把握分寸。

闹热:热闹。

活灵:灵活。

舌甜:宝贝、爱怜。例如:"伊对伲子特别舌甜。"

货色:本意是货物,引申义是个贬义词。例如:"汝(né)是啥那吗货色。"

摊充:难为情。

便当:容易。

搭酱:做事粗糙,引申为做人不正。例如:"此人真是搭酱,从未干过一件像样的事。"

挤气:使小性子,耍脾气。

原生:完整,囫囵。

石力:①厉害。②花大力气。

懊牢:懊悔,后悔。

结棍:①厉害,有本事。②身体特别好。例如:"小张身体结棍。"

嬻(赞)括:主要指人生得美又有气质,说话办事干练,方方面面都好。

豁边:糟了。比如,用在把人家所托之事忘了,或犯下大错的一种情感表达。

来三:能干、可以的意思。例如:"张三真来三,粗细活儿都能做。"反之则说成"勿来三"。

筋道:指食物有韧性,耐咬嚼,身体结实(多指老人)。例如:"张家伯伯筋道好来。"

筋骨:筋肉和骨头,也指体格、精神。例如:"伊筋骨好来!"

筋节:肌肉和关节,比喻文章言辞重要而有力地转折承接处。

来事:同"来三",反之则说成"勿来事"。

吃香:受器重,受追捧。

闹猛:热闹。

擸(lá)皮:无赖的作风和行为。

少辟:速度快,爆发力强。

蹩脚:指差劲。

辣手：指狠。

懊糟：心里郁闷、难受，不痛快，也指事情办糟了。

板要：一定要。

经心：在意，留心。

刺毛：比喻脾气坏，惹不得。

促狭(kà)：背后使坏，让人出错。

扎墩：指身体结实。

扎乖：听话，识趣，机灵。例如："小囡要扎乖，才能不吃亏。"

柴柴：省省，算了吧。例如："你能举起这石(dàn)？你还是柴柴吧。"（带有轻蔑意）

出趟：形容大方，不扭捏，且能说会道。会做人，会做事。

得劲：称心合意

难板：很少，偶尔。例如："'弟兄们'年纪大了，现在难板聚在一起。"

显(xiān)世：丢脸。例如："你不要这里显世了，我在替你难为情。"

黄落：没有，没戏了，是个人发表的看法。例如："这人能办成这事，我看黄落。"

吃价：身份地位与众不同，高人一等。反之则说成"不吃价"。

晓亮：天气转阴为晴，引申会真相大白。金家庄人讲成"晓青"。

上路：做事讲道理，有分寸，有人情味。反之则说成"不上路"。

乐惠：舒服、愉快。

密惜：细心到有些过分。例如："这家人家装潢，主人特别密惜，给他家装潢的工人心里好窝涩。"

灵光：好，灵巧。例如："你这幅画画得蛮灵光的，送给我吧。"

厉害：难以对付或忍受，也引申为本领大。例如："这个人真厉害，一人能对付五六个人。"

吃耐：很能吃苦，能忍受。例如："这个人吃耐得很，不小心撕裂了一个大伤口，医生给他结扎时，他不哼一声。"

板扎：多义词。①指身体结实。②干事缜密细心。

黠(xiā)哑：聪明。例如："这学生黠哑来，年级考试，总拿第一。"

阔勃：形容人比较粗壮。例如："你看他身坯多阔勃。"

献宝：指炫耀。

癫嘎：说下流的话。

奔心：形容认真。例如："做事只要奔心,那么一定能做好。"

起眼：看起来醒目,易引起别人重视。

热络：形容待人热情,很快拉近了两人的关系。

窸窣：拟声词,形容细小的摩擦声。

惬意：舒服。

调匀：调和均匀。

局促：在很短的时间内完成某事,匆忙至极。

急促：时间紧。

瞎悄：言行不当,有失规范。例如："不要害悄,你这样做是不对的。"

枉(wāng)崩(bāng)：与孟闷意思相近,但程度更深。例如："你这人太枉崩了,一点儿道理都不讲。"

装弶(jiáng)：人来疯的意思。

装腔作势：装出某种表情。

手松：指随便花钱或给人东西。

手紧：指家庭缺钱,经济拮据。

凑手：使用起来方便、顺手。

肉痛：心痛,舍不得。

蛮好：①不错,较好,表赞赏。例如："伊件衣服的颜色蛮好的。"②一人建议,众人附和。例如："伊的提议蛮好,就这样。"③对别人赞赏,并愿为其做事。

出格：超出做人的规范。

出客：漂亮、好看。

出气筒：比喻被人用来发泄怨气的人。

标致：漂亮、好看。

登样：长得好看,帅气,也指穿着打扮得体。

神气：中性词。①神采奕奕。②漂亮。例如："他今天看起来忒神气。"

像心：称心。例如："这件衣服买得蛮像心。"

开心：高兴。

快(kā)活：高兴。

焐(wù)心：开心、愉快。

迷心：开心，且带有一定的迷恋。

有劲：开心、好玩。例如："这次去五台山旅游有劲来。"

肉麻：①心疼。例如："老太肉麻小辈，勥伊拉的铜钿。"②舍不得。例如："想开点儿，勥肉麻钞票，买点儿吃吃。"③虚伪、做作。例如："你这话太肉麻了，我听不进。"

结足：①人长得结实。②物件包裹严实。

适意：①舒适。②身体好。

收身：感觉干练，原来有点儿虚胖，现消瘦一点儿，显得结实了。

服帖：①感觉好。②活儿干得细致、到界。③动词，佩服。

花妙：色彩鲜艳，吸引人眼球，一般指打扮或装饰。

乐开：大方。例如："他做事乐开，深得好评。"

坦气：慷慨大度。例如："老李做事坦气，不像小王小家败气。"

难为：花销大。例如："花钱别太难为，要细水长流。"

定规(定坚)：坚决，同"定归"。例如："我定规不去，你不要再唠叨了。"

就是：坚决，同"定规"。

醒灵(醒困)：睡着时警觉性高。例如："他很醒困，晚上撤走，没那么容易。"

上路：做事、说话合乎情理，为人够朋友，讲交情。

枉空：①徒然，白白地。例如："你枉空读了这么多年的书，这点儿道理也不懂。"②不像话，不像样。例如："你枉空身为男子，这点儿责任你都负不起。"

扎实：多、充足。例如："这家人家结婚时的菜肴扎实。"

煞渴：①很解渴。例如："龙井茶喝上去煞渴。"②很满足，很过瘾。

煞博：厉害。

清爽：①干净、清楚。例如："这家收拾得非常清爽。"②天空晴朗。

加形：一般指人的外表，常带贬义。例如："起什么加形，我看汝(né)饭阿要吃勿出快哉。"

上照：拍在照片上很好看，一般指人像。

受用：十分舒服、适意的意思。

噱头：①笑料。②本事。例如："此人蛮有噱头。"③卖关子。例如"摆噱头"。

嘎闷：没兴趣，带有点儿不在乎的样子。

把细：仔细、小心。

经节：省、节约。不是某一方面的省、节约，而是方方面面都考虑到能省即省。

拆蚀：①吃亏。②谦词。比如，请朋友吃孩子的满月酒，在接待朋友时往往会说"拆蚀你们了"。

邋遢：①肮脏，不干净。②下雨天。例如："干净冬至邋遢年。"

痉腻：脏，让人反胃。

吼(hē)世：①烦闷、不舒服，或遇到较难解决的事情为之忧虑。例如："这桩吼嘶事情真的很难解决。"②脏，指的是人或环境不干净。例如："这人身上吼嘶来少的，看见之隔夜饭都要呕出来了。"③天气潮湿、闷热、不爽快。例如："这天气吼嘶热，要起阵头(下雷雨)哉。"

寻吼世：寻衅闹事。

厄涩：指天气潮湿闷热。

污酥：一般指环境不干净、脏。也指天气不爽。

勤谨：勤劳。

懒扑：懒惰。

下作：下流。

难势：难为情。例如："过格人怎么这样的，难势到来。"

塌萨：人比较笨重，动作不灵活。

落拓：潦倒失意。

推板：不好，差劲。例如："这人推板，欠了钱不肯还的。"

烂料：①不讲卫生。②不考虑后果，铺张浪费，入不敷出，寅吃卯粮。

劣切：性格乖戾，很难相处。例如："这人劣切得很，上次和那人争吵了几句，从此再也不搭理那人。"

昏闷：①心里不痛快，感到压抑、忧郁。例如："这件事解决不了，真昏闷。"②较难解决的事。例如："有件昏闷的事还未解决。"

窝涩：与"昏闷"类似，但不尽相同。心里难受但又说不出是一种什么味道。

例如:"几个人睡在一起,其中一人丢了钱,大家确是未拿,但心里窝涩。"

恶掐(kà):阴险、阴刁。

钻尖:精明而自私。

挤作:絮絮叨叨说个没完,这样不好,那样不好。例如:"这个妇女蛮苦的,男人老是挤作她。"

毒幅:固执死板。例如:"伊是个老实人,平常性格挺好的,一旦惹毛了他,发起毒幅劲来不得了。"

触气:令人讨厌。

怄气:使不愉快。

精刮:有心计、会盘算,喜欢占点儿小便宜。

牵匀:分均匀。

约酌:大约。

烦难:很麻烦,很棘手,耗时间较长。

嗨还:①多、大,且有一定的语气。例如:"这人的力气大得嗨还。"②很张扬。例如:"这点儿小本事别嗨还勿煞。"也作"海万"。

作孽:作可怜、可惜而言。

苦恼:①生活困难。②病痛折磨。③遭遇磨难。

识相:知趣。

啥度:累、吃力。

光鲜:①身上穿着衣服干净、利落。②处事得体,受人称赞。

挺括:平整、光鲜。指衣饰。

细结:细而结实。

软熟:柔软。

着肉:①亲近、亲密,通常指子女和父母的关系。②贴身内衣。例如:"着肉布衫。"

宽舒:间隔距离大一点。例如:"悬开一点,不要挤得太紧,大家宽舒一点儿。"也指多。

背(pián)暗:不是面对光亮,而是背对光亮。

硬张:①牢固。②为人处事经得起检验。

第六章 乡音俗语

准足：①数量、分量或尺寸准确。②做人诚实。

吃价：①值钱。②身份地位与众不同、高人一等。

荫络：风凉、凉快。

闸角：①不方正，不圆整。②斜路。例如"抄闸角"。

割裂：彻底。为加强语气，可用"AABB"的形式。

硬柱：①真材实料、货真价实，不怕检查、检验。②硬气、霸道。

强横：蛮横、不讲道理。

笃定：①很坦然，不慌不忙。②胸有成竹。

笃泰：同"笃定"。

浪席：撒落在地，拣不起来。

充拥：多、富足。

窍开：①窍门。②有不为人知的秘密或者在说什么花招，存在有待揭开的问题。例如："这里厢有窍开，想办法拆穿伊。"

劳碌：事情多而忙碌。

老眼来：人看起来显得苍老，与实际年龄不符。

后生来：显得年轻。

磨洋工：工作时拖延时间，泛指工作懒散拖沓。

托落软：异常柔软。

托落熟：①非常熟悉，非常熟练。②食物或果实熟透了。

托落殠(sū)：非常酥软。

绝落乱（七落乱）：乱糟糟，乱作一团。

动头皮：①年轻一代做出有违道德、牵连到老一辈的事。②揭老底，数落。例如："'养不教，父之过。'日后为父有得动头皮了。"

宿毒气：陈腐的气味。

煞捌清：十分清洁，清爽。

搭拉萨：形容词的附加词。例如"好人搭拉萨"（指过于老实）。

丘攀谈：形容说话没有艺术，别人听来容易受伤。例如"好人丘攀谈"。

鹦哥绿：深绿色，像鹦鹉的羽毛。

蟹壳青：蓝灰色，像螃蟹背部。

粗光趟：做任何事情都能按照约定俗成的程序去办；能过场，但不细不精，较粗。

粗约扎：做事有一定的轮廓，但不细细研究，较为马虎。

搅乱头：贬义词，专指挑拨离间的人。

搅家精：专指败家的人，搅得家里不得安宁。

吃力来：累死了。

拆烂污：敷衍了事，办事极不认真。

豪燥(sào)点：催促别人快点。例如："汝(né)豪燥点儿，动作怎么这样慢的。"

勿至于：表示不会达到某种程度。例如："汝勿至于饭也吃不出，是汝懒，不肯干活造成的。"

勿梳齐：事情不结束。

勿壳张：意想不到。

勿入调：原指唱歌或唱戏不入调门。引申为做人不守规矩、不正派。

勿齐头：或多，或少，不正好。

勿连牵：靠不住，不像样。

勿习上：不求上进，不学好样。

勿色头：倒霉、晦气。例如："这大喜之日，你弄出这勿色头的事情。"

勿罢休：不能就此算了。

暗促促：背地做小动作。

三脚猫：比喻对各种事情稍懂皮毛。

有心相：有耐心或很投入。反之则称为"呒心相"。

扣夹扣：时间或物刚巧正好，不早不晚或不多不少。

阿咪咪：①指时间长。②可作贬义词。例如："你这个人阿咪咪了。"（你这个人差远了）

夹生饭：原指饭没烧熟，引申为做事不彻底，或问题没有得到彻底解决。

呒劲头：无聊。反之则说成"有劲头"。

年糟糟：糊涂，记性差。

白白叫：徒劳无益。

几花点：多少。

门槛精：指人精明。

老门槛：指人精明。

温暾(tūn)：不冷不热。温暾水，指水不冷不热，引申为人的性格不忧不急，没有激情。

出洋相：指出现尴尬的事。

一只鼎：亦作"一只顶"，喻指在某一方面有特长的人，或数一数二的人物。

一包焦：全部包下来。例如："大小生意一包焦。"

小敲卵：称言谈、举止轻狂冒失而没有多大能耐的男青年。

开染坊：喻指小孩撒泼撒娇。例如："越惯就越坏，只要给他三分颜色，他就开染坊了。"

有亲头：懂事；有头脑；有分寸。

拎勿清：不明事理；不领市面；不知世情。例如："人家找对象，关你啥事体？要你瞎起劲，真是拎勿清。"

定洋洋：同"定样样"，形容呆视的样子。例如："这人眼睛定洋洋，盯着人家窗子看，莫非是个坏坯子？"

话把戏：让人当作笑柄的事。例如："做出这种话把戏，真是滑天下之大稽。"

挖耳丝：①办法；窍门。例如："伊做生活有点儿挖耳丝的。"②噱头。例如："讲话勿要挖耳丝。"

填刀头：替罪，替死。

洋泾浜：所说的普通话不纯正，也比喻所做的工作不是自己的专业。例如："我是洋泾浜普通话。"

煨灶猫：①指紧挨在灶前取暖的猫。②形容没有精神。例如："汝这个人煨灶猫能格，打起精神来。"

险脚哦(险脚下)：差一点儿(专指危险的事)。例如："今天出门险脚哦被车撞。"也说成"险险叫"。

黄伯伯：比喻记性差、办事不牢靠的人。例如："托人托个黄伯伯。"

肉头厚：引申为家庭经济比较宽裕。

杭(háng)不落：吃不消，扛不住，也说成"上勿上"。

厚皮脸：厚颜无耻，是表谴责的词语。

隑牌头：指有靠山，依仗权势。

发嗲劲：撒娇的样子。

望张张：热切盼望。

跷梢头：俗称拚气、赌气。

顾勿得：见不得别人好。有眼红病的意思。

躁性子：急性子，易发火。

吃功夫：耗费时间、精力特别多。

恶作剧：形容玩笑开得超出了约定俗成的范围。

塌势诈：耍赖皮。

鸭屎臭：本来想做好事的，其结果不尽如人意，出丑了。

瞎七缠：瞎弄。

吃白食：贬义词，白吃或白用别人的东西。

茄门相：相当于"鸡勒"，食之无味，弃之可惜。泛指不感兴趣。

鸡头混：做事无头脑，遇事一时无措。

横竖横：横下心来，什么都不怕。

真家伙：感叹词，且有真刀真枪的意思。例如："大伙儿用镰刀斫稻，一天下来真家伙呀，累得直趴下。"

做人家：非常节俭。褒贬具体看语境。

坍招势：丢脸。

得劲：称心，心里特别高兴。

野路子：不正规的途径。

一帖药：引申为使人服帖、佩服。

丑脱货：废物，指没有用处，可以扔掉的东西。用来指人则是一种极伤其自尊心的侮辱性语言。

瞎起劲：多管闲事。

落脚货：货物中剩余的处理品。

薄嘟嘟：形容液体稀薄。

厚捺捺：形容液体水分少，黏稠。

厚仔哪得：意义同"厚哪哪"。

稀零鳏褴：数量少。

呒心瞎数：心中没数。

零头剁角：指零零碎碎，但可以利用的东西。

狼吞虎咽：吃相难看。

三脚花胖：走路不稳，跌跌撞撞。

筋出骨出：瘦。

簇括拉新：极新、全新。例如："这件衣服簇括拉新。"

花里八蓝：衣服的颜色杂。例如："这件衣服花里八蓝的，一点儿也不好看。"

杂个隆冬：形容杂七杂八。例如："这些杂个隆冬的东西用场不派，占卜世界，丢掉算了。"

刁钻促狭（kā）：指人品不好，使坏。例如："此人刁钻促狭，所以没有人缘的，无人肯帮他。"

拆天拆地：指把东西搞得乱七八糟。一般用于大人批评小孩太顽皮。

投五投六：喜欢卖弄，但事情不一定能做好。

寿头寿脑：傻里傻气。

死样怪牵：装懒样，有气无力的样子。

肚肠痒来：看不入眼人家做的，恨不得亲自做。

搞七捻三：瞎搞八搞，且有"关系暧昧"的意思。

睏思懵懂：犯困，没睡醒的样子，引申为"脑子糊里糊涂"。

出脚一眼（出脚一点儿）：多一点儿。

一沓刮之：全部。

一共拢总：全部，仅有这些了。

痴头怪脑：带有一种斥责。比如有人违背了做人的规矩，往往就会用此词。例如："酒是人吃的，可你吃了酒以后老是痴头怪脑，成何体统。"

贼忒兮兮：慢吞吞，不急不躁。例如："该个青年性格蛮好的，你说重他，他贼忒兮兮，不动气的。"

敲叉袋底：比喻把隐秘之事全部讲出来。

呒不清头：年轻人屡犯错误或偷懒。

神知糊知：糊里糊涂的意思。

行（háng）情行市、交交关关、海海还还：形容很多。

结格罗多：数量特别多。

横冷横冷：高声喧哗，同"哇啦哇啦"。例如："横冷横冷闹来，头脑子呀痛咯。"

横打横打：大声喊叫。例如："我横打横打咯喊，你怎么听勿见呢！"

玛卡玛卡：一般指钱特别多。

亨棚冷打："全部"的意思。也说成"亨棚冷"。

花好稻好：样样好。带有贬义。

面熟陌生：似曾相识。

稀奇勿煞：别自鸣得意，有什么好稀奇的。带有贬义。

不着不落：形容事情没有着落和结果。引申为人做事不正，说话不在理上。

几几花花：很多很多的意思。

书包翻身：同"书中自有黄金屋，书中自有颜如玉"。

一天世界：摊放得杂乱，满地都是。

七翘八裂：引申为家庭或团体的不和、不团结。

不二不三：指不正派或不规范，近似于"不三不四"。

勿入流胚：不正派，不遵守社会规范。

极出胡拉：发急的样子，哭丧着脸。

极形极状：猴急的样子。

恶形恶状：不顾体面，乖戾。

踢脚绊手：障碍多，不便行走。

假痴假呆：装傻，装作一无所知。

滴角四方：方方正正。

格里糊涂：啰唆、纠缠不清。

滑塌精光：一点儿都不剩。

叽里咕噜：拟声词。形容低声讨论或私底下议论别人。

狗皮倒灶：吝啬，特别小气。

伲结固结：缠拉着,低声及喋喋不休地说着话。

少有出见：很少见到这种人。贬义词,用来指人的性格。

七盅七盏：比喻事情做得细、好、干净、利落、有条理。

脱头落襻：形容做人、做事等方面不到位。

死勿临盆："临盆"是指女人生孩子。比喻死不认错。

勒杀吊死：人情方面呆板,不通融,且特别吝啬,舍不得花钱。

腰岸角落（壁角落里）：原指田的犄角旮旯儿,引申为"到处"。例如："我的钥匙腰岸角落都寻到了,但仍未找到。"

七勿牢牵：形容做事情不靠谱。

小家败气：指忒吝啬。

啐空、啐空捻三：说谎,且谎话连篇。

羊牵猢狲：形容身体动个不停。

抓抓出出：撩拨个不停,使人厌烦。

嚼白嚼白：话特别多,令人厌烦。

绕天世界：到处都是东西,或到处走。

绯赤生红：形容特别红。

黄勃拉爪：指脸色不好。

阢要阢紧：贬义词,指慢性子,做事没有紧迫感。

吓人倒怪：指做的事情不可理喻。

七荤八素：指场面大。引申为乱糟糟,搞得人晕头转向。

花洋镜多：点子特别多的意思。

哭出呜啦笑嘻嘻：似笑非笑,似哭非哭,哭笑不得,一副尴尬相。

滴粒滚圆：形容很圆。

死蟹一只：形容败局已定。

浪头大来：喜欢吹牛,说大话。

龌里龌龊：形容特别脏。

血淋带渧：血淋淋的样子。

歪（huā）把仔欠：指虽有勇气,但不加思考地蛮干。

卵子匽（yà）腿：形容做事不靠谱,根本不放在心上。

夹缭丝白：形容脸色苍白。

托牢下巴：没有根据的话，瞎说。贬义词。

滴括三响：硬邦邦，做事干脆利落。

艮头艮脑：脾气倔的人，所说言语不怕刺伤他人。

杂格乱拌：喋喋不休地乱讲闲话。

活里活络：原指一件物体不牢固，引申为对事情的态度不明确。

龌拉勿出：指某种心理怪怪的，说不清、道不明。

淡滋刮嗒：形容菜肴淡而无味不好吃。

悉粒嗦落：拟声词，指极小极细的声音。

危险八拉：很危险。

碰着赤佬：指遇上倒霉的事。

老固板牵：思想守旧，跟不上潮流。

噱头噱脑：引逗。例如："伊讲话噱头噱脑风趣得很，引得大家哈哈大笑。"

婆婆妈妈：形容男人遇到大事时，拿不出主见，犹豫不决。

乱七八糟：一般指无规律的存放。

稀奇百怪：形容事物奇异。

齐巧正好：一点儿不差。

毛手毛脚：①做事粗心大意。②品行不端。

汗潽露渧：大汗淋漓。

撬外勿入：不相信家里人，听信外人挑拨离间的话，内部搞不团结。例如："一个单位、一个家庭要搞好，首先内部要团结，不能撬外勿入。"

毛焦火辣：无风，闷热，指人体的切身感受。

热吹潽烫：食物温度很高，一般形容刚出炉灶的新鲜佳肴。

忙里偷闲：在特别忙碌中抽出一点儿时间来探望别人或做另一件事。

生病落痛：患病。例如："人吃五谷，总归会有生病落痛的辰光。"

头毛揪光：焦头烂额，束手无策。例如："任务实在太重，头毛揪光也完不成。"

叽嘎妈嘎：装腔作势或啰里啰唆。

吖求苦恼（吖磨求苦）：吖，也作"喔"。指苦苦哀求。

刹生头里、孟生头里、辣陌生里：很突然，让人毫无心理准备。

歪牙咧嘴：歪读作"huā"。①面容不端正。②言行举止让人反感。③办事不照规律来办。

譬如勿是：试试而已，权当没有，不抱太大的希望。也指勉强接受某种分配结果。用于自我安慰或安慰别人。

满打满算：全部算在内。

呒轻呒重：指言行鲁莽、无分寸。

陌头勒得：自己一无所知，却受人指责，故心中饱受委屈。

没头没脑、沉头没脑：原意是全部沉入水中，引申为对某事一无所知，却遭到无端的指责。

呒心呒肺：①说话做事不考虑成功与否及后果，指不动脑筋，无心计。②没有人性。

拿手好戏：指某人特别擅长的一种本领。

手眼通天：形容手段高超，善于钻营，与高层人物交往密切，狐假虎威。也说成"通天大本事"。贬义词。

眼眶落潭：形容人瘦得走形走样。

吊儿郎当：形容仪容不整，纪律散漫，态度不严谨。

势坍无休：形容干活太吃力，有累得毫无力气之感。

嘀嘀嘟嘟：比喻打小报告之人。贬义词。

蹇滩勿动：原意是因病、因伤、因老而行动困难。引申为干活太吃力，太累了。同"势坍无休"。

要紧勿煞：急急忙忙、迫不及待的样子。

错啥勿多：大体上差不多。

洋盘滴答：常常上当，常常吃亏，却不吸取教训。

皱皮阿纳：衣服很皱的样子，也指人脸上皱纹密布。

哇哇咋咋：半死不活，残疾之人。例如："出门出路要当心，特别是开汽车一定要小心，假如把人撞来哇哇咋咋怎么办。"

奇出怪样：模样打扮与众不同；妖娆得让人难以认同。

扣料掐水：算计得正正好好、不多不少。

论根到古：不厌其烦地反复讲。

杀杀辣辣：说话办事干脆利落；不讲情面、不留余地。

呒手啥罗：手足无措，不知道怎么办才好。

呒啥话头：①没啥说的，非常好，挑不出毛病来。②含贬义，指某人不值得一提。

妈而哈之：人的块头大，走路一摇一摆的样子。

呃勿转：特别伤心，哭得上气不接下气。

的的刮刮：确定，肯定；没有虚假的成分。

拗口乩舌：有意强加于人，或搬弄是非。

处脚勿下、立脚勿下：地上乱糟糟或特别脏，都没地方站了。

心扒拣搔：指事情较多且急迫，不知先做哪一件，心里很乱，无从着手。

作筋作脉：无论做什么事（包括说话），筋道都特别足。

要紧要慢：事情比较紧迫。

窃哩戳落：窃窃私语。

屑哩嗦落：形容很小的声音。

眼泪盈盈：眼睛湿润了，但没有流下眼泪。

搁落三姆：全部，统统。例如："这次搬家，不管有无用场，搁落三姆都带来了。"

嘴翘倔（鼻）立：很不愉快的表情，不服气、不情愿所表现出来的样子。另外还有一个短语"嘴翘鼻头高"，也是指此意。

嗯兹嗯兹：吞吞吐吐、欲言又止。

勤扒拉扒：很勤奋，很认真，很辛苦。

塘塘搭搭：到处，所有的地方。

懊闷肉痛：非常后悔，很自责，很懊恼。

握板接捩：不爽气，不近人情，斤斤计较。

梗哩咕嘀：嘀咕，嫌这嫌那。

缩缩势势：胆子小或者害羞，不敢上前。

嗯阿叽喳：哼哼唧唧。例如："这玩具买了吧，看这孩子嗯啊叽喳的，别惹他哭了。"

噢噢应应：很听话，连声答应。

缲拳勒臂：卷起衣袖,露出臂膊、拳头,准备干活或打架的架势。

方方仄仄：正方形或长方形。

方棱出角：同"有棱有角",形容某一事做得特别好。例如："张强的麦垛头做得方棱出角。"

呢结固结：两个好朋友之间有讲不完的悄悄话。例如："他俩只要在一起就是呢结固结,不知讲些什么。"

眼瞎勒搭：贬义词,形容粗心之人,物体就在眼前,却看不见,还在到处寻找。

眼板之牵：一觉醒来,精神萎靡不振。

圆格隆咚：形容人长得矮胖或衣服穿得太多。

毛体溻拖：表面不光洁、不干净。例如："你这鸭子怎么杀的,你看,毛体溻拖的怎么吃。"

花里八啦：色彩刺眼,不得体。

沸汤百滚：温度极高烫得不得了。一般用于烧煮水或其他食物。

灰毛落拓：①色彩不鲜明。②人的气色很差,灰头土脸的样子。③情绪低落,垂头丧气的样子。

黑勃落拓：颜色黑或光线暗。

碧绿生青：绿得十分鲜明,似滴出油来。

蜡赤焦黄：黄颜色非常鲜明,大多形容烧鱼时的颜色。

墨腾黢黑：非常黑。

体拖拉拉：不干练,着装不整洁。

横阔竖大：①形容人的体形,俗称"柏油桶"。②物的体积庞大。

五赫楞墩：人高马大腰圆膀阔,很壮实,但不耐看。

矮勃楞墩：个子矮,但看上去很壮实。

噗噗索索：人长得虚胖无力气。

塌塌潛潛：很满的样子。例如："装了塌塌潛潛一车。"

湿贴滑塌：地面潮湿,很滑。

筋筋攀攀：①东西一条条连着,牵扯不断。②衣服破旧。

先迟来往：原意是指称东西时分量有时足一点儿,有时缺一点儿,这是很正常的。意指生活中有的人气量特别小,不能差一点点儿,从不肯吃亏。

牲牲是是：许许多多。

嶜嶜凼凼：形容路不平难走。

雪白粉嫩：形容儿童或年轻女性的肌肤。

雪白滚壮：形容人长得又白又胖。

细皮嫩肉：形容人长得白嫩细气。

面红赤堂堂：脸色红润，气色很好。

密密跚跚(mán)(mán)：密密层层。

绢光滴滑：十分光滑。

精光滴滑：光洁度非常高。

破仔落索：破破烂烂的样子。

软兹搭骨：物品软绵绵的状态，也指性格懦弱。

浓油赤酱：菜肴烧得好，多指鱼、肉之类，相应菜油、酱油放得多些，颜色较深。

蜡板焦黄：拿油爊鱼或氽鱼，很到位，黄黄的。

弹眼落晴：①色彩鲜明，很好看。②吹胡子瞪眼睛凶巴巴的样子。

松勃搂吼：松松垮垮，不结实。

直格隆咚：杂乱，且多样的物体，且可要可不要。

结格罗多：数量多。

刮啦松(爽)脆：①东西很脆，指吃的食物。②人的性格爽快，说话做事从不拖泥带水。

石刮铁硬：也作"石铁梆硬"，像石头、铁一样坚硬，形容毫无虚假成分。

得兹过腻：黏黏糊糊。

稀零光冷：稀稀落落，同"稀毛癞痢"。

鬼(jì)搭鬼搭：不正大光明，通常指男女之间有暧昧之意。

哭逼带脸：似哭非哭，非常尴尬。

面孔扯起：面孔板起，面孔铁青。

铁脚绊倒：脚下磕磕绊绊，走路不稳。

穷心急祸：急吼吼。

形容勿出：小题大做。例如："这一点点儿小事，侬形容勿出仔，当桩事体哉。"

开眼瞎子：指不识字的人

呒大呒小(呒老呒小)：不礼貌,不知礼仪。

细皮薄切：贬义词,指无孔不入地损害他人利益。

手呒贼撩：贬义词,指某种行为或某个不起眼的动作违反了做人的道义。

浅浅剥捏捏：不停歇地戏耍别人,使人生气。

望洋四牵：指做事不忧不急,不放在心上,遇事左顾右盼。

不算廿五：特别浪费、过度浪费。

刮精刮皮：吝啬到极点,总是想算计别人。

曲里弯绕(曲里拐弯)：指东西弯曲、不直,也可指路。

转弯抹角：引申为讲话的策略,有事不直接讲,只是旁敲侧击。

算计划策：做事比较周到,想得比较全面。

十一、形容词中的 ABB 格式：

绿噘噘：食物发霉、河水或湖水有蓝藻所产生的颜色。

黑阵阵：形容天空的乌云。

红膛膛(tān tān)：形容气色好,面色红润。

红蹭蹭：有点儿红,但不怎么红。

黄蹭蹭：有点儿黄,但不怎么黄。

白鼓鼓：①带有点儿贬义。例如："这菜烧得白鼓鼓,一点儿也不好吃。"②被水浸泡后发白。

白搭搭：带有点儿白色。

紫微微：带有点儿紫色。

白缭缭：白得难看,多指脸色苍白,没有血色。

白扬扬：指眼睛斜瞪人,是一种不礼貌的行为。

青其其：带有点儿青色。

蓝汪汪：带有点儿蓝色。

黑雌雌：有点儿黑。

黑测测：有点儿黑。

灰拓拓：同"灰扑扑"。①带有点灰色。②一种不健康的脸色。

酸祭祭：指食品带有点儿酸味,味道极好。

咸塌塌：指食品带有点儿咸味。

苦咽咽：指食品带有点儿苦味。

苦济济：同"苦咽咽"。

辣豁豁：①人体疼痛的感受。②味道比较辣。③阳光强烈。

辣蓬蓬：味道有点儿辣。

干豁豁(hō)：物体失去水分。

痒齐齐：有点儿痒，但不是特别痒。

硬邦邦：多指人在说话时的语势、态度生硬、不柔和。

阴角角(gō)：为人阴险，有阴阳怪气之感。

献嘎嘎：形容好参与，好表现，好出风头。

戆喙喙：傻里傻气。

戆兮兮：傻里傻气。

野豁豁：①非常之大。②与实际事物相差太大，没边没沿，有"言过其实"的意思。

笃悠悠：不慌不忙的样子。

老嘎嘎：爱插嘴，不懂礼貌，一般指小孩或年轻人在长辈或陌生人面前不知谦逊。

冷丝丝、冷势势：有点儿冷。

冷飕飕、阴飕飕：很冷。

荫落落：比较凉快。

热吼吼：稍微有点儿热，快要出汗的状态。

胖笃笃：指人的形体有点儿胖，但较入眼。

甜咪咪：味道有点甜。相当于普通话里的"甜津津"。

扁塌塌：带点儿扁。

扁呐呐：同"扁塌塌"。

极吼吼：气急败坏或急不可耐的样子。

急吼吼：心急慌忙的样子。

吓佬佬：稍有点儿害怕。

吓势势：稍有点儿害怕。

瘪塔塔：带点儿瘪，不怎么厉害。

瘦偈偈：指人的形体较小但很精神。

烂糟糟：指烂的程度，烂得厉害。

嗲哩哩：娇声妖气。

一滴滴、一笃笃、一咪咪、一眼眼：很少。

湿嗒嗒：潮湿。

湿拖拖：潮湿有水下滴。

潮扭扭：有点儿潮湿没有全干。反之则说成"干扭扭"。

鬼(jī)搭搭：鬼鬼祟祟，不正大光明。

死板板：呆板，不灵活。

呆笃笃、呆钝钝：受惊吓后或在沉思过程中反应较迟钝。

气鼓鼓：生气时的一种神态。

毛估估：粗算算。

凶兮兮：有点儿凶狠的样子。

软披披：柔软。

险凛凛：差点碰到危险。

灼辣辣：夏天阳光强烈。

福得得：胖乎乎，有福相，俗称"弥陀形"。

重墩墩：分量较重。

轻飘飘：①分量轻。②说话不负责任。例如："你说话轻飘飘的，你去做做看。"

厚得得：有点厚度。

薄搛(xiāo)搛：比较单薄。例如："嘴唇薄搛搛，话语勿勿少。"

定样样：目光呆滞。

宽落落：比较宽松。

紧扣扣：较紧。一般指衣服不宽松。

角棱棱(líng)：①鞋子做得特别好。例如："这鞋子角棱棱的。"②穿着打扮一丝不苟，非常得体。

长牵牵：带点儿长的形态。

方则则：带点儿方形。

圆笃笃：带点儿圆形。

松喽喽：对自己、家庭不负责；不假思索，不切实际，想说什么就说什么。

浅喽喽：不到十成满，只是七八分满的样子。

暗戳戳：背地里，私底下。

明当当：摊在台面上讲，非常清楚。

十二、形容词中的AAB格式：

蜡蜡黄：鲜明的黄色。

炫炫红：鲜明的红色。

碧碧绿：绿得很深很鲜明。

白白叫：徒劳无益，无济于事的意思。

生生青：一般形容果子或瓜类没有成熟，带有很明显的青色。

墨墨黑：非常黑。

雪雪白、煞煞白：洁白耀眼。

锃锃亮：雪亮。

拓拓煎：汤水沸腾的样子。

绝绝细：非常细。

绝绝嫩：非常嫩。

勿勿少：很多。

淌(tān)淌滴：人或物件上有很多液体往下滴。例如："这夏天好热，汗水一直淌淌滴。"

约约乌：不仔细算，粗算算。

拍拍潽、拍拍满：装得很满。

毛毛叫：大约，差不多。

黠黠薄：非常薄。

老老远：很远。

喷喷香：香味浓郁。

嚛嚛叫：食物变质，味道难闻。

冰冰阴：非常冷。

喷喷香：香气浓厚。

十三、其他词性

嗯(ēn)：我。

伲(nǐ)：我们。

伊：他。

伊拉：他们。

偌(né)：你。

倻：你们。

哈人(啥人)：谁，什么人。

喃能：怎么样、怎样。例如："盖桩事件喃能办？"

作啥：什么事。例如："伊拉作啥？"（他们在做什么事）

顾朱能合：较为明确地指代某一事物。

格之能合：同"顾朱能合"。

该恁：这、此。

该浪：这里。

该搭：这里。

该面：这里或这一面。

该恁：这样，如此。

该样：这个。

该歇：现在。

该趟：这一次。

该呛：最近。

该指恁：这种。

该横头：这一端。

该板板：这边。

该腔势里：现在这个时间段或这种情况下。

啦得：在这里。

啊得：哪里。

在恁（实恁、过恁）：这样。

犯就：注定。例如："这小青年屡次犯事，家人、朋友屡次相劝无效，犯就要政府来管他。"

犯着：值得。例如："小事一桩，勿犯着发火。"

𠲎（wèn）：没有。例如："我今朝一直在屋里，𠲎出去。"

覅、嫑（fiáo）：不要。合音词。例如："苹果只剩一个了，你吃吧，我覅吃了。""覅面孔"（意为"不要脸"）。

忒：太，很。例如："汝忒勿像样了，爷（yá）一直为你操心。"

开往：刚刚前面一段时间。

齐巧：正好。

加捻（niān）：更加。

交关：非常。

本当：原来，本来。例如："我本当就是这个样子。"

生来：与"本当"同义。天生就是这样，很难改变。

哈好：正好。

共总、拢共：一共。

整当：全部、整体。例如："借给我的钱，到年底我整当还给你。"

索性（索格）：干脆就。

勿（弗）：不。

猛生头里：猛然，突然。

老早点（老底子、老早头里）：从前。

老法头里：很久以前，古代。

后首来：后来。

有常是：有时。

一来兴：很短时间。例如："人多力量大，这活儿一来兴就干完了。"

一歇：①短时间。过一歇、等一歇。例如："汝（né）等一歇，我就来。"②加上语气词后，表示时间较长了。例如："你才来，我们等仔一歇哉。"

眼门前：眼前，跟前。例如："眼门前几件事，够他忙的了。"

眼见得：显然,多用于不如意的事。例如："病人眼见得不行了。"

眼看：马上。

穷祸：闯事了。例如"闯穷祸"（做了大错事）。

第二节　常用语、俗语、俚语

3字：

拆财情：替人出主意。

随路住：比较随便,顺其自然。

4字：

天嘟地嘟：相差甚远。

吭心瞎数：指心里一点儿都没有数。

吭手撒罗：毫无办法。

嘴嘟光鲜：指嘴上讲得好,但从来不肯帮助别人。

露水夫妻：指姘居的男女方。

等人心焦：指等人时,更觉得时间过得慢,心里焦急。

黑咕隆咚：形容很黑暗。

夹板里人（受夹板气）：指受到了来自双方的责难。

得头拜脑：①客气得有点儿过分。②过分巴结上司。

粒粒啦啦：同"粒粒落落",零零散散或断断续续的样子。

哩哩啰啰：说话啰唆,说不清楚。

吭苦讨苦：自寻苦恼。

话头大来：夸大其词。

借鸡拆蛋：利用别人或别的事物使自己得到利益。

酒肉朋友：指经常在一起吃喝玩乐、称兄道弟,可是一旦其中某人遇到了困难,大家却都不肯相助。

墨黑隆咚：完全不懂、不知道、不清楚、不明白。与"突头呆(ái)"意思相同。

虎灵发梢：形容人行动特别敏捷。

见毛辨色：根据对方的心理决定相应的行动,形容辨别能力强。

嘴花匽(yà)味：嘴上讲得好,不晓得背地里啥味道。

老里八早：很久以前。

一刮两响：形容说话、办事干脆爽快。例如:"我说话一刮两响,没有还价。"

七更八调：横挑鼻子竖挑眼。例如:"样样东西都给你收拾好了,你还七更不调。"

小八腊子：地位低而微不足道的人。

木知木觉：感觉迟钝,反应不灵敏。

少有出见：罕见,含厌恶之意。

老吃老做：经常从事某项工作或活动,含贬义。

谈啊孬谈：不行、办不到、甭想。例如:"你想冤枉好人,谈阿孬谈!"

脱底棺材：指人无可救药了。

上上零头：堆得不能再高了。

揪揪结实：按得结实些。

趁汤下面(馄饨)：借光。

隔灶头香：别人家的饭菜好吃。

镂尸挖骨：挖空心思。

撩手托脚：手舞足蹈。

手松漏漏：一般指花钱浪费,不懂节约。

七嘈八杂：形容人多,意见不统一,很杂乱的样子。

活里活络：①有点儿松动,不牢固。②没有拍板,没有肯定,没有落实。

精光滴滑：指非常光滑,同"精光削滑"。

贼骨牵牵：贼头贼脑的样子。

贼形怪脸：指搞怪,引人发笑。

好人活狲(死人活卵)：看着人蛮文静,实际上却是个活泼的人。

活狲骚牵：指人不安定,不安静。

小忐(jié)伶伶(小鲫伶伶)：小巧玲珑。

杂格乱拌：①形容说话啰唆。②形容非常杂乱。

第六章 乡音俗语

杂格咙咚：形容非常杂乱。

5字：

萝卜不当菜：小看人。

像煞有家事：①好像真有这么一回事似的。②斥责对方,带有贬义。

嘴硬骨头酥：讲讲头头是道,做做缩头缩脑。

丘嘴好肚肠：丘,厉害。尖刀嘴,豆腐心。

拆空老寿星：在遇到失望的事情时常说的一句话。指事情落空,情况坏得很。

火到猪头烂：比喻在一定条件下,事物总有结果,也可解释为人到了一定年龄要服老。

偏死吃河豚：冒着较大风险而下的决心与采取的行动。

碰鼻头转弯：到底拐弯,意指要灵活应变。

空口说白话：泛指说话要有根据,不能凭口说话,不负责任。

无风不起浪：指事情的发生总有一些起因,传来的信息也不一定毫无道理。

大意失荆州：借用关羽的典故,指因大意而造成损失。

见风就是雨：比喻只看到一点点儿迹象就轻率地信以为真,并做出某种反应。

盐钵头出蛆：比喻说假话,承诺根本实现不了的事情。

弯扁担不断：看似病恹恹的,却活得很长。

袋袋碰着布：口袋里分文没有,形容很穷。

活狲勿甘财：甘,留住。将好东西随便糟蹋了。活狲,猴子。据说猴子两只手各拿一样东西,看见第三样东西想要去拿,就会把原来拿着的东西不管好不好一扔了之。

青肚皮活狲：容易遗忘,记不牢。

水到下缺口：水已经流到下缺口处了,想要收已经来不及了。意指事情发展到了难以挽回的程度。

一个突头呆：一时间来不及做出反应。

一个勃乱花：一会儿,一瞬间。

嘴翘鼻头高：指生气的表情。

引起哆亡人：原意是迷信的一种说法,越是敬神鬼,神鬼就越是上你身。引申为你越迁就某人或饶恕他,就越得不到好报,其人就越来缠绕你。

鸟叫六棵齐：形容手工插秧速度特别快。

趁势踏沉船：比喻乘人危急的时候，加以陷害，即"落井下石"。

脚踏两只船：投机取巧，与双方都进行周旋，以获取利益。

租田当自产：指把别人的东西当成自己的。

丘(qiū)戏多锣鼓，丑官多审堂：比喻以次充好，实则空虚。

换汤不换药：比喻名称或外表虽已改掉，而实质未变，还是老一套。

呒脚蟹肚肚：①没有螯与脚的蟹。比喻缺胳膊少腿，无法动弹的人。②比喻没有帮手。

一掐一包水：形容女人或小孩的皮肤好。

勿吃粥饭个：吃屎的，没脑子的。比较严重的骂人话。

五斤哼六斤：①用上了全部的精气神。例如："我五斤哼六斤地完成了任务，不但得不到表扬，还受到了责怪。"②态度很蛮横。

聋鬅隔壁听：①此话靠不住。②虽然此人耳朵不好，不过，正巧被他听到了。

瞎子称道笑：不明原因，瞎笑。

走路唱山歌：比较随意，当不得真。

眼睛里放光：指见到特别想要的东西时的神态。

眼不见为净：①指眼不见，心不烦。②一般指食品生产过程中肮脏场面，没有亲眼看到，就当没发生。

七岁教八岁：指外行教内行。

回汤豆腐干：比喻回到原处，或重操旧业的人。

6字：

钉头碰着铁头：硬的碰到硬的，比喻固执、任性的两个人碰在一起发生争执。

出头椽子先烂：相当于"枪打出头鸟"。

蓝爬早起，摸夜午：起早摸黑。

猫拆污，狗做主：比喻客人占了主人的地位，或是领导拿不出中心意见，下级众说纷纭。

嵌唧格子眼里：指本分的事，推也推不掉。

地皮唧，芦席唧：相差呒多。

一句天，一句地：说话不着边际。

不出血不罢休：非到不可收拾的地步。

白米饭挃死狗：挃，喂。无济于事。

搦得起，放得下：挪，拿。具有大丈夫的气质，能屈能伸，得失并不放在心上。

得着风，就扯篷：本意指快，引申开来指搬弄是非之人，只要听到那些无稽之谈就到处传播。

桥归桥，路归路：问题要分开解决，不能混为一谈。

戏要曲，人要直：做戏要有曲子相辅，才能让人爱听爱看；做人要真实，才能让人欢喜。

药补勿及食补：强调防病的重要，平时注意饮食搭配才是最重要的。

想自身，度他人：以己度人。

吃只空心汤圆：空欢喜一场。

横竖横，拆牛棚：形容豁出去了。

摊得开，卷得拢：理直气壮，清清楚楚，明明白白，没什么见不得阳光的。

到啥山，斫啥柴：根据环境、条件等各方面因素选择合适的工作方法或生活方式，应变能力强，能适合各种环境。

抓勿着，搭勿够：比喻力所不及，有"鞭长莫及"的意思。

上门勿见土地：上土地庙烧香，土地老爷却不在。意指特意到某人家或某单位，却没看到主人或办事人员。

六月债，还得快：在很短时间内就受到回击、报复或报应。

勿要气，只要记：出了问题不要一味生气，一定要记住教训。

若要好，老做小：要家庭和睦，长辈有时也得受点儿委屈，多听听小辈的话。

要讨好，绕疙焦：不讲究方式方法，想要讨好，结果适得其反。

烧脚（香客）赶出和尚：香客占了和尚的位置。比喻客人占了主人的地位，或外来的、次要的事物占了原有的、主要事物的地位。

头困拉青甏里：一点儿也不晓得的事情来了，大多指被冤枉的。

吉人自有天相：好人会有上天相佑，会有好报。

真金不怕火烧：有真本事，就什么也不怕。

饿篱破，野狗钻：家庭、单位不和睦、不团结，容易被人利用。

面皮老，肚皮饱：指不知羞耻，只要有好处。

大不算，小搂乱：形容抓不住重点。

井水不犯河水：比喻两不相犯。

自扯篷，自落篷：与"自上马，自落马"同义。比如，由你自己引起的事而吵架，人们来劝架，你有台阶下了，你却不听劝告。人们火了，不劝了，都走了。这时，你倒停下来，不吵了。这样的情况叫"自扯篷，自落篷"。

勤谨拨[bə]懒格笑：指虽然勤劳，但由于天时的不利，或人为的错误，而没有好结果。含有贬义。

濛花雨落沉田：比喻小事或小处不注意，就会酿成大祸或造成严重损失。

鳑鲏鱼啄江滩：江滩，指堤岸。渐渐消磨。同"千里之堤，毁于蚁穴"。

鳑鲏鱼作滩涂：指人胆小，不敢到大风大浪的环境中去。

大头勿放小头：过不得。

占坑缸勿拆污：空占位子不做事体。

一眼乌子观足：全部看到，而且看到实质。

猪鼻头狗耳朵：听勿出好坏，闻不出香臭，指不辨是非。

7字：

哭出呜啦笑嘻嘻：形容一副尴尬的模样。

瞒仔老人说古话：在没有经历人面前，说古论今。

好雨落啦荒田里：用场勿大或无用场。

瞎猫碰着死老鼠：比喻碰巧做成某事。

拉勒篮里就是菜：指待人、处事不分好坏，不加挑选。

痢痢勿痢花头大：花头花脑，嚎头嚎脑。

熬煞媳妇做着婆：做媳妇时受尽婆婆的刁难，甚至虐待，等到自己做了婆婆后，完全忘记了做媳妇时的痛苦，同样刁难媳妇，甚至虐待更甚。现多用引申义，用于形容官场的情形。

上梁不正下梁歪：上梁，指上级或长辈。比喻上面的人行为不正，下面的人也跟着做坏事。

挖拧扒来铁镗坌(bèn)：挖拧，掏耳屎的工具。省吃俭用，长期积累，由于不慎或不幸，一下子都没有了。

眉毛胡子一把抓：比喻做事不分主次、不分轻重缓急，抓不住重点。

第六章　乡音俗语

横挑鼻头竖挑眼：形容挑剔。

打碎砂锅问到底：比喻对问题追根究底。

打碎水缸隔壁泅：泅,渗透。水缸碎了水渗透到隔壁去了。意指语言带刺,暗中伤极他人。

万宝全书缺只角：指人总有不足的地方。一般用来调侃他人。

皇帝不急急太监：多管闲事。

呒事不登三宝殿：有事相求。

宰相肚里好撑船：指度量大。

不看僧面看佛面：比喻看在第三者的情面上,帮助或宽恕他人。

身正不怕影子歪(huā)：坐得正,立得稳,就不用担心什么。

敬酒不吃吃罚酒：比喻好好地劝说不听,只能用强迫的手段让其就范。是中性词。

揱(xiāo)开天窗说亮话：指挑明了说。

黑字落拉白纸上：白纸黑字,证据确凿,无法抵赖或无法挽回。

铜钿眼里踅跟斗：意指一心只想钱财。

千年难得虎瞌眮：没看见过老虎打瞌睡。意指极少出现的现象。

老虎头唧(láng)拍苍蝇：形容胆大包天。

三只指(jié)头拾田螺：意指轻而易举、唾手可得,或指事情十拿九稳。

冬瓜缠拉茄门里：冬瓜与茄子不属同一门类。意指把原意完全搞错了。

乡下狮子乡下调：做事要考虑适合当地的各种条件。有入乡随俗的含义。

带累乡邻吃薄粥：意指一人的失误连累众人遭殃。相当于成语"城门失火,殃及池鱼"的意思。

湿手捏仔干面粉：摊上手想摆脱有点儿难。

裤子下头着上去：情况是从下往上层层反映的。

救仔田鸡饿煞蛇：顾了一面,却顾不了另一面,左右为难。照顾别人后,却给自己带来了难处。

该仔和尚骂贼秃：该仔,当着。意思是直接当面说,不转弯抹角骂人。与"骂囡惹媳妇"同义。

黄梅勿落青梅落：相当于"白发人送黑发人"。

鹅食盆里鸭插嘴：对于不关你的事或无权过问的事,瞎插手、瞎干预。同"猫拆污,狗阻止"。

夹忙头里髂牵筋：比喻事情在紧要时刻,突然发生意外。

烂竖髂啷踢一脚：雪上加霜。

无洞里搂出蟹来：凭空捏造,没有的事被编得像真的一样。也指不可能做到的事。

象牙筷啷扳皱丝：比喻挑刺,找茬。象牙筷这么光滑,还硬要在上面找刺儿。

公要馄饨婆要面：难于做人,即指难以满足各方需求。

偷鸡勿着蚀把米：想捞点儿好处,不料反而倒贴钿。

吃死人勿吐骨头：贪得无厌到了疯狂的程度。

逃脱鳗鲡臂膊粗：意指有意夸大失去了的东西的价值。

砻糠搓绳起头难：砻糠是不能搓绳的。意思是创业都很艰难,要持之以恒,才能成功。

破扫帚对罄畚箕(蟑螂搭灶鸡)：人与人,物与物很相当,很般配。带贬义。

行得春风有夏雨：积德才有回报。

除仔黄昏呒半夜：指人特别勤劳,除了白天劳动以外,晚上也做到很晚。

一跤跌进白米囤(一跤跌啦米囤里)：交好运。

瓦片也有翻身日：意指人的穷富是不断变化着的。

船到桥门自会直：指问题(困难)总有解决的办法。

死要面子活受罪：为了面子,不怕平日里吃苦受累。

老草留根还报青：意同"野火烧不尽,春草吹又生"。

强盗碰着贼爷爷：门槛精的碰到更精的。

好曲子不唱三遍：说话不要多次重复啰唆。

三代不出舅家门：指人面相三代不出舅家,意思是说人有遗传因子。

临时上轿串耳朵：做事准备不足,意同"临死抱佛脚"。

千金难买老来瘦：人老了瘦一点儿,负担就轻一点儿,但不能过分。

马屁拍在马脚上：专指人要巴结富人或上司,可巴结不上,就叫"马屁拍在马脚上"。

有吃勥吃猪头三：有的吃却不吃的人,是傻瓜。

种秧不会看上埭：照着别人的样子做。

凑天勿着一世穷：中国人讲究天时、地利、人和。"凑天"就是天时（机遇），有"天不帮忙一世穷"的说话。例如："种田勿着一熟,凑天勿着一世。"

坐吃三年海要空：不劳动,无收入,再厚的家底也会败光。

嫁出囡儿泼出水：覆水难收。

只记头塌勿记糖：只记人家的不是,勿记人家的好处。

人要面孔树要皮：人活着,要有人格。同"雁过留声,人过留名"。

摇煞苏州余上海：本地人的经验之谈。上海,依靠潮水来去,显得轻松。往苏州去,显得累。比喻同样出行,也要看到什么地方,看朝哪一个方向,有的省力,有的吃力。

8字：

八仙过海,各显神通：指个人各自施展各自的才能。

念得连络,忘记车轴：有口无心,抓不住关键。

萝卜青菜各人喜爱：各有所需。

木樨花勿当牛饲料：好的、贵重的东西（包括人才）要珍惜,不要浪费。"木樨花当牛饲料",指浪费。

虱多勿痒,债多勿愁：欠别人的钱多了反而不着急。意指因"不利"的太多而麻木了。典型的"老赖"心态。

黑铁抹塌,吃伊勿煞：①形容人不可貌相。②吃不准一个人的内心世界或真实意图。

虾有虾路,蟹有蟹路：生活中、工作中,各人有各人的应对办法和生活途径。

强龙敌勿过地头蛇：比喻外来势力比不过地方势力。

不怕一万,只怕万一：指事情发生的概率虽然很小,但也有发生的可能。

精精精,裤子剩条筋：太会算计反而输得赤条条。

有借有还,再借勿难：做人要有诚信。

棉纱线扳倒石牌楼：棉线虽细,多了照样有很大的力量。意指只要团结一心,没有克服不了的困难。

买屋看梁,讨囡看娘：母亲是女儿的榜样和表率。同"梁好屋好,娘好囡好"。

急惊风碰着慢郎中：很急的事情需要解决,却遇上吊儿郎当、松松垮垮的办事

人。急性子碰着慢性子。

额骨头碰着天花板：形容运气好。

笑嘻嘻不是好东西：面带笑容，心怀鬼胎。多用于熟人间的开玩笑。

物要防烂，人要防懒：人若一味懒惰那就像物体烂了一样一发不可收拾。

勿识相，要吃辣火酱：①给人警告。②以势凌人，有欺压之意。

小洞里摸勿出大蟹：吝啬之人，不会有大气派。

日图三顿，夜图一煦(hū)：百事不管。

爷有娘有，不及自有：通过自己的努力才有所收获。同"自有自便当"。

养子防老，积（节）谷防荒：劝人生活不能奢侈，要节约。

人急叫娘，狗急跳墙：欺人过分，别人一旦被逼急了也要蛮干。

树怕弹线，人怕见面：意指搬弄是非说假话的人最怕事情败露。

厨师靠汤，戏子靠腔：人要有一定的专业技能。

造屋百工，拆屋一哄：比喻成家立业难，而败家则在瞬间。

好记性不及烂笔头：记性再好，不如用笔记录下来，这才不会忘记。

一夜勿睏，十夜勿醒：一定要保证睡眠充足，否则会好几天打不起精神。比喻要按照事物规律办事。

吹牛皮只怕上真账：喜欢说大话的人，只怕顶真的人和事。

千穿万穿，马屁不穿：人人爱听好话，不爱听指责的话。

将心比心，便是佛心：设身处地换位思考是一种好心态。

买眼药，走进石灰行：大方向错了。

晒晒(shō)着着，烘烘赤脚：湿衣鞋等要靠太阳晒，不能用炉子来烘烤，注意方法。

薦[bɛ]早起碰着隔夜人：指还有更早的人或事。

会哭的小囝多奶吃（会哭的小囝有奶吃）：会嚷嚷的人不吃亏。

吃仔好饭，忘记讨饭：谴责"忘本"之人。

七搭八搭，蒲鞋着袜：十分不配对，不相称。

盐钵头打翻酱缸里：仍然在一起，没有什么损失。

眼睛里扎不得乱屑：指心眼小，见不得别人比他好。

热晃晃，落仔一船舱：类似"看云识天气"，一般指春夏、秋冬季节转换时，天气多变。

9字：

条板啷啯啯,啯到床啷：脚脚上，形容得寸进尺。

别人家老婆焐不热脚：婚外情是短暂的，靠不住的。喻指生活、生产中老是靠借是不行的。与"自有自便当"正好相反。

眼睛一眨老逋鸡变鸭：变化太快，太突然，让人猝不及防。

黄牛角水牛角，各归各：分道扬镳谁也不管谁。同"江西人钉碗各归各"。

冷镬子里爆出热栗子：意想不到，爆出冷门。同"冷水里焐热荷包蛋"。

食多污多，烂稻柴灰多：意指大话废话多，使人讨厌。

开仔饭店不怕大(tuó)食汉：意指有担当、有准备。

七石缸经勿起沙眼漏：节约要从点点滴滴做起。

嘴话一声，杨湘到铎城：劝人勿说大话空话，做事要踏实。

好木头不余到张家湾：骂人不是好东西。

拍脱门牙朝肚皮里咽：吃进，吭啥话头。

茄子绿素，一对搭拉苏：带有贬义。同"一对宝货"。

鸡骨头里啄出鸭滋味：指节约得有点儿过分。

日日讨娘子，夜夜一干仔：指天天想着讨媳妇，但实际生活还是一个人生活。与"心想事成"相反。

风箱里咯老鼠，两头受气：指人两边不讨好，都被人埋怨。

10字及以上

爷多有饭吃，娘多有衣着：指朋友越多，就能得到越多的帮助。

好煞外头人，格煞自家人：指应内外有别。再好也是外头人，再勿好也是自家人。

鬼(道里)相打，难为生病人：与"城门失火，殃及池鱼"的意思相似。

宁可跟讨饭咯娘，也不跟做官咯爷：娘更能体恤、爱护子女。

满口饭好吃，满口话难讲(满饭好吃，满话难讲)：吃饱了撑着了还不要紧，可话说过头了就难收场。

种田勿着一熟，凑天勿着一世：同"凑天勿着一世穷"。

只问啥人做，勿问啥功夫：只看结果，不讲过程。

种田人穷来铁镐撑,生意人穷来一脑浆:同"种田万万年"。

日里嚓咚咚,夜里吓老公:指做事拖拉,不能把握好时间。

金窠银窠,勿及屋里狗窠:千好万好不如家里好。要珍惜家庭。

六十不借债,七十不住(过)夜:指人老了要服老,遵守生活规则。

人争一口气,佛争一支香:教育人们要争气。

三百六十行,行行出状元:各行各业都能出人才。

偌敬我一尺,我敬偌一丈:人应相互尊重。

一只碗不响,两只碗叮当:指争吵双方都有不对的地方。

一洗帚打杀十八只蟑螂:扩大了打击面。

看看不像样,是个雕花匠:人不可貌相的意思。

大鱼吃勿起,小鱼嫌腥气:生活中挑肥拣瘦,但经济实力搭勿够。引申为小事嫌小,不愿做,大事么,没本事,不会做。

有理呒理,出拉众人嘴里:是非好坏自有公论。

鳑鲏鱼也要留三寸肚肠:①指做人办事总要留点儿后手,不能把事情做绝。②再要好的朋友或同事也不能把自己的全部事情都告诉他。③再困难也得留一点儿积蓄以防万一。

大家一条心,黄土变成金:心齐力量大,能战胜一切困难。

牛瘦脚不瘦,人穷志不穷:牛瘦但脚劲还在,人穷志气还在。

白脚花狸猫,吃仔朝外跑:比喻人不作为,吊儿郎当,对家事漠不关心。

篱笆扎得紧,野狗钻勿进:比喻家庭、集体团结,经受得起惊涛骇浪。反过来讲成"戗笆破,野狗钻。"

衣裳新咯好,朋友旧咯好:不能喜新厌旧。

瓶口扎得没,人口扎勿没:做了不好的事,人家一定会议论。同"一百个塌饼塞不满一百人的嘴"。

揩台揩四角,扫地扫壁角:做事要考虑周到,照顾到方方面面。

船头上相骂,船艄上白话:指家庭成员之间短暂的不和。吵过骂过,也就算了,不记仇不记恨。

一日三顿粥,郎中见仔哭:指老年人平时多吃粥对身体有利。

临瞓烫烫脚,好比吃帖药:热水洗脚活血,对身体有好处。

若要身体好,一日笑三笑:保持乐观的心态有利于健康。

塘泾杨家角,一路抄杂角:能找捷径的尽量找捷径。

五样六样,不及螺蛳炖酱:点子很多且听上去蛮有道理,可没有一个派上用场,倒是一个普通及平常的点子解决了问题。

只有千夜做贼,没有千夜防贼:防贼难防,不能单靠防,必须要治。

日里不做亏心事,半夜勿怕鬼敲门:指人做得正、行得直,就不用害怕。

筷头上出忤逆,棒头上出孝子:是旧的家庭教育模式,意思是家教严厉,将来孩子才有出息。

牛吃稻柴鸭吃谷,各人头上福:每个人的命运不同,随遇而安。

面黄昏,粥半夜,小粉粥走过街檐石,南瓜当顿饿一夜:晚饭吃面条、喝粥,或者吃南瓜,都只是短暂的充饥。意为晚饭只有吃米饭,一晚上才能不感觉到饿。

要么楼上楼,要么楼下搬砖头:从坏处着手,横下心来搏一搏。

小鸡踏不碎瓦,泥鳅翻不起浪:小人物干不出什么大事,翻不了天。蔑视之话。

人情象逼债,背仔镬子沿街卖:人情是百姓的沉重负担。同"来是人情去是债"。

吃尽滋味盐好,走尽天边娘好:盐是人们生活中的必需品。以此强调母爱是最甜蜜的,姆妈的恩情永不能忘。

要让小囡安,常带三分饥和寒:小囡吃饱穿暖才少哭,因此平时不能吃得过饱,穿得过暖,到哭闹时多些吃穿才平安。

勿做媒人勿做保,一世无烦恼:劝人做事要慎重考虑,别为了贪小便宜而吃大亏。同"拉个虱头里搔"。

看人挑担不吃力,自上肩胛嘴要歪(huā):要尊重他人,且不能眼高手低。

一只喇叭七个洞,七路赚来八路用:讽刺那些用钱大手大脚、毫无计划、支出大于收入之人。

远来和尚好念经,本地胡椒勿辣人:放弃近处的,找远处的。意即本地有高人(有认识的、有技术的)或资源不利用,一味地到外地请。同"近来和尚不近身,远来和尚好念经"。

吃别人吃出汗来,吃自己急出汗来:讽刺那些爱占便宜、气量特小之人。

读书人只怕赶考,种田人只怕耘稻:以读书人为赶考得受十年寒窗苦读之苦喻

耘稻之苦。

生出来咯志气,教出来咯惹气:前者是天性,后者是后天调教出的,往往比较难调教。

坐得正、立得稳,不怕和尚尼姑合板凳:同"身正不怕影子斜"。

船老钉出,树老根出,人老筋出:指人或物时间长了都要破损衰老。

新箍马桶三日香,过仔三日臭棚棚:指办事前面认真,后来却松劲或干脆不做了。

斧头吃凿子,凿子吃木头,一木吃一木:指一级吃牢一级,逐级管理。

要和尚求和尚,觅和尚杀和尚:嘲讽那些勿晓得用人之道的所作所为。

摇仔三日三夜橹,还觅解缆绳:形容人办事粗心。

呒米娘娘死饱饭,有米娘娘勿吃饭:指没有的,就更想要,有的反而不放在心上。

一百只塌饼贴不满一百只嘴:随便哪件事,都会有各种不同的评论。

十人见仔九摇头,阎罗王见仔塌舌头:指不被待见、不受欢迎的人。

有烟呒不火,比死也难得过:指很难过。

乡下大姑娘,好吃难看相:指东西的卖相(外表)不好,但很有用或很实惠。

第三节　歇后语

日里借勿出油盏——小气(吝啬)

一桨扳足——势头忒足

张公打鸟——死多活少

兔子尾巴——长不了

踏碎皮球——一包气

狗捉老鼠——多管闲事

瞎子磨刀——快哉

慢娘拳头——早晚一顿

猫哭老鼠——假慈悲

王婆卖瓜——自卖自夸

卫生口罩——嘴上一套

过街老鼠——人人喊打

瞎子舀油——勺里有数

秋后撩稗——赛过卖柴

雾露里摇船——心中有数

陆婶娘嫁人——心勿定

蜻蜓吃尾巴——自吃自

癞痢头撑伞——无法(发)无天

哑子吃黄连——有苦呒话(有苦说不出)

缺嘴汰鼻涕——顺路

泥菩萨过江——自身难保

六月里结亲——勠面皮(棉被)

飞机上吊蟹——悬空八只脚

老逋鸡生疮——毛里咯病

陌生人吊孝——死人肚里得知

瞎子吃馄饨——心里有数

脱裤子放屁——多此一举

肉骨头敲鼓——昏(荤)懂懂

半夜里呼猫——阿咪咪

肉馒头打狗——有去无回

月亮里点灯——空好看

活狲捞月亮——一场空

脚踏西瓜皮——滑到哪里是哪里

隑米囤饿死——死脑筋(不转弯)

烧香望和尚——一得两便当(一出两便当)

死柴虾提汤——勿鲜

王小二过年——一年不如一年

鲞川条钓白丝——以小换大

蒋阿毛耕田——大家省力点儿

*这句歇后语出自金家庄。事情发生于20世纪20年代左右，那时50多岁的蒋阿毛在耕田，作为耕田之用的那头牛膘肥体壮力气很大，耕田时走得很快。而那时的蒋阿毛年岁较大，身体又不太舒服，跟着牛走，累得气喘吁吁，于是蒋阿毛就说："小牛啊小牛，走得慢一点儿，大家省力点儿。"以后近百年的时间，特别是在集体生产期间有人干活特别卖力时，就会有人说："蒋阿毛耕田。"言下之意是，你别这样，其他人要吃不消了。于是其含义就这样约定俗成了。

癞痢头啷咯虱子——眼对落眼

石头啷掼乌龟——硬碰硬

十三页篷扯足——势头忒（太）足

癞痢头啷搨浆——得法（发）

癞痢头啷拍苍蝇——来一个死一个

养媳妇做媒人——自身难保

造屋请箍桶匠——不对路

顶仔石臼做戏——吃力不讨好

城头上出棺材——远弯兜转

关云长卖豆腐——人硬货不硬

初三夜里咯月亮——有呒一样

戴仔箬帽亲嘴——够勿着

弄堂里拔木头——直来直去（直拨直）

蒲鞋肚里点灯——末灯（等）

叫花子吃三鲜——要样呒样

落雨里挑灰担——愈挑愈重

鼻头上挂咸鲞——嗅鲞（休想）

齉鼻头叫阿嫂——恰好

竹筒里倒黄豆——爽气

太湖里刷马桶——野豁豁

螺蛳壳里做道场——兜勿转（形容地方太小）

老虎头上拍苍蝇——胆大包天

六月里冻煞胡羊——汏头长

驼子跌跤（驼子睏啷田横头）——两头不着实

额角头上搁扁担——头挑(第一)

棺材里伸出手来——死要

麻雀躲啦糠囤啷——空起劲

十五只吊桶吊水——七上八下

眼睛生在额骨头啷——眼界高

日里借不出油盏——特别小气

相打道里借拳头——不看三四

瘌痢头绕辫子——兜勿转

钥匙挂在胸口头——开心

冬瓜缠啦茄门里——瞎搅

黄鼠狼给鸡拜年——勿安好心

拉个虱来头里搔(zāo)——自找麻烦

三只指头拾个田螺——稳笃笃

癞蛤蟆想吃天鹅肉——梦想(休想)

热水袋放在心口头——焐心(指开心)

年初一吃了虾糟——年糟糟(指稀里糊涂)

瞎子上街啷——瞎摸

桩头啷咯乌龟——一拨头

宜兴夜壶——独出只嘴

乌龟爬户槛——但看此一番

四金刚腾云——悬空八只脚

四金刚拆污(大便)——大阵仗

六月里着棉鞋——日子(热脚)难过

床底下放鹞子——大好不妙

歪嘴吹喇叭——一团斜(邪)气

汤罐里笃鸭——独出一张嘴

墙壁上插引线——戳壁脚

橄榄核垫台脚——活里活络

郎中开棺材店——死活有进账

台子底下打拳——出手勿高

八仙桌上第九位——扎勿上

阎罗王屋里贼偷——老鬼失匹（窃）

阎罗王拨鬼埋怨——不晓得自家几斤几两

放高升一响头——嘭（笨）

瞎子当称——不啦心啷

脚筒泡鸡——全白（挦毛）

驼子背纤——吭力有样

两个哑子睏在一横头——吭啥话头

吃仔薄粥看戏——啥个算计

吃仔冷水合扑困——情愿

牯牛身上拔根毛——小意思

雨里背稻柴——越背越重

点仔灯火等天亮——有福勿会享

三个铜钿买条臭咸鲞——越看越勿像

虾有虾路，蟹有蟹道——各人有条路

斧头吃凿子——一木吃一木

叫花子撒烂污——穷祸一场

花好稻好——样样好

砻糠搓绳——起头难

烂痔膀上踢一脚——雪上加霜

水里放屁——泡头大

脚锣盖当镜子——看穿

打肿面孔——充胖子

和尚吭头发——乐得好推头

癞团跳在戥盘里——自称（秤）为王

野鸡毛当令箭——神气活现

癞团吃刺毛——一团昏闷

老母猪吃大麦——有嚼无嚼

284

空肚皮罗汉——呒心呒肺

墙头啷刷白水——白说(刷)

炒熟咯黄豆——勿做种

棉花店里死脱老板——勿谈(弹)

寿星插草标——卖老

阿元戴帽子——完

枇杷叶面孔——瓣瓣光来瓣瓣毛,要翻脸就翻脸

豆芽菜碰着廊檐——老嫩

苏北人撑船——船艄上船

叫花子出灯——穷欢

弄堂里打狗——一窜头

十二月咯茶壶——出嘴

浓粪浇棵死桑树——呒用场

白狗混啷羊道里——装样(羊)

小鸡跟仔鹅啦跑——①硬撑。②够不着

孙子娘子哭太婆——悠着呒(装装样子的意思)

刀切豆腐——两面光

婆媳妇戴孝——呒功(公)夫

活狲戴帽子——像煞格人

十五样小菜——七荤八素

空棺材出丧——木(目)中无人

赤卵着长衫——了(撩)不得

外甥点灯笼——照旧(舅)

匠人吊线——眼开眼闭(一只眼睁开,一只眼闭拢)

夜壶里搵(wǎi)水——稳沉(成)

叉袋里咯钉——里戳出

脱底棺材——呒收作

竹篮打水——一场空

大海里捞针——无寻处

飞蛾扑火——自取灭亡

孔夫子搬家——全是书（输）

腊月里的萝卜——冻（动）了心

白露里咯雨——到一处，坏一处

镬子里滚铜板——滚来滚去在镬子里

歪嘴吃鳗鲡——弯弯顺

大舞台（上海的娱乐场所）对过——天晓得（娱乐场对面的商店名）

豆腐皮掼啦肩胛啷——死快哉

好雨落啷荒田里——仓脱（呒用场）

黄鼠狼看鹅——渐渐消没（看：在此句中意为"放牧"）

黄鼠狼躲啦鸡棚头啷——勿吃也是吃

石浦人吃三朝饭——候等候

大市人上昆山——配一日

（尼）师姑庵里晒尿布——阴干（意为见勿得光，上不了台面）

＊不能放在外头晒，只能放在常人看不到的室内"阴干"。

周其奎开店——赚少蚀多

＊周其奎，金家庄商人，以不善经营而出名。

鸭吃砻糠——空起劲

奶娘抱小囝——勿是自家咯

做梦讨娘子——尽想好事

绣花枕头——一包草（好看不好用）

一个柴芦四面拔——快咯（指就要完蛋了）

趁汤下面——凑勒啷

瞎子走路——目中无人

肉骨头滚豆腐——软硬不调匀

木匠戴枷锁——自作自受

冷水泡茶——无滋味

麻袋布绣花——底子太差

脚馒头上打瞌睏——自靠自

一只筷吃藕——专拣眼眼

九曲桥嘟荡白相——走弯路

丈母娘见女婿——越看越欢喜

龚糠里榨油——呒花头

瘦狗拆硬污——硬要面子

木头人摇船——勿推板（勿推也不板，勿劲）

老虎嘴里拔牙齿——作死

周瑜打黄盖——两相情愿

刘备借荆州——有借呒还

捧勿起咯刘阿斗——软弱无能

挂羊头卖狗肉——遮遮世人眼（指面上与实质不一样）

老九咯兄弟——老十（实）

大姑娘坐轿子——头一趟

狗撑鸭子——呱呱叫

黄莲树下吹喇叭——苦中作乐

门缝里看人——看扁

药店里咯揩台布——全是苦

小葱烧豆腐——一青（清）二白

小葱炒大蒜——亲（青）嘟加亲（青）

六十岁学大夫——不合时宜

七石缸里捣芝麻——难觅

船艄上船（妇女当家）——不顺

江西人钉碗——自顾自（个归个）

＊钉碗时，一把牵钻在碗上打眼，拉的时候发出"自顾自、自顾自"的声音。

西风头里扬乱柴——呒啥啥（引申为说话不算数）

瘌痢头倪子——自争好

七仙女做梦——天晓得

船头嘟跑马——兜不转

死人额骨头——呆板

手里捏块朝板——死板

瞎子看《申报》——装模作样

南江潭(溇潭)里摇船——兜圈子("南江潭"是金家庄的一个小水潭)

阿尹师傅剃头——一把死手

*出自金家庄的歇后语。当年,金家庄剃头师傅阿尹给人剃头比较用力,手脚比较重,便产生了这个歇后语。

老春华看报——煞里煞足

*老春华是金家庄人,他是个深度近视眼,所以看报的时候,报纸放到脸前离眼睛很近很近,所以讲是"煞里煞足"。

第四节 农业谚语

农业谚语是农民在长期生产、生活实践中的经验总结,经过概括、提炼而成,在农村中广为流传,普遍应用。它对指导生产、推广农业技术具有积极的作用。它是文化遗产的一部分。淀山湖镇产业结构改革开放前历来以农业为主,农作物产量又与自然环境、水利兴修、气候条件等有着直接的关系,因此,在农耕方面形成了许许多多的习俗,总结出很多谚语,大部分具有一定的科学道理。现将搜集到的农业谚语整理归纳如下:

一、气象

1. 预测晴雨

早西夜东风,日续好天公。(6—8月)

东风急溜溜,难到五更头。(3—5月)

春东风,雨祖宗。

谷雨西风没小桥。

三月三吹得庙门开,螺蛳老蚌哭哀哀。

西风煞雨脚,不等泥头白。(3—4月)

雨后见东风,未来雨更凶。(5—7月)

夏至东南第一风,不种低田骂老公。

夏至西南(风)搭小桥。

五月南风落大雨,六月南风干煞人。

早有碰门风,夜有笃壁雨。(3—5月)

六月西风水凄凄。

一日南风,三日关门。(10月)

九月南风二日半,十月南风当日转。

莳里东北(风)常常雨,莳里西南(风)日日晴。(6—7月)

梅里西南(风)莳里雨,莳里西风满天晴。(6—7月)

五月南风下大雨,六月南风海也枯。(6—7月)

夏雨北风生,秋雨南风起。

夏雨北生,勿落雨也风凉。

秋来北风多,南风是雨窝。

秋后南风当日雨,秋后北风地干裂。

冬至西南百朝阴,半晴半阴到清明。

入伏北风当日坏。(7—8月)

冬天南风三日雪。(11—2月)

雾里西风莳里雨,莳里西南就落雨。(4—7月)

三日西南风,秋雨落不穷。(8—10月)

霜吊南风连夜雨。(10—11月)

一日北风三日晴,三日南风别盼晴(9—12月)。

霜下东风一日晴。(10—2月)

早晚烟扑地,苍天有雨意。(6—10月)

东北风,雨太公。(6—8月)

五月阴气重,秋后多台风。(6—9月)

早看头顶穿,夜看四脚悬。(6—9月)

早霞不出门,晚霞行千里。(5—10月)

黄昏起云半夜雨,半夜起云雨就来。(6—8月)

云行东,车马通;云行西,雨凄凄;云行南,水连天;云行北,好晒谷。(5—11月)

云从东北起,必定有风雨。(3—8月)

云相斗,天气变。(5—8月)

一块乌云在天顶,再大风雨也不怕。(6—8月)

乌云脱云脚,明日晒断腰。(6—8月)

乌云接日头,半夜雨不愁。(5—9月)

乌头风,白头雨。("乌""白"指云的颜色)(6—8月)

今夜缸板云,明日晒煞人。(7—9月)

天上沟沟云(扫帚云),地上雨淋淋。(7—9月)

天上鲤鱼斑,明朝晒谷不要翻。(9—10月)

乌云东方来,不落雨便是风。(6—8月)

早看东南黑,雨水午前急。(6—8月)

日落云连天,必有大雨来。(4—12月)

云行团团块,必有台风雨。(7—9月)

早看东南,夜看西北,若天明来日晴。(6—11月)

早阴阴,午阴晴,半夜阴天不到明(有雨)。(6—8月)

早怕南云张,夜怕北云起。(6—8月)

上昼薄薄云,下昼晒煞人。(5—10月)

西北乌云起,雷雨马上到。(6—8月)

八月十五云遮日,正月十五霜打灯。(9—2月)

日出一点红,不是雨来便是风。(5—9月)

日出猫迷眼,落雨不到夜。(5—9月)

日出一垛墙,下午雷阵雨。(5—9月)

日枷雨,夜枷风。(4—10月)

东鲎(hòu)日头西鲎雨。(6—9月)

鲎高日头低,鲎罢就落雨;鲎低日头高,明朝晒得皮要焦。(6—9月)

早鲎雨,夜鲎晴。(6—9月)

月亮着蓑衣,明朝落勿稀。(6—9月)

月亮生毛,大雨滔滔。(6—9月)

着夜烧,明朝戴个大箬帽。(4—10月)

东霍霍,西霍霍,明朝仍旧干卜卜。(6—9月)

一夜起雷三日雨。(6—9月)

卯前雷,卯后雨来催。(6—9月)

雷公先唱歌,有雨也不多。(6—9月)

春雷日日阴。(4—5月)

雷轰天顶,小雨漂田;雷轰天边,大雨连天。(6—9月)

雷声四周转,有雨也不远。(6—9月)

南闪火门开,北闪有雨来。(6—9月)

东闪西闪,晒煞泥鳅、黄鳝。(6—9月)

小雨先雷后雨,大雨先雨后雷。(6—9月)

疾雷易晴,闷雷难晴。(6—9月)

八月无空雷,有雷必有暴。(6—9月)

春雷十日雨。(4—5月)

雾里日头,晒开石头。(4—10月)

昼雾阴,夜雾晴。(4—10月)

黄梅里雾露,雨在半路。(5—7月)

春雾日头,夏雾雨。(4—8月)

重雾三日,必有大雨。(9—12月)

霜夹雾干枯枯。(10—2月)

春雾雨,夏雾晴,秋雾凉,冬雾雪。(四季)

黄梅迷雾,雨在半路。(5—7月)

雾重见天晴,瑞雪兆丰年。(10—2月)

春雪一场,水到半场。(3—5月)

雪等伴,再落一尺半。(3—5月、12—2月)

腊月雾,来年五谷丰。(1—2月)

春天迷雾,雨在半路。(3—5月)

三日春霜九日晴。(3—5月)

春霜不隔夜。(3—5月)

阵头雨好过,蒙花雨难煞。(5—10月)

朝(早)雨午后停,夜里天亮止。(4—10月)

开门落一场,关门落一夜。(6—8月)

东南阵,煞煞泥捧尘;西南阵,落三寸。(6—8月)

白龙吸水(大雨)不隔夜。(6—8月)

一落一只钉,落去不肯停;一落一个泡,落过就天好。(6—8月)

阵头隔夜要落三日三。(6—8月)

西南转西北,搓绳来绊屋(风雨)。(8—2月)

正月夜雨好种田,二月夜雨没(淹)低田,三月夜雨要发桃花水。(2—5月)

立春落雨到清明,一日落雨一日晴。(1—5月)

春雨贵如油,夏雨遍地流。(3—5月、6—8月)

春天吭烂路,走一步干一步。(3—5月)

秋雨连绵西北风。(9—11月)

夜里星光明,明朝仍旧晴。(6—8月)

青光白光,晒煞老蚌。(7—8月)

上看初二、三,下看十六、七。(四季)

云头上雨,雨块小。

夏雨隔田生。(6—8月)

三莳三送,低田白种。(6—7月)

春天小团脸,一日变三变。(3—5月)

小暑一声雷,倒转做黄梅。

六月初一落雨井泉枯,初二落雨井泉浮,初三落雨连太湖。

小暑落雨,倒做黄梅。(7月)

谷雨一滴水一条鱼。(4月)

四月初八落仔雨,蚕豆小麦像个鬼。

四月十六落大雨,一年不用牛打水。

立夏无雨干麦场。

立夏不起阵,起阵好年成。

五月二十分龙雨,破车搁在弄堂里。

夏至无云三伏热,重阳无雨一冬晴。

五月二十三回龙雨,四十五天不落雨。

芒种火烧天,夏至雨绵绵。

雨落黄梅头,斫麦像贼偷,雨落黄梅脚,打断黄牛脚。

夏至是晴天,有雨在秋天。

六月初三落仔雨,上昼耘稻下昼睏。

六月初三起仔阵,七十二个走马阵。

雨打小暑头,四十五天不停头。

雨打黄梅头四十五天吭日头,雨打黄梅脚,四十五天赤刮刮。

七月夜雨壮如肥。

立秋有雨大家喜。

重阳有雨连接连,重阳无雨一冬晴,重阳有雾一冬干。

九月十三雨扬扬,稻谷头上出青秧。

九月十三晴,钉鞋挂断绳。

九月十三雨扬扬,稻罗顶上出青秧。

九月十三晴,稻罗不结顶。

白露阴,寒露晴。

八月胡子落满天,吭柴吭米苦黄连。

腊月初三晴,来年阴湿到清明。

水九旱三春,菜麦稳笃笃,旱九水三春,菜麦烂剩根。(12—4月)

处暑下了三朝雨,砖头缝里出白米。(8—9月)

处暑一声雷,秕谷绕场堆。(8—9月)

干净冬至邋遢年。

邋遢冬至干净年。

腊月初三晴,来年阴湿到清明。(1—4月)

处暑难得阴,白露难得晴。(8—9月)

腊月暖,六月旱。(1—7月)

处暑雨甜,白露雨苦。(9月)

落雨就怕亮,亮晃晃落仔三船舱。(5—10月)

2. 预测风

老和尚过江。(阴历二月初八)

三朝雾露发西风。(10—2月)

无风起长浪,必有大风起。(2—11月)

南风不过午,过午连夜吹。(9—10月)

水里星荡有大风。(6—8月)

北风怕回头。(11—2月)

北风不受南风欺。(9—11月)

雾吃霜,起大风。(11—2月)

流云快有台风。(8—9月)

二月二十八多大风。(3月)

星煞眼,有大风。(6—8月)

东风两头大,西风腰里粗。(10—2月)

四月南风金不换。(5月)

五月阴气重,秋后多台风。(6—11月)

3. 预测寒暖

南风发热北风冷,北风寒冷天气晴。(8—2月)

夏夜风稀来日热,夏夜星密来日热。(6—8月)

一场春雨一场暖,一场秋雨一场寒,十场秋雨穿上棉。(3—5月、9—11月)

白露秋分夜,一夜冷一夜。(9月)

冬前不结冰,冬后冻煞人。(12—2月)

栏九头一棍(极冷),一冬也平常。(12—2月)

两春夹一冬,无被暖烘烘。(1—4月)

雾夹霜,热得慌。(9—11月)

要知明天热不热,但看夜星密不密。(6—9月)

六月六日晒得鸭蛋熟。

六月不热,五谷不结。

十月木樨蒸。(11月)

十月小阳春,无被暖烘烘。

白露身不露,赤膊当猪猡。

冬暖防春寒。(12—4月)

日(太阳)高三丈要下露。(6—9月)

若要暖,要过二月半。

清明断雪,谷雨断霜。

热在大伏,冷在四九。(7—8月、1—2月)

4. 物象测天

雨天知了叫,晴天马上到。

燕子(蜻蜓)低飞蛇挡道,牛舔前蹄雨就到。

雀声发愁,大雪纷飞。

蚊飞聚堂着蓑衣,蚂蚁筑坝雷风雨。

久晴田鸡叫,大雨就要到。

曲蟮唱山歌,有雨不会多。

蚂蚁搬家要下雨。

九月田鸡叫,十月犁头跳。

青草吐白沫,三天变颜色。

宅脚出汁,有雨不停。

茅厕奇臭,来日雨愁。

鲤鱼跳,雨水到。

久晴鹊噪雨,久雨鹊噪晴。

蚂蚁成群明天勿晴,蚂蚁迁居明天将雨。

鸡早宿天必晴,鸡晚宿天必雨。田螺(螺蛳)浮水面,雨天也不远;蚂蟥沉水底,晴天在眼前。

蜘蛛结网,久雨必晴。

蚱蜢扑脸,下雨不远。

灶灰结块,起风天变。

鱼氽(浮)水面水腥气,肯定有场雨水来。

河里鱼打花,天天有雨来。

鱼塘翻水要发水,鱼塘起泡有雨到。

空山回声响,天气晴又爽。

磨子还潮,阵头要到。

二、农事

一年之计在于春,一日之计在于晨。

立夏秧田光。(晚稻)

娘好囡好,秧好稻好。

晒得昏懂懂,六月初三浸稻种。

到了黄梅有雨来,生了小囡有奶来。

小满排车,白露拆车。

芒种忙忙种。

小暑发棵,大暑长粗,立秋长穗。(晚稻)

夏至种秧不算晚,铁扁担挑稻两头弯。(晚稻)

先种黄秧先黑稻,先养儿子先出道。

小满种秧正当时,芒种种秧不算迟,夏至种秧收一半,小暑种秧种还种。(早晚稻)

清明当浸种,谷雨后种秧。(早稻)

三伏有雨苗不壮,秋后霜早子不强。

立秋不落糁,处暑不耘稻。

处暑肚里一粒谷。

闰年不种十月麦。

麦怕清明连日雨,稻怕寒露早下霜。

秋分早,霜降迟,寒露种麦正当时。

麦怕三月寒,稻怕秋里干。

三月沟底白,莎草也变麦。(稍草)

伏里西风多秕谷。

麦秀寒,冻煞看牛囡。

麦田白三白,一亩收三石。

麦莠风来甩,稻莠雨来淋。

立冬小雪北风起,小麦蚕豆齐下种。

小沟阔坨头,小熟十成收。

三耕三耙,勿垩也生好稻。

勤耕细作,荒变熟。

田横头兜兜,白米三斗。

稻兴欺草,草兴欺稻。

只种勿管,打破饭碗。

稻莠齐,摸摸长层皮。

深耕浅种出黄金。

深耕细耙,稻子长到下巴。

千遍万遍比不上头遍。

山歌勿唱忘记多,好田不做变草窝。

一日养草,十日拔草;要拔草芽,勿拔草爷。

稻稠黄秧草稠芽。

黄秧搁一搁,到老不发绿。

秧搁谷,稻搁伏。

白露里磨得车场光,三石老米稳当当。

夏至地头草,赛如毒蛇咬。

麦田一条沟,从种抓到收。

一尺勿通,万丈无用。

大水耥稻,赛过粪浇。

耘稻要唱耘稻歌,两腿弯弯泥里拖,眼窥六只棵里稗,双手爬泥捧六棵。

开店容易守店难,种秧容易管理难。

黄秧落地三分稻,七分管理在后头。

捉狗尿种田,穿新衣过年。

人靠饭撑,田靠肥壮。

春天粪满缸,秋后谷满仓。

以肥养肥,一本万利。

田要肥养,稻要肥长。

高田只怕迎莳雨,低田只怕送三莳。

花草红彤彤,白米挑勿动。

若要收成好,罱泥捞水草。

养猪不赚钱,回头看看田。

种田勿垩,白忙一夏。

腊肥是金,春肥如银,春肥腊施银变金。

没有粪臭,哪有饭香。

腊粪一笃(滴),春粪一勺。

种田呒花巧,只要肥料垩。

人要补,桂圆枣子;田要补,河泥草子。

河泥晒得过,等于一堆屙。

冷粪果木熟粪菜,生粪上地连根烂。

肥田不如先肥秧。

种子年年选,产量节节高。

好种出好苗,好苗长好稻。

什么种子长什么苗,什么花儿结什么果,什么葫芦结什么瓢。

种子调一调,等于上肥料。

稻看平(整齐度),麦看墩。

种子纯一纯,产量增一成。

三年不选种,混杂一笼统。

麦要抢,稻要养。

麦熟过顶桥。

三春不如一秋忙,抢到手里才是粮。

丢掉黄秧抢麦场。

春熟八成收(油菜籽)。

稻上场,麦进仓,油菜籽扛在肩膀上。

刈青不刈青,产量差百斤。

稻倒(伏)剩点粞,麦倒剩层皮。

牛是农家宝,管理要周到。

养牛无巧,住暖吃饱。

牛要不落膘,夜草少不了。

好马一鞭,好牛一肩。

冬天不加料,春耕无力道。

百日饱,长个膘。

大暑不浇苗,到老呒好苗。

雨落里种菜,绕田收收一山巴。

干锄棉花湿锄麻,毛毛细雨锄芝麻。

种麦烂泥浆,斫麦白相相。

头伏萝卜二伏芥,三伏要把菜种下。

头莳棉花二莳豆,三莳只好种赤豆。

秋前勿搁稻,秋后喊懊恼。

人怕老来穷,稻怕秋里干。

种兴稻不及养老稻。

娇养的儿子勿养爷,早倒的稻子独长柴。

连种三年麦,莎草(稍草)欺煞麦。

种麦敲铛罗(干),斫麦象杆窝(硬杆芦草)。

菜浇花、麦浇芽。

若要种好麦,冬至前头压。

麦要壅,稻要空;麦要压,稻要挖。

瓜田连种瓜要死,年年种菜菜勿兴。

一脚菜子,二脚豆。(老式种田的行距)

六月风潮,赛过粪浇。

麦要冬发足,菜要春里兴。

蚕豆一把灰,一棵收一盘。

庄稼一枝花,全靠肥当家。

一熟红花草,三年田脚好。

寒露落草,死多活少。

二月二,瓜菜落蔬都落地。

清明种瓜,船装车拉。

清明种玉米,处暑好收成。

清明谷雨,种瓜点豆。

七月排葱,八月排蒜。

深种茄子,浅种秧(稻秧)。

雨前勿刈韭菜,雨后勿拔藏菜。

三春靠一冬,三早顶一工。

人勤地出宝,人懒地出草。

磨刀不误斫稻工。

白米饭好吃田难种,鲜鱼汤好吃网难结。

起早勿忙,早种不慌。

麦花要风,稻花要雨。

三、作物及其他

造屋看梁,稻好看秧。

秧好半年稻。

莳秧要莳簛片秧,儿子要有亲爹娘。

莳秧要莳当日秧、浑水秧。

种秧要种扁浦秧,娶亲要娶好姑娘。

莳秧莳得稀(过稀),耘稻笑嘻嘻;斫稻一包气,牵砻哭啼啼。

莳秧莳大棵,耘稻笑呵呵;斫稻乱柴窠,牵砻打老婆。

莳秧莳到边,多收油盐钿。

若要稻苗长得好,黄秧落地先除草。

一粥一饭饿不煞,一耥一耘荒不了。

处暑若不下雨,纵然结实也缺收。

秋前撩稗,胜似放债;秋后撩稗,胜似柴卖。

麦有穿山之力,独怕烂泥封顶。

干断麦根,挑断担绳。

九九勿通沟,春熟十成收。

冬至菜花年大麦。

矮脚六叶齐,高产勿稀奇。(甘蓝型)

矮脚四叶齐,百斤勿稀奇。(白菜型)

若要菜籽大丰收,菜花沟里捉泥鳅。

大麦勿吃小满雨,小麦勿吃芒种水。

清明雨打坟头田,高低田里好种田。

立夏好日头,秧勒塘里浮。

清明白皮皮,立夏塘勿及。

清明要明,谷雨要淋。

小雪勿见叶,立夏不见荚。(蚕豆)

立夏不出洞,到老一根葱。(蚕豆)

清明出竹笋。

河里敲冰响,慈姑泥里长。

三天萝卜四天菜。(出芽)

腊雪一条被,春雪一把刀。

秧要日头麻要雨,做天难做四月天;公要馄饨婆要面,做人难做半中年。

三月三难得田鸡叫,丰年必定到。

春雾吊秧,秋雾吊虫。

蜻蜓天上转,虫子地里生。

西南风,稻生虫。

春雨麦生病,春雷烂菜根。

秋冬飞雪少,来年虫子多。

要想害虫少,除净田边草。

九九歌

数九

九是时令的名称。数九是从冬至这天算起,每九天为"一九",第一个九天称为"头九",第二个九天称"二九",以此类推,一直数到第九个九天,共81天。这是一年中最冷的一段辰光,称"数九寒天"。因为"三九"正值阳历一月中下旬,的确是全年中最冷的时期,有"冷在三九、四九"的谚语。九内如阴雨日多,称为"水九";如晴好日多,则称"旱九"。淀山湖地区流传着"旱九水三春,水九旱三春"的农谚,说明第一年冬季与第二年春季之间的晴雨情况存在相关联系。

冬至起九叫冷九歌:

头九暖,二九寒;三九二十七,在家喊勿出;四九三十六,摇船冻橹绷;五九四十五,铁锚不落泥;六九五十四,杨柳青滋滋;七九六十三,棉袄二肩甩;八九七十二,猫狗歇荫地;九九八十一,犁耙齐出动。

夏至起九叫热九歌：

一九至二九，扇子不离手；三九二十七，漾冰水吃吃；四九三十六，争在露天宿；五九四十五，树头秋叶舞；六九五十四，乘凉不入屋；七九六十三，夜睡寻被单；八九七十二，单被换夹被；九九八十一，家家炒脚罗。

三春（长三春、短三春、水三春、旱三春）

古代以阴历（农历）正月为孟春，二月为仲春，三月为季春，合称"三春"，若以节气推算，三春相当于立春到谷雨时段（也有说春节到谷雨）。淀山湖地区称立春到惊蛰为"前三春"；春分到谷雨为"后三春"。春节在立春前，称"长三春"；春节在立春之后，叫"短三春"，一般长三春时清明在阴历三月，短三春时清明在阴历二月。立春到谷雨这段辰光，阴雨日较多的称"水三春"；晴天日多的叫"旱三春"，三春天干湿对春耕、备耕、春种有较大影响。

黄梅（黄梅天，梅季、霉季）（水黄梅、旱黄梅、早黄梅、迟黄梅、倒黄梅、重黄梅）

从芒种到小暑这一个月称黄梅天或时夭（莳天），即6月上旬至7月上旬。黄梅天恰逢梅子成熟时期，即从入梅到出梅这一段辰光。因为这一时段天气长期暖湿，器物易霉，所以也叫霉季。梅季是根据我国传统"干支纪日法"推算的，入梅是芒种后的第一个丙日，出梅是小暑后第一个末日。现代气象学上则根据这一时段内的温湿情况而定梅雨季，甚至有空梅或少梅现象。民间根据造成旱涝程度将梅雨期划分为水黄梅、旱黄梅。一般入梅时间早，梅雨期长，降水量大的称为"水黄梅"，在正常梅雨季节不出现连续性的降雨或降水量很少的，称为"旱黄梅"。淀山湖地区将小满后至芒种前出现梅雨，叫早黄梅；推迟到小暑后出现梅雨，称为"迟黄梅"（晚黄梅）；小暑后梅雨再度维持相对稳定的现象，称为"倒黄梅"；小满后出现了旱黄梅，而芒种后又入梅，称为"重黄梅"。

三时（莳）

农谚说："三莳三送，低田白种。"三时（莳）是淀山湖地区农民安排农事的时令，从夏至后一日始称入时，头时三天，二时（中时）五天，三时（末时）七天，合称"三时"（半个月），从明代开始流行。从夏至到小暑半个月多雨期，莳秧需要雨水，故叫时梅天时期（也叫莳期），如果三时期间雨水多（向下送）就要造成涝灾，故有"低田白种"的说法。

三伏

三伏又叫伏天，夏至后第三个庚日到立秋后第一个庚日的这段时间称三伏天。我国古代确定"三伏"期间也用"天干地支纪日法"推算，每年夏至后第三个庚日称初伏，每个庚日为10天，末伏在立秋后，第一伏10天固定的，第二伏要看初伏迟早来确定，有时是10天，有时是20天，三伏是一年中最热的一段时期，农谚有"热在中伏（大伏）"，中伏起的10天或20天是三伏中最热阶段。

随着全国人口流动频繁，普通话的普及，造成方言逐渐被弱化甚至消失。如今，年轻一代张口就是一口流利的普通话，却不会说方言。方言若消失了的话，那是不可能再恢复了。如果这些方言埋没在历史的尘埃里,那就是乡土文化的最大缺失,也将是永久的遗憾。

  作为吴侬软语的吴方言,既体现了吴地人的性格,也体现了吴地的文化。淀山湖镇的方言,又有其独特的语音、词汇、语法。在此,笔者对淀山湖镇方言进行了整理,收录了具有代表性的方言资料。这些,只是沧海中的一瓢,日后的文字、视频、影像等资料,将进行更细致、更到位的阐述与解读。

第七章 风生水起

镶嵌于长江三角洲腹部的淀山湖,烟波浩渺,景色迷人,犹如一颗璀璨的明珠。以湖得名的淀山湖镇,坐落于淀山湖东岸,地处昆山市东南,东与上海市青浦区接壤,西临苏州,南接318国道,北连312国道及苏沪高速、沪宁高速、京沪高铁,交通便捷,区位优势得天独厚,自然资源十分丰富。

图8-1 桃花烂漫

春季,色彩艳丽。黄桃基地内,桃红柳绿;农业示范区,麦苗青翠,繁花似锦;水村六如墩,菜花金黄,苜蓿粉嫩。盛夏,淀山湖上波光粼粼,蓝天白云如被洗过般干净。深秋,饱满的稻谷铺满田野,银杏大道"黄金"遍地。冬来了,伴随着飘飞的雪花,大地被装点得银装素裹,一切都回归于澄澈。淀山湖,每一季各有姿色,每一天都有不同,用清朝诗人姚承绪"湖光山色此间多,一棹秋风万顷波"的诗句来描绘她最恰当不过了。

有人说,淀山湖镇是一个古老而传统的江南小镇,那是因为:这里有黄巢起义的遗址,有孙权母亲亲手栽植的千年古银杏,有深厚的历史文化底蕴,有江南小桥流水人家的恬静,有水乡曲径通幽、禅房花木的别致,是物华天宝、人杰地灵的山水宝地。

又有人说,淀山湖镇是一个新型的现代化小城镇,那是因为,改革开放的浩荡春风,吹醒了勤劳善良的淀山湖人不断求新求美的意念。经过20多年的艰苦努力,淀山湖镇已是名副其实的中国21世纪示范镇。如今的淀山湖镇正以其集湖光、水色、欧陆风情于一体的现代化小城镇的姿态屹立于淀山湖畔。

一位外商投资者曾这样评说今天的淀山湖镇:淀山湖秀色迷人,城镇形象的吸引力,让你无可抗拒;政通人和,人文环境的亲和力,让你依依不舍。

图 8-2　六如墩

淀山湖镇,在众多的江南小镇中,面积不大,但其凭借独特的地理优势、区域优势、人文优势,硬是取得辉煌的发展成就,成为中国百强镇之一。淀山湖镇坚持以"和谐自然 示范未来"和"绿色淀山湖 生态现代化"的发展理念,延续"生态立镇、科技强镇、文化亮镇"的发展战略,充实"尚美淀山湖"和"新江南特色镇"的绿色人文内涵,把淀山湖镇打造成一个城镇精美、环境优美、生活和美、百姓善美的现代城镇。

第一节　上海的后花园

长三角地区是"一带一路"与长江经济带的重要交汇点,包括上海、浙江、江苏和安徽四个板块,是国内公认的最具经济活力、开放程度最高、创新能力最强的区域之一。而淀山湖镇,又是长三角城市群的交汇点。作为上海对外开放的"一线门户"和昆山向外融合的"桥头堡垒",淀山湖镇与上海市青浦、淞江、朱家角等沿湖区域自古以来便有着相邻相亲的地缘血脉和人文交流。

淀山湖镇是个有着 6 000 年历史文化积淀的"江南小镇",坐落在素有"东方日内瓦湖"之称的淀山湖畔,东临上海,西连苏州,是一块隐藏在大上海西部、苏州东部的静谧而灵秀的风水宝地。20 世纪 90 年代初,改革开放的浩荡东风使淀山湖这个传统农业小镇悄然崛起。美不胜收的湖光水色,清澈剔透的万顷碧波,沿沪、傍苏的区域优势,是淀山湖镇引以为豪的资本和底气。

随着《长江经济带发展规划纲要》《长江三角洲城市群发展规划》《长江三角洲区域一体化发展规划纲要》等国家战略部署的实施,新时代高速发展列车正全速驶来。为了更好地服务长三角一体化发展,为按下一体化发展的"快进键",更好地配置、共享有限资源,最大限度地激发、调动创新活力,更全面地形成区位协同与优势互补,促进双方资源共享、互通互融,基于平等互利、优势互补、统筹协调、合作共赢的原则,淀山湖镇与上海市青浦区盈浦街道率先正式签署战略合作框架协议,两地将结成长期、全面的战略伙伴关系,实现资源共享、共同发展。

淀山湖镇和青浦的资源共享、互惠互利,主要表现在规划交通互联、产业发展互促、社会发展互助、生态环保互利四个领域开展长期合作,并充分发挥双方各自优势和聚合效应,建立紧密型战略合作伙伴关系,加强联动、协同、互补、融合、共赢发展。

规划交通互联,开展规划对接。2018 年 9 月底,淀山湖镇新乐路向东延伸,与上海市青浦区淞泽大道对接,开创了两地双方各类规划的无缝衔接,推进双方在跨区域基础设施、产业布局、功能互补等方面开展规划共研,合作共建。日后,曙光路向南,与上海市朱家角的复兴路对接。淀山湖镇环湖大道与上海彩虹桥联通工程已列入昆山市重点工程,初步实施方案已形成。随着构建一体化道路交通体系的推进,淀山湖镇积极推动道路互联互通,着力构建全面对接、一体通联的道路交通体系,淀山湖镇完全融入大上海的发展体系,淀山湖镇将成为江苏至上海最便捷的交通枢纽。

产业发展互促。淀山湖镇抓住昆山市科技镇长团创新创业基地落户的契机,与上海的产学研合作进一步深化,洁宏与同济大学、通用锁具与东华大学,摩能网络与华东理工大学、安胜达与上海大学等成为第一批与上海产学研合作签约的项目。对接中国科学院上海技术物理研究所,就存储器材料产业项目进行多轮洽谈。另外,对接上海大学、上海电力大学等高校,就共建长三角环保新材料协同创新中心达成合作意向,并在昆山市"五区一线"规划发布暨(深圳)招商推介会上进行了项目签约。神州数码、研祥两大载体在谈项目 8 个,研祥智谷文化创意产业园新落户企业 5 个。淀山湖镇将充分挖掘两地资源和产业特色,建立资源项目互通共享

图 8-3　稻香节

平台,通过培育、复制、错位、协同等方式,深化两地在产业发展、科技创新、人才培养等方面的合作,积极构建面向未来的新型经济共同体,形成产业互补协同发展格局,促进两地企业、人才及各类机构的交流合作。淀山湖,作为昆山与上海共有的湖泊,两地若以此为抓手,加强在旅游资源方面的联动开发,打造环湖旅游品牌,开展环湖旅游项目,环淀山湖将成为上海人的人间"瑶池"。

社会发展互助。淀山湖镇与上海市青浦区全面对接,双方在经济社会发展的

各个方面达成了共识,并签订了战略合作框架协议。在此基础上,淀山湖镇主动融入"进博会"安全稳控工作大局。随着淀山湖镇"临沪尚法"司法行政融合共建工作的启动,淀山湖镇跨省公共法律服务工作站揭牌,完成青浦区司法局、昆山市司法局,青浦区朱家角司法所、盈浦司法所、香花桥司法所,淀山湖镇司法所四地共建合作协议签约,有效促进了临沪地区司法行政共建合作模式的进一步完善和优化。加强边界土地归属协调,确保土地使用安全。完善跨区域、跨部门社会治理联动机制,加强人口、警务数据、维稳等方面资源信息共享,积极推动边界卡口建设,开展案件共查,完善矛盾联调机制,共同妥善处置信访、突发性群体事件等社会治理难题,积极探索一体化发展社会治理新模式,打造跨省沿沪"平安边界"。加强两地在教育、卫生、文化、体育、民政等领域的专题对接,建立互联互通的民生资源信息库和服务菜单,加快两地公共服务资源的深度融合共享。淀山湖镇的社区管理机制,将向着更安全、更文明、更健康的方向发展,淀山湖镇将成为最"平安"的家园。

生态环保互利。加快实施环湖大道绿化、亮化工程,与朱家角深入对接环湖旅游协同发展,在错位发展、功能互补等方面加强沟通研讨。重点抓好与上海互联的道路、水利工程建设,建立环境治理协同机制,打好污染防治攻坚战,共同推动生态环境质量总体改善。加强边界河道(大石浦港)的联合共治。建立双方边界站闸启闭协调机制,在确保边界圩区防汛安全的基础上积极利用双方边界站闸的启闭来保障水系的畅通。开展大石浦(昆青界河)综合整治。实施两侧村庄河道岸上岸下联合保洁,确保边界河道村庄环境卫生质量,共同打造淀山湖良好的生态环境,共同推进长江三角洲生态的健康发展。

淀、浦两地的区域发展已经进入新时代的快车道,基于两地一体化发展的共同愿景已然培育出丰沃的"合作土壤",进一步搭建起高层对话平台、职能部门互动平台及邻村合作平台,以从上至下的三个层次开展无缝对接,进而实现发展双赢。随着淀山湖镇与青浦区"断头路"的打通,必然会带来高质量发展的"一股东风"。

在此契机下,淀山湖镇会进一步吸附上海关于"人才磁场"的溢出效应,积极承接、消化和吸收潜在能量,进而在生态环保、乡村振兴、文体项目合作、文明城市创建等具体工作领域和工作环节紧密对接、融合发展。

淀山湖镇与上海市青浦区盈浦街道签发的战略合作框架协议,只是一个起点。淀山湖镇与青浦区两地的交流合作,将在此基础上,搭建起一个更好更高的发展平台,在长三角更高质量一体化发展的背景下,全方位、多领域、深层次地开展好交流合作,进而实现优势互补、互利共赢,加快推进环淀山湖区域一体化发展。届时,淀山湖镇将真正成为大上海的后花园。

第二节 最适合人居的地方

作为中国21世纪示范镇,淀山湖镇长期坚持的"和谐自然,示范未来"发展理念,使这里的生态环境得到充分的保护,天蓝地绿,碧水悠悠,这里的空气特别清新;鸟语花香,翠色欲滴,这里让你赏心悦目,情迷魂销。难怪人们常说淀山湖是人间"瑶池",淀山湖镇是最适合人居的绿洲。

2018年夏天,微信朋友圈内,每天都会有人发蓝天白云的图片,感慨"现在的天,随便拍,都是一道风景"。从空中俯视,在水网遍布的淀山湖镇,一块块绿地间,蓝色的河流像一条条带子,把土地分隔成无规则的图案。大树和一丛丛灌木,遍布在每块绿地的边缘。平静的淀山湖,就像一块蓝色的绸缎,光滑,且闪耀着亮光。天空蓝得透明,风云变幻,大大小小的白云像集聚在此,各展风姿。这是淀山湖镇狠抓生态建设最真实的佐证,也是全镇老百姓切实的体会。同时,晚上仰望星空,除了能清晰地看到月亮外,还能见到繁星在闪烁。有人说"淀山湖的星星比其他地方多",这话一点也不夸张。所有的这一切,都得归功于近年来淀山湖镇党委、政府对生态环境的重视,以及实施的切实有效的治理举措。对于淀山湖镇高科技工业园、农业示范区、旅游度假区这几个版块,实施相应的措施与策略,确保淀山湖镇生态的健康发展。

现代农业示范区内,与青浦区一河之隔的"淀山湖镇5 000亩无公害优质稻米基地",河道纵横、环境良好,周边无污染企业。绝迹多年的白鹭、野鸭等野生动物看中了这片生存宝地,已开始在区内栖息、繁衍,再现了"两只黄鹂鸣翠柳,一行白鹭上青天"的自然美景。随着科学种植方式的实施,实行秸秆还田的土壤土质更为优化。每逢拖拉机翻地时,在翻起的土地上,都会聚集一群群白鹭,在泥土上寻找蚯蚓、螺蛳等食物。

图8-4 晟泰优质稻米基地

目前,田成方,林成网,路相连,渠相通。农业示范区以西,桃树、梨树种植成片。春时,桃花如霞,梨花如雪。夏末初秋,黄桃、梨子垂挂于枝头,掩映于绿叶之间。号称"淀山湖三宝"的"淀佳"牌大米、玉米,"淀甜"牌黄桃,成为淀山湖镇农副业的招牌,也成为淀山湖镇旅游产业的支柱产品。

淀山湖镇以"美丽乡村建设"为契机,全面优化提升农村基础设施、公共服务配套,以及生态文明建设。围绕"五大振兴"(产业振兴、人才振兴、文化振兴、生态振兴、组织振兴)主攻方向,加快推进乡村振兴"十个一批"(田园综合体项目、农业龙头企业项目、高效农业项目、特色田园乡村和美丽乡村项目、富民载体项目、农旅融合项目、文化引领项目、生态环境建设项目、乡村人才建设项目、党建特色阵地建设项目)项目建设。完成永新村、旺家角农业配套设施项目建设,累计完成万亩高标准农田整治。推广"稻鸭蛙"等混养模式,推进东阳界渔业园区建设,开展六如墩特色田园乡村试点建设,建成200亩特色葫芦种植基地。加大农业生态环境整治力度,推进农村生活垃圾分类等环境提升工作。建立健全自治、法治、德治相结合的乡村治理体系。完善全镇旅游产业规划,加大乡村旅游资源投入,完成旅游标识牌建设,推进环湖区域绿化、亮化工程等项目。以环湖大道、"首旅·寒舍"、乐营营地、六如墩葫芦产业等旅游项目为引领,挖掘农村旅游资源与潜力,带动全镇服务业的兴盛。

以淀山湖为核心的旅游资源,逐渐被开发出来。环湖大道外围,开辟的湿地,成为白鹭、野鸭等鸟类的栖居地,它们在芦苇或野草丛中安家、繁衍后代。淀山湖镇有一位摄影师曾经在淀山湖上拍到这样一张照片:一排木桩整齐树于湖上,每个树桩上停着一只鸟。黄昏的余光中,上百个木桩上的鸟,成了一个个黑影。远看,湖上似点起了蜡烛。也许这是鸟类的一个仪式,一种膜拜。

图 8-5　百鸟送日

在长效的生态治理下,淀山湖镇未来的环境,已基本恢复到 20 世纪六七十年代的状态。水清、天蓝、空气清新。抬头望见蓝天白云,低头看见绿水百花。徜徉于宽敞的马路上,可见路两侧绿树成荫,百花盛开。在低碳环保思想的引领下,公交出行、单车出行成为时尚。

淀山湖镇的历史文化源远流长,有古榭麓汪家的慈善文化、古度城"三槐王"家族的忠孝文化,磩磶叶家的廉洁文化、金家庄朱氏家族的儒家文化、"香山匠人"顾氏家族的工匠文化,以及以磩磶寺为代表的佛教文化、以薛塔庙为代表的道教文化,还有基督教文化等,如果将这些丰富的历史文化和现代的绿色生态文化有机地融合,加以打造,淀山湖镇将会成为世人既"享受自然",又"修身养性"的人间天堂。

第三节 崇尚"和合"的人文环境

在走向现代化的进程中,淀山湖镇百姓的生活方式将更趋于科学、健康、文明,在传统中吸取、传承精华,借鉴西方国家的经验的过程中,形成既具有现代性,又符合未来发展的生活模式,即物质生活高档次、精神生活高格调、生活规律高节奏、文化知识高结构的生活模式。

在教育、医疗、养老等涉及民生的问题上,淀山湖镇将充分发挥新建幼儿园、中小学、医院的优势,秉持着以人为本的思想,瞄准"小综合大专科""小昆班""轮滑班""居家养老"等亮点,创设优越高质量的教育、多元化高品质的医疗、便捷全方位的养老模式,实现教育医疗资源提档升级、充分供给。抓好精准帮扶工作,全方位、多渠道落实各项惠民政策和举措,探索社会组织及企业参与扶贫工作的机制建设,确保各类弱势群体生活有保障。坚持养老事业与养老产业融合发展,建立健全农村养老、社区养老服务产业机制,进一步推广日间照料中心,优化"居家养老"模式,提高社区医生的拥有比,让每个老人无忧患,每个家庭无顾虑。

图 8-6 晟泰村康乐寿养生苑

随着农村城镇化步伐的推进,淀山湖镇加快新型小区建设。在以淀山湖花园为代表的居民小区里,各类文化、娱乐、运动、休闲设施应有俱有。社区拥有园林化的环境、现代化的设施、智能化的管理。构建社区、物业、业委会"三位一体"共管体系,创新多地议事协调机制,推广城乡社区"全科社工"服务模式,大力发展公益慈善组织,鼓励公众、企业和社会组织积极参与慈善事业。淀山湖镇的保留村庄,正在以"最美乡村"的标准进行规划建设,待农房翻建工作全部完成后,每个村都成为风景秀丽的"公园村"。

作为现代化小城镇,淀山湖镇拥有着发达的交通,可谓水、陆、空三轨并存。淀山湖镇的公路四通八达,优势更为明显,到上海17号线只需10分钟。随着上海第三机场的建设,以及苏州通上海的S3号地铁线的建设,淀山湖镇人出行更为方便。

在农民向居民转变的过程中,淀山湖镇依托社区教育中心、老年大学、文体站等阵地,以"以文化人"专题项目、"尚美人生 榜样力量"的评选活动为抓手,在丰富多彩的文化活动中,使全镇居民的文明素质得到整体提升。淀山湖镇把戏曲文化与各种形式的文化融合,传统文化与现代文化融合,本土文化与外来文化融合,使淀山湖镇在"率先发展、科学发展、和谐发展"的过程中,不断产生巨大的精神动力。全镇居民在推崇传承中华美德的基础上,以弘扬社会主义核心价值观为己任,内化于心,外化于行。除却繁忙的工作,人们的业余时间追求健康文明的生活,社区活动中心、公园、健身场所等地,是居民发挥特长的好去处,人们或跳舞,或声乐,或唱戏,或运动健身。逢年过节,各村社区的怀有特长的文艺爱好者自发组织,形成一台台节目,娱乐大众,也愉悦自己。

图8-7　淀山湖镇新时代文明实践所揭牌仪式

图8-8　徒步大会

未来的日子,物质生活怎么样,已经不是人们主要关心的问题,因为人们都衣食无忧,大家更多关注的是自己的精神世界是否丰富,业余生活是否快乐。在经济持续增长的情况下,淀山湖人更多关心的是个人自我价值的实现,渴望身体与灵魂同步提升。

淀山湖镇素以纯朴、善良、宽容、友好的民风而著称于世。随着"尚美淀山湖"建设的逐步深入,达到了人与人、人与自然的和谐。发展为了人民,发展依靠人民,发展成果与人民共享在这里得到了很好的体现。

在淀山湖镇,这里有一个勤政为民的领导集体,是团队精神和共同理想,使他们彼此间心灵相通,齐心合力,事业有成;这里有一个全程服务的窗口,是便民、利民、富民的理念,让他们随时敞开热情滚烫的心扉;这里有一个促进农民发展的平台,政府买单、农民读书、技能培训,让农民实现由"思富"到"会富"的跨越;这里有一支保障发展的队伍,平安、法治,让淀山湖镇各项事业繁荣昌盛、人民群众安居乐业;这里有一种制度,让人人享有社会保障,刷卡取款,刷卡治病,人们享受着以前城里人才有的优厚待遇;这里有一股文明、友善的氛围,在这里,3万名本地人与4万多名新淀山湖人相处和睦融洽;这里有一套干部管理的机制,阳光听证、民主决策,让干部、群众心相连,情相投,意相合;这里更有一种百姓喜欢的特色文化,自编自演、自娱自乐的戏曲文化走进百姓生活,引导着百姓在不断求富、求知、求美、求乐中,走向更加美好的新生活。

如果说昆山人敢为天下先,敢做第一个吃蟹人的话,那么敢于不断超越历史、超越自我,则是淀山湖人特有的气度和胆魄,正是这种特有的气度和胆魄,才使淀山湖镇处处呈现鲜明的特色。由这种特色而产生的生态美、自然美、形象美、和谐美是淀山湖镇具有不可抗拒之魅力的原因所在。

　　"记是铁崖吹笛处,画船箫管正高歌。"在淀山湖镇未来的发展蓝图中,淀山湖镇将成为一个生态宜居,既充满蒸蒸日上的现代气息,又饱含古朴淳厚的历史人文风貌的江南城镇。

主要参考文献

1. （清）秦立.淞南志[M].曾抗美,等,标点.清嘉庆十八年(1813)活字本影印件.
2. （清）盛符升,叶奕苞.康熙昆山县志稿[M].昆山市地方志编纂委员会,等,点校.南京:江苏科学技术出版社,1994.
3. （宋）杨潜.云间志[M].清嘉庆十九年(1814)华亭沈氏古倪园刻本.
4. （宋）黄岩孙.仙溪志[M].（元）黄真仲,重订.福州:福建人民出版社,1989.
5. （北魏）郦道元.水经注[M].陈桥驿,译注.王东,补注.北京:中华书局,2009.
6. （明）卢熊.苏州府志[M].明洪武十二年(1379)刻本.
7. （清）诸福坤,陈庆林.淀湖小志[M].清光绪二十五年(1899)刻本.
8. 编委会.昆山县志[M].上海:上海人民出版社,1990.
9. 编委会.淀山湖镇社区志[M].苏州:苏州大学出版社,2018.
10. （宋）蒋璨,等.睢阳五老图题跋[M].上海博物馆馆藏册页.
11. 紫阳朱氏宗谱（卷五）[M].建德市博物馆馆藏影印本.
12. （明）张丑.真迹日录[M].北京:北京图书馆出版社,2002.
13. 编委会.青浦县志[M].上海:上海人民出版社,1990.
14. （明）方鹏.昆山人物志（十卷）[M].台湾汉学研究中心藏明嘉靖刻本(复印本).
15. 上海市地方志办公室.上海乡镇旧志丛书（第七、第八卷）[M].上海:上海社会科学院出版社,2004 – 2006.
16. 孙顺才,等.太湖地形及现代沉积[A]//.中国科学院南京地理研究所集刊,1987(4).
17. 陈月秋.太湖成因的新认识[J].地理学报,1986(1).
18. 鲁德俊.历代名人咏昆山[M].南京:凤凰出版社,2004.
19. 刘汶宗.刚刚 这位江苏院士获国家最高科学技术奖！[EB/OL]新浪江苏网,2019-1-8. http://jiangsu. sina. com. cn/news/2019-01-08/detail-ihqfskcn5065547. shtml? from = jiangsu_ydph.

后 记

习近平总书记在党的十九大报告中提出,要坚定文化自信,推动社会主义文化繁荣兴盛。文化自信的底气之一,源自中华民族5 000多年文明历史所传承的中华优秀传统文化。淀山湖镇党委、政府早在21世纪初就认识到优秀历史文化对构建和谐社会产生的力量,本着"挖掘、保护、传承、利用"的指导思想,组织班子开始实施历史文化挖掘工作,对淀山湖镇的历史文化脉络进行了系统的梳理。随着《智者乐水淀山湖》的出版,淀山湖镇历史文化三部曲完美收官。在此基础上,淀山湖镇趁热打铁,着手编撰淀山湖镇历史文化通俗读本《家在淀山湖》一书,既是三部曲的延续,又补充了新的内容。

淀山湖镇的一湖(淀山湖)二村(金家庄、磧碛村)三镇(杨湘、度城、榭麓)有着丰厚的历史文化。在实施乡村振兴、打造最美乡村之际,淀山湖镇蕴藏的历史文化,都可以成为乡村振兴的可用资源。《家在淀山湖》全景般地再现了淀山湖的形成始末,二村三镇的文化个性,为乡村历史追根溯源,为当代乡村发展提供了史实参考。

此书,从最初构思,到最终成型,得到了社会各方的支持与帮助。在谋划、酝酿阶段,得到了中国社会科学院学部委员靳辉明教授的精心指导。苏州专家咨询团团长、苏州大学东吴智库首席专家、教授、博导方世南作为本书的顾问,不仅对本书的谋划布局进行精心指导,也对文本具体章节内容提出修改意见,特别是在如何对待宗教文化等内容方面,提出了方向性的指导。在他们的指导下,《家在淀山湖》一书得以顺利付梓。

在此书编撰过程中,淀山湖镇党委、政府非常重视。淀山湖镇党委书记钱建亲

自过问,了解历史文化挖掘工作的进展,并做出相关指示。党委副书记张晓东、宣传委员许顺娟、组织委员王强就此书提出了许多建设性意见,在宏观上把握好方向。党政办主任范学钊、档案中心主任张蓉蓉、宣传干事孙倩、组织干事成亮、文体站站长林娟、成校校长吕成等为史志办的工作营造了良好的工作环境,让编撰工作得以顺利进行。史志办吕善新、吴新兴、邵卫花、陈海萍、金国荣、徐儒勤、张品荣、王忠林、张大年、顾志浒、夏小棣、朱波兴、沈正德、柳根龙、邓卫兵等同志根据各自分工,齐心协力,辛苦耕耘,不管是从总体策划到具体采集整编、视频拍摄、文字编撰,还是乡村图的绘制,都认真细致,力求完美。

鉴于编者的知识水平和能力的限制,对本书的不足之处,我们真诚地欢迎读者朋友不吝赐教,提出宝贵的批评意见。

淀山湖镇史志办
2019 年 10 月

淀山湖全景图

度城村图